Louis-Antoine Dessaulles
1818-1895

Yvan Lamonde

Louis-Antoine Dessaulles
1818-1895

Un seigneur libéral et anticlérical

FIDES

Cet ouvrage a été publié grâce à une subvention de la Fédération canadienne
des études humaines, dont les fonds proviennent du
Conseil de recherches en sciences humaines du Canada.

Données de catalogage avant publication (Canada)

Lamonde, Yvan, 1944-
Louis-Antoine Dessaulles, 1818-1895: un seigneur libéral et anticlérical
Comprend des réf. bibliogr. et un index.

ISBN 2-7621-1736-4

1. Dessaulles, Louis-Antoine, 1818-1895.
2. Québec (Province) – Histoire – 19ᵉ siècle
3. Seigneurs – Québec (Province) – Saint-Hyacinthe – Biographies.
4. Anticléricalisme – Québec (Province) – Saint-Hyacinthe.
5. Saint-Hyacinthe (Québec) – Biographies.
I. Titre.

FC2949.S237457Z49   971.4'52302'092   C94-940819-0
F1054.5.S59L35   1994

Dépôt légal: 3ᵉ trimestre 1994
Bibliothèque nationale du Québec
© Éditions Fides, 1994.

Les Éditions Fides bénéficient de l'appui du Conseil des Arts du Canada
et du ministère de la Culture du Québec.

À Carmen Bibeau Lamonde
ce destin hors d'atteinte

«Que n'eût pas fait ce génie, si au lieu de l'humilier, de le séquestrer, de lui fermer son domaine, l'enseignement et la presse, on lui eût laissé toute latitude, toute liberté d'action; si on l'eût applaudi pour ses découvertes, honoré pour ses travaux, encouragé dans ses recherches?»

L.-A. Dessaulles,
*Galilée, ses travaux scientifiques
et sa condamnation* (1856)

Avant-propos

La mémoire que l'on peut avoir de Louis-Antoine Dessaulles est à l'image de sa pierre tombale, au cimetière parisien de Pantin: recouverte d'herbes et d'orties. Il faut, en effet, littéralement arpenter le cimetière de Pantin pour identifier ce lot de la concession 43, 1ʳᵉ division, 16ᵉ ligne, où toute trace de Dessaulles est estompée: aucune inscription ou épitaphe sur la pierre tombale.

On comprend mieux, dès lors, l'absence de biographie de cet homme pourtant «considérable» du XIXᵉ siècle québécois. On retrouve certes deux ou trois excellentes analyses ponctuelles, mais d'études à la mesure du personnage, point. Ce silence s'explique: l'histoire écrite jusque vers 1950 par des clercs faisait très peu de place aux démocrates, aux républicains et... aux anticléricaux; la masse des écrits de Dessaulles, de surcroît disséminés dans la presse, et l'absence d'archives, corrigée il y a quelques années seulement, pouvaient rebuter les historiens; enfin, les raisons de l'exil de Dessaulles permettent de comprendre la discrétion de la famille, comme en témoignent les *Quatre-vingts ans de souvenirs* de sa fille Caroline, paradoxalement peu loquace sur son père.

Sans conter sa vie, le biographe doit à son lecteur l'énoncé de sa position ou de sa passion à l'égard de son personnage. Réservons donc *un* paragraphe au «je»! J'ai «découvert» Dessaulles au beau milieu de la Révolution tranquille du Québec, plus précisément au moment de la contestation étudiante de l'automne 1968, alors que des historiens tels Philippe Sylvain et Jean-Paul Bernard publiaient leurs travaux pionniers sur l'histoire des idées libérales au Québec.

Pour un étudiant qui passait des hauts corridors de vol de la Faculté de philosophie au pilotage de brousse du Département d'histoire, le personnage paraissait fascinant: allié des Papineau, voyageur, écrivain, libéral, démocrate, anticlérical. Je tenais, enfin, un intellectuel acceptable, enviable, qui n'était ni Camus ni Sartre! À le regarder «agir» pendant 25 ans, une mise au point s'est effectuée et l'image que j'ai, aujourd'hui, de Dessaulles est ce qui est, ici, donné à lire.

Cette biographie eût été différente sinon incomplète sans le civisme de madame Madeleine Béique Jarry, qui a déposé aux Archives nationales du Québec (Centre de Montréal) les quelque 770 lettres de la correspondance d'exil de Dessaulles à sa fille, et sans la générosité de monsieur Jacques Béique, qui m'a ouvert les archives de la famille Béique. Le Conseil de recherches en sciences humaines du Canada a facilité mon travail en me permettant de préparer pour le Corpus d'éditions critiques, une édition d'*Écrits* de Dessaulles, et le Comité des bourses de la Faculté des études supérieures et de la recherche de l'Université McGill m'a aidé, il y a 15 ans, à rassembler les écrits de ce prolifique écrivain.

Je remercie pour leurs commentaires sur le manuscrit mon ami Pierre Beaubien et Micheline Duhaime qui ont su, avec philosophie et humour, faire toute sa place à «Louis-Antoine».

Y. L.

Note à propos des documents originaux. Par souci d'exactitude, les documents sont cités dans leur forme originelle, avec l'orthographe en usage à l'époque et aussi parfois des erreurs typographiques. Les lecteurs voudront bien faire les adaptations de lecture nécessaires. Toutes les références sont reportées aux pages 307 à 338.

CHAPITRE I

La recherche d'un père
(1818-1837)

«Avec cela, on fait des moines, jamais des hommes. On organise un couvent, jamais une nation.»

La grande guerre ecclésiastique
(1873) p. 54

Entretenir les feux. C'était, depuis l'aube de ce 31 janvier 1818, la première préoccupation au manoir de Saint-Hyacinthe. Les domestiques alimentaient l'âtre de la cuisine et les foyers des chambres. Un domestique tenait les chevaux attelés, prêt à quérir le curé.

La seigneuresse donna naissance à un garçon. Après le décès, en bas âge, d'un premier enfant, Jean, les Dessaulles firent baptiser le nouveau-né le même jour. Le seigneur Jean Dessaulles et la seigneuresse, Rosalie Papineau Dessaulles, le prénommèrent Louis-Antoine. Louis en l'honneur de Louis-Joseph Papineau, frère de la seigneuresse et figure déjà consacrée de la politique nationale et libérale; Antoine, en hommage à «Monsieur» Antoine Girouard, curé de Saint-Hyacinthe et ami du seigneur du lieu. Ce prénom composé, emblématique de l'État et de l'Église, préfigurait tout un avenir.

Le seigneur Dessaulles a alors 52 ans. Par son travail, par le jeu des alliances et des nominations militaires, l'homme s'est fait un nom. Né vers 1766 à Saint-François-du-Lac, il est le fils de Jean-Pierre Dessaulles, Suisse du comté de Neuchâtel, «véritable chrétien» qui, jeune, émigre au Canada et s'y établit comme marchand vers 1760. Jean-Pierre Dessaulles épouse Marguerite Crevier, sœur de Marie-Anne Crevier, femme de Jacques-Hyacinthe Simon dit Delorme, seigneur de Saint-Hyacinthe depuis 1753.

À 13 ans, vers 1779, on met le jeune Jean Dessaulles chez les Sulpiciens du Collège de Montréal. Il y demeure à peine deux ans, avant de retourner dans sa famille qui s'installe dans la seigneurie de Saint-Hyacinthe. Bientôt orphelin, l'adolescent y a l'estime de sa tante Marie-Anne, devenue veuve du seigneur Delorme. Le jeune Jean travaille donc pour sa tante, peut-être comme préposé au moulin à scier. En 1795, à 29 ans, alors qu'il est nommé depuis un an lieutenant de la milice de la paroisse de Saint-Hyacinthe par le gouverneur Dorchester, Jean Dessaulles achète une terre, obtenant de sa tante, en 1796, une concession dans le village. Selon toute vraisemblance, Dessaulles travaille alors comme agent seigneurial.

Un premier mariage, le 7 janvier 1799, à 33 ans, ne le conforte guère: son épouse Marguerite-Anne Warden meurt en mai 1801, de même que trois enfants nés en moins de trois ans. Madame veuve Delorme, sa «seconde» mère, meurt la même année. Dessaulles, devenu capitaine de milice, se jette dans le travail, toujours comme agent seigneurial de Hyacinthe-Marie Delorme qui a hérité des cinq huitièmes des biens tandis que trois huitièmes échoient à Pierre-Dominique Debartzch, petit-fils d'un mariage antérieur de Jacques-Hyacinthe Simon dit Delorme.

Hyacinthe-Marie Delorme est alors un personnage considérable: seigneur, il est député du comté de Richelieu à la Chambre d'Assemblée et lieutenant-colonel du bataillon de milice de Saint-Hyacinthe dont Jean Dessaulles assume la direction, à titre de major, depuis le 26 mars 1813. Le seigneur Delorme meurt célibataire en 1814 ayant fait, le 3 février, de Jean Dessaulles son légataire universel et l'héritier de tous ses droits et prétentions dans la seigneurie.

À 48 ans, Dessaulles vend ses biens et déménage au manoir seigneurial. Seigneur, juge de paix (1812), il est promu lieutenant-colonel de milice en 1814.

Son ascension sociale se confirme doublement deux ans plus tard: à 50 ans, après un veuvage de 15 années, il épouse, le 21 février 1816, Marie-Rosalie Papineau et le 25 avril il est élu représentant de la circonscription électorale de Richelieu à la Chambre d'Assemblée.

Rosalie Papineau, née le 18 février 1788 — elle a donc 28 ans à ses noces —, est la fille du notaire et seigneur Joseph Papineau et la sœur de Denis-Benjamin, d'André-Augustin, de Toussaint-Victor et de Louis-Joseph, lui aussi député. L'entrée de Jean Dessaulles dans la famille de Joseph Papineau n'est pas que matrimoniale; elle est aussi politique. Si le beau-frère et nouveau député a 50 ans, Louis-Joseph Papineau n'a que 30 ans et il est député depuis 1809, «orateur» de la Chambre et nouveau leader du Parti canadien depuis 1815.

Jean Dessaulles hérite d'une seigneurie prospère qui connaît une croissance territoriale et démographique au tournant du siècle, alors que sa population passe de 1390 habitants en 1791 à 11 742 habitants en 1825. Le village qui se forme au tournant du siècle regroupe, en 1805, 89 habitations, 72 familles pour une population de 321 habitants. Depuis 1796, les paroissiens de Notre-Dame-du-Rosaire disposent d'une église en pierre et d'une cure où arrive l'abbé Antoine Girouard en 1805. M. Girouard y fonde un collège en 1811 et un couvent en 1816. Le seigneur Dessaulles fait usage de ses droits: il n'hésite pas à poursuivre ses censitaires, à les sommer, par l'entremise des avocats Denis-Benjamin Viger ou Louis-Joseph Papineau, de comparaître devant la Cour du Banc du Roi, à leur faire tenir des ordres de paiement et à faire vendre par le shériff des terres, des immeubles ou des biens meubles saisis.

Le fils de Louis-Joseph Papineau, Amédée, né en 1819, se souviendra en 1834 de son «oncle Dessaulles, à cheveux gris rasés très courts et poudrés, avec habit de drap bleu et boutons dorés, gilet de drap jaune laissant échapper un large jabot brodé, pantalon de nankin, ventre rebondi que couvrait des breloques, une longue pipe hollandaise à la bouche, à la main canne de jonc à tête d'or, trappu, gros, cambré, marchant d'un air magistral par les rues et la place publique».

Jean Dessaulles est élu député à un moment crucial de la vie politique du Bas-Canada. Depuis la Constitution de 1791, à côté du pouvoir personnel du gouverneur, de l'Exécutif et du Conseil législatif nommés par le gouverneur et composés majoritairement d'anglophones acquis à ses projets, le Bas-Canada dispose d'une Chambre d'assemblée dont les députés deviennent majoritairement francophones vers 1800. Les débats parlementaires sont bientôt relayés par une presse fortement polarisée: le *Quebec Mercury*, fondé

en 1805 et voix des marchands anglophones assimilateurs, *Le Cana-*
dien, lancé l'année suivante pour faire valoir les positions des Canadiens, c'est-à-dire des Canadiens français. Un contentieux se bâtit
vers 1810 entre la Chambre d'assemblée et le gouverneur Craig; celui-ci dispose d'une liste civile qui lui permet de façon discrétionnaire
des dépenses de patronage alors que la Chambre d'assemblée, en
vertu du principe «No taxation without representation, no representation without taxation», prétend à un contrôle sur toutes les dépenses publiques, y compris sur les sommes prélevées par le gouverneur
pour sa liste de gratification de civils. Sir James Craig ira même jusqu'à proroger la Chambre d'assemblée, à faire saisir les presses du
Canadien et à emprisonner ses rédacteurs.

En passant de Pierre-Stanislas Bédard à Louis-Joseph Papineau
en 1815, le leadership du Parti canadien passait de Québec à Montréal et allait se donner une voix, *La Minerve,* publiée par Ludger
Duvernay à compter de 1826. Élu président de la Chambre d'assemblée, Papineau allait prendre un ascendant incontesté sur le Parti
canadien qui s'affiche Parti patriote en 1827. Il écrit à sa sœur Rosalie
en 1816: «Je me réjouis de tout cœur voir Mr. Dessaulles un des
nôtres dans la grande Bagarre de la Chambre d'Assemblée. Il nous y
faut de vigoureux rameurs, et vogue la Galère.»

Londres amorce alors une politique d'immigration susceptible
de faire contrepoids à la population francophone de sa colonie
d'Amérique du Nord britannique. En peu de temps, cette politique
porte fruits. En 1822, Jean Dessaulles s'oppose avec la population, *Le*
Canadien, le clergé et surtout le Parti canadien dirigé par son beau-
frère — seigneur de la Petite-Nation depuis 1818 — à un projet
d'union entre le Bas-Canada et le Haut-Canada, tramé par des marchands frustrés de ne pas disposer d'un pouvoir politique en Chambre qui soit proportionnel à leur pouvoir économique. Le seigneur
Dessaulles dirige même le Comité du comté contre ce projet d'union
conçu pour rendre les Canadiens français minoritaires; le projet
n'aboutit toutefois pas.

Louis-Antoine Dessaulles entre donc dans le siècle à un moment d'affirmation des Canadiens français, qui se servent de la démocratie et de la Chambre d'assemblée comme d'un levier pour faire
valoir leurs aspirations. Il entre aussi dans le siècle à un moment de
reconstruction de l'Europe et de construction de l'Union américaine.

Le Bas-Canada se ressent de cette conjoncture: la fin, en 1815, du blocus continental, qui fermait les ports français métropolitains et coloniaux aux navires anglais permet à nouveau la circulation des personnes et des biens entre la France et son ancienne colonie et marque surtout la fin et l'échec des guerres napoléoniennes. Le Congrès et les traités de Vienne de 1814 et de 1815 redessinent la carte de l'Europe. Les négociateurs remettent en cause les acquis de la Révolution française de 1789 en promouvant le rétablissement de la légitimité des souverains en Prusse, en Autriche, en Russie, en France et dans les Pays-Bas, et ce, selon le principe moral et juridique de la «légitimité» et le principe pratique d'un nouvel équilibre européen. L'Europe du temps de jeunesse de Louis-Antoine Dessaulles est donc légitimiste, réactionnaire et cléricale; c'est celle de la Sainte-Alliance.

En 1818, le drapeau des États-Unis d'Amérique compte 20 étoiles. Aux 13 colonies fondatrices — Delaware, Pennsylvanie, New Jersey (1787), Géorgie, Connecticut, Maryland, Caroline du Sud, Virginie, New York (1788), Caroline du Nord (1789) et Rhode Island (1790) — s'étaient ajoutés le Vermont (1791), le Kentucky (1792), le Tennessee (1796), l'Ohio (1803), la Louisiane (1812), l'Indiana (1816), le Mississipi (1817) et l'Illinois (1818). La Louisiane, territoire de 827 000 milles carrés qui avait été, en 1803, vendu 15 millions de dollars — 4 cents l'acre — par Napoléon pour financer ses guerres européennes, allait donner lieu à la formation de 13 nouveaux États de l'Union. Le président James Monroe (1817-1825) avait déjà été confronté au problème de l'esclavage en proposant le «compromis du Missouri», territoire qui entrait (1821) dans l'Union comme État esclavagiste en retour de l'admission du Maine (1820) comme État libre. Malgré cette plaie de l'esclavage dont on prenait de plus en plus conscience, les États-Unis allaient prolonger dans leur politique internationale — la «doctrine Monroe» de 1823 — le dynamisme de leur affirmation nationale: «The American continents [...] are henceforth not to be considered as subjects for future colonization by any European powers.» Au moment de la naissance de Louis-Antoine Dessaulles, l'expansion occidentale des États-Unis est commencée à l'ouest de la Louisiane, du Mississipi, de l'Illinois et du Missouri.

À 58 ans, Jean Dessaulles demeure fort actif au Parlement et dans la seigneurie. Au manoir, son épouse donne naissance à un deuxième enfant vivant, Rosalie-Eugénie, née le 2 mai 1824. Une autre fille, Marguerite-Rosalie-Élisabeth, née le 16 mai 1823, était morte en bas âge.

En septembre 1824, le seigneur inscrit son fils de six ans au collège de «monsieur Girouard»; le filleul du supérieur-fondateur de l'institution entreprend alors un cycle d'études de 12 ans. Le Collège de Saint-Hyacinthe compte à l'époque une soixantaine de pensionnaires et une quarantaine d'externes, et à l'été de 1826 sort la première promotion à avoir complété le cours, des Éléments à la Philosophie. Le jeune Dessaulles y passe cinq ans, complétant «l'école latine des commençants» (1824-1825), «l'école française» (1825-1826), la sixième ou Éléments latins (1826-1827), la cinquième ou Syntaxe (1827-1828) et la quatrième ou Méthode (1828-1829).

En septembre 1829, Jean Dessaulles, qui avait fait deux années d'études chez les Sulpiciens de Montréal, y inscrit son fils. Désiret-il alléger la tâche de son épouse qui vient de perdre une fille, Marie-Séraphine-Aurélie née le 23 avril 1826, et de mettre au monde Georges-Casimir, le 29 septembre 1827? Croit-il à la qualité de l'enseignement sulpicien, aux vertus du pensionnat, aux apports de la famille Papineau à Montréal, chez qui l'enfant peut résider? Louis-Antoine, résidant chez les Papineau ou pensionnaire de 11 à 14 ans chez les Messieurs de Saint-Sulpice, y fait vraisemblablement la troisième ou Versification (1829-1830), la seconde ou Belles-Lettres (1830-1831) et une partie de la première ou Rhétorique (1831-1832). Lever, prières, études d'histoire sainte. Lever, prières, études de la mythologie. Lever, prières, études des préceptes de la langue, de la versification, de l'éloquence, de l'argumentation et de l'amplification. Telle est le quotidien peu souvent perturbé du collégien.

Dessaulles serait donc en Belles-Lettres lorsqu'éclate en France la Révolution de juillet 1830. Par les gazettes que les externes mettent en circulation, l'événement force la vie *intra muros* du collège de la rue Saint-Paul qui connaît, en novembre, selon le mot de Mgr Lartigue, «une petite révolution à la Française». À la manière des étudiants de l'École Polytechnique de Paris, les élèves du Collège de Montréal, qui «révolutionnent» pendant trois jours, miment le renversement du ministère du prince de Polignac, l'exil de Charles X et la montée sur le trône de Louis-Philippe d'Orléans. Au moment où le Parti canadien confirme sa force à Montréal et en province, les élèves — dont Amédée et Lactance Papineau, collègues de Dessaulles — s'en prennent au loyalisme de leurs «maîtres» sulpiciens, qui se disent «plus agréables au Gouvernement que tous les Canadiens» et qui considèrent Saint-Sulpice comme le «quartier général» et «le boulevard de la loyauté». Les élèves font part de leurs doléances en bonne et due forme: trop de punition, pas assez de récréation, et ils réclament le respect d'une charte. On placarde des appels à la révolte, on hisse le tricolore, on pavoise la façade du collège avec l'effigie de monsieur Séry, professeur — alias de Polignac — qui traite trop souvent les Canadiens «d'ignorants». Monsieur Baile, le directeur, devient Charles X et on convoque un Louis-Philippe d'Orléans, monsieur Quiblier ou monsieur Roque, anciens directeurs. Dessaulles entonna-t-il «La Collégiade», qui dénonçait les Sulpiciens «français»?

> Nous sommes fils de citoyens,
> Enfans de la patrie;
> Soyons-en les fermes soutiens
> Contre la tyrannie.
> Elevons nos voix
> Contre *le français*
> Qui nous traite en Despote.
> Qu'il suive les lois,
> Respecte nos droits.
> Si non — à la REVOLTE.

Des externes s'empressent de rapporter que la loyaliste *Montreal Gazette* refusait de voir «toute cause extérieure» à cet émoi alors que le nouvel organe du Parti patriote à Montréal, *La Minerve*, rappelle les «préjugés» politiques d'Ancien Régime des Sulpiciens toujours prompts à prêcher «la soumission aveugle aux autorités» et à déclarer «ridicule de voir le peuple du pays par ses représentants se mêler de faire ses propres lois». L'ordre ne tarda point à revenir, mais le moment conserva quelque chose d'impérissable.

Cette «petite révolution» dans l'enceinte du collège s'explique par l'effervescence politique et sociale hors de ses murs. Le Parti canadien qui recueille, à l'élection de 1827, les votes de son opposition en 1822 au projet d'union, devient le Parti patriote et mène, après 1830, une triple action: une action démocratique en réclamant l'électivité des institutions publiques — municipalités, fabriques paroissiales et commissions scolaires; une action anti-coloniale, en critiquant le Conseil législatif dont il demande l'électivité des membres; une action républicaine, anti-monarchique et anti-aristocratique, inspirée de l'expérience de la «Grande République» voisine.

Cette «petite révolution» antisulpicienne inspirée de la Révolution de juillet 1830 en France montre bien la perméabilité du Bas-Canada à la conjoncture internationale où pointent les premières insurrections: en Espagne et à Naples en 1820, dans le Piémont autrichien en 1821, en France en juillet 1830, en Belgique en août de la même année, puis en Pologne en novembre, dans les duchés de Parme et de Modène et en Romagne en 1831.

Alexis de Tocqueville, qui voyage dans le Bas-Canada en 1831, note toutefois: «Les journaux français que j'ai lus font contre les Anglais une opposition constante et animée. Jusqu'à présent le peuple ayant peu de besoins et de passions intellectuelles et menant une vie matérielle fort douce, n'a que très imparfaitement entrevu sa position de nation conquise et n'a fourni qu'un faible point d'appui aux classes éclairées.» L'aristocrate, attentif à la démocratie atlantique, prend soin d'apprécier la position des seigneurs: «Nous avons pu apercevoir dans nos conversations avec le peuple de ce pays-ci un fond de haine et de jalousie contre les seigneurs. Les seigneurs cependant n'ont pour ainsi dire point de droits, ils sont peuple autant qu'on peut l'être et réduits presque tous à cultiver la terre. Mais l'esprit d'égalité de la démocratie est vivant là comme aux États-Unis, bien qu'il ne soit pas si raisonneur.» Son trop bref séjour le fait toutefois passer à côté de certaines réalités: «Je n'ai encore vu dans le Canada aucun homme de talent, ni lu une production qui en fît preuve. Celui qui doit remuer la population française, et la lever contre les Anglais, n'est pas encore né.» Papineau était pourtant né et dirigeait le Parti patriote.

À Saint-Hyacinthe, la seigneurie peuplée de 11 742 habitants en 1825 en compte près de 15 000 en 1831. Avec ses 914 habitants et ses 150 maisons, Saint-Hyacinthe constitue en 1831 la troisième agglomération bas-canadienne après Laprairie et Sorel. Signe de dynamisme et de prospérité, on construit en 1830 un édifice sur la place du marché, sur un terrain donné, en 1827, par le seigneur.

Jean Dessaulles est toujours député de Richelieu à la Chambre d'Assemblée; il personnifie la modération comme en témoigne cette lettre à son beau-frère Papineau:

> J'ai reçu votre lettre circulaire du 23 mars et j'ai vu votre adresse à vos constituants. Son Excellence dans son discours lors de la Prorogation de la Chambre ayant fait des plaintes amères sur nos procédés et nous ayant accusé d'une manière très grave auprès du Peuple, vous aurez pris pour faire cette justification la voie que présentent la modération et l'amour de la concorde. Vous vous êtes adressé au Peuple par la voie des journaux. La modération et la vérité, caractères essentiels d'une bonne cause, ont dicté cet Appel. Il portera la lumière chez tous nos constituants, s'il en est quelqu'un qui ne l'ait pas encore apperçu et nous justifiera pleinement chez l'Étranger. En conséquence, je n'ai point d'objection à le signer.

Jean Dessaulles, qui est, à 63 ans, père d'un nouveau fils, Victor-Denys, né le 23 juillet 1829 et décédé en août 1830, se fait élire dans le nouveau comté de Saint-Hyacinthe, qu'il représentera d'octobre 1830 à juin 1832.

Au manoir, les questions politiques animent les conversations de la famille, du seigneur, de son beau-frère Papineau. Au moment où le contentieux avec la Chambre d'assemblée connaît un nouveau sommet avec le rejet par le Conseil législatif du Bill des Fabriques, à l'administration desquelles les notables veulent participer, le gouverneur de la colonie, lord Aylmer, propose, le 9 novembre 1831, à Jean Dessaulles d'entrer au Conseil législatif.

Dans sa lettre d'acceptation de cette épineuse tâche, Jean Dessaulles précise au gouverneur le 19 décembre 1831: «J'ai voté en Chambre Milord que l'acte en vertu duquel est constitué le Conseil Législatif était fautif, dans sa disposition relative à ce corps. Je suis toujours du même avis. Aussi longtemps néanmoins que cette disposition sera en force, je conçois qu'il vaut mieux que des hommes amis de la Chambre d'Assemblée entrent au Conseil, pour effectuer un rapprochement désirable entre les deux corps, que de les voir sans cesse en lutte et en opposition.» À peine admis au Conseil, Jean Dessaulles reçoit une lettre de son beau-frère, président de la Chambre et chef du Parti patriote: «Il faut se mettre en état d'obtenir la convocation du Parlement; mais il ne faudrait pas avoir la session avec nos rangs éclairés par l'absence de plusieurs amis du pays. Je vous prie donc de m'envoyer votre résignation motivée ou non motivée, peu importe.» Il ajoute que sa démission comme député devra être «suivie d'une élection qui fera comprendre au gouvernement que ceux des membres du Conseil qui résignent demandent aussi bien que le peuple la convocation parlementaire». D'octobre 1832 à mars 1835, Jean Dessaulles assiste à 36 des 157 séances du Conseil législatif. Ses absences se font bientôt plus fréquentes: 95 de ses 121 absences sont postérieures à mars 1833. La crise constitutionnelle s'aggrave et, au Conseil, le vote devient de plus en plus délicat.

Le député-seigneur doit aussi voir à ses affaires et il a fait de Donald George Morisson son notaire attitré. Les transactions de la seigneurie sont nombreuses comme l'attestent les 50 premiers folios de l'index des minutes du notaire: de 1832 à 1835, une large partie des actes notariés de Morisson concernent les affaires de Jean Dessaulles.

En juin 1832, le choléra qui sévit au Bas-Canada, et en particulier à Montréal, incite les Dessaulles à retirer Louis-Antoine du collège des Sulpiciens et à l'inscrire à nouveau au Collège de Saint-Hyacinthe. Il y fait ou y reprend sa classe de seconde ou Belles-Lettres (1832-1833), entamée par la «petite révolution»; son professeur de Belles-Lettres à Saint-Hyacinthe est l'abbé Joseph Larocque, futur évêque du diocèse (1852) de Saint-Hyacinthe. Sous le professorat de l'abbé Joseph-Sabin Raymond, il reprend vraisemblablement sa première ou Rhétorique (1833-1834), interrompue par l'épidémie de choléra. Il y fait ses classes de Philosophie: la «Logique», de septembre 1834 à août 1835, la «Physique», de septembre 1835 à août 1836. Le Collège de Saint-Hyacinthe est alors comparable au Séminaire de Québec et au Collège de Montréal; ses professeurs — Isaac Lesieur Désaulniers et Joseph-Sabin Raymond — sont de la trempe de l'abbé Jérôme Demers de Québec ou de monsieur Antoine Houdet de Montréal.

Dessaulles termine ses Belles-Lettres au moment où, en août 1833, les exercices publics de fin d'année dégénèrent en polémique. À nouveau l'effervescence politique et idéologique *extra muros* franchit la vie *intra muros* du Collège. Le collège, tout classique qu'il soit, n'est pas imperméable aux idées du jour. Le programme de la seconde journée des examens publics mettait les philosophes à contribution: «Traduction des auteurs latins et grecs; exercices de mathématiques; thèses philosophiques sur l'origine des idées, leur progrès; l'existence de Dieu; système de Lamennais sur le fondement de la certitude, objections [...]. Continuation des thèses philosophiques, discussion; répétition du *Procès de l'école libre*: discours de MM. Montalembert, Lacordaire et de Coux [...]»

Lamennais, Montalembert, Lacordaire et le groupe des catholiques libéraux français sont ainsi au cœur de la discussion et ces exercices constituent le premier contact du jeune Dessaulles avec ces écrivains et ces penseurs qui animent le renouveau catholique de la première moitié du XIXᵉ siècle.

L'abbé Félicité de Lamennais avait publié en 1817 un *Essai sur l'indifférence en matière de religion* fort remarqué et qu'on lisait, dès 1819, au Bas-Canada. L'ouvrage y avait été introduit par l'abbé de Calonne, de Trois-Rivières, dans cette région appelée à l'époque «la petite France», en raison du nombre de prêtres français «chassés» par la Révolution qui y exerçaient le ministère ou y professaient au Séminaire de Nicolet. L'abbé Isaac Désaulniers, professeur de philosophie à Saint-Hyacinthe, y avait fait ses études et s'y était familiarisé avec Lamennais. Le Séminaire de Nicolet avait d'ailleurs été fondé par Mᵍʳ Joseph-Octave Plessis, qui avait voyagé en France en 1819, accompagné dans ses visites des milieux catholiques du jeune Jean-Jacques Lartigue, menaisien, futur évêque du diocèse de Montréal et protecteur du Collège de Saint-Hyacinthe. Quant à l'autre professeur de la classe de Philosophie, l'abbé Joseph-Sabin Raymond, il était un lecteur des romantiques et de Lamennais, auteur d'un *Essai d'un système de philosophie catholique* (1831) qui trouvait dans la tradition, dans le consentement général, dans le *sens commun* le fondement de la certitude et de la vérité.

Les menaisiens canadiens étaient surtout des lecteurs passionnés de *L'Avenir* de Paris que Lamennais et ses amis publièrent d'octobre 1830 à novembre 1831 et dont la devise était «Dieu et liberté». Les rédacteurs du journal catholique libéral lisaient l'histoire depuis 1789 et les événements de 1830, à la lumière d'un principe: «pas de Dieu sans liberté, pas de liberté sans Dieu». *L'Avenir* fut condamné par Rome, le 15 août 1832, dans l'encyclique *Mirari Vos* qui censurait l'idée de liberté de conscience et de la presse et réaffirmait le principe de soumission aux autorités établies, confirmant du coup certaines monarchies européennes dans leur pouvoir.

Les exercices de fin d'année du collège prennent soudain un tour inattendu. Du public, qui peut interroger les jeunes philosophes, arrivent de sérieuses «objections». L'abbé Jacques Odelin, ancien professeur de philosophie et chicanier à souhait, prend le contre-pied du sens commun de Lamennais, argumentant en faveur du sens privé, en faveur de la raison individuelle, cartésienne. La charge est telle que le professeur Raymond doit venir à la rescousse de ses élèves et de ses thèses et qu'en septembre le directeur du collège doit s'expliquer publiquement:

> [...] d'autres nous demandent s'il est vrai que nous enseignions le système de Lamennais pour rejeter celui de Descartes. À cela je réponds: oui, Monsieur, nous enseignons du Lamennais, non pas son système politique, mais bien sa thèse philosophique; c'est-à-dire que nous combattons le sens privé des Déistes, des Athées, etc., par le sens commun des hommes, ou l'autorité du genre humain, tenant toujours bon compte des autres preuves philosophiques qui les réfutent, mais les basant toutes sur celle-là. Il est vrai, cette doctrine a paru singulière dans notre siècle: on s'est un peu moqué de la raison générale; quelques personnes se sont crues obligées en conscience de protester contre cette nouveauté suspecte qu'on appelle le sens commun. Nous respectons infiniment leurs scrupules, mais nous ne pensons pas devoir y céder, avant d'avoir vu cette doctrine mieux réfutée. [...] Je le déclare donc: nous essayons de former nos élèves, ceux de la philosophie surtout, à soutenir par l'argument le plus invincible les vérités les plus contestées de l'heure qu'il est. Nous en saurait-on encore mauvais gré?

La polémique n'en continue pas moins, opposant dans *L'Écho du pays* de Saint-Charles-sur-Richelieu et dans *L'Ami du peuple* de Montréal les menaisiens de Saint-Hyacinthe et le cartésien abbé Odelin. L'enjeu intellectuel et civique est clair pour le directeur du collège:

> Or dans ce combat d'où doit résulter le sort de la société, il n'existe que deux principes réellement opposés [...]. Deux philosophies représentent l'expression de ces principes comme base de leur enseignement. L'une dit à l'homme: tout ce que la raison infaillible présente comme vrai à ton esprit, crois-le, c'est la vérité. L'autre lui dit: homme, défie-toi de la raison, dont tant

d'erreurs et de préjugés ont démontré la faiblesse, un penchant invincible te porte pourtant à rechercher la vérité; et bien ce que la généralité de tes semblables admet, voilà ce qu'il faut croire comme vrai; la raison particulière ne peut être juste qu'autant qu'elle se conforme à la raison générale. La première inventée par quelques sophistes de la Grèce, ressuscitée dans les temps modernes, a paru depuis trois siècles la même dans son principe mais variant dans son application sous les noms de Protestantisme, de Cartésianisme, d'Individualisme ou de philosophie proprement dite; la seconde n'ayant point d'origine connue et suivie de pratique par tous les hommes de tous les siècles n'est autre chose que ce qu'ils appellent le sens commun et ce qui appliqué à la religion se nomme le Catholicisme.

Les étudiants de Philosophie retrouvaient ici une idée et un langage connus: je pense donc je suis, ou, je pense comme les autres. Toute la question résidait dans la décision de fonder la certitude sur l'autorité de l'évidence ou sur l'évidence de l'autorité. Ce choix philosophique avait des conséquences.

La polémique est encore animée lorsqu'on apprend en août 1834 la seconde condamnation romaine de Lamennais, l'encyclique *Singulari Nos* du 24 juin 1834 réprouvant cette fois les *Paroles d'un croyant* dont *Le Canadien* a publié des extraits et qui circulent très tôt à Montréal et à Saint-Hyacinthe. Les *Paroles d'un croyant*, véritable brûlot qui met les préceptes évangéliques dans un lexique démocratique, avait aussi connu une édition pirate à l'automne de 1834 grâce à Ludger Duvernay, éditeur de *La Minerve* qui était alors l'organe du Parti patriote. Dessaulles avouera plus tard avoir appris et connu «par cœur» les *Paroles d'un croyant*.

C'en était fait de l'enseignement de Descartes mais aussi des idées de Lamennais et des chances d'un catholicisme libéral. Mgr Lartigue écrit au directeur du Collège de Saint-Hyacinthe, le 30 août 1834: «Nous avons reçu du Pape une Bulle datée du 25 [sic] juin de cette année, et qui condamne formellement le livre intitulé *La parole d'un croyant*; or, quoique le système de La Mennais sur la certitude n'y soit pas nommément désigné en mauvaise part, néanmoins ses idées philosophiques en général y étant réprouvées, je défends qu'à l'avenir on enseigne dans le Collège de St-Hyacinthe rien des livres, des systèmes ou de la doctrine de cet Auteur, comme tiré de ses écrits; et je désire même que son nom ou son autorité ne soit mentionné en aucune manière dans l'enseignement.» L'autorité collégiale se soumet et on retire les ouvrages de Lamennais et tous les numéros de *L'Avenir* de la bibliothèque du collège.

La polémique est close mais un débat d'idées a eu lieu et une censure s'est exercée, à deux occasions, de Rome et de Montréal. De tels événements peuvent marquer une jeune intelligence.

En première année de Philosophie, le jeune Dessaulles a comme professeurs l'abbé Raymond et l'abbé Isaac Désaulniers, qui revient d'un séjour d'études à la Georgetown University de Washington. Dans l'étude de la logique, Dessaulles aborde la question classique des opérations de l'esprit et en particulier le problème des conditions de possibilité de la certitude, du critère fondamental de la raison vraie ou certaine. Dans un travail, Dessaulles distingue deux philosophies: «cette philosophie naturelle dont tout homme de bon sens doit sentir non seulement l'importance mais même la nécessité»; puis cette autre philosophie qui «est le moyen de tout découvrir et de tout démontrer rationnellement. En conséquence de ce principe, on a voulu parler de tout, expliquer tout, et aussi on est tombé dans toutes les erreurs et les absurdités possibles.» L'élève répétait bien l'enseignement du maître et il restait quelque chose de la philosophie de Lamennais appuyée sur le *sens commun* et non pas sur cette orgueilleuse raison individuelle, privée, chère à Descartes.

En métaphysique, l'élève Dessaulles qui a repassé ses notes de cours sur l'immortalité de l'âme et les preuves de l'existence de Dieu, continue son travail et décrie «Voltaire et les impies du dernier siècle», en appelant à nouveau à la «droite raison et au bon sens»: «Ainsi donc la philosophie ne peut être utile, je ne dis pas nécessaire, qu'en autant qu'on saura la faire marcher avec la droite raison et le bon sens; et toute la philosophie qui n'est pas basée sur ces fondemens solides n'est qu'illusion et ne peut être que pernicieuse. Qu'on me montre quels établissements utiles la philosophie a fait naître? Qu'on me montre quel bien cette prétendue sagesse a fait au genre humain? Certes, on me montrera bien le mal qu'elle a produit...» Dessaulles pensera différemment, au sujet de la raison qui détruit plus qu'elle ne construit.

En éthique, le jeune philosophe se familiarise avec les devoirs — davantage qu'avec les droits — de l'homme à l'égard de Dieu, de la société et de lui-même. Le fils du seigneur de Saint-Hyacinthe y apprend même les devoirs d'humanité, de charité mais aussi de fermeté du seigneur (*herilis*, le maître) ainsi que les devoirs des censitaires (*famulos*, les esclaves ou les serviteurs).

La question centrale de la morale spéciale demeure néanmoins le gouvernement des hommes en société, la «meilleure forme de gouvernement». Et à Saint-Hyacinthe, qui se trouve dans l'aire d'influence du Parti patriote et de Papineau, la question ne se pose pas qu'abstraitement comme en témoigne le sulpicien Baile: «[...]que tous ceux qui se plaignent que nous faisons de la politique sont précisément ceux qui louent et exaltent le Collège de Maska [Saint-Hyacinthe] dont le Directeur m'a assuré qu'il regardait la lecture des gazettes et l'explication qu'il en donnait journellement à ses élèves, comme un de ses principaux devoirs». Au printemps, le jeune Dessaulles écoute son professeur, l'abbé Raymond, enseigner que l'origine du pouvoir politique ne venait pas du peuple qui n'était pas souverain mais de Dieu qui le délègue sur terre à un souverain. Pour l'examen de fin d'année et pour la vie, la formule est simple: *Omnis potestas a Deo*. La monarchie de droit divin constituait la meilleure forme de gouvernement, quoiqu'on reconnût vraisemblablement une certaine valeur à la monarchie constitutionnelle, forme du gouvernement métropolitain et colonial sous laquelle le pays vivait.

Dessaulles est en classe de Philosophie lorsque la Chambre d'assemblée vote, en 1834, les 92 Résolutions, *syllabus* des doléances des Canadiens français contre l'administration coloniale. Le fil des luttes constitutionnelles est sur le point d'être rompu; la population et les députés misent sur les 92 Résolutions, sorte d'appel de dernier recours au parlement de Londres, pour dénouer la crise avec le gouverneur de la colonie et avec le Conseil législatif qui bloque les projets de loi de la Chambre. L'appui populaire à ces mesures ne fait point de doute: le Parti patriote obtient 77 pour cent du suffrage à l'élection de 1834.

Dessaulles est sur le point de terminer sa première année de Philosophie lorsque son père meurt, à 69 ans, le 20 juin 1835. Louis-Antoine est âgé de 17 ans. Par testament du 17 juin 1835 fait au manoir et signé par quatre témoins, le seigneur Jean Dessaulles lègue «à son fils aîné tous [ses] droits et prétentions dans le fief et la seigneurie de Saint-Hyacinthe, avec tous les droits et titres honorifiques qui en dépendent, à la charge de par lui payer et rembourser à Georges-Casimir Dessaulles son frère et Rosalie Dessaulles sa sœur, à chacun respectivement, le juste tiers de l'Estimation de la dite Seigneurie». Le testament stipule encore que les héritiers ne peuvent vendre, engager ou hypothéquer quoi que ce soit avant l'âge de 25 ans et que le tout est fait sans préjudice pour madame Dessaulles, «attendu qu'elle est suffisamment avantagée par son contrat de mariage». Les biens seront donc partagés en parts égales entre les trois enfants. Tous les enfants étant mineurs, madame Dessaulles est nommée tutrice le 9 septembre 1835 et le notaire Denis-Emery Papineau procède, six jours plus tard, à l'inventaire des biens de la communauté de Jean Dessaulles et de Rosalie Papineau qui sont vendus le 23 novembre.

En juillet 1836, à 18 ans, Dessaulles quitte le Collège de Saint-Hyacinthe. Il y a eu d'excellents professeurs — Larocque, Désaulniers, Raymond — qui retraverseront sa vie; il y a connu la polémique aux examens publics et dans les gazettes; il sort du collège avec quelques idées sur l'homme et sur la société: défiance à l'égard de la raison, soumission de la raison particulière à la raison générale, désaveu de la souveraineté du peuple et de la république au profit de la monarchie. Quant à ce Lamennais condamné, ostracisé, il l'a lu et il continuera à le lire.

Dès l'automne de 1836, Dessaulles quitte le manoir de Saint-Hyacinthe et va s'installer à Montréal dans la famille Papineau. Il entreprend des études de droit «à l'école intime, tous les jours, d'hommes comme D.B. Viger, C.S. Cherrier, Joseph Papineau, L.J. Papineau» et « au milieu des agitations politiques et des luttes constitutionnelles». Il est à l'aise dans la famille Papineau, avec ses cousins, avec leur père auquel il voue une admiration quasi filiale. L'oncle de 49 ans l'inspire. Depuis les décevantes résolutions Russell d'avril 1837 par lesquelles Londres offre une fin de non-recevoir aux 92 Résolutions et aux attentes des élus du Bas-Canada, Papineau et le Parti patriote ont développé une stratégie nouvelle pour sortir de l'impasse constitutionnelle: faute de pouvoir donner voix en Chambre à la volonté populaire, on décide de la faire connaître en organisant des assemblées populaires de comté puis des conventions de comtés. La détermination politique monte d'un cran avec la destitution des officiers et magistrats et leur remplacement par des responsables élus. Puis, s'inspirant des Sons of Liberty de la révolution étatsunienne, on met sur pied les Fils de la Liberté, en septembre 1837.

Dessaulles met alors ses livres de droit de côté. Dans sa voiture, Dessaulles conduit son oncle qui parcourt les campagnes de la vallée du Richelieu, la région de Saint-Hyacinthe et les villages riverains du Saint-Laurent entre Contrecœur et Longueuil. Il entend ici les doléances des paysans contre le gouverneur, contre Londres ou contre les Anglais; là pointent des récriminations contre les impositions, celles des curés, celles aussi des seigneurs. Il écoute Papineau et les autres patriotes haranguer les assemblées. À Montréal, il fréquente la librairie Fabre, lieu de rendez-vous et de discussion des Patriotes et des membres du Comité central et permanent.

Le 6 novembre, l'émeute éclate à Montréal. Il est chez les Papineau lorsque les membres du loyaliste Doric Club attaquent la maison du leader patriote. Il est au Champ-de-Mars lorsque les «Tories» saccagent les locaux du journal irlandais patriote *The Vindicator*, et ce, devant une troupe militaire peu empressée.

Le 13, la situation s'étant détériorée, Papineau décide de quitter sa maison de la rue Bonsecours. Son fils Amédée note dans son journal: «À 5 heures, il nous fit ses adieux, bien tristes adieux, et déguisés ainsi que Dessaulles, ils voulurent sortir...» Dessaulles assure la sortie de Montréal de son oncle vers la vallée du Richelieu et fait de même pour sa tante le lendemain, la conduisant à Verchères, chez les Viger. Il était temps: le 16, des mandats de recherche et d'arrestation sont émis contre les leaders du Parti patriote.

Le manoir de Saint-Hyacinthe devient un lieu de refuge pour les Papineau; Amédée s'y cache et Dessaulles emprunte *René* et *Atala* de Chateaubriand et sa traduction de *Rob Roy* de Walter Scott, à la bibliothèque du collège, pour distraire son cousin.

Le matin même de l'engagement à Saint-Denis, Dessaulles s'y rend et passe chez le docteur Nelson. Il y trouve Papineau et le docteur O'Callaghan et c'est alors qu'il entend Nelson proposer à Papineau de fuir. Dessaulles ne peut prévoir l'importance de cette discussion. Le 23 novembre, jour de l'affrontement, Louis-Joseph Papineau se cache au manoir de Saint-Hyacinthe; il échappe à une fouille le 25, et vers le 30, madame Dessaulles assure sa fuite ainsi que celle du docteur O'Callaghan vers les États-Unis, où Amédée rejoindra son père au début de décembre. Cette solidarité dans la clandestinité prend chez les Dessaulles d'autres formes: aide alimentaire aux insurgés de Saint-Charles, protection d'Ezilda, sœur d'Amédée, que l'on cache au couvent. Alors que son frère est déjà en sécurité aux États-Unis, Rosalie Papineau Dessaulles lui fait part de ses inquiétudes au sujet de Louis-Antoine: «Je crains toujours qu'il ne s'expose et qu'on ne l'encage comme tant d'autre.»

Dessaulles naît, fils de seigneur, à un point tournant du siècle, tant au Bas-Canada qu'en Europe. Son éducation s'en ressent, au Collège de Montréal et à Saint-Hyacinthe: il s'y éveille à la Révolution de juillet 1830 et à la montée des nationalismes en Europe; il y développe une sensibilité au débat, sur le statut de la raison ou sur la valeur de la souveraineté du peuple; déjà, la polémique le rejoint au collège, et elle tourne autour de Lamennais. L'alliance des Dessaulles avec les Papineau s'avère, aussi, décisive: Louis-Antoine y trouve un deuxième père, moins modéré que le Conseiller législatif Jean Dessaulles, plus visible comme «Orateur» de la Chambre d'assemblée, comme chef du Parti canadien, comme leader des Patriotes. Cet enfant, né d'un père âgé et décédé alors qu'il n'a que 17 ans, se cherche un père. À vrai dire, il s'en trouve deux: Papineau et Lamennais. Le collège et la nation peuvent alors se concilier.

CHAPITRE II

Affaires européennes, affaires canadiennes (1838-1847)

> «[...] avec ta passion de tout voir et tout affronter pour y parvenir, que de risques encore à courir [...] oh songe donc, je t'en prie, quand tu seras tenté fortement de quelque course hazardeuse ou périlleuse que tu est l'Étoile polaire de ta vieille mère [...] Je t'ai investi de tous les atribues d'un chef de famille [...]»

> Rosalie Papineau DESSAULLES
> à Louis-Antoine Dessaulles
> (octobre 1842), Musée McCord,
> fonds Dessaulles

Dessaulles s'installe à Saint-Hyacinthe à compter de l'automne de 1837. Le manoir devient alors le refuge de ce qui reste de la famille Papineau et le bureau de poste où arrive la correspondance entre les Dessaulles, les Papineau au pays et les Papineau en exil. Caché par sa sœur, Rosalie Papineau Dessaulles, André-Augustin Papineau est arrêté, en février 1838.

Depuis 1835, la coseigneuresse et son fils s'occupent de la seigneurie. Ils exploitent à Saint-Dominique des carrières de pierre à chaux et de pierre de taille et tirent des terres boisées du domaine seigneurial du bois de charpente. Avec le seigneur voisin, Pierre-Dominique Debartzch, ils investissent dans la reconstruction, à la tête du Rapide de la Cascade, du moulin à farine détruit par le feu et dans la construction d'un moulin à scie à Saint-Pie. La situation financière de la seigneurie est inquiétante. Au début de 1837, madame Dessaulles décrit sa situation à son frère Louis-Joseph Papineau: «À mesure qu'on fait cinq soles, la scierie de St-Pie enlève tout; ce mois-ci, on a consommé plus de 5,000, seulement pour la main-d'œuvre, sans compter les comptes de Montréal; ma récolte a tout péri par la gellée. Je n'aurai pas le ¼ des menus grains pour la maison... et j'en passe.» La période insurrectionnelle n'a pas facilité les choses: les troupes se sont servies et il a fallu assurer les bâtiments contre le feu, que quelqu'un pouvait mettre à tout moment.

Les coseigneurs ont beau exiger la reconnaissance de leurs droits seigneuriaux — 1589 livres au moins en 1836, plus de 3000 en 1838 — l'endettement commence à peser. En mars 1837, les Dessaulles font face à des paiements de plus de 25 000 livres. La situation économique des Dessaulles ne les empêche toutefois pas de voyager. De juin 1838 à novembre 1845, Dessaulles traverse trois fois la frontière américaine et trois fois l'Atlantique; chaque fois, ses voyages le ramènent auprès de Papineau.

En juin et juillet 1838, il fait avec sa mère son premier voyage aux États-Unis.

Martin van Buren (1837-1841) a remplacé Andrew Jackson (1829-1837) à la présidence du pays. Les 25e et 26e États — l'Arkansas en 1836, le Michigan en 1837 — viennent s'ajouter à l'Union; suivront en 1845 la Floride, achetée de l'Espagne en 1819, le Texas, république sécessionniste du Mexique en 1836, et en 1846, un territoire occidental, l'Iowa. L'ère du chemin de fer succède à l'ère des canaux. Fenimore Cooper a déjà publié *The Spy* (1821), *The Last of the Mohicans* (1826) et *The Prairie* (1827). Garrison a lancé *The Liberator*, son journal anti-esclavagiste, à Boston en 1831 et Emerson, qui a déjà publié *Nature* (1836), vient de faire sa grande conférence sur «The American Scholar» qui s'ouvre sur ce programme: «Our day of dependence, our long apprenticeship to the learning of other lands, draws to a close. The millions that around us are rushing into life, cannot always be fed on the mere remains of foreign harvests.»

Dessaulles se rend d'abord à Saratoga Springs auprès de son cousin Amédée. Entre deux visites pour voir les sources thermales ou le chemin à lisses sur lequel roulent une locomotive et des wagons, les deux jeunes cousins se relatent les événements, discutent du sort et des projets des Patriotes exilés dans les États du Nord-Est. À Albany, les Dessaulles rencontrent enfin Papineau. Amédée, le chroniqueur de la vie familiale et politique, écrit dans son journal: «Soir, pluie à verse. Nous nous couchons à 11 heures. Vers minuit maman me réveille, en me criant: *Amédée! Amédée! Ton papa & Mr Porter frappent à la porte!* Elle avait reconnu leurs voix. Je saute de mon lit & coure, mais *Louis* plus vif ouvrit la porte. Papa était au delà des Alléganis et près de Pittsburgh, lorsqu'il apprit l'arrivée de maman. Il se mit aussitôt en route, marcha jour et nuit par des voitures spéciales.» Le 10, Amédée, qui connaît la curiosité de son cousin, le guide dans Albany: «Après diner, papa, Louis et moi nous allons avec le juge Cowen et ses fils chez Mr Cook, meublier, qui nous montre dans sa boutique, ses tours, etc..., qui tous sont mus par une machine à vapeur; et des expériences et des découvertes électro-magnétiques.» En juillet, Dessaulles est à Philadelphie, où il assiste aux exercices de fin d'année de l'Université de Pennsylvanie, visite l'Académie des Beaux-Arts et le Museum, s'attardant à l'Hôtel de ville «dans la salle où siégeait le Congrès Continental et où fut adoptée la Déclaration d'indépendance». Parents et amis vont se promener au Jardin botanique de Bentham et font un détour par Norristown «pour voir arriver les chars, qui roulent pour la première fois entre Riding et Norristown, distance de 36 milles». Visite à l'abbé-patriote Chartier, visite de la Bourse, de manufactures de clous et de coton, visite au docteur O'Callaghan se succèdent entre des achats de livres, dont les *Œuvres* de Victor Hugo.

Les Dessaulles et les Papineau visitent New York, Brooklyn, Hoboken au New Jersey où, écrit Amédée, «nous trouvons un restaurant, et une grande foule attirée par une *regatta*, course de chaloupe (club boats). Hoboken est très fréquenté; nous y rencontrons plusieurs familles françaises, promeneurs comme nous.» À New York tout comme à Philadelphie, Dessaulles passe à nouveau par l'Université, près de Washington Square. Sur Broadway, il se laisse émerveiller par un «Panorama de Jérusalem»; à l'Académie des Beaux-Arts, Barclay Street, il admire les «peintures italiennes de Mr. Sanguinetti». Le 20 juillet, soirée au Park Theater. Le 22, Dessaulles descend au «Pavilion» à Saratoga, en route pour le Canada le 24.

Le séjour de Dessaulles aux États-Unis est celui d'un jeune bourgeois qui va de régates en librairies, de sources thermales en musées; c'est aussi celui d'un jeune seigneur fasciné par le chemin de fer, les manufactures, la vapeur et l'électro-magnétisme. L'admirateur de la Déclaration d'Indépendance trouve aussi auprès de son oncle, de son cousin et des Patriotes en exil une motivation et une détermination nouvelles. Il s'enrôle dans la société secrète des Frères Chasseurs. En novembre, il est dénoncé pour avoir assisté à une réunion où l'on aurait comploté pour s'emparer de postes de garnison comme Sorel, Saint-Jean ou Chambly.

L'insurrection de novembre 1838 échoue. Un an plus tôt, Saint-Denis avait momentanément tenu mais Saint-Charles et Saint-Eustache étaient tombés. Désolation pour les yeux, désolation pour le cœur. Les échecs insurrectionnels s'ajoutaient à l'échec constitutionnel. Les marées d'automne étaient allées au plus loin de leur mouvement. Le ressac serait long.

Papineau, qui ne voit pas l'intérêt de rester aux États-Unis, part pour la France. Le *Journal du Havre* du 4 mars 1839 écrit: «M. Papineau, qui a joué un rôle si important dans les affaires du Canada, vient d'arriver dans notre port, sur le paquebot Sylvie-de-Grasse.» Papineau s'installe à Paris et dès le 9 mars, *Le National*, journal libéral, lui donne son appui: «aujourd'hui, nous recevons d'étranges nouvelles. Au moment de partir pour Paris, M. Papineau a été retenu par les autorités du Havre, et il lui a été signifié qu'il ne serait admis à voyager en France qu'avec un passeport en bonne forme du gouvernement anglais. Jusqu'à présent, on n'avait pas songé à demander aux bourreaux ces sortes de recommandations en faveur de leurs victimes...» Papineau fréquente le docteur Nancrède connu à Philadelphie, le banquier et homme politique Jacques Laffitte, Gustave de Beaumont qui a voyagé au Canada avec Alexis de Tocqueville en 1831. Il côtoie les rédacteurs du *National*, journal attentif aux affaires britanniques et canadiennes et publie son «Histoire de la résistance du Canada au gouvernement anglais» dans la *Revue du Progrès* des 1er et 15 mai 1839; ce périodique regroupe Arago, Louis Blanc, Félicité de Lamennais, qu'il rencontre pour la première fois au début d'avril 1839 et qu'il reverra fréquemment par la suite. Papineau explique la situation canadienne à Lamennais et avoue à son épouse: «Je n'ai trouvé que M. de Lamennais aussi grave et solide comme je le puis souhaiter, s'indignant au récit des atrocités commises au Canada. J'ai dîné avec lui et quelques autres braves Républicains. Il m'a fort prié de le voir souvent.» Papineau est surtout assidu chez le libraire Hector Bossange, qui fut libraire à Montréal de 1815 à 1819 et y épousa Julie Fabre, sœur du libraire et patriote Édouard-Raymond Fabre. Papineau bouquine souvent à la librairie, discute à la table de la famille et y reçoit du courrier.

Très tôt, Papineau songe faire venir sa famille. Il offre aussi à sa sœur Rosalie Dessaulles de passer quelque temps en France, lui présentant le projet comme un moyen «de faire des économies» et «de payer ses dettes» tant la vie à Paris et surtout en province lui paraît peu coûteuse. C'est, sous la plume de Papineau, la première allusion aux difficultés financières des Dessaulles, qui ont déjà commencé à hypothéquer la seigneurie. Sensible à la suggestion que Louis-Antoine puisse y parfaire son éducation tout en accompagnant Julie Papineau et ses enfants, madame Dessaulles écrit finalement à son frère: «Je t'envoye mon fils. Conduit-le comme tien. Éclaire-le et modère-le si tu peux.»

Dessaulles et les Papineau arrivent à Paris le 16 août 1839. Le jeune homme qui entend parler de la France depuis «la petite révolution à la française» du Collège de Montréal et qui suit le mouvement intellectuel des libéraux catholiques plus attentivement depuis la polémique au Collège de Saint-Hyacinthe, est là, sur les bords de la Seine, quai Voltaire chez les Bossange ou au 5, rue Madame, chez les Papineau. Rapidement, les conversations roulent sur les affaires du pays, sur le *Rapport* de lord Durham, rendu public en février. Papineau guide Dessaulles dans Paris, le présente à l'occasion à son cercle de connaissances. Dessaulles visite les environs de Paris: Saint-Germain-en-Laye, Saint-Cloud, Meudon — où il s'attarde devant la maison de Panckoucke, l'éditeur de Voltaire —, Saint-Denis, Versailles qu'il reverra trois fois, Fontainebleau. À Paris il tient à voir Bicêtre et La Salpêtrière. La Madeleine le séduit, lui procure «une émotion indicible». Le soir, il fait la tournée des théâtres: l'Opéra, le Français, le Palais Royal, les Variétés.

L'oncle Papineau lui parle de Lamennais qu'il voit souvent, de la solitude de l'homme et du chrétien, de la dispersion du groupe de *L'Avenir*; il l'incite à lire les plus récents écrits de ce catholique libéral dont Dessaulles connaît les *Paroles d'un croyant* presque par cœur. Chez Bossange, il bouquine avec son cousin Lactance Papineau et trouve les *Affaires de Rome,* publié en 1836. C'est un choc, car l'ouvrage marque la rupture définitive de Lamennais avec Rome et avec l'Église catholique. De fait, l'ouvrage est le dossier de cette rupture causée par l'attitude papale face aux événements européens, en particulier en Pologne, et face aux positions prises par *L'Avenir* de Lamennais et des catholiques libéraux.

Dessaulles n'a pas de qualificatifs assez forts pour décrire à son cousin Denis-Émery Papineau, dans une longue lettre datée des 29 septembre et 3 octobre 1839, son désarroi à la lecture de ce dossier explosif: «Choses singulières, surprenantes, étranges, étonnantes, extraordinaires, incroyables, inexplicables, épouvantables, inconcevables, inimaginables, terribles, affreuses...» L'homme qui s'étonne, s'indigne, s'insurge est déjà là. Il saisit le drame de Lamennais et, plus globalement, l'ampleur du défi pour un Canadien français qui se veut libéral, dans une société catholique attentive aux directives de Rome. Dessaulles comprend plus en profondeur le sens de ce refus par le pape des libertés prônées par Lamennais et auxquelles il tient tant, lui aussi. Comme en une illumination, il perçoit la fermeté de Rome dans son rejet de la liberté politique, seule garantie de la liberté religieuse, de la liberté de conscience, de la liberté de presse incarnée par *L'Avenir*, de la liberté de la librairie. Ceux qui refusaient une liberté sans Dieu tout comme un Dieu sans liberté se voyaient refuser de concilier «Dieu *et* la liberté».

Pour lui-même et pour son correspondant, Dessaulles tire les conséquences de cette désapprobation papale des «opinions actuelles relatives à la liberté civile et politique». Il s'ensuit, selon lui, «que la plus forte partie du monde catholique qui réclame aujourd'hui des garanties contre le despotisme des souverains est tout à fait hors de l'Église, «qu'on ne peut pas être républicain [...] sans tomber dans l'hérésie formelle» ou sans encourir l'excommunication. Perplexe, puis ironique, il suggère à son cousin: «il n'y a donc que le Gouvernement du Grand Sultan ou du Czar Russe qui soient en harmonie avec les règles de l'Église!»

Autre conséquence, explique-t-il: comment récuser la liberté de presse et d'expression, fondements de la liberté politique, sans «établir un vaste système [sic] de censure ecclésiastique à la mesure duquel tous les écrits quelconques seraient soumis»?

Dernière conséquence: le refus de la liberté de conscience — un Canadien y est particulièrement sensible — ne peut que réanimer les conflits religieux, les guerres de religions si ce n'est l'Inquisition.

Dessaulles découvre aussi «combien les affaires se font franchement et saintement à Rome». Il s'indigne «des intrigues, des menées sourdes, des bassesses» par lesquelles «on a réussi à obtenir la condamnation du grand écrivain». «C'est là qu'on voit», écrit-il en se rappelant l'attitude loyaliste de Mgr Lartigue durant la Rébellion de 1837, «que ce sont purement et uniquement des considérations politiques qui ont décidé le Pape à la prononcer. C'est l'Autriche qui a condamné Mr De La Mennais, c'est la Russie; ce n'est pas Grégoire XVI.» Il trouve dans ce livre une preuve historique d'un scandale dont il ne cessera, jusqu'à sa mort, de s'étonner, celui de la collusion entre le trône et l'autel, entre la monarchie et la papauté, entre l'Autriche et la Russie et Rome et ce, au détriment d'une Pologne catholique assoiffée de liberté. Il explique à son cousin:

> Après la révolution de Juillet, des insurrections éclatèrent à Bologne, Parme, Modène. Rome même se souleva pendant le conclave assemblé en ce moment, et cette tentative menaçante contribua beaucoup à hâter l'élection vivement disputée jusqu'à cet instant, et qui s'acheva sous l'influence impériale. Léon XII, par des motifs d'économie, avait réduit les troupes pontificales au nombre strictement nécessaire pour la défense de quelques places, et pour les besoins de la police intérieure. En conséquence, le nouveau pape se trouva privé des forces indispensables pour ramener à l'obéissance ses sujets révoltés. Les sujets voulaient traiter sur la base reconnue de droits réciproques, et le souverain exigeait une soumission préalable et entière qui supposait son droit absolu. Toute conciliation devint impossible. Il fallut, sinon réclamer, du moins accepter l'intervention de l'Autriche. La France suivit l'exemple de l'Autriche et occupa Ancône. Le pape se trouva par là enveloppé dans de grandes difficultés dont il était difficile de prévoir la fin. La Russie sut tirer habilement parti des craintes qui assiégeaient Grégoire XVI. On ne pouvait la soupçonner, comme les deux autres puissances, de songer à se former un établissement territorial en Italie ou à favoriser l'esprit révolutionnaire. Elle offrit au pape de

mettre éventuellement à sa disposition un corps de troupes, destinées au besoin à le protéger contre toute attaque, de quelque part qu'elle vînt. Un traité se conclut sur cette base, et le *bref aux évêques de Pologne* fut le prix exigé par la Russie en échange de ce qu'elle promettait.

À la demande du pape, les évêques polonais appellent leurs compatriotes à la soumission.

Avec la lecture de cet ouvrage de Lamennais, Dessaulles, âgé de 21 ans, aborde son siècle; il vient de se heurter à l'Europe des traités de Vienne, à la poussée légitimiste. Même si le jeune Patriote canadien vit sous une monarchie constitutionnelle, la souveraine d'Angleterre représente un pouvoir, celui des odieuses résolutions de lord Russell tout autant que celui des militaires à tuniques rouges de 1837. Sur le plan des principes et des intérêts, Dessaulles comprend la portée d'une opposition au despotisme: un souverain est toujours la personnification de la monarchie et de la négation du droit des peuples à s'autodéterminer. En lisant les *Affaires de Rome*, il entre dans les débats qui, de 1830 à 1871, culmineront dans l'unité italienne; il consent à des combats bas-canadiens pour l'obtention des grandes libertés et de la séparation du pouvoir religieux et du pouvoir politique. Sa conscience de ces droits sera inaltérable.

Dessaulles poursuit son séjour à Paris, puis part à Londres où un ami de Bossange et Arthur Roebuck le familiarisent avec la ville et les environs. M. Roebuck, député au Parlement, tenant des idées radicales de Jeremy Bentham et représentant des intérêts de Papineau et de la Chambre d'assemblée du Bas-Canada aux Communes, avait vertement condamné les résolutions de lord Russell, qui récusaient les revendications des Patriotes. L'homme politique anglais avait d'ailleurs reçu de son ami Papineau une lettre d'introduction pour son neveu, dans laquelle il écrivait: «Vous le trouverez digne de votre estime et de votre confiance. Communiquez lui ce que vous pensez de l'avenir du Canada, regardez-le comme un autre moi-même.» Mots combien justes! Dessaulles est ainsi introduit dans les arcanes de la politique britannique au moment où, après le dépôt du *Rapport* de lord Durham, on discute à nouveau d'un régime d'Union. De Londres, le neveu écrit à son oncle: «[M. Roebuck] croit que l'arrivée de Mr. Poulett Thomson [lord Sydenham] au Canada changera entièrement la tournure des affaires, la persécution cessera, les Canadiens [pourront] jouir au moins de leurs droits civils, sinon immédiatement de leurs droits politiques. [...] D'après lui, le projet d'union n'aura pas d'exécution.»

Le fils de famille visite ensuite Bruxelles, Gand, Anvers, Dunkerque; le 1ᵉʳ novembre, après quatre mois d'absence, il s'embarque sur le *British Queen* pour New York avec l'espoir d'atteindre Saratoga vers le 18 ou le 19. Lactance Papineau, qui est à Paris avec sa famille, écrit à son frère Amédée aux États-Unis: «Louis ne pense pas comme nous, il avait de l'argent à dépenser lui il a couru à pied en voiture, dîner souvent chez les restaurateurs as vu tout ce qu'il y a de beaux, il as été aux théâtres, enfin il s'est plu beaucoup.»

Ces voyages aux États-Unis et en Europe le mettent en contact avec des idées, des publications et des institutions culturelles. Avec Amédée et Denys-Emery Papineau, il avait organisé en 1837, à Saint-Hyacinthe, la «Société littéraire no. 1» qui avait tout des sociétés de correspondance du temps de la guerre d'Indépendance étatsunienne. En septembre 1838, il met sur pied une «chambre de nouvelles» — un «newsroom». En janvier 1840, il décrit l'initiative à son cousin Lactance:

> Nous venons d'organiser dans le village une chambre de Nouvelles; un fonds de 60 [livres] a été souscrit par environ cinquante citoyens et nous avons souscrit au National de Paris, au Spectator de Londres, au Courrier des États-Unis et au Morning Signal de New York, au Democrat Review de Washington, au Nova Scotian d'Halifax, à l'Examiner de Toronto, et à tous les journaux du pays. Nous recevons aussi le Cultivator d'Albany. Je reçois de Paris la Revue des Deux Mondes et le Journal des débats, et je les dépose pendant quelques jours à la Chambre de Nouvelles. M. Leclerc dépose le Chavirari, la Presse et le Siècle. Tu vois que nous avons une belle collection de journaux. Nous avons aussi décidé d'établir une bibliothèque publique. Les Messieurs du Collège ont offert 400 volumes de leur bibliothèque qu'ils pourraient prêter aux habitants du village et de la paroisse, et le reste de leur collection à ceux qui voudraient aller lire au Collège même, à la condition de payer une piastre par année et d'être eux-mêmes les bibliothécaires. L'offre ne pouvant manquer d'être reçu et nous ferons

bientôt une souscription pour acheter des livres afin d'augmenter le nombre de volumes qui pourraient se prêter. [...] La
Chambre de Nouvelles est très fréquentée. Nous nous trouvons
souvent 20 et 30 le soir; alors la lecture des journaux se fait en
commun, ceux qui veulent lire tranquille et à loisir y vont le
jour.

Dessaulles est aussi abonné à *La Minerve*, à *La Revue canadienne*, au *Courrier des États-Unis* et au *Journal des connaissances
utiles* de Paris; il utilise la bibliothèque de son oncle Viger et celle du
savant abbé Désaulniers du collège, son ancien professeur. Il com-
mande régulièrement des titres à la librairie Fabre de Montréal qui lui
expédie, en 1842-1843 par exemple, les *Œuvres* de Lamennais en 12
volumes, de Joseph de Maistre en 9 volumes, du vicomte de Bonald
en 12 volumes, d'Eugène Sue, d'Alexandre Dumas et le *Dictionnaire
de la conversation* en 52 volumes, véritable encyclopédie des connaissances contemporaines.

La splendeur des grandes villes européennes et la gloire des
rencontres parisiennes et londoniennes contrastent toutefois avec la
situation politique au pays. L'opposition au nouveau projet d'Union
du Haut et du Bas-Canada s'organise en janvier 1840, après que *Le
Canadien* eut publié le texte du projet, le 2 août 1839. Éveillé aux
problèmes politiques du pays par les Rébellions de 1837 et de 1838
et par ses discussions parisiennes avec Papineau et londoniennes avec
Roebuck, Dessaulles suit de près les affaires publiques. Le 10 janvier,
il écrit à son cousin Lactance Papineau:

> L'Union n'est pas encore proclamée. [...] Lord Sydenham pour-
> suit avec activité son projet d'anglification du pays. [...] Il est
> très probable que les membres libéraux du Bas-Canada protes-
> teront, aussitôt qu'ils seront réunis, contre l'Union. Je vois que
> plusieurs s'attendent à trouver de l'écho dans les membres libé-
> raux du Haut-Canada. Je crois qu'ils se trompent fort. Je ne
> crois pas à la sympathie des radicaux d'en haut. Ils nous ont
> abandonnés pour une bêtise en '36, alors que nous étions forts,
> ils nous abandonneront bien mieux en '41 que nous sommes
> faibles. [...] On prépare tout ce qu'il faut pour notre anéantis-
> sement. On ne réussira pas, mais nous ne devons compter que
> sur nous-mêmes, et déployer toutes nos ressources. Nous en

avons encore de grandes, et avec l'énergie qui se manifeste d'un bout à l'autre du pays, je crois encore que tout n'est pas perdu.

Le 26, il avoue: «Les affaires du pays sont loin de présenter un état satisfaisant. L'Union est décidée. Les Amis du pays se sont arrêtés à cette idée-ci: l'Union vaut mieux que le Conseil spécial et moins que l'état de 1837. Quoique que l'Union paraisse décidée, nous ne croyons pas encore absolument qu'elle ait lieu.»

Au pays, l'opposition à l'Union est quasi unanime. *Le Canadien* publie le 1er mai une pétition de près de 40 000 signatures et Dessaulles informe son cousin Lactance de son acheminement vers Londres. De mars à juillet 1840, le projet de loi est adopté à la Chambre des Communes de Londres malgré l'opposition de quelques députés, dont O'Connell; à la Chambre des Lords, la discussion est plus animée mais le projet passe néanmoins. En octobre, les jeux sont faits: «L'union est décidée. Le premier Parlement se tiendra à Toronto. On ne parlera qu'Anglais», confie Dessaulles à Lactance. Le 10 février 1841, l'Union est proclamée.

La nouvelle loi constitutionnelle stipule que la reine et le gouverneur conservent un droit de veto de deux ans sur toute loi passée dans la colonie; que les conseillers législatifs — non abolis — sont nommés à vie; que le Haut et le Bas-Canada auront le même nombre de députés malgré des populations différentes — 450 000 contre 650 000; que tout changement constitutionnel requiert l'approbation des deux tiers de l'Assemblée législative du Canada-Uni; que la seule langue du Parlement sera l'anglais; que les revenus et les dettes sont fusionnés, la dette du Bas-Canada étant de 95 000 louis et celle du Haut-Canada de 1 200 000 louis, avec des intérêts annuels de 56 000 louis; qu'enfin, le gouverneur dispose toujours d'une liste civile de 75 000 louis qu'il utilise de façon discrétionnaire et sans droit de regard de la part des élus.

Le nouveau régime politique ravive la vie publique et mobilise les groupes. Certains proposent l'abstention aux élections, ce que d'autres, comme Étienne Parent, refusent par crainte d'agitation sinon d'anarchie. Deux tendances se dessinent: le rappel de l'Union que le journal *L'Aurore des Canadas* propose dès 1841, idée à laquelle se ralliera Dessaulles, ou l'association avec les réformistes du Haut-Canada auxquels on avait promis, en échange de leur adhésion au projet d'Union, le gouvernement responsable, c'est-à-dire un gouvernement où l'Exécutif est responsable à la majorité de l'Assemblée dont il doit prendre et suivre l'avis. Louis-Hyppolite Lafontaine sera au Bas-Canada la voix de cette dernière tendance.

La morosité politique se conjugue pour Dessaulles à la morosité des affaires familiales. Madame Dessaulles écrit: «Nous commençons à sentir vivement le tort que le pillage [durant les rébellions] a fait ici. Il n'y a pas de viande suffisante sur le marché pour répondre à la moitié des nécessités du village et le peu qu'on y trouve est trop cher et de la pire qualité et nous n'avons pas, comme les autres années, la chance de trouver au jardin ce qui manque au marché. Ils m'ont tué et emporté des bœufs, vaches, porcs, brebis et volailles de toutes espèces et je suis encore celle qui est la moins à plaindre.» De surcroît, pour des raisons techniques, le testament de Jean Dessaulles est déclaré nul.

Le coseigneur s'engage davantage dans l'administration de la seigneurie, comme en témoignent les procurations consenties par la coseigneuresse. On mise aussi sur le moulin à scie de Saint-Hyacinthe pour lequel on achète des milliers de billots à transformer en planches; malheureusement le prix du bois chute sur le marché de New York. Dessaulles se lance dans la culture de la betterave à sucre mais il ne pourra concurrencer le prix du sucre des Antilles. Au moment où, en juin 1841, Dessaulles révoque une procuration donnée à J.F. Kerr, officier de la douane à Québec, pour emprunter 15 000 livres, cours actuel, Hector Bossange de Paris, qui est passé à Saint-Hyacinthe en route pour la Louisiane, écrit à Papineau que les Dessaulles «sont obérés, endettés» et qu'ils connaissent une «gêne momentanée». Cette gêne est plus que momentanée. Même si en 1841 les reconnaissances de droits seigneuriaux ont rapporté 27 519 livres et 16 599 livres l'année suivante, même si les ventes de terre et d'emplacements au village ont servi d'appoint et maintenu l'hypothèque sur la seigneurie à un niveau tolérable, les emprunts se succèdent: plus de 10 000 livres, ancien cours, dont 5293 à Marie-Josephte Woolsey, 2000 au seigneur Massue et 6800 livres à Joseph Bistodeau que Dessaulles ne remboursera qu'à la fin de 1844. La seigneurie est dorénavant grevée d'hypothèques. Au jeune coseigneur qui s'intéresse à la nouvelle économie politique et qui a observé les manufactures aux États-Unis, les projets ne manquent pas: «[...] dans les pays aussi nouveaux que celui-ci, qui par conséquent offrent peu de ressources et de fortunes, il faut s'attacher à la fabrication des objets de nécessité et non de luxe. Ainsi le savon, la chandelle, l'huile, les cuirs sont des objets dont la fabrication est profitable parce que ce sont les masses qui les achètent. [...] Je vais faire semer ce printemps beaucoup de graines de pavots et de soleils. On fera facilement avec ces graines de l'huile à lampe et même de l'huile de table.»

C'est alors que Dessaulles entreprend un second voyage de cinq mois en Europe, d'octobre 1842 à mars 1843. Il fait le voyage de Montréal à Kingston en compagnie de l'artiste et ornithologue John James Audubon. Né à Haïti, élevé en France, Audubon vient de publier l'édition américaine de son ouvrage, *Birds*. Dessaulles atteint Boulogne le 8 novembre et la Police du Royaume le décrit ainsi sur son passeport: 24 ans, cheveux châtains, front haut, nez moyen, menton rond, visage oval. Il se rend ensuite chez les Papineau à Paris et repart pour Londres, où il arrive le 24 novembre. Il écrit à son oncle Papineau: «J'ai parcouru Londres en tous sens, visité presque tous les établissements publics importants; puis des fabriques de genres différents, brasseries, fonderies, verreries.» Il se plaît particulièrement au Polytechnical Institute où il s'attarde aux expériences récentes faites avec l'électricité, avec le microscope et avec une cloche de plongeur. Les invitations ne cessent d'arriver au London Coffee House, Ludgate Hill, où il habite; il est de toutes les soirées dans la famille de Joseph Hume, qui lui fait aussi visiter une imprimerie, une prison et lui facilite l'accès à St. James Palace, pour une visite.

Cette sociabilité sert aussi son projet de vendre la seigneurie. À ce sujet, Amédée Papineau note dans son journal: «Lui et M. Debartzch [le seigneur voisin] sont toujours en spéculation.» Les visites londonniennes de Dessaulles indiquent aussi l'attention portée à des idées et à des initiatives commerciales et manufacturières importables à Saint-Hyacinthe. Il est de retour à Paris à la fin de février. Son cousin Amédée s'y trouve aussi et les deux se délectent de l'ouvrage de Lamennais, *Le livre du peuple*. Le 24 mars, Dessaulles est à New York, d'où il repart pour le Canada, toujours copropriétaire de la seigneurie avec la famille.

Mais il ne touche mot de ses difficultés financières à son cher oncle: «Je ne puis croire», écrit celui-ci à son fils Amédée, «que la situation de ma pauvre sœur soit aussi mauvaise comme Viger paraît l'envisager. Si elle est telle, je m'attriste que Dessaulles ait eu en moi si peu confiance que de ne pas m'en faire l'exposé sincère. Loin de là avec nous tous, il n'a parlé que du succès de son administration. Que j'ai hâte d'avoir ta prochaine lettre. Tu auras vu ma bonne sœur et Louis et me feras part de tout ce qu'ils peuvent craindre, de tout ce qu'ils peuvent espérer.» Puis, un mois plus tard, Papineau regrette que Louis se soit «trop jeune et inexpérimenté lancé dans des affaires qui ont été malheureuses».

À peine revenu d'Europe, le jeune libéral de 25 ans commence sa vie publique par une virulente polémique avec le curé de Saint-Hyacinthe, l'abbé Édouard Crevier. Son intervention dans *La Minerve* du 18 décembre 1843 préfigure un combat récurrent et les manières caractéristiques du polémiste. En accusant le curé Crevier, qui avait succédé au curé Girouard en 1832, de ne pas convoquer les marguilliers *et* les notables du lieu aux assemblées de la fabrique qui administre les biens temporels de la paroisse, Dessaulles renouait avec une bataille libérale d'avant les insurrections, le fameux Bill des Notables ou des Fabriques voté par l'Assemblée en 1831 mais rejeté par le Conseil législatif.

Des notables de Saint-Hyacinthe, dont le seigneur du lieu, intentent au début de 1843 un procès au curé, qui selon Dessaulles imposait «la pratique de doctrines d'absolutisme qui ne sont plus de mise», nommément l'élection illégale de marguilliers et la non-convocation des notables aux assemblées de la fabrique. Les notables gagnent leur procès en juin 1843 mais doivent, de surcroît, obtenir de la Cour, le 23 septembre, un «mandamus» pour obliger le curé à procéder à l'élection de quatre nouveaux marguilliers lors d'une assemblée des paroissiens *et* des notables.

Dépité, le curé profite de la chaire dominicale pour «faire des réflexions blessantes», pour «désigner des individus» et les accuser «d'esprit d'opposition à la volonté de Dieu». Dessaulles ne manque pas de dénoncer cette façon de «chercher par mille petits moyens d'intrigue à jeter du discrédit» sur des citoyens conscients de leurs droits, d'ironiser sur cette pratique «de venir demander au public cette sympathie que nous n'avons pas trouvée chez ceux qui nous prêchent morale, devoirs, charité». Dans *La Minerve*, il détaille «les difficultés» des paroissiens avec le curé: mauvaise administration de la paroisse et dans la construction de la nouvelle église, absence de reddition des comptes de la fabrique, utilisation des deniers pour «de petites spéculations particulières», rédaction de procès-verbaux antérieure à la tenue des délibérations.

Le curé et son vicaire répliquent à Dessaulles, l'un faisant allusion à des «épithètes qu'il a probablement importées de pays étrangers», l'autre lui reprochant de s'être caché sous le nom de plume «Un paroissien». Piqué au vif, Dessaulles déplore «la triste nécessité où on l'a mis de prouver de quels effrayants abus de confiance M. le Curé de Saint-Hyacinthe s'est rendu coupable» et assène le curé de six affidavits pour contrer ses dénégations.

En portant cette contestation dans les pages du journal montréalais *La Minerve*, Dessaulles entendait bien en marquer le caractère exemplaire, inaugurant, du coup, une pratique de correspondant maskoutain de la presse montréalaise. Connu pour ses idées nationalitaires et libérales, pour ses relations avec Papineau, Dessaulles s'identifiait, par le procès et par la polémique, comme anticlérical. Confronté à un curé qui confondait sa volonté et celle de Dieu, Dessaulles trouve rapidement les moyens dont il peut disposer pour poser la question de confiance: le procès, la presse, les affidavits. Son cours de Droit même non terminé lui était et lui serait utile. Mais, surtout, l'admirateur de Lamennais et le tenant de la séparation des pouvoirs trouvait une première victoire contre l'Église catholique romaine, localement rappelée à son obligation légale de dissocier son administration temporelle de sa mission spirituelle. Le débat risquait de déborder le plan local.

Les affaires de la famille ne se rétablissent pas. Les poursuites devant la Cour du Banc du Roi se multiplient. Papineau fait état «des démarches que Dessaulles continue de faire en vue de vendre la seigneurie»; il précise: «Ce sera une bonne affaire s'il est sage et ménager du capital qu'il réalisera; détestable s'il avait des goûts et des habitudes de luxe ou la manie de continuer à spéculer avec des hommes aussi avides et froids et égoïstes que Debartzch.» La situation financière de sa sœur inquiète manifestement Papineau qui écrit à sa femme: « Je remercie affectueusement Dessaulles de sa bonne lettre du onze juillet. Je souhaite vivement qu'il réussisse dans les négociations qu'il a entamées en vue de régler à sa satisfaction et à celle de la famille, ses affaires. Mais je ne le remercie pas de sa persistance à en remplir plus des trois quarts de spéculations politiques que je n'approuve pas.»

Par l'intermédiaire d'un agent à New York, le coseigneur tente vainement de faire un nouvel emprunt aux États-Unis ou en Angleterre. Un espoir se lève alors avec «le passage probable du Rail Road» sur le domaine seigneurial. À nouveau, Papineau s'interroge à propos des déconvenues de son neveu:

> Ce que tu me dis de l'état presque désespéré des affaires de Dessaulles m'afflige et m'effraie beaucoup. [...] Il est un peu fastueux dans sa dépense, mais il ne me revient pas qu'il ait des vices. S'il n'a plus joué, s'il n'a pas de maîtresse, s'il n'a pas tenu table pour de prétendus amis qui lui tourneraient le dos, sitôt que la table serait desservi, je ne comprends pas comment si vite il se serait si profondément embarrassé. Il a emprunté pour des améliorations foncières, pour aider à l'établissement de manufactures qui prospèrent. C'est une folie dont je le blâme d'avoir emprunté à courtes échéances pour des entreprises qui ne peuvent rentrer qu'après de longs délais: mais il me semble qu'il y avait des ressources pour payer ponctuellement les intérêts, et que quand cela a été fait, il se trouve toujours quelque prêteur disposé à en remplacer un autre. S'il a laissé s'accumuler des arriérés d'intérêt et qu'ainsi il paie douze pour cent outre les frais de poursuite, qui sont follement exagérés en Canada, alors la plus belle fortune peut bien vite être entamée.

Le risque devient réalité en septembre 1844, lorsque les avocats du prêteur Joseph Bistodeau informent Dessaulles qu'ils ont instruction de saisir la propriété pour assurer le remboursement des sommes dues à leur client.

Le projet de Dessaulles de se porter candidat dans le comté de Saint-Hyacinthe faisait-il partie de ces «spéculations politiques» dont son oncle lui avait fait reproche plus tôt? De toute évidence, il suit la politique de près; selon Amédée Papineau, il croit, dès 1842, «à la permanence de la Révolution [l'Union] qui vient de s'opérer à Kingston; il dit que l'on s'y attend au retour de Père et qu'il faut qu'il revienne». Il écrit à son oncle:

> Sir Charles Bagot est toujours dans un état critique. [...] Il a honnêtement commencé l'œuvre de la regénération, pour ainsi dire. Sir Charles Metcalfe va y mettre la main, sans aucun doute. J'avais une lettre d'introduction pour lui [à Londres]. Il m'a

beaucoup questionné sur le pays. J'ai été étonné qu'il connût aussi bien ce qui s'était passé depuis 4 ans. Ses informations sont exactes; ses idées justes. Il m'a paru s'être franchement appliqué à se mettre au fait des questions importantes qu'il sera dans sa position appelé à résoudre. À une objection de moi sur l'Union, il a répondu: «Il était certainement inconstitutionnel de vous donner l'Union, sans vous consulter. C'est ce qui a été fait.» Son expression a été: «to impose upon you». Cette admission est réellement importante. C'est la condamnation positive de la politique de Lord Sydenham.

Dessaulles est présent, en octobre 1843, à l'ouverture de la session parlementaire à Kingston, premier siège d'une capitale du pays, encore «itinérante». Il évalue que les libéraux du Haut-Canada semblent, de bonne foi, s'être ralliés à ceux du Bas. Il informe Papineau: «Nos membres jettent dans le public l'opinion qu'ils ne craignent pas l'Union; que si le Haut veut insister sur son rappel, ils ne s'y opposeront pas; mais qu'ils ne seront pas les premiers à le demander. Cette décision a fait effet. Je serais surpris, si dans le Haut-Canada, on prenait des mesures pour l'obtenir. Si on les y décide, ce sera un beau coup de diplomatie de leur en laisser prendre l'initiative.» Dessaulles ne se trompera pas à ce sujet! Il est vigilant à propos de La Fontaine et finit par écrire à son cousin Lactance, en février 1844: «Je regrette maintenant d'avoir eu tant confiance en ses lumières. J'avais crû sérieusement qu'il avait rompu avec son ancienne profession à intriguer. Je me suis sottement trompé. C'est "moi d'abord"... Monsieur Roebuck l'avait bien jugé.» En mars, il écrit à son oncle: «L'avenir du pays est entre vos mains», et il déploie tous les efforts pour que d'autres écrivent à Papineau dans l'espoir de le convaincre de revenir.

Dessaulles décide donc de se porter candidat et il fait connaître son programme à ses électeurs dans *La Minerve* du 19 octobre 1844. Ses «principes», comme il le dira si souvent, sont clairs: «né Canadien», il s'affirme «toujours Canadien avant tout»; «né sujet britannique», le candidat se dit prêt à travailler «sincèrement à maintenir la connexion avec la métropole, dans la ferme confiance qu'elle nous laissera jouir, dans toute leur étendue, des droits inaliénables des sujets anglais». «Partisan zélé du principe de la responsabilité envers le peuple», Dessaulles y voit «la bâse essentielle de nos libertés politiques et civiles». Favorable au gouvernement responsable, le jeune candidat affirme que «dans l'administration de nos affaires locales, le gouverneur, en règle générale, doit suivre l'avis de ses ministres». Le seigneur libéral qui défend l'égalité des droits juge enfin approprié de s'expliquer à propos des «droits seigneuriaux»: «Je ne m'opposerai donc pas à un changement de tenure», écrit-il, «je l'encouragerai au contraire pourvu qu'il soit bâsé sur des principes justes et équitables», à savoir «l'inviolabilité de la propriété et le pouvoir inhérent au peuple de modifier ses institutions». Il termine l'énoncé de son programme par un aveu de jeune politicien — et de seigneur en difficulté, désireux même de vendre sa seigneurie: «Comment me supposer capable de négliger les intérêts locaux du comté, quand il est évident que les miens propres leur sont intimement liés? Tout ce qui contribue à l'augmentation de la valeur de vos propriétés réagit en ma faveur.»

Les résultats de l'élection des 28 et 29 octobre 1844 s'avèrent décevants: son opposant, le docteur Thomas Boutillier, député de Saint-Hyacinthe depuis 1834, Patriote, exilé, réélu en 1841 sous les couleurs des réformistes de La Fontaine, obtient une majorité de 464 voix. Dessaulles l'emporte dans quatre des dix bureaux de votation: à Saint-Paul, à Sainte-Rosalie, à Saint-Dominique et à Saint-Hughes, tout en obtenant 167 votes dans Saint-Hyacinthe même contre 234 pour son adversaire. Dessaulles conteste l'élection dans un document qui est un véritable reportage sur les mœurs électorales de l'époque, mais l'Assemblée législative rejette sa requête, le 25 janvier 1845.

À peine les élections sont-elles terminées qu'un nouvel emprunt de 7000 livres, valeur courante, permet à Dessaulles de rembourser Bistodeau auquel il consent une nouvelle obligation de 3000 livres, ancien cours. Dessaulles soumet aussi des documents au «Rail Road Committee» afin de plaider pour un tracé qui lui serait favorable. Papineau semble alors en avoir appris un peu plus sur les difficultés financières de Dessaulles: «[on] m'a dit que dans le public on faisait moins de reproches à Louis qui dans ses dépenses personnelles a été modéré qu'à Debartzch qui dans sa folle ardeur de spéculations dangereuses, avait profité de l'inexpérience, de l'amour pour la Dlle, de la confiance qui devait en résulter pour le futur beau-père pour entraîner Louis dans quelques-unes qui avaient toujours paru trop hasardeuses.» Un mois plus tard, Lactance Papineau essaie de se faire rassurant auprès de son père: «Je me hâte de calmer votre inquiétude relativement à ma tante Dessaulles en vous apprenant que Louis a pu effectuer un emprunt de plusieurs mille louis (7 ou 9) qui lui permet de faire face à toutes ses affaires. Mais comment va-t-il les continuer? Épuisera-t-il ces ressources, au lieu d'en faire son ancre de salut! Donnez-lui donc vos conseils et ce qui serait bien plus efficace, venez le diriger et l'arrêter dans ses écarts. Je crois qu'il est encore, malgré ses talents et son mérite réel, facile à tromper et ce qui est plus fâcheux, prompt à méconnaître ses erreurs et insoucieux de réfléchir, après le malheur, aux causes qui l'ont amené; en sorte qu'il est, après comme devant, exposé à être dupe des hommes et des événements.» Lactance avait bien toisé son cousin.

En 1845, la coseigneuresse fait toujours confiance à son fils auquel elle consent trois procurations pour emprunt, chacun de 1500 livres, cours actuel. En mars, un nouveau projet de vente de la seigneurie n'aboutit point mais Dessaulles, qui a vraisemblablement pris l'initiative de la demande, reçoit dix livres du gouverneur du Canada-Uni «as a donation towards the creation of a race stand at St.Hyacinthe». Financièrement, leur situation est devenue désastreuse. Julie Papineau écrit à son mari à Paris le 10 juillet 1845:

> S'ils ne vendent pas, ils sont ruinés. outre les dettes que tu leur connaissais avant ton départ, le jeune homme en a fait au montant de 20 mille louis ainsi juge d'après cela. il avait beaucoup de jugement de rendu il n'y a qu'un emprunt de 7 mille qu'il as pu effectuer ce printems qui retarde leur malheur. mais on dit que c'est à des conditions ruineuses qu'il as pu effectuer cet emprunt; son crédit étant ruinés; il ne peut trouver sans cela il as engagé tous ses biens pour cela. [...] et lui léger, inconsidéré prodigue, enfin cela lui donne l'apparence d'un insensée sous le rapport de ses affaires: lui remplie de talens et d'esprit; mais léger remplie de présomption et d'espérances presque fantastique de le savoir comme tout le monde le connaît. et puis il est gai s'amuse de toilette, toujours en ville, rarement chez lui ne faisant rien, il est nécessaire que tu sache cela pour te faire voir combien tu dois t'intéresser à la vente de leurs biens...

En septembre 1845, Dessaulles est à nouveau à Paris pour activer la négociation en cours avec la maison Stephens and Young de Londres au sujet de la vente de la seigneurie. Si cette tractation n'aboutit pas, il ne doute point de l'issue de ses affaires avec un certain Colville, «agent de grands capitalistes», qui sera à Paris. Il rage d'avoir été, avant son départ, «trompé et joué d'une manière véritablement cruelle par [son] oncle Denis Viger» qu'il traite «d'infâme». En novembre, il écrit à sa mère: «Je ne vous ai pas écrit plutôt, parce que pendant trois semaines ma réussite était si évidemment certaine que vraiment il a fallu quelque part des combinaisons tout-à-fait machiavéliques pour l'empêcher. J'espérais de jour en jour vous envoyer la bonne nouvelle; elle est encore retardée. Mais plus les difficultés sont grandes, plus il faut de courage et d'activité. S'abandonner trop tôt au chagrin ou au désespoir ne ramène rien et ne fait que du mal. Quelque sérieuse que soit notre position, rien n'est perdu, et avec des efforts bien combinés, nous sortirons de ces épreuves. Votre projet de laisser la maison après le mariage de Rosalie est sage et il est clair que nous devons l'exécuter.»

Face à ce nouvel échec et dans le contexte où un Comité sur la réforme de la tenure seigneuriale s'active davantage, la coseigneuresse, vraisemblablement conseillée par son frère, donne une nouvelle orientation aux affaires, qui est une forme de désaveu de la gestion de Louis-Antoine. Madame Dessaulles est alors propriétaire pour moitié et les enfants propriétaires pour l'autre moitié des cinq huitièmes de la seigneurie originale de Saint-Hyacinthe. La famille Dessaulles demande à la Cour du Banc du Roi les lettres patentes en vue de la confection d'un nouveau terrier ou état des droits de la seigneurie. Le vieil ami de Dessaulles, le notaire Denis-Émery Papineau, et le notaire Pierre Lamothe procèdent à un relevé général de la seigneurie susceptible d'obliger légalement les censitaires à payer leurs dus ou arrérages. Le 10 août 1846, on procède à un partage de la seigneurie. La coseigneuresse décide de confier l'administration de la seigneurie à Maurice Laframboise, l'époux de Rosalie-Eugénie. Laframboise devra liquider les dettes passives de la coseigneuresse et des héritiers, prendre un état des valeurs mobilières, faire les emprunts appropriés avec le consentement de la famille, payer 150 livres annuellement à Dessaulles et ce jusqu'à ce que les dettes soient éteintes ou considérablement diminuées, c'est-à-dire jusqu'en mai 1852, lorsque sera effectué le partage définitif de l'héritage de 1835.

Papineau écrit à son fils Amédée, le 10 juin 1847: «Puis j'ajoute parce que je le souhaite, non parce que je le crois bien fort, puissent-ils donc sortir de leurs embarras pécuniaires. Ils le peuvent s'ils le veulent bien fort, mais il faut aimer la modération en tout. C'est une rude école pour qui ne l'a jamais pratiquée.»

Une vingtaine de procès devant la Cour supérieure de Montréal, de 1838 à 1847, ont aussi entamé la réputation de Dessaulles. Toujours du côté de la défense, Dessaulles a dû, obligé par loi, rembourser plus de 2200 livres. Il trouve certes toujours un nouveau prêteur pour payer les intérêts, mais cela finit par lui faire une réputation de mauvais payeur.

Au début de 1848, la coseigneuresse laisse le manoir à Dessaulles et va habiter chez des parents, à Saint-Marc-sur-Richelieu.

À travers ces préoccupations et difficultés financières, Dessaulles continue de s'intéresser aux affaires de Saint-Hyacinthe. En mai, il fait une brève allocution au moment de l'ouverture des travaux du chemin de fer St. Lawrence and Atlantic qu'il a tant souhaité. Il assiste aux examens de fin d'année du collège et du couvent et en fait valoir la qualité dans *La Minerve*. Mais surtout, et à nouveau, il se fait le défenseur des paroissiens du lieu, contre le curé Édouard Crevier avec lequel il avait eu maille à partir en 1843.

Auprès de l'évêque suffragant de Saint-Hyacinthe qui n'a pas encore de diocèse, Mgr Prince, auprès de l'évêque de Montréal, Mgr Bourget, dont relève Saint-Hyacinthe et auprès du secrétaire de l'évêché, le chanoine Paré, Dessaulles fait valoir les comportements et les actes injustes du curé. Dans des lettres, des mémoires et des rapports de la Commission des comptes de la fabrique dont il est l'un des commissaires, Dessaulles rappelle l'attitude autoritaire du curé dans son initiative de construction d'une nouvelle église. Cette fois, le curé, dans les assemblées de paroisse, fait taire les paroissiens présents, impose la clôture, trafique les comptes de la paroisse qu'il tient depuis 1836, s'abstient de faire des procès-verbaux d'assemblées, fait admettre des comptes sans faire mention des 6037 livres qu'il a défalquées et finit par soumettre, sans l'autorisation de l'assemblée, les comptes truffés d'erreurs à Mgr Bourget. Dessaulles se plaint aussi des sermons du curé qui attaque les Commissaires, de «cette substitution de la polémique à la prédication», de «cette métamorphose de la chaire de vérité en champ clos de récriminations personnelles». Il intervient auprès du secrétaire de l'évêché pour qu'on fasse prendre au curé «une meilleure route», tout en regrettant que l'abbé Désaulniers, son ex-professeur de philosophie, se soit «mêlé de cette affaire-ci avec beaucoup plus d'activité et surtout de partialité qu'un homme de jugement n'aurait dû le faire». Il écrit au chanoine Paré: «Il faut une admission ou un arbitrage ou une poursuite.» À Mgr Prince il pose la question: «Sera-t-il, cette fois encore, écouté et cru parce qu'il est prêtre; et nous, souffrirons-nous un second deni de justice parce que nous sommes laïques?»

Le ton monte d'un cran lorsqu'en avril 1848, Dessaulles s'adresse à Mgr Bourget qui, selon lui, a été abusé par le curé et a accepté d'approuver les comptes «avec trop de facilité»: «Enfin, Monseigneur, j'avais toujours cru que je n'étais pas plus intéressé comme laïque au maintien de l'ordre, de la morale, du respect des lois, du respect de la société et de ses droits que ne le sont les Chefs Ecclésiastiques; il me semblait que sur tous ces objets ils avaient bien aussi quelque sollicitude à ressentir, quelqu'influence à exercer, quelques efforts à tenter. Si je ne suis pas écouté, ne pourrais-je pas me permettre de témoigner à Votre Grandeur le regret de m'être livré à de biens grandes illusions.»

L'homme qui a lu les *Affaires de Rome* et qui a vu l'ostracisme vécu par Lamennais, l'homme qui n'a pas été entendu en 1843 et qui s'étonne à nouveau de l'immoralité et de l'arbitraire des comportements d'un curé témoigne d'une indignation incicatrisable. «Qu'on donne gain de cause à une partie sans entendre la partie adverse», constitue et constituera le scandale dont Dessaulles ne cessera de s'indigner. Il annonce d'ailleurs à Mgr Bourget, en 1848, une intention qui sera l'une des pulsions fondamentales de sa vie: «[...] comme les mêmes dénis de justice ont souvent été faits dans d'autres localités par l'Autorité Ecclésiastique, et comme peu de personnes ont assez d'énergie et d'indépendance pour attaquer de front une influence aussi considérable que celle du clergé, j'ai cru qu'il était devenu nécessaire de faire voir au pays quelles nombreuses et flagrantes injustices l'Autorité Ecclésiastique commet à l'ombre de cette influence qu'elle croit trop forte pour que personne n'ose l'attaquer; persuadé que si, chaque fois que de pareilles fautes ont lieu, les hommes qui sentent leur dignité et respectent leur caractère suivaient mon exemple, on en verrait bientôt la fin. C'est le commencement qui est le plus difficile. Une fois la voie ouverte, il est probable qu'elle sera suivie.» Le ton sera le même, 20 ans plus tard, au plus fort du con-

tentieux entre Dessaulles et Mgr Bourget à propos de l'Institut canadien de Montréal.

À Dessaulles qui affirme ne plus avoir d'autre recours que l'opinion publique et la publication de leur correspondance, Mgr Bourget
répond, paternaliste:

> Je n'ai pas à craindre les menaces que vous me faites de me
> traduire devant l'opinion publique. Ma conscience me rend le
> témoignage que je fais de mon mieux pour rendre le peuple que
> Dieu a confié à ma sollicitude, bon et heureux. Je vous par-
> donne d'avance tout ce que vous pourrez écrire contre moi, et
> je laisserai le public porter sur mon compte tel jugement qu'il
> lui plaira. Je vous assure que je crains beaucoup plus pour vous
> que pour moi Celui qui doit nous juger un jour, tous ces juge-
> ments que vous semblez vouloir appeler à votre secours. Vous
> ferez donc ce que vous voudrez; mais soyez persuadé que je
> n'en continuerai pas moins à voir en vous un de mes chers
> diocésains, et le fils d'un père et d'une mère que toujours je
> vénérerai à cause de leurs vertus vraiment dignes de nos mœurs
> patriarcales.

Il faudrait donc, pour continuer à s'opposer, se dissocier de ces
«mœurs patriarcales». Dessaulles revient à la charge mais il ne restait
plus que les tribunaux.

Trois voyages en Europe et deux aux États-Unis ne donnent pas
l'impression de difficultés financières majeures, même si Dessaulles y
cherche, à deux reprises, un éventuel acheteur de la seigneurie. Si
Londres est consacré aux affaires de la seigneurie, Paris le remet en
contact avec Lamennais et avec les affaires... de Rome qui tracent le
début d'une trajectoire essentielle de la vie de Dessaulles. Les affaires
de Rome, celles de la séparation du pouvoir spirituel et du pouvoir
temporel, deviennent bientôt les affaires de Saint-Hyacinthe (avec le
curé Crevier) et de Montréal (avec Mgr Bourget) auquel il avoue que
«c'est le commencement qui est le plus difficile»... Il entreprend, en
effet, un long débat et un long combat avec l'évêque de Montréal et
l'épiscopat du Québec en général. L'admirateur de Papineau, qui le
recommande à Roebuck «comme un autre moi-même», suit aussi la
politique canadienne et voit déjà d'un mauvais œil le gouvernement
d'Union. Il se présente, sans succès, à l'élection de 1844, favorable au

maintien du lien avec l'Angleterre à condition de bénéficier de «tous» les droits des sujets britanniques; d'accord avec l'idée du gouvernement responsable, il consentirait, en tant que seigneur, à des modifications au sytème seigneurial. Ses affaires malheureuses avec le seigneur Debartzch, son train de vie, ses procès répétés entament la confiance de la coseigneuresse qui l'avait pourtant investi de tous les attributs d'un chef de famille. Le cousin Lactance avait bien saisi Dessaulles, toujours «exposé à être dupe des hommes et des événements».

CHAPITRE III

Le droit des peuples à disposer d'eux-mêmes (1848)

> «Nous sommes destinés à former un peuple à part et par nous-mêmes, que ce soit sous la protection du pavillon anglais ou sous celle du pavillon américain.»
>
> Louis-Antoine DESSAULLES
> *alias* «Anti-Union», «L'union»,
> *L'Avenir* (5 février 1848)

Si Dessaulles avait fait son entrée dans la vie publique à Saint-Hyacinthe, en 1843, à l'occasion d'une polémique avec le curé et à l'occasion de sa vaine candidature politique en 1844, c'est véritablement en 1848 qu'il commence à occuper le devant de la scène à Montréal et progressivement dans ce qui est devenu le Canada-Est mais qu'on continue d'appeler le Bas-Canada. Sa pensée politique se précise sur deux fronts, tous deux centrés sur son oncle: la campagne pour le rappel de l'Union et la défense de l'ancien leader patriote attaqué de tous côtés y compris dans sa réputation. Son activité journalistique et politique se déploie, de surcroît, dans une conjoncture politique internationale percutante: la révolution en France et les menées des libéraux en Italie, qui mettent en cause la papauté.

Après la vaine opposition, en 1840, au nouveau régime constitutionnel d'Union, la situation politique ne paraissait pouvoir être dénouée que par une réforme de l'Union engagée avec les libéraux du

Haut-Canada, ou par le rappel pur et simple du nouveau régime politique. Les libéraux du Haut-Canada avaient fait de l'obtention du gouvernement responsable une condition de leur adhésion au projet d'Union. Cette responsabilité du gouvernement face à la Chambre et la possibilité de faire face à un vote de confiance sur sa politique paraissaient aux libéraux du Haut-Canada à la fois une limitation du pouvoir du gouverneur et une plus grande autonomie coloniale. Mais au Bas-Canada, les moyens et les lieux faisaient toutefois cruellement défaut pour formuler les critiques et les aspirations.

La jeunesse de Montréal n'avait pas attendu le retour de Papineau, en septembre 1845, pour se donner un lieu d'échange et un moyen d'action en fondant l'Institut canadien, le 17 décembre 1844. Cette association volontaire allait donner le branle à un vaste mouvement de création d'associations villageoises et urbaines intimement lié au développement de la presse et d'un réseau de bibliothèques semi-publiques. Inspiré des «lyceums» étatsuniens, des «Mechanics' Institutes» britanniques et des cabinets de lecture français, ce mouvement associationniste, tant admiré par Tocqueville dans sa *Démocratie en Amérique* publiée de 1835 à 1840, crée entre 1845 et 1870 une vie sociale et intellectuelle durable. Véritable maison de la culture de l'époque, l'Institut organisait des conférences publiques et des débats et mettait, en 1848, à la disposition de ses quelque 300 membres et de ses abonnés une bibliothèque de près de 1300 volumes et une salle de journaux qui offrait 25 titres de périodiques locaux et étrangers.

Les libéraux montréalais qui ne peuvent alors compter sur *La Minerve* de Duvernay, relancée en 1842 mais devenue pro-Lafontaine, ni sur *L'Aurore des Canadas*, à la vie incertaine, lancent leur journal en juillet 1847, *L'Avenir*. Le titre, le format, la présentation typographique, les collaborateurs — Dessaulles et son correspondant de 1839, Denis-Émery Papineau entre autres —, les références et citations multiples ne cessent de rappeler Lamennais et les catholiques libéraux de France. Comme *L'Avenir* de Paris de 1830 et de 1831, *L'Avenir* de Montréal entend faire pièce de la monarchie et montrer la conciliation possible entre le libéralisme et le catholicisme, entre «Dieu et la liberté». L'hebdomadaire, modéré jusqu'à la fin d'octobre 1847, se radicalise alors, au moment où Dessaulles en devient un des rédacteurs les plus actifs. Les «Treize» de *L'Avenir* publient le manifeste de leur journal le 5 août de la même année.

Une grande bataille politique qui renoue, dix ans plus tard, avec certaines idées du temps des rébellions, éclate à la fin de décembre 1847 au moment où Papineau effectue un retour en politique. Son «Adresse aux électeurs des comtés de Huntingdon et de St-Maurice» publiée dans *La Minerve* du 20, dans la *Revue canadienne* du 21, dans *L'Avenir* du 24 puis en brochure, marque sa rupture avec La Fontaine et l'amorce d'une campagne pour demander l'abrogation de l'Union. Papineau affirme à ses électeurs que le gouvernement responsable octroyé par Londres est «une vaine théorie nullifiée par la pratique». On doit, selon lui, exiger le rappel de l'Union parce que ce régime constitutionnel fut «imposé par la coercition» et qu'il a rendu «nuls et dérisoires les mots *droits des colonies*». Papineau dénonce la représentation parlementaire du Haut et du Bas-Canada non proportionnelle à leur population, la survivance du Conseil législatif et la position politique des réformistes de La Fontaine «gênés par la nécessité de ménager les libéraux du Haut-Canada» peu enclins à dénoncer cette représentation non proportionnelle.

Dans deux articles retentissants de *L'Avenir* du 31 décembre 1847 et du 5 février 1848, Dessaulles — sous le pseudonyme de «Anti-Union» — reprend les arguments de Papineau, insistant pour sa part sur l'injuste partage de la dette et sur l'étendue d'un territoire où «la diversité des lois, du langage, de la religion, des coutumes et des usages» fera obstacle à un gouvernement valable et efficace. Pour Dessaulles, ce sont «les Tories du Bas-Canada et les libéraux du Haut qui ont fait l'Union»; et il ne voit pas de raison à s'associer aux libéraux du Haut-Canada qui continuent, paradoxalement pour des libéraux, à se satisfaire d'un partage inégal de la dette et d'une représentation non proportionnelle. L'Union est «un acte contre nature», un moyen donné «à une minorité réelle du peuple qui a suprématie sur la majorité réelle». Le correspondant de *L'Avenir* écrit: «[...] mieux vaut s'attacher à suivre une politique plus durable et plus en accord avec nos besoins et les exigences du peuple du Bas-Canada». Puis, poussant sa logique à terme, il propose: «Nous sommes destinés à former un peuple à part et par nous-mêmes, que ce soit sous la protection du pavillon anglais ou sous celle du pavillon américain.» C'est, chez Dessaulles, la formulation la plus avancée de sa croyance dans le principe des nationalités, dans le droit des peuples à s'autodéterminer. Sa position demeure paradoxale par l'évocation d'une autonomie sous un «pavillon» anglais ou américain. Mais Dessaulles sait qu'il ne veut pas de l'Union. Rappel de l'Union: «Qu'on jette ce cri au milieu du peuple» pour que s'opère le ralliement autour de Papineau!

Sous le pseudonyme de «Campagnard» qui lui permet de signer d'autres textes à titre de «correspondant» de *L'Avenir*, Dessaulles répète que le rappel de l'Union «est la seule ancre de salut» et «qu'il n'est pas impossible qu'on réalise ce plan d'une fédération des colonies auquel les ministres ont déjà songé» et dont on retiendra la formule lors de la crise politique de la fin de la décennie de 1850. «Si la chose arrive», poursuit-il, «nous devrons insister sur notre séparation d'avec le Haut-Canada». Réfutant l'idée qu'il se préoccupe des principes et non point des hommes de parti, Dessaulles résume ses griefs contre l'Union dans *L'Avenir* du 8 mars:

> Il est donc universellement admis que l'Union est injuste, désastreuse pour nous, mauvaise en théorie, impossible en pratique; qu'elle a l'effet de donner deux administrations distinctes à une seule province trop étendue pour n'en avoir qu'une, et de compliquer par conséquent les rouages administratifs en les doublant; de présenter un monstrueux amalgame de systèmes de législation fondamentalement opposés; d'habitudes et de mœurs diverses, d'associations d'idées essentiellement contradictoires; en un mot, il n'y a véritablement que le coffre public que la constitution ait mis en commun; mais là encore la pratique a nullifié la théorie et le Haut-Canada a pris presque tout ce que le Bas-Canada y a mis; de plus l'Union a été imposée au Bas-Canada sans son consentement et même malgré son opposition; la majorité a été livrée à la merci de la minorité; nos taxes ont été doublées et *ce n'est pas nous qui en profitons*; on a engagé l'avenir après avoir absorbé nos réserves; et enfin, depuis l'Union, c'est la minorité qui a constamment exploité la majorité à son profit, l'influence canadienne a été s'affaiblissant de plus en plus; aucun progrès ne s'est fait; le Bas-Canada a payé les folies du Haut et n'a rien reçu en compensation de ce qui lui a été arraché, et il est universellement admis qu'il sera infailliblement exploité dans l'avenir comme il l'a été dans le passé.

Si Dessaulles et Papineau avaient déjà annoncé leur couleur politique, ce dernier marqua symboliquement sa rupture avec les réformistes. Alors que le gouvernement Baldwin-La Fontaine avait démissionné et s'apprêtait à proroger l'Assemblée mais non sans avoir fait voter les subsides, Papineau, élu aux dernières élections, se leva pour la première fois en Chambre le 14 mars et, profitant de cette symbolique question des subsides qui avait été son cheval de bataille dans les années 1830, pointa du doigt ce gouvernement peu responsable qui faisait voter des crédits sans avoir fait connaître et approuver démocratiquement son programme. Papineau ne pouvait s'associer à des hommes comme La Fontaine qui, s'il avait été fidèle à lui-même, n'aurait eu, selon lui, qu'un choix: demander le rappel de l'Union.

«Campagnard», alias Dessaulles, qui poursuit sa campagne de presse, écrit ne pouvoir croire aux réformes de La Fontaine et de ses partisans; pour lui, «la vraie réforme électorale équivaudrait au rappel de l'Union puisqu'elle nous donnerait la prépondérance en Chambre». Voilà où le bât blessait: on avait perdu la majorité dans l'Assemblée législative du Canada-Uni parce qu'un gouvernement métropolitain supposément démocratique avait fait fi du principe de la représentation proportionnelle. L'homme des «principes», l'homme de la souveraineté populaire ne cessait de mettre les réformistes de La Fontaine en contradiction avec eux-mêmes: «[...] vous vous targuez de *gouverner souverainement en son nom*, et vous ne voulez pas profiter du temps où votre influence est si grande, pour demander le rappel *des spoliations et des injustices* de l'Union!»

Du 9 mai au 6 juin, Papineau et Dessaulles partent en tournée pour dénoncer La Fontaine et demander le rappel de l'Union. À Québec, à Trois-Rivières, à Yamachiche, les orateurs développent des arguments connus ou plus récents, comme ceux que Papineau explicite dans ses deuxième et troisième manifestes que *L'Avenir* publie les 15 et 24 mai. Prenant prétexte, dans le second manifeste, de relations récentes avec la communauté irlandaise, il préconise aussi pour l'Irlande un rappel de l'Union, insistant sur le statut doublement colonial du Bas-Canada à la merci de l'Angleterre *et* du Haut-Canada. Dans le dernier manifeste, Papineau se fait plus cinglant et, faisant allusion au temps où La Fontaine était un Patriote, il écrit: «[...] ils sont ministres et leurs fortes têtes pour leurs grands services, sont payées au double, de ce que l'on offrait pour les faire tomber il y a dix ans». Puis il identifie l'enjeu primordial de tout ce débat autour de l'Union: «Il y a le camp des Anti-Unionistes toujours, dont le cœur est trop noble, la raison trop juste et trop élevée pour séparer le *libéralisme* de la *nationalité*, pour sacrifier celle-ci à celui-là; et qui sait qu'il est dupe ou menteur le *libéralisme pratique* de ceux qui veulent donner double représentation, double puissance, doubles droits à la population Canadienne, *d'origine anglaise*, comparativement à ce qu'ils en accordent à la population Canadienne, *d'origine française*, et qui ne cessera de combattre sous le drapeau de la *nationalité*, tant que celle-ci sera proscrite et persécutée; tant que le *vrai* libéralisme n'aura pas placé toutes les nationalités, sur le pied de la plus complète égalité.» Avis aux prétendus libéraux de La Fontaine et du Haut-Canada!

Le «Campagnard» maskoutain continue certes à défendre des principes mais aussi l'homme qui personnifiait ces principes, Papineau, cet homme «qui est peut-être trop indépendant pour l'époque actuelle; qui fait faire à quelques consciences des retours un peu désagréables sur elles-mêmes et qu'on a la meilleure volonté du monde d'écraser parce qu'il est juste un peu plus indépendant qu'on ne veut l'être soi-même».

Sous des pseudonymes ou en personne lors des assemblées politiques, Dessaulles mène le combat contre l'Union et contre la presse ministérielle — la *Revue canadienne*, le *Journal de Québec*, *La Minerve*, les *Mélanges religieux* — qui, gouaille-t-il, regarde de tous côtés pour qu'on lui «souffle une réponse». Dès le mois de mars, les *Mélanges*, voix de l'évêché de Montréal, inaugurent une chronique intitulée «Louis-Joseph Papineau». Cette presse, qui soutient La Fontaine et maintient que l'Union fut «notre planche de salut» et «nous a sauvés», charge Dessaulles et Papineau de tous les qualificatifs. La *Revue canadienne* qualifie l'ardent Dessaulles de «Mexicain pur sang», d'individu «qui n'a aucune position, aucune valeur quelconque, personnelle, sociale ou politique dans le monde, qui n'a jamais rien fait, qui est connu de tous pour un bon à rien, un fainéant, enfin un homme qui au lieu de consacrer ses talents et sa fortune au service de son pays et de ses compatriotes, au lieu de faire honneur à son nom et à sa famille, fait mauvais usage des dons de la Providence, fait la désolation et le désespoir des siens, et quand tout

s'agite autour de lui préfère une vie oisive et insignifiante à une existence utile et honorable». Pour *La Minerve*, Dessaulles est ce «jeune
homme qui paraît être devenu [le] bâton de voyage» de son oncle,
«l'aide de camp, neveu du commandant en chef» et, plus ironique-
ment, «le petit chien barbet de M. Papineau, comme les gens l'appellent dans le comté, fesant allusion à ses moustaches, et à la fidélité
canine avec laquelle il paraît s'attacher aux pas de son oncle».

   Dessaulles rétorque dans *L'Avenir*, citant *La Minerve* «au tribunal de l'honneur, celui de l'opinion», se moquant de Cauchon du
Journal de Québec d'avoir deux ou trois idées «aussi imperceptibles
qu'une goutte de vin dans un verre d'eau», accusant Letourneux de
la *Revue canadienne*, le «Nestor de la presse», de ne demander à
l'Union que «des places» et de «faire son chemin vers la faveur».
Papineau se charge de railler les «*Mélanges* de l'évêché discrètement
livrés à la seule direction d'un encyclopédiste de dix-huit ans» et
dont les rengaines font dire à Dessaulles: «Toujours de la perdrix,
lasse les plus intrépides gourmands»!

   La rédaction de *L'Avenir* publie alors une série d'articles sur
«L'Union et la Nationalité» qui révèlent la véritable signification de
cette opposition au nouveau régime constitutionnel. Constatant que
«l'attachement à la nationalité est étouffé au nom de l'intérêt public»,
le journal libéral demande si elle est «une faiblesse, une erreur de
sentiment»; il s'explique mal cet «engourdissement» et cette «léthar-
gie» dans une population où, il y a peu de temps, neuf citoyens sur
dix étaient opposés à l'Union. Pour *L'Avenir*, il s'agit moins de
«réveiller les antipathies, les haines nationales» que d'affirmer un
double projet: «la conservation de nos institutions, de notre langue,
de nos lois, de nos mœurs» et la remise en honneur du principe
des nationalités, principe auquel «ces événements qui sans cesse en
Europe [...] donnent des garanties de succès».

   L'Avenir, qui réfère ici à la révolution qui a éclaté en France le
22 février, empruntant ses renseignements au *Courrier des États-Unis*
de New York, avait tenu ses lecteurs informés depuis le 18 mars.
Dans «l'Adresse à la jeunesse parisienne de la jeunesse de Montréal»
que le journal publie le 17 mai, on lit: «Membres de la grande famille
française à quinze cents lieues de la France, nous la suivons du cœur,
dans la voie qu'elle vient d'ouvrir au monde; et les mille échos de
notre St-Laurent ont répété le cri de Liberté parti des rives de la

Seine.» En invoquant le principe des nationalités, *L'Avenir* fait aussi allusion aux événements qui, depuis mars, en Sicile, au Piémont, en Lombardie et en Vénitie traduisent la volonté des libéraux d'en finir avec les monarchies au profit d'une Italie unifiée et républicaine. Nos luttes, explique le journal, se résument «par cette devise de la nation polonaise, *liberté pour nous, liberté pour vous*».

La nationalité dont se préoccupent Dessaulles et les libéraux favorables à Papineau n'est pas celle uniquement des discours du 24 juin mais plutôt ce sentiment nationalitaire qui inspire les mouvements en France, en Italie et en Hongrie. Cette nationalité s'appuie certes sur les caractéristiques culturelles des Canadiens français mais conjuguées au principe libéral du droit des peuples à disposer d'eux-mêmes. Le rédacteur de *L'Avenir* n'est pas dupe du libéralisme du *Journal de Québec*, qui se fait fort de le définir comme «la justice universelle, les droits égaux pour tous» des hommes réunis «sous la bannière des principes et des opinions, plutôt que sous celle des langues et des limites territoriales». Dessaulles rétorque consentir à ce libéralisme tout en demandant si «c'est en vertu de ce libéralisme que plus d'un tiers du Bas-Canada n'est pas représenté, que la population canadienne-française est pillée et volée par la population étrangère du Haut-Canada». «Est-ce là de la *justice universelle, des droits égaux pour tous*» ironise-t-il? La question est bien celle-là: qui sont les «vrais» libéraux, qui sont les «vrais» porte-parole de la nationalité? Les libéraux de Papineau, démocrates, qui lient le nationalisme au mouvement nationalitaire européen depuis 1830 ou les réformistes de La Fontaine de plus en plus associés à l'appui de l'Église et à ce qui va bientôt devenir la trinité de la religion, de la langue et des mœurs rurales? L'enjeu se formulait de plus en plus précisément.

La Minerve ne tarde pas à sortir les vieux épouvantails de la révolution et des échafauds. Les *Mélanges religieux* qui suivent aussi le déroulement des événements en Italie et la position de la papauté somment les libéraux bas-canadiens anti-unionistes de se désister de leur prétention «au nom de la religion». Dessaulles s'indigne de cette «prétendue détermination de notre part de faire une révolution en Canada» et observe que «peu à peu les *Mélanges* empiètent sur le terrain glissant de la politique».

L'affrontement se fait en Chambre, sur les «hustings», dans la presse libérale et dans celle qui bénéficie du patronage gouvernemental. Les coups viennent de partout, y compris des anciens amis tel le docteur Wolfred Nelson qui, le jour même où, en Chambre, Papineau s'était opposé au vote des subsides et avait consommé sa rupture avec La Fontaine, s'était aussi levé pour accuser le chef des Patriotes d'avoir fui en 1837, au moment de la bataille de Saint-Denis. Nelson, qui n'avait jamais soutenu cette idée avant 1848, se met à la colporter dans son comté au mois de mai et publie son accusation dans *La Minerve* du 25 mai. Papineau réplique dans *L'Avenir* du 3 juin et se retire de la polémique devant le refus de Nelson de se soumettre à une confrontation publique. La presse ministérielle — *La Minerve* et la *Revue canadienne* — alimente ce qu'il faut bien appeler une campagne de salissage de la réputation de Papineau.

Pour Dessaulles, qui se porte spontanément à sa défense, il est clair qu'on «cherche à perdre M. Papineau dans l'opinion» et que le rédacteur de la *Revue canadienne* «est un écolier dont le professeur dirige la main». Sous le pseudonyme de «Campagnard», de «Tuque bleue» et sous son nom, dans la «Tribune du peuple» de *L'Avenir*, Dessaulles reprend du service, lui qui, on s'en souvient, fut témoin des événements ce 23 novembre 1837. De part et d'autre, on soutire les témoignages, on prétend contredire l'autre. *La Minerve*, sans trop prévoir que Dessaulles a l'épiderme sensible, va même jusqu'à accuser Dessaulles de «correspondant banal et défenseur de la famille [Papineau]» et «d'athée». Nelson, qui ne ménage pas «le neveu», le traite «d'écervelé».

La polémique emprunte même la forme d'une chanson — «Pépèr' n'va pas-t-en guerre» — qui sur l'air de «Malborough s'en va-t-en guerre» donne:

> Pépèr' n'va pas t'en guerre,
> Sur les pieds, sur les mains, sur la tête,
> Pépèr' n'va pas t'en guerre.
> On n'sait quand il viendra,
> On n'sait quand il viendra,
> On n'sait quand il viendra. *(Refrain)*
>
> Il a pris l'escampette
> Pour gagner les États.
> Où vas-tu donc, Pépèr

Où vas-tu de c'train là?
Je cherche une cachette
Pour jusqu'après l'combat.
Mais c'est pas brav', Pépère
De se sauver comme ça.
Dis rien, le p'tit Dessaulles
Arrangera tout ça.
La St-Denis se passe
Pépèr' ne revient pas.
Mais le petit Dessaulles
Arrangera tout ça. *(Couplets)*

Au témoignage non assermenté du Dr Nelson, dans *La Minerve* du 4 septembre, Dessaulles oppose, dans *l'Avenir*, son témoignage assermenté du 7 octobre et assène Nelson d'affidavits le 25, pour corroborer son témoignage et enfoncer le clou. En novembre, Dessaulles réunit ses textes du 7 et du 25 et l'éditorial du 25 de *L'Avenir* en une brochure, *Papineau et Nelson. Blanc et noir* et se retire du débat. Antoine Gérin-Lajoie, alors à *La Minerve*, réplique, sans s'identifier, avec un *Résumé impartial de la discussion Papineau-Nelson sur les événements de St-Denis en 1837*. L'enchevêtrement de la controverse est tel et les versions si difficiles à départager, même à travers les serments et les affidavits, que sa signification principale demeure irrésolue. Ou plutôt elle réside dans la décision du Dr Nelson et de ses amis politiques de jeter ce pavé dans la mare de l'opinion pour brouiller la réputation de Papineau.

Dans un article du 17 janvier 1849 de *L'Avenir*, Dessaulles, alias «Campagnard», tire quelques leçons de ces batailles en proposant «Quelques idées et quelques principes [...] à ceux qui nient les principes et n'ont point d'idées». Il dénonce les hommes «pratiques» qui considèrent «l'ordre de choses existant» comme un «marche-pied», ces ministres qui «élèvent les petites espérances et entretiennent les grandes craintes» et qui prennent «l'immobilité pour tactique et la peur pour drapeau». Il puise dans Benjamin Constant pour faire la morale au ministère, qui «emploie» les journalistes «dont les opinions ne valent que les quelques chelins qu'elles coûtent et qui sont dans le journalisme, ce que les espions et les délateurs sont dans la police, pour faire de véritables diffamations, contre ceux dont on craint l'influence». Dépité de voir les réformistes et la presse ministérielle attaquer la vie privée de Papineau, Dessaulles fait un pénible constat: «La jeune génération est donc appelée à juger aujourd'hui ceux qui ont dirigé la politique du pays depuis dix ans. Elle doit s'efforcer de découvrir quelles sont les causes de l'affaiblissement du sentiment national, si vivace avant 1837, si nul aujourd'hui.»

Les jeux étaient faits. Depuis son «Adresse aux électeurs» de décembre 1847 et son exhortation au rappel de l'Union, en Chambre en mars 1848, Papineau, puis Dessaulles, *L'Avenir* et les libéraux papineauistes n'avaient pas réussi à faire triompher leur point de vue face à La Fontaine, au pouvoir, au patronage, à la presse, aux rumeurs et aux calomnies. Le 22 et le 23 janvier 1849, Papineau fit pendant douze heures sa dernière grande intervention parlementaire, lui, député depuis 1809, leader du Parti canadien et du Parti patriote depuis 1815. Le moment était solennel. C'était, à nouveau, la fin de quelque chose. Pour une deuxième fois, le grand rêve allait s'effilochant.

Avec la publication de *L'Avenir* et le retour de Papineau au Canada et en politique, le libéralisme bas-canadien s'était radicalisé vers 1848, au moment où le problème des nationalités refaisait surface en Europe. Avec et à la suite de Papineau, Dessaulles développe une argumentation démocratique et nationaliste tout à fait cohérente en faveur du rappel du régime d'Union. Contre vents et marées (campagne contre Papineau, accusation d'athéisme et procès contre Duvernay), Dessaulles se prononce pour la séparation d'avec le Haut-Canada et pour une autodétermination relative du Bas-Canada, appelé «à former un peuple à part», sous pavillon anglais ou états-unien, si nécessaire. La vague papineauiste n'a toutefois pas le succès escompté devant le parti de La Fontaine qui prend tous les moyens pour perdre Papineau dans l'opinion publique. La question, posée par Papineau, Dessaulles et *L'Avenir*, demeurait entière après l'échec de la campagne anti-Union: qui voudrait encore de ce libéralisme, de ce nationalisme défini par des traits culturels distincts *et* par le recours au principe des nationalités? La langue, les lois françaises et les mœurs certes, mais la souveraineté, le droit des peuples à disposer d'eux-mêmes aussi? La question avait de l'avenir.

CHAPITRE IV

L'Église ou les États-Unis
(1849)

> «[...] il me semble que ceux qui nous prêchent le ciel et ont
> le bonheur de n'agir qu'en vue du ciel devraient un peu plus
> nous laisser la terre; que ceux qui nous prêchent le mépris
> des choses de ce bas monde, le détachement des vanités
> humaines ne devraient pas tant désirer se substituer à nous
> et faire l'impossible pour nous les arracher.»
>
> Louis-Antoine DESSAULLES
> *alias* «Campagnard», «Entretiens
> de la campagne», *L'Avenir*
> (6 novembre 1849)

Plus fermement que Papineau, Dessaulles s'était fait durant la
campagne pour le rappel de l'Union, le champion de l'émancipation
nationale. Ses articles et ceux de la rédaction de *L'Avenir* sur
«l'Union et la nationalité» avaient fait appel au principe des nationalités, celui-là même que les libéraux italiens invoquaient pour faire
l'unité nationale et qui leur servait d'argument pour revendiquer les
territoires de l'Église et poser par le fait même la question de la
nécessité du pouvoir temporel du pape. Déjà les *Mélanges religieux*
de l'évêché avaient enjoint Dessaulles et les libéraux de *L'Avenir* de
se désister, «au nom de la religion», de leur prétention émancipatoire.
La presse québécoise avait suivi les péripéties de cette question

romaine jusqu'à ce que le pape dût quitter Rome et s'enfuir à Gaëte, en novembre 1848.

Le 18 janvier 1849, Mgr Bourget adresse une circulaire à son clergé qui commence par cette suggestion: «Les souffrances de Notre Saint Père sont, à nos yeux, une mine précieuse qu'il faut exploiter au profit de la Foi de notre bon peuple, en lui inspirant une profonde vénération pour le Chef de l'Église, et une souveraine horreur pour les révolutions dont il est victime, et qui pourraient bien quelque jour nous atteindre.» Dans la lettre pastorale qui accompagne cette circulaire, l'évêque de Montréal compare les souffrances du pape à la passion du Christ, dramatise la fuite du chef de l'Église «réduit à sortir de Rome sous la livrée d'un laquais», et recommande à «ses brebis»: «Soyez fidèles à Dieu, et respectez toutes les autorités légitimement constituées. Telle est la volonté du Seigneur. N'écoutez pas ceux qui vous adressent des discours séditieux; car ils ne sauraient être vos vrais amis. Ne lisez pas ces livres et ces papiers qui soufflent l'esprit de révolte, car ils sont les véhicules des doctrines empestées qui, semblables au chancre, ont rongé et ruiné les États les plus heureux et les plus florissants.» Il ne pouvait y avoir de doute quant à l'allusion à ce «journal français [qui] cherche à répandre des principes révolutionnaires». Il s'agissait bien de *L'Avenir*.

Cette lettre pastorale constitue la première intervention officielle de Mgr Bourget dans les affaires locales et elle vise la presse libérale. La guerre des mots qui, dans 20 ans, allait devenir «la grande guerre ecclésiastique», commençait. Après avoir ferraillé contre les Réformistes de La Fontaine, contre la presse ministérielle et contre le Dr Nelson, Dessaulles se tournait maintenant contre l'évêque, contre le jeune Jean Langevin des *Mélanges religieux*, contre le théologien Pierre-Adolphe Pinsoneault et contre le populaire prédicateur Charles Chiniquy. Ceux qui comme Dessaulles avaient vu l'Église se rapprocher des arguments politiques des «réformistes» et souhaiter ardemment «que notre chère et heureuse Patrie ne se ressente point des violentes secousses qui agitent l'Europe», ne pouvaient laisser se mettre en place une alliance du pouvoir politique et du pouvoir religieux. La séparation de l'Église et de l'État, ici et ailleurs, n'était-elle pas l'un de leurs principes fondamentaux?

L'Avenir du 14 mars 1849 publie un texte non signé et intitulé «Pouvoir temporel du Pape», qui est de Dessaulles. L'admirateur de

Lamennais qui suivait «les affaires de Rome» depuis dix ans y prend note «de la déchéance du *Pape,* comme *roi,* et [de] la proclamation de la république à Rome». Il espère que le pape ne se servira pas «des armes étrangères pour ressaisir un pouvoir temporel au nom de celui qui disait: mon royaume n'est pas de ce monde»; car si le sang devait couler, prévient-il, il «retombera sur ceux qui veulent se partager les peuples comme des troupeaux et qui, au nom de Dieu, ne tremblent pas de faire massacrer leurs frères pour avoir le puéril orgueuil de siéger sur un trône et de ceindre leurs têtes d'un diadème...» Rome devait en venir «à la doctrine de l'établissement du pouvoir par le peuple», car «le pouvoir temporel du Pape n'a pas d'autre bâse que celle de tous les autres gouvernemens politiques de l'univers». Il s'agissait «d'une question politique, et de rien d'autre».

Dessaulles fait pièce à l'argument du pape comme arbitre entre les peuples et les rois en écrivant franchement: «Disons-le, la dernière sentence arbitrale, prononcée par le Pape dans la cause des peuples et des rois, n'a pas été de nature à faire regarder comme un bienfait de nos jours cet arbitrage que le peuple polonais ne demandait pas au Pape. L'exemple de la malheureuse Pologne cruellement livrée à *l'Empereur de Russie par le roi de Rome* (le Pape) a pu faire comprendre aux peuples que leurs intérêts seraient plus en sûreté entre leurs mains qu'entre celles *d'un intéressé,* et que l'indépendance si vantée du Pape comme roi n'est en réalité qu'un jouet entre les mains de l'Autriche, de la Russie ou de toute autre grande puissance de l'Europe.»

Franchise et convictions le motivent à refuser qu'on exige «des Italiens en particulier le sacrifice de leurs droits politiques pour la commodité du reste des nations chrétiennes», «pour la commodité de nos croyances religieuses». Puis, évoquant la lettre pastorale de Mgr Bourget, Dessaulles note: «Mais ceux de nos lecteurs qui sentent vivement la beauté et la vérité des principes que nous défendons, comprendront notre insistance, sachant surtout que cette révolution d'Italie est l'occasion d'attaques incessantes contre les principes démocratiques venant de sources d'autant plus à craindre qu'elles sont plus respectables. Avec bonne foi sans doute, on confond tout, pouvoir temporel et spirituel, les principes et les hommes.» L'enjeu était clair: les adversaires «étaient mûs dans ce dessein plus par des animosités locales que par des convictions sincères».

Les *Mélanges religieux* ne tardent pas à clamer leur indignation et à opposer à *L'Avenir* les positions de Mgr Dupanloup sur le pouvoir temporel du pape. Dans trois articles, la voix de l'évêché dénonce «les principes de *l'Avenir*» qui, en raison de ses prises de position, paraît être «un journal étranger, un journal protestant et fanatique, ou une feuille socialiste». La stratégie du journal catholique consistait à rendre «étrangers» les principes de *L'Avenir*, à montrer comment les libéraux blessaient «la foi religieuse de tous leurs concitoyens» et se comportaient comme si «la foi et l'autorité [n'étaient] plus de mise au siècle où nous vivons». Les *Mélanges* traitent les démocrates italiens de démagogues, ressortent les grandes peurs de 1793 et de 1848 et avertissent les lecteurs: «Ne nous en étonnons pas; en faisant l'éloge des usurpateurs et brigands de Rome, ils veulent accoutumer le peuple Canadien à l'idée de voir quelques audacieux s'emparer de l'autorité souveraine et trôner au milieu de nous en maîtres souverains.»

Les «principes» sont diamétralement opposés: «Les doctrines de *l'Avenir* sont en effet les mêmes que celles de son confrère de Paris [*L'Avenir* de 1830 et 1831]; ce sont les mêmes doctrines que les *Paroles d'un croyant* et des *Affaires de Rome*; ce sont enfin les doctrines de M. de Lamennais, cet ange déchu dont l'Église pleure la perte.»

Les *Mélanges* réitèrent l'affirmation d'une Rome d'abord catholique et capitale des chrétiens; pour l'évêché, on ne pouvait d'aucune manière séparer la question religieuse de la question politique, le pape n'étant pas un souverain ordinaire. Le journal donne raison aux catholiques qui retournaient leur exemplaire de *L'Avenir* pour «la raison toute simple que les mauvais ouvrages étaient défendus». La censure que Dessaulles avait déplorée pour les œuvres de Lamennais commençait à s'appliquer contre lui et les libéraux.

Après Mgr Bourget et les *Mélanges religieux*, l'abbé Pinsoneault se jette dans la mêlée en publiant dans les *Mélanges religieux* trois articles intitulés «Nouvelles gentillesses de *l'Avenir*», que *La Minerve* reprend avec empressement. Pour le chanoine de la cathédrale de Montréal, formé chez les Sulpiciens d'Issy-les-Moulineaux, «tous les bons catholiques du Canada» doivent être sur leurs gardes; l'abbé raille Dessaulles et les «treize, quatorze ou quinze» de *L'Avenir* en citant Montalembert: «Laissons là l'orgueil démesuré de ces pygmées toujours disposés à se compter pour des géants, à prendre leur impression du moment pour la loi éternelle du monde...»

Dans *L'Avenir* du 2 mai, Dessaulles jette le gant à l'abbé Pinsoneault en se moquant de ces «minces séminaristes», ces «simples valets de plume» qui auraient dû «penser que le bel esprit de collège ne faisant plus fortune dans le monde, le sot esprit de collège serait encore bien moins un marche-pied pour arriver à la réputation d'écrivain». «Campagnard» dénonce les sermons politiques de curés en faveur des idées ministérielles, rappelle le mandement épiscopal «dans lequel toutes ces idées qui forment la base des droits des peuples sont pointées comme pernicieuses à la société» et souligne l'alliance accomplie entre les intérêts de l'Église et ceux des Réformistes: «L'attaque de M. Pinsoneault contre *L'Avenir* est loin de n'avoir, comme il le prétend, qu'une portée purement religieuse. Si on rapproche ce fait de beaucoup d'autres, il devient excessivement probable, sinon évident, que le clergé fait aujourd'hui des efforts très prononcés pour favoriser, dans le pays, la tentative de réaction contre les idées démocratiques à la tête de laquelle s'est placé le ministère.» Dessaulles réaffirme sa conviction profonde: «Le monde intellectuel marche et marchera en dépit de tous les petits bras tendus en avant pour l'arrêter ou le faire rétrograder. L'homme qui a le moindre sentiment d'indépendance et de dignité ne peut pas être un monarchiste par principes.»

Dessaulles n'est pas dupe de «cette action simultanée» de l'évêque, de la presse religieuse et ministérielle, du théologien et du grand prédicateur de croisades de tempérance, Charles Chiniquy, intervenu dans le débat le 18 avril et qui alimente les *Mélanges* de sa prose épistolaire, en mai et en juin 1849. C'est à ce moment d'ailleurs que le pseudonyme «Campagnard» de Dessaulles prend tout son sens: non seulement rappelle-t-il que le rédacteur habite toujours Saint-Hyacinthe, mais, surtout, il courtise par ce pseudonyme une clientèle rurale importante pour *L'Avenir* et que le populaire prédicateur Chiniquy tente aussi d'annexer à ses idées. Chiniquy écrit à *L'Avenir*, lui reprochant de «bénir les bourreaux» du pape et l'intimant de se rétracter sans quoi il mettra fin à son abonnement. Chiniquy rappelle aux libéraux que «la religion et la patrie sont deux choses intimement liées au cœur de tout bon canadien» et avoue espérer «qu'ils ne voudront pas se séparer de [leurs] frères catholiques».

Très habile dans ses lettres adressées à *L'Avenir* et qu'on devait lire à haute voix dans les campagnes, Chiniquy joue du pathétique, évoquant les «brandons de l'impiété européenne», la désolation laissée par les rébellions et que les curés avaient prévue! Avec un vocabulaire de terreur — torches, poignards, glaives, autels profanés —, le prédicateur haut en couleurs montre du doigt Dessaulles et les gens de *L'Avenir*: «Si ce n'est pas la croix du Christ qui vous sert de drapeau... il vous faudra nécessairement choisir entre le croissant de Mahomet ou le bâton sanglant de Proudhon.» En appelant à une «démocratie chrétienne», Chiniquy revenait même sur les idées annexionnistes de *L'Avenir*, dangereuses pour la foi, la langue et la nationalité.

À nouveau, «Campagnard» prend la plume pour donner le change à Chiniquy et à ses «velléités de domination théocratique infiniment mal déguisées sous quelques cafardises oratoires auxquelles on donne une tournure de sentimentalisme politique». Pour Dessaulles, l'autorité ecclésiastique a tout intérêt à «lancer M. Chiniquy plutôt que tout autre sur ces idées qu'on redoute bien plus pour le temporel que pour le spirituel tout en faisant semblant de faire le contraire». Le ton monte véritablement d'un cran: «si vous prenez la démocratie corps-à-corps, vous devez vous attendre à nous voir prendre la théocratie ou l'esprit réactionnaire corps-à-corps». Conscient d'être de plus en plus poussé au pied du mur, Dessaulles, dans le style de Lamennais, demande: «Est-ce que vous tiendrez absolument à prouver au monde que vous êtes stationnaires par instinct, immobiles par calcul, rétrogrades par nécessité, monarchistes par entêtement ou par intérêt?» Et plus amer: «Croyez-vous donner de la force au catholicisme en démontrant qu'il est incompatible avec le libéralisme?»

L'esprit de 1848 enthousiasme les libéraux canadiens. Dessaulles participe à la fondation du Club national démocratique, qui propose précisément la conjugaison du nationalisme et du principe des nationalités, l'avenir d'une «démocratie canadienne» et non d'une monarchie constitutionnelle coloniale. Le Club national démocratique préconise «la liberté entière du commerce», la décentralisation du pouvoir, le contrôle direct de la nation et le suffrage universel.

Les pseudonymes et les protagonistes de tous ces débats indiquent clairement que les habitants des campagnes constituaient leur véritable public, la clientèle espérée des journaux et de leur idéologie.

Les échanges aigres-doux qui débutent au sujet des revenus des curés et de la dîme visent le même objectif: prendre fait et cause en faveur des gens de la campagne en préconisant non pas nécessairement l'abolition de la dîme mais une nouvelle répartition qui mettrait aussi à contribution les villageois et les citadins.

Dessaulles, sous le pseudonyme de «Un paroissien», enfourche ce nouveau cheval de bataille après l'Union et la question romaine. Dans la «Tribune du peuple» de *L'Avenir* du 21 juillet, le coseigneur de Saint-Hyacinthe s'en prend encore au curé du lieu, lui reprochant d'abord de parler en chaire d'affaires temporelles: «Dernièrement c'était de la politique ministérielle qu'il nous entretenait; aujourd'hui voilà les affaires et les besoins du ménage sur le tapis; qui sait si bientôt on n'en viendra pas à s'occuper du percement des rues du village neuf et de l'établissement des sources?» Dessaulles dénonce ensuite les «inqualifiables prétentions» du curé quant à l'insuffisance de ses revenus et préconise un nouveau système: répartition du revenu curial sur les campagnards et les villageois jusqu'à un montant maximal de 300 louis. L'invective de Dessaulles se fait plus cinglante: tantôt il met le curé en contradiction avec lui-même à propos des payeurs de dîme et des communions pascales; tantôt il fait allusion à «l'hôtel bâti aux sources» de Pierreville par le curé, pour finir par une référence évangélique: «Que M. le curé se rappelle donc que Jésus-Christ chassa ignominieusement du temple les vendeurs et les marchands, c'est-à-dire ceux qui, étant dans la maison de Dieu, donnaient le pas à leurs intérêts temporels sur leurs obligations morales et religieuses.»

Sous les pseudonymes «le citoyen» Blanchet, Joseph-Guillaume Barthe alias «Trépassé» et Boucher-Belleville alias «B., comté de H.», dans *L'Avenir* ou dans le *Moniteur*, Dessaulles alimente le débat jusqu'en mai 1850, avec l'intention de faire voir les ramifications concrètes du pouvoir économique et l'enlisement temporel de l'Église.

Pour les libéraux et Dessaulles en particulier, «la lutte entre le libéralisme et le despotisme moral et religieux était devenue inévitable». Signant toujours «Campagnard», Dessaulles en vient à proposer une bataille rangée, avec combattant à découvert et sans pseudonyme, avec un nombre égal de tirs ou d'articles et des références non pas à Voltaire mais à l'histoire ecclésiastique de Fleury ou de Morénas «approuvées par le pape Benoît XIV».

Les duels de la presse étaient littéralement devenus spectaculai-
res. *La Minerve* met tout naturellement en scène ce grand débat
d'idées qui a maintenant ses protagonistes, ses décors, ses répliques
et ses tirades; de septembre à novembre, le journal de Duvernay
publie les dialogues d'une courte pièce de théâtre écrite par «Un
damné» et intitulée «Scènes d'enfer» pour bien marquer l'unité de
lieu des libéraux! Après six «actes» de la comédie dramatique de *La
Minerve*, «Campagnard» toujours camouflé, comme «Damné», sous
un pseudonyme, publie ses «Entretiens de la campagne». La mise en
scène est minimale: «Campagnard entre chez un ami, où 5 ou 6 personnes sont occupées à lire les journaux»! La fiction différait peu de
la réalité!

Il mène les entretiens avec La Dévote, faire-valoir des curés,
pleine de foi et d'espérance mais dénuée de charité, avec Le Marchand, Le Notaire, Le Long Mr. et Le rentier. Le Notaire croit que
les établissements de charité et de bienfaisance d'un clergé seigneurial
sont aussi «dûs aux libéralités des laïques». «Campagnard» explique
au Rentier que «la plus grande faute du prêtre n'est pas de se mêler
des affaires de ce monde, mais c'est une fois qu'il s'y est jetté, de
toujours se prévaloir de son habit et du prestige qui l'entoure pour
essayer de réduire les laïques au silence; de poser invariablement son
rabat comme une barrière infranchissable à la discussion complète et
libre; de courir se cacher derrière l'autel dès qu'il a brûlé la première
amorce...» Dans la fiction comme dans la vie, «Campagnard» parle
plus souvent qu'à son tour, rappelant au Marchand que «la démocratie n'a donc jamais eu les sympathies sincères du clergé, parce que
sous le régime démocratique il n'est rien, pendant que sous l'ordre
monarchique il est puissant». Il quitte les «Entretiens» avec cet aveu
aux dévots: «[...] il me semble que ceux qui nous prêchent le ciel et
ont le bonheur de n'agir qu'en vue du ciel devraient un peu plus nous
laisser la terre; que ceux qui nous prêchent le mépris des choses de
ce bas monde, le détachement des vanités humaines ne devraient pas
tant désirer se substituer à nous et faire l'impossible pour nous les
arracher.»

Depuis janvier 1849, Dessaulles mène son combat pour le
«royaume de ce monde», mieux, pour la république de ce monde. Sa
dénonciation de l'intervention de l'Église dans les affaires temporelles, que celle-ci se fit à Rome ou à Saint-Hyacinthe, qu'elle fut celle

du pape ou d'un curé, visait un objectif: distinguer le temporel du spirituel pour rendre claire et impérative la nécessité de séparer le politique du religieux, l'État de l'Église. Les événements allaient bientôt le ramener sur un front politique, suite inattendue au long débat et combat à propos du rappel de l'Union.

La passation en Chambre, le 9 mars, et au Conseil législatif, le 15, du projet de loi d'indemnisation des victimes des rébellions, finalement accepté par le gouverneur soucieux de ne point entacher les récents acquis du gouvernement responsable, choqua les anglophones et les Tories. Pour eux, le pouvoir colonial et métropolitain donnait raison aux insurgés contre les loyalistes. Peu à peu, notables et marchands montréalais anglophones, déçus de l'abolition des lois protectionnistes britanniques, cherchent du côté des États-Unis une nouvelle alliance tout en dénonçant le régime d'Union. Fin février 1849, *L'Avenir* se met aussi à marteler l'idée de l'annexion du Canada aux États-Unis, utilisant l'exemple de la Louisiane pour convaincre de la possibilité d'une annexion du Bas-Canada qui ne fût pas une perte de la nationalité. Un correspondant de *L'Avenir* écrit: «Nous sommes arrivés à l'époque où le Canada doit devenir république, où notre étoile doit aller prendre place au ciel américain.» Il signait «34 étoiles»; c'était Charles Laberge qui indiquait la place du Canada sur le «Star-Spangled Banner».

Le «Manifeste annexionniste» est publié le 11 octobre et *L'Avenir* fait connaître, le 13 et le 18, la liste des signataires; elle comprend une forte majorité d'anglophones et les francophones, dont Dessaulles, sont les jeunes de *L'Avenir* et des membres de l'Institut canadien. Papineau, ardent admirateur de la «grande république» depuis 1830, s'affiche annexionniste dans *L'Avenir* du 3 novembre et Dessaulles reprend du service, épingle La Fontaine qui se tourne vers les Britanniques et tente de montrer que les seuls opposants à l'annexion étaient «les ministres en place».

La Fontaine a raison d'écrire: «Annexion et nationalité sont une contradiction.» Car si tous les moyens pour décrier à nouveau l'Union étaient concevables, l'alliance d'anglophones Tories et de francophones libéraux peut difficilement passer pour naturelle.

Entre-temps, à Saint-Hyacinthe, Dessaulles s'est assis à sa chère table de travail, compulsant Tocqueville, la presse américaine, les grands almanachs des États-Unis. Il se prépare, à sa façon, à défendre la cause de l'annexion; mais il lui faut, les 17 et 18 décembre, assister au procès en libelle qu'il avait intenté, en octobre 1848, contre Ludger Duvernay qui l'avait accusé de parjure dans *La Minerve* du 28 août et d'athéisme dans le numéro du 12 octobre.

L'action de 3000 louis prise par Dessaulles parce qu'il était devenu «nécessaire de mettre un frein aux écarts du journalisme du pays» constitue, en somme, le paroxysme de la polémique à propos de Papineau et de Nelson et de l'antagonisme idéologique et partisan qui s'était construit entre les libéraux et les réformistes. Dessaulles qui est un habitué des procès — affaires seigneuriales, affaires contre le curé de Saint-Hyacinthe ou affaires l'impliquant — évalue que l'accusation de parjure dans la défense de son oncle et que celle d'athéisme dans son cas seraient perçues comme un manque à ses «devoirs de citoyen, d'homme d'honneur, de conscience et de religion».

En appelant les témoins mêmes qui avaient été en 1848 favorables au Dr Nelson, la défense plaide que son client avait été provoqué depuis fort longtemps par «ce puissant et orgueilleux seigneur» et qu'en conséquence, leurs écrits s'annulaient; que le demandeur qui vise moins l'argent que les principes aurait dû en toute logique s'adresser à une «petite cour»; qu'ayant qualifié de «niaise morsure d'un fou» les écrits de Duvernay, Dessaulles indiquait l'importance qu'il accordait à ce procès et qu'en conséquence le jury pourrait se satisfaire de dommages nominaux.

À propos de l'accusation d'athéisme, la défense, par la voix du solliciteur général Drummond, argumente, en faisant témoigner le curé Crevier de Saint-Hyacinthe, qu'un athée ne pouvait être très sensible à cette accusation et qu'en conséquence elle ne pouvait lui avoir fait un si grand tort. Un peu naïvement, d'un point de vue légal, mais fort habilement d'un autre point de vue, la défense prétend que le demandeur devait faire voir qu'il n'était pas athée en montrant l'usage qu'il faisait aussi bien du banc seigneurial à l'église que des sacrements. Le procès même continuait d'être un procès de la vie publique de Dessaulles.

Le juge en chef Jean-Roch Rolland condamna Duvernay à payer 100 louis et les dommages, soit plus de 200 louis. On était loin du 3000 louis de l'action initiale mais le principe était sauvé. Quarante amis de Dessaulles organisent alors un banquet au restaurant

Compain et offrent des «santés» à Dessaulles, à ses avocats, à la presse démocratique, à l'annexion et à la liberté d'opinion. De l'aveu même de Dessaulles, la réunion avait marqué «une protestation et une condamnation publiques contre la conduite d'un parti politique dont l'éditeur de *La Minerve* n'était qu'un vulgaire instrument».

Mais cela ne suffit pas. Le 20 décembre 1849, deux jours après le jugement, Duvernay s'en prend dans *La Minerve* à la «partialité» du juge et du jury. Dessaulles réplique durement dans *L'Avenir* des 10 et 12 janvier 1850, révélant l'offre de réparation publique faite par Duvernay le 10 décembre et son refus pour une question de principe. Pour Dessaulles cette offre tout comme le jugement obtenu constituent une double preuve de culpabilité. Référant à Cartier comme à Duvernay, il conclut «qu'il y a, çà et là de par le monde, des hommes qui, si on les jetait dans un lac de fange, s'y trouveraient tout autant dans leur élément naturel que les oiseaux dans l'air ou les poissons dans l'eau».

C'est un combat à finir. Dessaulles lutte jusqu'en mars 1851 pour obtenir gain de cause: les meubles de Duvernay sont saisis jusqu'à concurrence du montant du jugement, plus les intérêts et 33 louis de dommages nouveaux.

Ce jugement donne une caution au moins symbolique aux batailles menées par Dessaulles depuis 1848. Mais l'adversité frappe à nouveau: le 6 avril 1850, il est destitué par les autorités politiques de ses fonctions de juge de paix, d'officier de la milice et de commissaire aux petites causes pour avoir signé le manifeste annexionniste en octobre 1849. Dessaulles le prend d'assez haut: a-t-on demandé des explications aux incendiaires anglophones du Parlement de Montréal, d'avril 1849, écrit-il, après avoir affirmé qu'il considérait «le gouvernement du Bas-Canada comme indigne d'être servi par un honnête homme».

Sa conviction annexionniste n'est pas ébranlée pour autant puisqu'il fait, le 23 avril 1850, la première de six conférences publiques sur l'annexion du Canada aux États-Unis. La fièvre annexionniste est alors plutôt retombée, en particulier lors de la sixième conférence, en mai 1851, mais l'évolution politique et intellectuelle des États-Unis continue de fasciner les démocrates canadiens. Cinq nouveaux États sont entrés dans l'Union de 1837 à 1851: la Floride et le Texas (1845), l'Iowa (1846), le Wisconsin (1848) et la Californie (1850). Les présidents se sont succédé à un rythme exceptionnel: Martin van Buren (1837-1841), John Tyler (1841-1845), James Polk (1845-1848), Zachary Taylor (1848-1850) et Millard Fillmore (1850-1853). Sur le plan intellectuel, le mouvement transcendantaliste s'est donné une voix, *The Dial* (1840), Horace Greeley, qu'on verra à l'occasion à Montréal, a lancé son *New York Tribune*, sept ans avant la création, grâce au télégraphe, de l'Associated Press (1848). Emerson a publié ses *Essays* (1841), Melville, *Typee* (1846), Thoreau, *Civil Desobedience* (1849). Pendant que Dessaulles «lecture», comme on dit à l'époque, sur l'annexion, Hawthorne publie *The Scarlet Letter* (1850) et Melville, *Moby Dick* (1851).

Ces conférences sur l'annexion constituent la première intervention publique de Dessaulles à l'Institut canadien de Montréal qui a déjà présenté 26 conférences publiques et autant d'essais. Étienne Parent y a fait cinq conférences portant surtout sur l'économie politique et James Huston y a présenté un essai sur «la position et les besoins de la jeunesse canadienne-française» qui avait des accents anti-unionistes.

Joseph Doutre, qui préface le fort ouvrage de 200 pages regroupant les conférences, n'hésite pas à y voir un complément à *De la démocratie en Amérique* de Tocqueville: «Des trois éléments de la richesse des peuples: la population, les fonds immobiliers et les biens mobiliers, il n'avait pu appercevoir que le premier [...]. Les deux derniers [...] avaient échappé à ses recherches.» Pour le préfacier, ces conférences sont «le procès minutieusement fait du gouvernement monarchique et colonial, comparé aux institutions républicaines, telles qu'entendues et mises en pratique aux États-Unis».

Ces conférences s'avèrent autant une nouvelle dénonciation de l'Union qu'une promotion de l'annexion. Dessaulles situe d'abord l'État colonial du Bas-Canada dans la trame du despotisme international: «En Europe, messieurs, et en Europe seulement, je vois trois hommes, soutenus par quelques centaines de privilégiés, tendre leurs bras en avant pour faire rétrograder les générations. Trois hommes y luttent encore, au moyen de proscriptions, de cachots, de l'exil, de l'échafaud, des meurtres juridiques, des trahisons achetées, de la séquestration intellectuelle, de l'ignorance imposée aux masses, des excommunications, des anathèmes, contre le principe fondamental, nécessaire, indéniable de toute organisation sociale régulière. Ces trois hommes, vous les connaissez comme moi. C'est Sa Majesté, l'empereur d'Autriche, l'infâme bourreau de la Hongrie et de l'Italie! C'est Sa Majesté le czar de toutes les Russies, l'infâme bourreau de la Hongrie, de la Pologne et de la Circassie! C'est enfin leur ami et allié, le roi de Rome, le chef visible du catholicisme.»

Puis Dessaulles s'affirme favorable à la souveraineté: «C'est la civilisation qui a appris aux peuples que la souveraineté, soit individuelle soit collective, était inaliénable; que par conséquent, de même qu'un homme ne pouvait être la propriété d'un autre homme, de même un peuple ne pouvait jamais être la propriété politique d'un autre peuple.» Pour concrétiser son propos, le conférencier explique à son auditoire: «Plusieurs d'entre vous, Messieurs, ont déjà voyagé à l'étranger, et ont dû par conséquent répondre à cette question: "De quel pays êtes-vous, Monsieur?", question sacrementelle entre voyageurs.» Dessaulles parle de «son pays» en libéral acquis au principe des nationalités, au droit des peuples à l'autodétermination. Il s'emploie d'ailleurs à montrer à son auditoire l'usage fait de ce principe par la France, l'Italie, l'Irlande, l'Écosse et surtout par les États-Unis: «Ce peuple est le premier qui ait invinciblement démontré que la souveraineté nationale était le seul principe rationnel en fait d'organisation sociale et politique; que dans le dogme de la souveraineté du peuple seulement il fallait voir la vérité politique...»

Au fil des conférences, l'idée est martelée: «Allons-nous enfin ne pas tenir compte de cette association d'idées générale [...] qui a irrévocablement décrété la chute de tout état social qui n'est pas la démocratie; de tout principe politique qui n'est pas la souveraineté du peuple; de toute organisation nationale qui n'est pas la république?»

Procès du gouvernement colonial, procès aussi du gouvernement monarchique scandaleusement défendu par le clergé et l'enseignement des collèges-séminaires: on en est «encore aux notions politiques, aux croyances absolutistes du dix-septième siècle! Dans nos collèges, hors du droit divin, point de salut! C'est faire un effort de caractère, c'est presque se compromettre que d'être aussi libéral que St.Thomas!» Annexé aux États-Unis, le Bas-Canada aurait tôt fait de laïciser l'enseignement pour renverser ce système qui a pour objet et résultat «l'amoindrissement de la personnalité, la sujétion de l'intelligence, la nullification morale de l'individu». Dessaulles attend donc beaucoup politiquement et moralement de l'annexion.

Mais l'essentiel des conférences porte sur les conditions économiques et industrielles des États-Unis. La troisième détaille les budgets, les banques, les compagnies de chemin de fer et d'assurances du Massachusetts, du Rhode Island, de New York; le conférencier maskoutain ne manque pas de noter: «C'est un fait très remarquable, Messieurs, que l'incroyable augmentation dans la valeur de la propriété, produit dans certaines localités, par les chemins de fer.»

La quatrième conférence scrute la dette, les dépenses, la structure financière du gouvernement central, établit le tableau des importations et des exportations, compare les dépenses administratives: «Ainsi, Messieurs, l'habitant des États-Unis paie annuellement, pour l'intérêt des dettes publiques locales, les dépenses des gouvernements particuliers, et celles du gouvernement central, avec son armée, sa marine, ses relations étrangères, précisément la même somme que l'habitant du Canada pour l'intérêt de la dette publique et les dépenses d'administration intérieure; et pourtant le Canada n'a ni armée, ni marine, ni relations étrangères! Eh bien, Messieurs, ne payons nous pas un peu trop cher l'avantage d'appartenir à cet empire sur lequel le soleil ne se couche jamais?»

Dans la cinquième conférence, Dessaulles se sert de l'exemple du Texas récemment admis dans l'Union américaine pour faire voir comment l'annexion du Canada ferait doubler la valeur des biens immobiliers. Capitaux pour capitaux, Dessaulles avoue préférer ceux des Yankees à ceux des Anglais. Quant à la réciprocité commerciale entre le Canada et les États-Unis, elle lui paraît nettement insuffisante. Il prend enfin exemple de la Louisiane pour faire valoir que l'annexion ne mettrait pas en cause la nationalité: alors que les Louisianais francophones forment alors une «grande minorité», les Bas-Canadiens constitueraient une «immense majorité». Quant au risque pour la religion, il est faible compte tenu de la liberté de conscience aux États-Unis.

L'annexion solutionnait beaucoup des problèmes de Dessaulles; elle était l'alternative à l'Union tout en permettant l'adhésion à une République réussie sans Terreur et réussie à proximité, sur le continent. L'annexion à la Grande République levait l'entrave idéologique du clergé catholique romain, défenseur des idées monarchiques. Enfin, l'annexion eût peut-être créé un milieu socio-économique favorable à l'exploitation des biens fonciers de Dessaulles, exploitation facilitée par le chemin de fer dont il faisait tant de cas à Saint-Hyacinthe et qui, chaque fois, l'avait amené à Montréal, à la tribune de l'Institut canadien! Outre qu'elle n'aboutit pas, l'annexion préconisée par Dessaulles véhiculait un paradoxe: de quelle souveraineté s'agissait-il? Du droit de s'autodéterminer face à l'Angleterre pour se déterminer comme 34e État américain?

La démarche intellectuelle de Dessaulles est conséquente; son indignation originale de 1839 face au pouvoir politique du pape dans la question polonaise se ravive, dix ans plus tard, au moment où la question italienne connaît une nouvelle actualité. Son article sur le pouvoir temporel du pape dans *L'Avenir* tout comme les propos sur les despotes européens dans sa première conférence sur l'annexion du Canada aux États-Unis lui valent une levée de contradicteurs: un théologien, un prédicateur populaire, la presse religieuse et ministérielle et un évêque, Mgr Bourget, avec lequel il croise à nouveau le fer, après un premier désaccord, en 1843-1844, lors de la polémique avec le curé Crevier de Saint-Hyacinthe. Dessaulles est conscient que la question temporelle se joue tout autant en Italie qu'au Bas-Canada; il voit bien et dénonce le rapprochement entre le clergé et le parti de La Fontaine. L'alliance, qui aura une telle destinée dans l'histoire intellectuelle et politique du Québec, est alors en train de s'opérer et cette conjoncture inquiétante explique qu'après l'échec du rappel de l'Union, Dessaulles et *L'Avenir* optent pour l'annexion aux États-Unis, avec ce que ce choix peut avoir de paradoxal pour des libéraux nationalitaires.

CHAPITRE V

Un maire, un seigneur, un entrepreneur contestés (1850-1857)

«Je puis me tromper sans doute, et peut-être ne vois-je dans l'avenir que les illusions de mes propres désirs; néanmoins je crois pouvoir dire que les probabilités sont toutes en faveur de mes prévisions, à moins de revirements tout à fait imprévus.»

Louis-Antoine DESSAULLES
à Louis-Joseph Papineau
(14 juin 1857)*

Le milieu politique connaît un certain apaisement après la crise annexionniste. L'option favorable à l'Union avait fini par s'imposer grâce aux stratégies diverses de La Fontaine, dont celle d'une alliance avec le clergé catholique qui marquait une double défaite pour les libéraux sur le plan de la promotion du principe des nationalités et de la séparation de l'État et de l'Église.

Cet apaisement explique en partie le repli de Dessaulles sur Saint-Hyacinthe; il faut ajouter la volonté du coseigneur de mettre en valeur la seigneurie, au moment où l'on parle depuis 1841 de réforme ou d'abolition du régime seigneurial, au moment où la coseigneuresse vieillit et où la succession compliquée doit être clarifiée. Dessaulles

---

* CRLG, P41, correspondance Papineau, t. 14, p. 140C.

est dégagé de l'administration quotidienne de la seigneurie lorsque la famille Dessaulles en confie l'administration, en août 1846, à l'avocat Alexis-Maurice Laframboise, époux de Rosalie-Eugénie, sœur cadette de Louis-Antoine. Laframboise a pour mandat de liquider les dettes et les arrérages, de payer un revenu annuel aux membres de la famille — à Louis-Antoine 150 livres au cours actuel —, de mettre de l'ordre dans une seigneurie dont l'administration avait été compliquée à la fois par des problèmes successoraux et par une conjoncture économique défavorable.

Dessaulles profite pleinement de la vie du manoir seigneurial évoquée par l'écrivain français Xavier Marmier qui, de passage en 1849, écrivait: «[la seigneurie] appartenait à un aimable jeune homme qui a fait plusieurs voyages en Europe, et qui en a rapporté un esprit très-libéral avec une instruction très-variée. En entrant chez lui, j'aurais pu me croire dans un salon de Paris, à l'aspect des œuvres d'art dont il s'est entouré. Ce qui pourtant ne ressemble guère à une scène de notre cher pays, c'est la perspective qui se déroule sous ses fenêtres, les rives agrestes de l'Yamaska, l'immense plaine silencieuse, parsemée de forêts sombres, coupées seulement d'un côté par les cimes bleuâtres de la montagne de Belœil...»

Un autre voyageur, aujourd'hui plus connu, le philosophe Henry David Thoreau, visite le Bas-Canada en 1850. Ce philosophe des bois à l'esprit ouvert ne cesse d'être étonné par ce qu'il considère les deux maux du pays: le militarisme et le cléricalisme, les habits rouges et les robes noires. Dès son entrée au pays via Saint-Jean-sur-Richelieu, il est frappé par la toponymie, par «these saintly words». Moqueur, il résume l'histoire de la colonie française à «l'eau de vie» des coureurs de bois et à «l'eau d'immortalité» des missionnaires! Dans son *Yankee in Canada* publié en 1866, il écrit malicieusement: «It is true, these Romans catholics, priests and all, impress me as a people who have fallen far behind of their symbols.» C'est, poursuit-il, comme si un bœuf s'était perdu dans une église et s'était mis à réfléchir! Son commentaire à l'effet que le catholicisme serait une religion admirable sans les prêtres avait tout pour plaire à Dessaulles. Quant aux militaires, Thoreau, le pacifiste et le civil désobéissant, considère qu'il est impossible de leur donner une éducation valable sans en faire des déserteurs...

Les polémiques ayant diminué tout comme les préoccupations

administratives du domaine, le coseigneur de 32 ans met un terme à son célibat et épouse le 4 février 1850 à l'église paroissiale de Saint-Hyacinthe sa cousine Catherine Zéphirine Thompson, âgée de 23 ans et fille majeure de John Thompson et de Flavie Truteau. Mᵍʳ Bourget accorde la dispense du troisième degré de consanguinité ainsi que de deux bans de mariage. Son nouveau beau-père, John Thompson, est tailleur, établi à Saint-Hyacinthe depuis 1827; patriote, il a signé avec d'autres dans *La Minerve* du 19 octobre 1837 une invitation à une assemblée à Saint-Charles le 23, a participé à un charivari et fut emprisonné. Quant à Flavie Truteau, sa belle-mère, elle est la fille de Toussaint Truteau et de Marie-Louise Papineau, sœur de Joseph. Le cousin de Dessaulles, Amédée Papineau, écrit dans son *Journal* qu'il s'agissait d'un mariage «tout d'amoureux» car la mariée n'a ni nom ni fortune et peu d'éducation.

Les époux ont un premier enfant, Henri, né en août 1851 et décédé à un an. Caroline naît le 13 octobre 1852 et sera le seul enfant du couple Dessaulles.

Avec une population de 1018 habitants en 1831, Saint-Hyacinthe se classe au troisième rang des villages les plus populeux du Bas-Canada, après Laprairie et William Henry (Sorel). En 1851, sa population est passée à 2820 habitants, plaçant la nouvelle ville derrière Montréal, Québec, Trois-Rivières, Lauzon, Sherbrooke et Saint-Jean. Francophone à 94,3 pour cent en 1831, la ville devient anglophone à 10,5 pour cent vingt ans plus tard. Entre 1800 et 1860, Saint-Hyacinthe constitue l'agglomération qui en terme de nombre de maisons connaît la croissance la plus forte dans la grande région de Montréal avec un décollage marqué entre 1840 et 1860. Le nombre d'emplacements passe de 85 en 1815, à 182 en 1831 et à 348 en 1851.

La main-d'œuvre maskoutaine est surtout concentrée dans le commerce, occupant en ce domaine le troisième rang des villages bas-canadiens en 1831, après Laprairie et William Henry; en 1851, à l'exclusion de Montréal, de Québec et de Sherbrooke, Saint-Hyacinthe est passée au deuxième rang à ce chapitre. La main-d'œuvre se retrouve aussi dans la fabrication, plaçant la ville au premier rang en 1851, comparativement à la quatrième place en 1831. Les journaliers sont aussi importants à Saint-Hyacinthe, mais moins qu'à Lauzon ou qu'à Saint-Jean. De dixième qu'elle était en 1831 sous le rapport de la main-d'œuvre dans les services, la ville est passée au premier rang en 1851.

Avant l'incorporation, en 1849, les différentes fonctions du village sont bien illustrées dans l'immobilier: le marché (1830) favorise l'échange commercial tout comme les deux banques et la gare du chemin de fer qui dessert Saint-Hyacinthe depuis 1848. Le palais de justice et la prison (1835) ainsi que le bureau d'enregistrement (1841) rappellent la fonction judiciaire de l'agglomération dont la fonction socio-culturelle est remplie par un hôpital tenu par des religieuses, une nouvelle église catholique romaine, un collège fondé en 1811 et incorporé en 1832 et une Association des ouvriers créée en septembre 1848 comme moyen de secours et d'entraide mutuels.

L'essor démographique, le processus d'agglomération et le développement de ces fonctions à l'intérieur de la seigneurie justifient l'incorporation du village en 1849. Après le régime des syndics, ce sont les échevins élus qui choisissent, parmi eux, le nouveau maire: Louis-Antoine Dessaulles assume ces responsabilités du 29 novembre 1849 au 3 avril 1857.

Le Conseil du village se met à la tâche: recherche d'une «chambre de séances», choix d'un secrétaire, d'un messager, de connétables, d'un assesseur pour l'évaluation (l'ami, le notaire D.G. Morisson), d'un avocat de la Corporation (le beau-frère et administrateur de la seigneurie, Alexis-Maurice Laframboise), organisation d'un Comité du Feu, des Finances, édiction de règlements (interdiction de maquignonnage dans les rues, obligation de clochettes au cou des chevaux, trottoirs de bois à certains endroits) qui sont lus au moins deux fois à l'issue de la grand-messe et sur la place de marché avant leur acceptation finale.

Le seigneur de Saint-Hyacinthe assume sa fonction de maire d'une agglomération qui s'est progressivement constituée à partir et à l'intérieur de sa seigneurie. En un sens, les deux fonctions sont une seule et même tâche sanctionnée par une élection démocratique qui fournit occasion aux polémiques et aux vieilles batailles partisanes de se réanimer. L'incorporation du village en ville, en octobre 1850, illustre à merveille la politisation partisane de la vie municipale. De fait, le maire Dessaulles accuse en septembre 1850 le Dr Boutillier, son âme damnée et député du comté, d'avoir fait modifier à l'Assemblée législative le projet de loi d'incorporation de la ville, et ce, contre l'avis des citoyens et dans le sens de ses intérêts; à preuve, l'abolition d'une Cour du Maire au profit de la Cour des Magistrats que préside le docteur.

L'élection qui suit l'incorporation s'avère mouvementée et le Dr Boutillier, «adversaire du progrès, partisan de la routine», selon Dessaulles, est battu dans un quartier de la ville. Les arguments vont jusqu'à ras des trottoirs: «Cela peut faire comprendre pourquoi M. le représentant du comté regrette à tort d'être obligé de marcher sur les trottoirs! Il lui convenait mieux de clabauder dans la boue! Chacun son genre, après tout!» Le député Boutillier réplique, sous l'anonymat, dans *La Minerve* du 24 octobre 1850, suggérant que Dessaulles a beau jeu de parler de progrès et de dépenses: le fisc ne l'atteindra pas puisqu'il a soustrait ses propriétés, soit plus de la moitié de la superficie de la ville, des taxes municipales normales. Avec une ironie de mise, le docteur «s'étonne de voir cette protection demandée pour la conservation des *forêts* dans les limites de la dite ville, dont on semble prêcher avec tant d'ardeur et de sincérité l'agrandissement».

«Campagnard» trempe sa plume dans l'ironie pour répondre au docteur: «Or, rien ne me plaît autant, à moi, que les colères, petites ou grandes, provoquées chez de petits esprits par de petites égratignures. [...] Quand je sais *par expérience,* qu'on a des impatiences à propos de rien, qu'on prend feu comme le salpêtre au moindre choc, j'ai le mauvais défaut de me complaire dans les grandioses colères des petits hommes.» Sur le fond de l'accusation, Dessaulles se défend en précisant que la partie cultivée du domaine seigneurial est exemptée comme les autres terrains en culture, dont on ignore toutefois l'importance numérique. Il conclut par une comparaison éloquente à propos de ces batailles de presse: le Dr Boutillier «agit précisément comme le chat de Florian. Il regarde ses propres actes avec le gros bout de la lunette pour les rappetisser, et fait voir ceux des autres avec le petit bout pour les grossir démesurément.»

Le débat reprend de plus belle, en 1853, lorsque le Conseil de ville entend réunir la partie de la ville retranchée de la loi d'incorporation de 1850 et modifier les limites de la ville pour y inclure l'église et... les moulins le long de la rivière Yamaska. Le maire de comté, M. Cartier, a plus ou moins secrètement fait circuler une requête, acheminée au Comité de la Chambre, pour bloquer ce projet. Dessaulles dénonce cette procédure peu démocratique et le Conseil réussit à faire modifier les limites du territoire urbain, qui inclut dorénavant des moulins seigneuriaux.

Le même problème se pose avec l'érection de Saint-Hyacinthe comme siège épiscopal en 1852: le nouvel évêque devra construire sa cathédrale dans les limites de la ville. On organise une souscription publique, conditionnelle à la construction de la cathédrale dans la ville, à laquelle la famille Dessaulles contribue par un don de 1000 louis, soit le quart du montant total recueilli en août 1853.

Les relations du seigneur-maire avec les autorités religieuses sont variables. En septembre 1853, il assiste à titre de maire à la bénédiction du nouveau collège par Mgr Bedini, nonce apostolique. Devant «nos Seigneurs les Évêques» et le supérieur Raymond, Dessaulles transmet au nom de la population «les sentiments de profond respect et de vénération dont elle est pénétrée envers le Pontife vertueux et l'homme particulièrement éminent sous tant de rapports». Il se dit fier du collège: «Nous y avons presque tous reçu le pain de l'intelligence; nous y avons été nourris et fortifiés dans les croyances religieuses, préparés aux idées d'ordre public, affermis dans les principes de morale privée [...].»

Les rapports avec le curé demeurent tendus. Celui-ci s'est livré «à une attaque assez peu mesurée contre le conseil de ville en pleine église», accusant les édiles municipaux «d'encourager le vice et de spéculer sur l'immoralité publique» par l'octroi de permis d'auberges. Le maire réplique que le curé s'est emporté, ignorant des faits essentiels et négligeant de demander franchement au Conseil les raisons de ses initiatives.

La réplique du maire «Aux citoyens de St.Hyacinthe» paraît dans le *Courrier de Saint-Hyacinthe*, qui est publié depuis le 24 février 1853. D'abord hebdomadaire, ce premier journal maskoutain est libéral modéré jusqu'au début de 1854, alors qu'il se rapproche davantage des «Rouges»; à compter du mois d'août, Guitté, l'éditeur-propriétaire, et Petit, le rédacteur, supportent Dessaulles. Le *Courrier* gardera cette orientation idéologique jusqu'en septembre 1860, alors qu'il redeviendra modéré avant de s'afficher anti-Rouges, en avril 1861.

L'établissement d'une imprimerie et la publication d'un journal enrichissent la fonction culturelle de la ville qui voit aussi se développer une remarquable activité associative. D'abord avec la mise sur pied, en décembre 1850, d'une troupe de théâtre suscitée par Dessaulles. Puis, en relais à l'Association des Ouvriers de 1848, on fonde l'Institut des Artisans de Saint-Hyacinthe, en mai 1852. Saint-Hyacinthe se met ainsi au diapason des autres villes du Bas-Canada qui se sont dotées de Sociétés de Bienfaisance («Benevolent Societies»), de Sociétés de Secours mutuel et de Sociétés d'Artisans inspirées des fameux Mechanics' Institutes d'Écosse et d'Angleterre. Des artisans forment leur institut pour «promouvoir et augmenter leur bien-être matériel et favoriser le progrès intellectuel et moral de la classe ouvrière». Dessaulles, qui est un de la trentaine de membres honoraires, donnera un terrain, en mai 1854, pour que l'Institut se construise un lieu de réunion.

Le maire Dessaulles préside aussi la Société Saint-Jean-Baptiste de Saint-Hyacinthe en 1854-1855 et fonde, avec quelques autres citoyens, le 16 mai 1854, l'Institut canadien de Saint-Hyacinthe dont il assume la présidence à ses débuts. L'association est dans l'esprit de l'Institut canadien de Montréal que Dessaulles connaît bien, y ayant fait ses six conférences sur l'annexion en 1850, et l'Institut canadien de Saint-Hyacinthe s'ajoute aux Instituts canadiens déjà fondés à Québec, à Saint-Jean, à Trois-Rivières, à Sorel et à Ottawa qui mettent sur pied une bibliothèque et une salle de lecture de journaux et qui organisent des conférences publiques et des débats.

Dessaulles y prononce la conférence inaugurale, le 25 juin 1854. Plus de gens qu'on ne peut en admettre se réunissent à l'hôtel Pageau pour entendre, après la «bande musicale», le conférencier parler du «progrès au 19ᵉ siècle», sujet dont les journaux rendent compte très brièvement. Dessaulles fera quatre autres conférences à cet Institut jusqu'en 1868.

Ce progrès, le maire Dessaulles l'inscrit dans la ville même. Les initiatives concernent le quotidien: fixation du cens électoral, installation d'un aqueduc, acquisition de pompes à incendie après les grandes conflagrations de 1852 et de 1854, installation du banc du crieur public, organisation d'un bureau de santé, allocation de planches à cercueil pour les pauvres morts du choléra; elles prennent aussi la forme d'emprunts de 4000 louis faits en 1855 et en 1856 pour construire une halle publique, en briques, de 480 pieds sur 40, pour payer la dette municipale, pour pourvoir à diverses améliorations et globalement «doubler ou quadrupler la valeur des propriétés» de la ville. Dessaulles s'occupe chaque fois de l'emprunt ou de la négociation des débentures de la ville, paie des comptes et fait même des avances, dont il fournit le détail au Conseil pour remboursement.

La construction de la halle s'accompagne d'une cérémonie de dépôt dans les fondations de «différentes pièces donnant des détails statistiques sur l'état [de la ville]» en 1856. Le maire y fait naturellement un discours de circonstance, citant «différentes découvertes qui avaient été faites récemment dans les fondations de vieux monuments, tant en Europe qu'en Amérique et qui ont servi à faire connaître l'état des mœurs, des sciences et des arts, le chiffre de la population, le degré de prospérité et de bien-être, le prix des choses nécessaires à la vie, à l'époque où ces monuments avaient été construits».

C'est à nouveau l'histoire des progrès de la ville que Dessaulles entreprend lors de son discours d'adieu comme maire démissionnaire en avril 1857. Terminées les 43 assemblées annuelles du Conseil municipal: son patriotisme sera mis au «service du pays sur un théâtre digne de [ses] talents», le Conseil législatif où il vient d'être élu en novembre 1856.

Dès le moment de son mariage, le maire et coseigneur se trouva confronté au débat sur la tenure seigneuriale amorcé en 1841 par un Comité d'étude parlementaire. Depuis 1840, une petite bourgeoisie francophone s'était alliée à la bourgeoisie anglophone, qui réclamait depuis longtemps la chose, pour demander l'abolition de ce régime de propriété du sol. Parmi les 30 pour cent des requêtes à l'Assemblée législative qui réclamaient l'abolition du système se trouvait celle du Conseil Municipal de Saint-Hyacinthe avant l'incorporation en village et présentée, le 24 janvier 1849, à lord Elgin par nul autre que le Dr Boutillier, député du comté depuis 1834 et qui avait battu Dessaulles en 1844. La pétition dénonçait une tenure «dont la base est une violation du droit sacré de la propriété» et voyait dans le régime un «état de servitude dégradant», un «vestige du servage féodal», la «principale cause de l'émigration» et de la lenteur du développement industriel du pays: «Le travail et le capital, ces deux principes de tout progrès matériel, se refusent à prêter secours à des entreprises dont les profits seront partagés par une classe privilégiée qui ne fournira ni travail ni capital.»

L'Avenir contribue à la mise sur pied d'une Convention sur la tenure seigneuriale, en octobre 1849, et au lendemain du Rapport de la Convention, en novembre, le journal libéral prend clairement position en faveur de l'abolition. Son libéralisme incluait un souci d'égalité, là aussi.

En avril 1850, «Campagnard», coseigneur de Saint-Hyacinthe dégagé de l'administration quotidienne du domaine depuis 1846, publie trois articles dans *L'Avenir* sur la question et y développe les positions énoncées dans son manifeste électoral d'octobre 1844. Il se dit favorable à l'abolition du régime seigneurial avec compensation équitable, tout en contestant certaines affirmations à propos des modalités de commutation et d'abolition. Il écrit que «Campagnard» a «le malheur d'être seigneur, c'est-à-dire un de ces hommes que l'on dit être les vampires de la prospérité du pays»; mais il affirme que «pas un censitaire» ne «désire plus» que lui l'abolition de ce «système usé, une institution discordante avec les idées et les mœurs modernes, parce qu'elle conserve de légers vestiges d'inégalité sociale» et «qu'il est tout naturel que sur le continent Américain, où la démocratie est la seule base possible de toute organisation sociale» cette tenure soit devenue «odieuse et même impossible». Dessaulles considère «la propriété privée comme le plus sacré de tous les droits *après celui de l'indépendance de la pensée*».

Puis il se lance dans une longue argumentation très fouillée contre une affirmation selon laquelle les lods et rentes doivent se vendre à un taux fixé par la loi. «Campagnard» observe que les seigneurs ne sont pas responsables de la non-existence d'une telle loi, que «le législateur a dormi», que biens des récriminations contre le système s'adressent aux gouvernements qui, depuis «40 ans», ont tardé à corriger des abus. Il maintient que le système «ne nuit en rien au progrès industriel du pays» et que *«sous un gouvernement libre»* cette tenure «n'aurait pas été un obstacle à l'industrie générale». Il refuse que la commutation se fasse au douzième de la valeur sans compte tenu des maisons et dépendances, tout comme il s'oppose à une indemnité seigneuriale divisée de moitié. Comparant l'abolition à l'expropriation il propose: «La société est tenue de garantir à l'individu qu'elle exproprie une fortune précisément de la même valeur que celle qu'elle lui fait perdre.»

L'expression du désaccord de *L'Avenir* ne se fait point attendre.

Le 4 mai, «Un abolitionniste de la Rivière Chambly» (Pierre Blanchet) trouve que «Campagnard explique la loi à sa manière» et déplore «que, depuis 30 à 40 ans, les pauvres censitaires n'aient été presque exclusivement jugés dans nos cours de justice que par des seigneurs portant le tricorne». Rappelant à Dessaulles qu'avant l'Union, la Chambre d'assemblée avait voté des réformes du système bloquées par le Conseil législatif, il lui explique ses raisons pour désespérer de toute réforme politique et sociale: «Et dans les circonstances actuelles, pouvons-nous espérer mieux de notre ministère *prétendu* réformiste, lorsque sur les quatres ministres pour le Bas-Canada, il se trouve trois seigneurs, et que le 4ᵉ est allié à une famille de seigneurs, et que le solliciteur-général pour le Bas-Canada est aussi seigneur? La réforme et la justice sont impossibles avec des ministres-seigneurs.»

La rédaction de *L'Avenir* (Rodolphe Laflamme ou Joseph Doutre) regrette «d'avoir à différer aujourd'hui pour la première fois d'avec notre habile correspondant». Le journal libéral ne ménage pas «Campagnard»: «L'homme le plus éclairé qui profite d'un abus est toujours moins capable d'en apprécier l'étendue que celui qui en souffre.» À *L'Avenir*, on refuse de voir identifiée la tenure à la propriété ordinaire; on rappelle que la tenure «gêne la liberté individuelle», «entrave [la] liberté dans l'acquisition des biens» et comporte des monopoles sur les pouvoirs d'eau, les moulins à farine, à scie et à carder, nuisibles à l'industrie.

L'opposition ne vient pas que de *L'Avenir*. Le 26 octobre 1851 paraît une feuille volante intitulée *À Campagnard, alias M. L.-A. Dessaulles*, et signée du pseudonyme «Un qui sait». L'auteur s'en prend à la «famille» Papineau-Dessaulles, à «l'oncle»: «Tant que l'or a coulé dans les poches de vos parents, votre conscience était dans un calme parfait. Mais dès qu'il prend une autre direction, votre conscience s'émeut, vous tombez dans le scrupule, vous ne voyez alors que du pillage.» Celui «qui sait» trouve que Dessaulles a commencé ses «prédications» un peu tard.

Ce polémiste, ami du Dʳ Boutillier, député du comté, attaque de plein fouet Dessaulles qui est, de 1851 à 1859, membre de l'Association de défense des seigneurs du Bas-Canada: «Aujourd'hui que votre famille a perdu places et profit; que vous-même, par vos étourderies, vous avec été déchu des places que vous affectionnez tant, que vous occupiez comme juge de paix, commissaire et comme *brave* capitaine; aujourd'hui que vous et votre famille avez perdu, même jusqu'à la confiance publique, vous criez comme un pauvre auquel on arrache la besace.»

La charge contre le seigneur est habile dans ses exemples: «[les gens] savent qu'à l'avenir, vous, et tous vos confrères seigneurs, vous n'aurez plus le droit, si ce bill devient loi, de paralyser, de nullifier l'industrie de vos compatriotes en les privant du droit naturel de se servir de l'air, de l'eau ou de la vapeur pour mouvoir des moulins ou autres usines». Et, comme s'il fallait deux clous plutôt qu'un, celui «qui sait» est aussi celui qui devine: «Je pense que *le bons sens dont vous avez toujours manqué dans vos affaires ordinaires de la vie* vous manquerait aussi dans les affaires publiques, si vous entriez dans la vie publique.» Depuis 1850, Dessaulles s'était en effet activé contre le ministère et contre ses projets d'abolition du système seigneurial; il écrit à Panet: «Je vous envoie de suite les résolutions de Cartier sur la tenure seigneuriale. C'est une dernière tentative de vol plus impudente que les autres. Pétitionnez de suite contre. Envoyez une copie à M. de Berckzy. Je suis excessivement pressé ayant une trentaine de lettres à écrire cette nuit.» Après l'abolition, il s'emploie à des représentations pour infléchir les modalités d'évaluation et de révision du processus. Il va à Toronto, écrit au procureur Drummond avec lequel il vient de régler des affaires privées, lui proposant que la valeur soit déterminée par arbitrage et qu'on fasse une évaluation de la banalité. La procédure sera longue: Dessaulles connaîtra le règlement de l'abolition de sa seigneurie en 1859.

La vigueur nouvelle des débats sur l'abolition du régime seigneurial motive vraisemblablement Dessaulles à prendre de nouvelles initiatives. Aux États-Unis et en Europe, il a observé le développement des manufactures et du chemin de fer; l'Atlantic and St. Lawrence Railway dessert d'ailleurs Saint-Hyacinthe depuis 1848 et relie la ville à Longueuil. Cette compagnie a vu se développer, en 1850, à sept milles de Saint-Hyacinthe, un hameau, Britania Mills, à la frontière de la seigneurie de Dessaulles et de celle de Henry George Forsyth et d'Edward Leslie. Britania Mills comprend un atelier, un entrepôt, une remise pour les wagons, une écurie, une forge et une grue.

Dessaulles entrevoit alors une exploitation à une plus grande échelle des carrières de pierre de taille et de pierre à chaux qu'il possède à Saint-Dominique. Cette pierre de taille a d'ailleurs déjà servi à la construction du nouveau Séminaire de Saint-Hyacinthe et du pont ferroviaire qui franchit la rivière Yamaska. Le seigneur achète donc des parties de terres concédées ou fait acheter des terrains là où des propriétaires «conservateurs» pourraient faire des difficultés. Dessaulles construit un chemin de fer de trois milles et demi, le «chemin de fer à lisses Dessaulles», qui doit relier les carrières de Saint-Dominique à la ligne de chemin de fer qui passe à Britania Mills. L'entrepreneur résoud ainsi le vieux problème d'acheminement des matières premières que connaît cette région au sol marécageux.

Dessaulles investit donc ses capitaux dans le projet et l'Atlantic and St. Lawrence Railway voit d'un bon l'œil l'initiative, car le seigneur lui a permis de faire passer la ligne sur ses terres, en échange d'actions de la compagnie. «L'usine à chaux du Canada», la «Canada Lime Works», comprend bientôt deux fournaises en pierre pour brûler la chaux, six boutiques de travail et un magasin.

Prospère, le seigneur songe alors à déménager à Montréal. On vient d'y fonder un nouveau journal libéral, *Le Pays*, qui doit prendre la relève de *L'Avenir*. Fin 1851, Dessaulles se laisse tenter par Montréal et accepte la corédaction, avec Louis-Labrèche Viger, du *Pays*, dont le premier numéro sort de l'imprimerie le 15 janvier 1852. Tout comme pour *L'Avenir*, Dessaulles est un ouvrier de la première heure. Si le titre du journal se présente à l'enseigne du nationalisme, son prospectus et son contenu privilégient l'objectif démocratique: «La démocratie, écrit Dessaulles, c'est l'état de l'homme rendu à lui-même, à sa dignité; c'est l'état de l'homme se gouvernant lui-même, ne subissant d'autre loi que celle de la vertu et du respect d'autrui et de lui-même; c'est la conquête de l'égalité des conditions dans les mœurs, la conquête de la souveraineté populaire dans le gouvernement; c'est le but des aspirations de l'humanité, la réalisation des rêves de liberté qui, quoique séculairement comprimés, résident dans le cœur de tous les hommes.» *Le Pays* envisage un pays démocratique d'abord: «La démocratie ne reconnaît de différence d'origine.»

Dès le premier numéro, Dessaulles chapeaute son texte du titre: «Quels sont les vrais démocrates en Canada?» Il y fait un bilan très critique de la dernière décennie politique, s'employant à montrer comment les réformes promises en 1841 par le parti de La Fontaine n'ont pas été menées à terme sauf pour la «réforme postale». Dessaulles reprend sa dénonciation du Gouvernement responsable centralisateur et pourri par le patronage et met en tête des réformes démocratiques qu'il propose l'électivité du Conseil législatif. Pour les «vrais démocrates», le pays sera démocratique au sens où «qui dit démocratie dit décentralisation».

Le journaliste démocrate définit sa ligne de conduite: «Les principes pour drapeau, jamais les hommes.» Mais les vieux ennemis ont le nouveau journal «rouge» à l'œil; malicieusement, le *Journal de Québec* écrit le 3 février 1852: «Nous tenons à être avec le pays, il est vrai, mais avec le véritable pays et non avec *Le Pays* de M. Dessaulles, qui n'est et ne sera jamais que le pays de la famille Papineau.»

Fin avril 1852, Dessaulles doit abandonner la corédaction du *Pays*; son projet d'établissement à Montréal achoppe en raison de ses activités économiques et de la décision de faire le partage final de l'héritage laissé par Jean Dessaulles. De surcroît, madame Dessaulles mère vieillit et les projets d'abolition du système seigneurial constituent d'autres motifs de règlement. Et peut-être, les deux plus jeunes héritiers, Georges-Casimir et Rosalie-Eugénie, épouse de Maurice Laframboise, l'administrateur délégué, ont-ils souhaité une telle division des biens.

Le partage se fait en quatre étapes: clôture de l'administration de Laframboise, partage de l'héritage, partage des arrérages seigneuriaux et compromis entre les héritiers au sujet d'éventuelles réclamations.

Le 1er avril 1852, M. Laframboise fait le bilan de son administration durant six ans: dettes passives (hypothèques, créances), excédants de 11 152 louis dont deux huitièmes iront à Louis-Antoine, soit 2788 louis, comptes particuliers des parties qui donnent 5407 louis à l'aîné, engagement enfin des héritiers envers leur mère d'assumer les dettes et de lui payer annuellement 350 louis dont 175 le seront par Louis-Antoine.

Le règlement de l'héritage met fin à une situation complexe suite à l'annulation du testament de Jean Dessaulles «pour informalités et irrégularités», de sorte que «sa succession doit être réglée par la loi coutumière en force dans ce pays». Madame Dessaulles, mariée en communauté de biens, douairière coutumière et tutrice des enfants au-delà de leur majorité, a assumé ses responsabilités de seigneuresse dans une conjoncture difficile et dans des modalités qui compliquent le partage final de l'héritage.

L'ami et notaire Denis-Émery Papineau prend les choses en main et remplit un gros registre des avoirs actifs et passifs des héritiers. Louis-Antoine est «héritier pour moitié dans les biens nobles» laissés par son père en 1835. Il hérite donc de la seigneurie dite Dessaulles-propre évaluée à 17 595 louis. Il est aussi propriétaire de «terrains à usines» le long de la rivière Yamaska, et bénéficie du «preciput», c'est-à-dire du droit de l'aîné à hériter du manoir et de ses dépendances.

Le récapitulatif de l'héritage fixe à 67 465 louis le total des valeurs dont il faut soustraire, pour dettes, 11 348 louis, pour un solde de 56 117 louis, soit, multipliés par 4, 224 468$, valeur de 1858. Louis-Antoine Dessaulles hérite donc de la moitié, soit 28 058 louis, du «preciput» évalué à 772 louis et de créances et constituts divers pour un total de 32 524 louis. Comme les «abandonnements» ou cessions à Louis-Antoine — à savoir la seigneurie Dessaulles-propre, les «terrains à usines», les cinq huitièmes du moulin de Saint-Hyacinthe, les terres à bois de Saint-Dominique et divers emplacements — montent à 32 525 louis et ses «émoluments» à 32 524 louis, le fils aîné doit un louis au fils cadet, Georges-Casimir. Mais, dorénavant, il est seigneur de la seigneurie Dessaulles-propre qui inclut Saint-Pie, Saint-Dominique et Sainte-Rosalie, propriétaire du manoir et des dépendances, de terrains stratégiques pour le développement manufacturier et immobilier de la ville. Comme seigneur et maire, le progrès de la ville l'intéresse doublement.

Le 21 août 1852, les héritiers font le partage des arrérages seigneuriaux qui s'élèvent à 13 471 louis, dont le tiers donne 4490 louis à l'aîné; mais comme celui-ci a droit à la moitié, il aura droit aussi aux arrérages d'un certain nombre de rangs dans les deux autres seigneuries, la seigneurie Rosalie de Rosalie-Eugénie et la seigneurie de Yamaska de Georges-Casimir.

Enfin, les héritiers signent le 7 décembre un compromis visant au règlement à l'amiable de toutes réclamations éventuelles et acceptent la décision de trois arbitres par eux nommés, arbitres qui auront accès aux livres de compte.

Le bilan de Louis-Antoine, en 1852, peut donc se lire ainsi:

Actif	*passif*
seigneurie	dettes (en livres, £)
manoir et dépendances	175 £ par an à sa mère
terrains	
emplacements villageois	(procès en suspens)
terres à bois	
⁵/₈ moulin de Saint-Hyacinthe	
excédants de 1846-1852: 2788 £	
comptes particuliers: 5407 £	
arrérages: 4490 £ et +	
revenu annuel de seigneurie: 1100 £	
créances	
«Usine à chaux du Canada»	
Carrière de pierre de taille	
Chemin à lisses de trois milles et demi	

Une fois la situation clarifiée entre les héritiers Dessaulles, un autre départage s'imposait à Louis-Antoine avec les héritières Debartzch, filles de Pierre-Dominique et épouses du procureur-général Lewis Thomas Drummond, de l'avocat Samuel Corwallis Monk et du comte Édouard Sylvestre de Rottermund. Debartzch avait, en effet, hérité des trois huitièmes de la seigneurie Delorme en 1811 et avait fait de nombreuses affaires avec Dessaulles, trop même selon l'oncle Louis-Joseph Papineau. On s'entend d'abord pour résilier le bail de location des Debartzch dans les moulins de Saint-Hyacinthe et de Saint-Pie où ils détenaient, depuis 1846, les trois huitièmes des droits d'exploitation. La transaction complétée, Dessaulles et les Debartzch louent à nouveau le moulin à scie de Saint-Hyacinthe à Gerrard-Joseph Nagle pour une période de quatre ans, à compter d'octobre 1853.

Mais surtout, Dessaulles se préoccupe, l'année même de l'abolition du système seigneurial, de régler ses comptes avec les Debartzch. À nouveau, son vieil ami le notaire Denis-Émery Papineau se met à la tâche — car c'en est une — de préparer une quittance mutuelle globale de comptes en souffrance depuis 1840. S'il est un document qui montre noir sur blanc les façons de faire administratives de Dessaulles et ses «spéculations» inextricables avec P.-D. Debartzch, c'est bien ce document numéro 3289 du minutier de D.-É. Papineau.

Prétentions de paiement de part et d'autre, intérêts de billets non payés, sentence arbitrale non respectée, une quinzaine de cas litigieux révèlent un Dessaulles financièrement en très mauvaise posture durant les premières années de l'Union.

En 1851, la politique ferroviaire du gouvernement canadien perturbe l'économie du pays et de la région maskoutaine. Dorénavant, seule la compagnie du Grand Tronc, the Grand Trunk Railway, peut bénéficier de subventions du gouvernement. L'Atlantic and St.Lawrence a donc tout intérêt à chercher un rapprochement avec le Grand Tronc. La fusion est ainsi votée par les actionnaires en 1853. La compagnie des «chaux du Canada» poursuit ses activités et le chemin de fer à lisses Dessaulles achemine toujours pierre de taille et chaux au poste de Britania Mills. La conjoncture est bonne: en 1854, Longueuil est enfin relié à Portland et on entreprend la construction du pont Victoria qui, achevé en 1859, fera de Montréal un terminus ferroviaire; dans les deux cas, la situation favorise les exploitations de Dessaulles au moment où le régime seigneurial est aboli.

L'apaisement politique après la crise annexionniste ne défavorise pas pour autant le vote libéral aux élections. Même si, en 1851, le vote conservateur s'avère plus que majoritaire dans l'ensemble du Bas-Canada, les Rouges récoltent le tiers du vote dans la grande région de Montréal, 56 pour cent dans Montréal même, où Papineau est toutefois défait. Dans Saint-Hyacinthe, le candidat victorieux, Sicotte, est un libéral modéré, favorable aux réformistes.

À l'élection de 1854, les Rouges font encore meilleure figure dans la grande région de Montréal avec 34 pour cent du vote, dont 62 pour cent dans Montréal même. Le vote paraît très circonscrit mais il l'est dans la région qui compte presque la moitié de la population du Bas-Canada et la moitié de la population francophone. Dans le nouveau comté de Bagot, subdivision de celui de Saint-Hyacinthe, Dessaulles, qui jouit de sa popularité de maire depuis cinq ans, refuse d'abord de se présenter, puis cède aux «pressantes sollicitations» des électeurs tout en les informant qu'il «n'ira pas lui-même supporter sa candidature». Le 19 octobre, *La Minerve* titre: «Le Seigneur est battu». Par 25 voix. Sainte-Rosalie, Acton, Saint-Simon et Saint-Dominique lui ont donné de fortes majorités alors que Saint-Pie, et à nouveau Sainte-Hélène et Saint-Hughes, ont favorisé le candidat vainqueur Brodeur.

La campagne électorale fut typique d'une société où la politique est presque un opium collectif. On compare Dessaulles à Gugy, le plus conservateur des seigneurs, pour miner sa crédibilité comme candidat favorable à l'abolition du régime seigneurial, qui est au cœur du débat électoral. *Le Pays* avance qu'à Saint-Pie, le vote a été obtenu «à prix d'or», que le whisky y fut le principal agent électoral de Brodeur et que la corruption gouvernementale visait un candidat qui «aurait été un trop rude jouteur pour les ministres, par ses talents, ses connaissances et sa fermeté de principe inébranlable». *La Minerve* rétorque que son titre de seigneur a été bien utile à Dessaulles auprès des censitaires endettés, qu'il a dépensé une somme énorme à laquelle «des amis *rouges* et *seigneuriaux* ont ajouté de *libérales* souscriptions», que «des provisions *liquides* et *solides* avaient été mises en dépôt», que dans Saint-Pie les Rouges étalaient «des quarts de lard, de mélasse et une tonne de whisky» et que 150 charretiers étaient allés chercher les voteurs.

Dessaulles réplique dans *Le Pays*, pourfendant cette «classe infâme de barbouilleurs de papiers» incapables de signer leurs écrits. Il nie les accusations portées, proposant même que les dépenses électorales de chacun, assermentées, soient rendues publiques. Dans le *Courrier de Saint-Hyacinthe*, un certain Jos. Pilon vient expliquer les résultats du vote dans Saint-Hughes: le curé Archambault a appuyé Brodeur qui avait donné un terrain et prêté de l'argent pour la construction de l'église; le candidat Brodeur avait évoqué une aide possible de 500 louis pour la construction du couvent. Pilon avait le sens de la formule: «Tout homme qui *avait des oreilles pour entendre* voyait la politique sous le surplis et le partisan sous le rabat!» *La Minerve* publie la réponse du curé de Saint-Hughes, qui nie, tout en décriant les «parleurs» et les «écrivailleurs». Dessaulles se souviendra du curé Archambault.

L'intérêt de Dessaulles pour la vie montréalaise ne se dément pourtant pas. Élu membre-correspondant de la Montreal Natural History Society en 1853, il devient membre de l'Institut canadien de Montréal le 19 avril 1855. L'Institut compte alors 700 membres qui disposent dans la bibliothèque de 4000 volumes et de 110 titres différents de journaux, dont certains de polémique religieuse que quelques membres tentent alors, vainement, de faire exclure de la salle de lecture des périodiques. Déjà, l'Institut a présenté une cinquantaine de conférences publiques et une trentaine de conférences pour ses propres membres. Dessaulles y a fait en 1850 six conférences sur l'annexion du Canada aux États-Unis et il a aussi fait, en 1854, la conférence inaugurale à l'Institut canadien de Saint-Hyacinthe sur le progrès au xIxᵉ siècle.

Le 14 mars 1856, la salle de l'Institut ne peut accueillir tous les auditeurs qui se présentent pour entendre la conférence publique de Dessaulles sur «Galilée, ses travaux scientifiques et sa condamnation». Pourquoi Galilée, pourquoi ce Lamennais de la science? De fait, la conférence porte sur un procès, sur un esprit indépendant, sur le statut de la raison et sur l'ostracisme. Le propos de Dessaulles s'avère à ce point prémonitoire qu'il nous apparaît autobiographique. De Galilée, il dit qu'il «était dans sa destinée d'être persécuté, soit pour découvrir la vérité, soit pour la soutenir avec indépendance», qu'il se trouva dans un pays «à la merci de l'Inquisition, ce terrible tribunal dont la mission et la tâche ont été de tout temps de blâmer tout changement, de repousser toute amélioration, d'enrayer tout progrès, d'anéantir toute découverte, de comprimer toute intelligence, de tuer toute liberté, de détruire toute indépendance d'esprit, de prohiber toute manifestation de raison et de génie, de proscrire toute expression libre de la pensée humaine».

La charge contre ceux qui avaient «muré la pensée» est précise, très soigneusement documentée, tout comme son aperçu sur les savants «torturés» qu'il regroupe dans «un martyrologue de la science». Le conférencier conclut que «ce n'était pas tant Galilée que l'on persécutait que les principes de libre arbitre moral, d'indépendance philosophique qu'il introduisait dans l'enseignement, dans les études scientifiques». L'appréhension des censures, de l'Inquisition, des Péripatéticiens — lire les Ultramontains — était déjà présente. À Saint-Hughes ou ailleurs, les curés se mêlaient de plus en plus de politique depuis 1848, Mᵍʳ Bourget et les évêques avaient commencé non seulement à condamner *L'Avenir* mais aussi à jeter quelque soupçon sur les «instituts littéraires», du type de l'Institut canadien de Montréal ou de Saint-Hyacinthe.

La conférence de Dessaulles ne reste pas sans écho. Quinze jours plus tard, dans *La Minerve*, P. Letondal demande à Dessaulles dans quel but il s'est servi de Galilée dont il a fait «une biographie augmentée et surchargée d'une diatribe contre l'Église et le Clergé».

Le conférencier réplique, évidemment, déplorant le «petit bataillon» d'injures de M. Letondal, ferraillant d'érudition et lui reprochant d'avoir «eu tort de quitter l'archet pour la plume»! Et, fin polémiste, Dessaulles prend note du fait que M. Letondal a «le malheur d'être aveugle», qu'il n'a pu avoir le temps de faire des recherches aussi fouillées et qu'il faut conclure «que de plus gros bonnets que lui se sont abrités sous le couvert de son nom».

Cinq mois plus tard, le 28 novembre, Dessaulles remonte à la tribune de l'Institut canadien de Montréal où l'a précédé, la veille, l'agent littéraire de Lamartine, Jean-Baptiste Desplace, venu faire connaître le nouveau *Cours de littérature française* du poète-politicien. Dessaulles y défend, contre «les grossières calomnies» répandues dans *La Patrie* du 12 novembre par «Un Canadien-Français catholique», la réputation du poète religieux et moraliste et, considérant l'historien et l'homme politique, lui rend hommage pour son «noble rôle dans la révolution de 1848». Dessaulles reprendra cette conférence le 12 décembre «pour le bénéfice des pauvres», à l'Institut canadien de Saint-Hyacinthe «dans la salle du marché».

La situation religieuse et économique rend Dessaulles de plus en plus sensible à l'ostracisme et permet de comprendre toute la signification autobiographique de la conférence sur Galilée. De surcroît, ses entreprises vont mal et il doit ses problèmes au chemin de fer, au Grand Tronc auquel il intente un retentissant procès le 15 juillet 1857. Le Grand Tronc a payé 1 116 100 livres les avoirs de l'Atlantic and St. Lawrence et Dessaulles, qui n'a peut-être obtenu de cette dernière que des actions nominales ou symboliques, prétend qu'en raison de la fusion, le Grand Tronc lui doit 45 000 livres. En cour, il se dit d'accord pour une indemnité d'un cinquième de cette somme, soit 9000 livres, et de 3750 livres pour les lods et ventes, soit une réclamation globale de 12 750 livres. La défense, représentée par nul autre que George-Étienne Cartier, refuse cette prétention alors que le demandeur Dessaulles nie que l'Atlantic and St.Lawrence ait transporté ses droits, avantages et privilèges au Grand Tronc et qu'ils soient de la valeur estimée par la défense.

Le demandeur est débouté. C'est une catastrophe pour l'exseigneur et l'entrepreneur. Sa vie durant, Dessaulles confiera à ses proches, puis implicitement au public, cette épreuve de la fin de la décennie de 1850. Il avouera y avoir «perdu ses capitaux», puis rayant ces mots sur une notice biographique, il corrigera en précisant qu'il avait «fini par y perdre des capitaux considérables». Encore en 1874, quelque temps avant sa fuite vers l'Europe, songeant au plaidoyer de Cartier, il mettra *La Minerve* au défi: «Le temps n'est plus éloigné maintenant où je pourrai prouver la conspiration politique dont j'ai été victime de 1856 à 1860, et parler des *offres pressantes* que l'on m'a faites avant de me miner. Cela viendra en temps et lieu.»

L'année même du procès, un certain McLynn, agent du Grand Tronc, exploite une carrière dans la région et en tire des pierres de taille pour la construction du pont Victoria... Il ne pouvait y avoir qu'une locomotive sur les rails du Grand Tronc; elle était politique et les wagons de l'économie y étaient attachés.

Cette décennie de 1850 est identifiée à la période maskoutaine de Dessaulles: il s'y marie, devient maire de Saint-Hyacinthe qui connaît un essor démographique, économique et culturel remarquable; il y préside la Société Saint-Jean-Baptiste et l'Institut canadien et y connaît une nouvelle défaite électorale. Cette visibilité sociale n'est pas sans susciter d'opposition: au maire, au candidat, au seigneur qui voit l'abolition de ses droits, à l'entrepreneur surtout qui connaît son chemin de Damas financier. À celui qui se sent attaqué de tous les côtés, l'image de Galilée convient parfaitement. Une consolation toutefois: Dessaulles est, enfin, élu au Conseil législatif.

CHAPITRE VI

Au Conseil législatif
(1856-1861)

«Sur le principe de l'égalité des droits, sur le fait de l'égalité des races de quelque manière qu'on veuille l'entendre, je serai inflexible.»

Louis-Antoine DESSAULLES,
«Adresse à MM. les électeurs
de la division de Rougemont»,
Le Pays (16 septembre 1856)

Le Conseil législatif du Canada-Uni devient enfin électif en 1856 au terme d'un demi-siècle de revendication de la part des députés francophones de la Chambre d'assemblée. Il le sera jusqu'en 1867 et les conseillers législatifs, beaucoup moins nombreux que les députés à l'Assemblée législative, sont élus pour un mandat de huit ans.

Dessaulles «accepte» de se porter candidat pour la «division» de Rougemont, qui comprend les comtés de Saint-Hyacinthe, d'Iberville et de Rouville. Fidèle à lui-même, il fait connaître ses principes dans une adresse à ses électeurs, «dépôt, en quelque sorte, dans vos mains, [d'] un document signé de moi qui plus tard soit ma condamnation, si je dévie jamais de la ligne de conduite ferme, indépendante et consciencieuse que vous espérez me voir suivre». Il précise à ses électeurs: «J'entre en politique comme un ami des réformes utiles, comme partisan d'un progrès sage et pratique; comme libéral, dans le vrai sens de ce mot, c'est-à-dire ennemi de toute intrigue, de tout agiotage, de toute corruption, de tout arbitraire, de toute prérogative restrictive des franchises populaires, de toute influence indue du pouvoir.» Ses projets de réforme se résument en une phrase: «Application honnête, générale, du principe électif partout où il peut être appliqué avec fruit.»

Puis, le candidat s'en prend au parti «libéral-conservateur» dont il raille à souhait l'appellation et la composition: «Je ne crois pas qu'il fût possible, soit ici soit ailleurs, de former une réunion d'hommes publics qui, sous le *rapport purement politique*, fussent plus déshonorés que ceux-ci. Ils font honte à leurs propres amis!»

Déjà la question qui le préoccupe sera celle à laquelle on trouvera une solution vers 1864 avec l'idée de confédération. En effet, le problème des relations entre le Bas et le Haut-Canada se posait toujours malgré les Réformistes de La Fontaine ou les alliances des libéraux des deux parties du Canada-Uni, et en particulier depuis que la question de la représentation avait été soulevée avec une nouvelle acuité. Le Haut-Canada demandait de plus en plus fortement la représentation parlementaire proportionnelle à la population, alors que l'Union avait sanctionné une représentation égale, indépendamment des populations. À partir du moment où la croissance démographique et l'immigration jouaient en faveur du Haut-Canada, où la promesse du Parti libéral-conservateur d'un changement à la Constitution avec une majorité des deux tiers des deux Chambres avait été disqualifiée par la décision de Londres, qui y substituait une majorité simple, l'inquiétude montait chez les Canadiens français. Dessaulles qui daube à nouveau sur ce «gouvernement responsable» qui se fait imposer de tels changements de la part de la métropole, s'interroge devant ses commettants sur la politique possible du gouvernement. Faut-il, à nouveau, demander le rappel de l'Union, alors qu'une dissolution pure et simple de l'Union paraît comporter de sérieuses difficultés? Présageant l'importance des débats, le candidat affirme: «Sur le principe de l'égalité des droits, sur le fait de l'égalité des races de quelque manière qu'on veuille l'entendre, je serai inflexible.»

Avec ces «principes», l'ex-seigneur-maire de Saint-Hyacinthe est élu conseiller législatif, en novembre 1856, par une majorité de 3012 votes sur son opposant, le Dr Poulin.

En 1857, le parlement «itinérant» du Canada-Uni siège à

Toronto et Dessaulles, assermenté le 26 février, y participe activement, assistant à 43 des 66 séances annuelles. Il présente des pétitions
au nom d'individus — seigneurs, curés ou électeurs —, des demandes
de subventions de la part d'associations littéraires comme les Instituts canadiens de Saint-Hyacinthe, d'Iberville, de l'Avenir ou d'Henryville et parraine une demande de nouvelle incorporation pour la
ville de Saint-Hyacinthe dont il démissionne comme maire le 3 avril
1857.

Le Pays, auquel il commence à envoyer des correspondances,
fait état de ses prises de position. Vigilant à propos de la question du
choix du futur siège du parlement, il s'oppose à une adresse à Sa
Majesté qui aurait son mot à dire sur cette question purement coloniale. Il vote en faveur de la protection des «squatters», ces colons
qui ont mis en valeur des terres appartenant à des gens absents qui
ne s'en sont jamais soucié.

À peine la session est-elle terminée que Rosalie Papineau
Dessaulles, sa mère, meurt. En signe de deuil pour cette «âme de
toutes les charités publiques» dont l'abbé Isaac Désaulniers du Séminaire de Saint-Hyacinthe fait l'éloge, les magasins de la ville sont
fermés le jour des funérailles.

L'élection dans le comté de Bagot, en 1857-1858, qui oppose
Alexis-Maurice Laframboise, beau-frère de Dessaulles, et M. Ramsay, devient l'occasion d'une nouvelle confrontation, «l'affaire de
Bagot». Le *Courrier de Saint-Hyacinthe* allume la mèche en demandant pourquoi M. Ramsay, «une marionnette» et l'un des propriétaires de *La Patrie* de Montréal, s'en prend à M. Dessaulles, venu prêter
main forte à Laframboise.

La Patrie entreprend de répondre par la plume d'un certain
«Desorties», qui rappelle gentiment à Dessaulles qu'il avait été évincé
trois fois de ce comté. «Desorties» traite Laframboise de répétiteur
des discours de Dessaulles, «son grand Alter Ego»: «Figurez-vous au
premier plan MM. Morisson et Dessaulles et placez aux pieds de
celui-ci M. Laframboise couché comme le chien fidèle; vous aurez le
groupe principal.» Le «correspondant» de *La Patrie* continue de cas-
ser du sucre sur le dos de Dessaulles en suggérant qu'il n'y avait pas
«de petit homme qui s'agite plus, se *remue* davantage»; il se moque
aussi de Dessaulles qui aurait souligné l'appartenance ethnique mais
surtout religieuse du candidat Ramsay: M. Dessaulles, raille-t-il,

«s'estime sans doute un homme fort dévot depuis que la justice a décidé qu'il croit en Dieu...», ironique allusion au procès de 1848 contre Duvernay.

Dessaulles revient à la charge, promptement, pour narrer le banditisme électoral de l'agent du candidat Ramsay à Sainte-Hélène: des hommes armés se sont emparés du poll, ont chassé le représentant de Laframboise, se sont saisi du livre de poll pour y ajouter près de 170 signatures. La démocratie électorale laissait manifestement à désirer. Dessaulles boucle sa correspondance au *Pays* en doutant «de l'honneur» de M. T.K. Ramsay, frère du candidat, qui avait télégraphié à *La Patrie* la victoire de celui-ci. Par l'intermédiaire d'amis et de correspondances au *Pays* et à *La Patrie*, les deux hommes finissent par accepter de retrancher quelques mots de leurs textes. La polémique avait tout eu d'un duel... épistolaire et journalistique!

Et pendant ce duel à armes verbales, *La Patrie* stigmatise Dessaulles qui a plaidé pour qu'on distinguât, dans les débats des journaux, les sentiments privés des sentiments publics: «*Campagnard* et *Tuque-Bleue* sont l'homme public; M. L.A. Dessaulles reste l'homme privé: nous le félicitons sincèrement de ne point vouloir de solidarité avec de pareils personnages.» Avec de telles distinctions, il est facile, plaisante *La Patrie*, de ne jamais se renier mais de ne renier que *Campagnard*. Le rédacteur de *La Patrie* qui connaît, au moins depuis le procès contre Duvernay en 1848, les pseudonymes de Dessaulles termine son texte par une douce malice: «Nous ne pouvons cependant quitter M. Dessaulles sans nous rappeler ces frères siamois attachés ensemble par Dieu, et portant deux pensées, deux volontés contraires; leur lutte douloureuse dura toute leur vie; l'homme privé et l'homme public s'imposeraient-ils les mêmes souffrances dans cet infortuné M. Dessaulles: nous en serions heureux pour l'honneur du premier.»

Le beau-frère Dessaulles n'en remporte pas moins l'élection avec 155 voix de majorité et une seule défaite, dans Sainte-Hélène...! Dans Saint-Hyacinthe, Victor Sicotte, un «violet» entre le «rouge» et le «bleu», se fait élire sans opposition de la part de Dessaulles et des Rouges. Dans la grande région de Montréal, les libéraux obtiennent 29 pour cent du vote, 41 pour cent à Montréal même, soit une baisse significative par rapport à l'élection de 1854. Le nouveau ministère Macdonald-Cartier sort victorieux de l'élection de 1857-1858 et

Cartier rallie alors 50 des 65 députés du Bas-Canada; mais les libéraux constituaient néanmoins le cinquième de la députation francophone du Bas-Canada. Même si Louis-Victor Sicotte est nommé
Commissaire des terres de la Couronne dans le nouveau cabinet,
l'élection laisse, avec quelque 30 contestations, un goût amer pour les
démocrates: dans une paroisse de Lotbinière, les votes enregistrés
totalisent le double de la population du lieu et, dans Québec, les
noms de Napoléon Bonaparte, George Washington, Jules César et
Judas Iscariote apparaissaient sur les registres du bureau d'élection!

Dessaulles n'est pas qu'un conseiller législatif libéral; il est de
doctrine libérale et un prosélyte de ces principes qu'il expose dans
une nouvelle conférence publique sur «le progrès» à l'Institut canadien le 22 février 1858. Après ses six conférences sur l'annexion du
Canada aux États-Unis en 1850-1851 et après ses conférences sur
Galilée et sur Lamartine en 1856, Dessaulles reprend en l'enrichissant
sa conférence sur le progrès faite à l'Institut canadien de Saint-
Hyacinthe en 1854. Malgré le souhait du *Pays* d'en voir la publication, la conférence n'est pas reprise dans la presse. Le journal libéral
de Montréal en fait toutefois un compte rendu:

> Pour démontrer en thèse que le progrès est une loi de notre
> nature morale et la condition d'existence de l'humanité, [l'ora-
> teur] déroula aux yeux des auditeurs attentifs le vaste tableau
> des événements qui ont marqué la vie des peuples, depuis l'épo-
> que la plus reculée jusqu'à nos jours, désignant les progrès suc-
> cessifs qui se sont manifestés dans les arts, dans les sciences,
> dans la littérature, dans les notions morales, dans la législation
> et dans la politique, dégageant les faits isolés, les causes et les
> effets passagers, pour faire apparaître partout et toujours l'unité,
> la continuité du progrès.
>
> Il eut l'occasion de parler des grandes découvertes moder-
> nes, de la télégraphie, de l'application de la vapeur à la locomo-
> tion sur terre, etc., et de toutes les merveilles dont la raison
> humaine a enrichi le monde physique. Dans le monde moral,
> progrès analogue. La législation est assise sur des notions plus
> justes du droit. On ne torture plus personne pour ses opinions
> religieuses ou autres, mais tous les peuples civilisés ont reconnu
> que la conscience de l'homme est inviolable, et qu'il ne peut être

appelé à rendre compte que de ses actes extérieurs quand ils sont nuisibles au bien-être de la société. Il fit contraster le temps de l'Inquisition et des bûchers, où l'on brûlait les hérétiques et souvent ceux qui n'étaient qu'accusés de l'être, avec les temps modernes dont la tolérance pratique est un progrès inestimable et une conquête de la raison sur le fanatisme le plus cruel et le plus dégoûtant. Il prétendit que la littérature ancienne, qu'on nous donne comme supérieure à la nôtre, lui est inférieure pour le fonds, parce que les anciens avaient des notions fausses en fait de morale, et que le sujet de leurs chants se rattache le plus souvent à des actions criminelles, aux voluptés sensuelles, aux doctrines épicuriennes. Il ne leur donne la palme que dans la statuaire, dans la reproduction des formes humaines au moyen de la pierre et du marbre.

Tout comme pour la conférence sur l'annexion ou sur Galilée, le sujet ne laisse pas les milieux conservateurs indifférents. Cyrille Boucher en fait «une spirituelle critique» dans *La Patrie* du 27 février, texte que le *Courrier du Canada* reprend le 1ᵉʳ mars. Ces journaux indiquent déjà à quelle enseigne loge C. Boucher, qui collabore à *La Patrie* depuis 1856 et au nouveau *Courrier du Canada,* où il vient de publier, en septembre 1857, quatre articles à propos «De la démocratie» qui pourfendaient les libéraux et «le progrès» dont ceux-ci faisaient leur leitmotiv. Boucher attaque donc la célébration «de la raison sur les amateurs de ténèbres et sur les petits Saints Thomas», raison «séparée violemment de la religion qui est son seul appui et son seul guide». Il daube sur Dessaulles qui a «mis de côté le livre de la Genèse» et raille «ce petit Voltaire» et sa manière de raconter l'origine du monde: *«progrès* dans le *ver* sur les *plantes*; *progrès* du poisson sur le ver; *progrès* du renard qui n'a pas de *pattes; progrès* du lion sur le renard qui est moins fort; *progrès* du singe sur le lion qui a moins d'instinct; *progrès* de l'homme sur le singe qui a moins de raison; *progrès* de M. Dessaulles sur les canadiens qui ne sont pas *impies*!!!» Le disciple canadien de Louis Veuillot nargue le conférencier de courir «après cette chimère fugitive qu'on nomme la renommée», terminant ainsi sa critique: «[...] je crains beaucoup quand la postérité nous demandera: D'un si grand homme qu'est-ce qui nous reste? de n'avoir à lui répondre que ce vers de la comédie: Son chapeau, sa culotte et sa veste.»

La conférence sur le progrès, les menées de Mgr Bourget contre l'Institut canadien de Montréal, la vigilance au moment de la dernière phase de l'abolition du système seigneurial et le travail de politique partisane à mener dans la région de Montréal expliquent l'absentéisme de Dessaulles au Conseil législatif en 1858 où il n'est présent, à Toronto, qu'à 53 des 108 séances.

Une situation de crise politique latente requiert une attention constance de la part de ceux qui suivent l'évolution du pays depuis 1837. Les coalitions de partis du Haut et du Bas-Canada, la question de la double majorité, l'interrogation soutenue à propos de l'avenir de l'Union et le litigieux problème du choix du siège de la capitale du pays compliquent à l'extrême la vie politique.

La coalition entre les conservateurs du Bas-Canada et les libéraux du Haut-Canada, outre qu'elle fait la partie difficile aux Rouges du Bas-Canada, suscite des votes plus susceptibles de satisfaire aux exigences électorales qu'à celles des citoyens. La simple appellation du parti «libéral-conservateur» pose déjà problème.

La question de la double majorité en Chambre confronte alors les élus à la réflexion suivante et à ses conséquences: un cabinet est-il soutenu par *une* majorité en Chambre ou par *deux*, c'est-à-dire par chacune ou par les deux députations du Bas et du Haut-Canada? Macdonald est-il supporté par le seul Haut-Canada et Cartier par le seul Bas-Canada ou Macdonald-Cartier doivent-ils obtenir *et* la majorité des votes du Haut-Canada *et* celle des votes du Bas-Canada? Le régime de l'Union se définit-il comme une union législative ou comme une union fédérale? Jusqu'en 1856, les ministères naviguent tant bien que mal dans l'ambiguïté de la règle; mais en 1856, le ministère Taché-Macdonald ne s'était maintenu que grâce à la seule majorité bas-canadienne. La stratégie des coalitions ajoutée aux complexités de la double majorité indique un malaise réel du régime politique.

On comprend dès lors comment les hommes de 1858 en soient venus à s'interroger sur l'avenir de l'Union. Le régime semble comporter des difficultés intrinsèques, sans compter que l'appel des hommes de 1848 à l'abolition de l'Union pouvait aussi porter tardivement quelques fruits. Faut-il, à nouveau, demander le rappel de l'Union? Déjà en 1856, Antoine-Aimé Dorion, qui avait remplacé Papineau comme chef des Rouges, avait proposé une fédération des Canadas comme solution aux problèmes constitutionnels. L'année suivante, Joseph-Charles Taché avait publié une brochure intitulée *Des provinces de l'Amérique du Nord et d'une union fédérale*. Au même moment, les libéraux radicaux du Haut-Canada, sous le leadership de George Brown, proposaient un système d'écoles non confessionnelles et un régime politique où la représentation parlementaire serait proportionnelle à la population. Cette dernière demande du Haut-Canada allait d'ailleurs devenir de plus en plus pressante. L'alliance inévitable entre les Rouges des deux Canadas ne paraissait pourtant pas facile: quels étaient les risques respectifs pour les Canadiens français d'une Union à représentation selon la population dans une conjoncture d'immigration favorable aux anglophones ou d'une fédération dont on se demandait si elle allait fédérer les deux Canadas ou toutes les colonies britanniques en Amérique du Nord? La décennie 1850 constituait un véritable test pour l'Union.

On veut aussi mettre fin au système du «parlement ambulant». De Toronto, le siège du Parlement devait passer à Québec; mais, entre temps, on débat de la question d'un siège permanent, qui pourrait être Ottawa. La question, somme toute relativement simple, allait faire couler salive, encre et... gouvernement!

Le conseiller législatif Dessaulles consacre en novembre 1858 sept longs articles de presse, réunis en une brochure de 66 pages, à ces questions avant d'aller, chaque dimanche, rencontrer les électeurs des paroisses de sa circonscription. Dans *À Messieurs les électeurs de la division de Rougemont*, Dessaulles écrit sa déception face aux prises de position du député de Saint-Hyacinthe, L.-V. Sicotte, auquel les libéraux du comté n'ont fait aucune opposition au moment de l'élection. À celui qui prétendait alors se faire élire pour aller «moraliser» la vie publique, Dessaulles demande pourquoi une seule des 23 élections sérieusement contestées avait été jugée. Il explique à ses commettants son opposition à la double majorité, précisant: «Ne sommes-nous pas, dans tous les détails de la législation, deux états dans un état?» À propos de la question du siège du gouvernement, il leur montre encore les «conséquences désastreuses du système ambulant», l'illogisme des coalitions où les conservateurs du Bas-Canada ont voté pour Ottawa contre Québec ou Montréal et enfin, faisant référence à une adresse à Sa Majesté la reine Victoria qui lui laissait le choix d'une capitale pour le Canada-Uni, il fait voir l'humiliation d'aller chercher à Londres une décision aussi symbolique.

Ce sentiment autonomiste de Dessaulles se retrouve encore dans sa dénonciation du comportement du gouverneur général, qui a refusé la dissolution de la Chambre lorsque le gouvernement Macdonald-Cartier avait été battu en Chambre sur la question du choix d'une capitale. Dessaulles, qui soupçonnait une connivence entre Macdonald et le gouverneur, disait de celui-ci: «[...] il faut mettre son Excellence au nombre des hommes d'État adroits et habiles sans doute, mais aussi des hommes d'État sans conscience.»

Mais c'est surtout à propos du retour au pouvoir du ministère Macdonald-Cartier que l'invective et l'indignation de Dessaulles atteignent leur paroxysme. Suite à la non-dissolution du précédent gouvernement et à une motion de censure qui oblige le nouveau ministère Brown-Dorion à démissionner après 48 heures, Cartier et Macdonald se prévalent d'une loi de 1847 pour reformer un cabinet sans avoir à retourner devant les électeurs, ce que les démissionnaires libéraux, eux, doivent laborieusement faire. Au-delà du conseiller législatif libéral, c'est le démocrate qui se scandalise de cette usurpation de pouvoir et de ses conséquences morales et civiques: «Rien n'ébranle la confiance dans les hommes publics, rien ne propage le scepticisme en politique comme le mépris de la loi affiché sans pudeur par ceux qui font la loi.» Dessaulles pointe du doigt ces ministres qui banalisent le serment d'office tout en minant la valeur universelle du geste: «Comment veut-on que les fonctionnaires publics en sous-ordre, que les témoins dans les cours, que les électeurs aux polls respectent, tiennent compte des serments qu'on les oblige de prêter quand les Ministres de la Couronne leur montrent l'exemple de se moquer outrageusement des serments qu'ils prêtent eux-mêmes?» L'homme qui dénonçait depuis plus d'une décennie la corruption concluait ainsi: «L'indifférentisme en matière politique est aujourd'hui la plaie principale du pays.»

Dessaulles assiste, le 4 novembre, au banquet offert en l'honneur de la brève administration Brown-Dorion et finit l'année sous l'invective d'un «électeur de Rougemont», correspondant de *La Minerve*, qui le morigène: «Avant de parler si fortement contre ceux qui tiennent les comptes publics, allez à l'école, étudiez la tenue des livres pour réparer votre réputation perdue; étudiez l'économie domestique pour vous préparer à l'étude de l'économie politique; laissez de côté vos études des vices de l'humanité pour en étudier les bonnes actions et les vertus, c'est le seul moyen de sortir de cette atmosphère pestiférée qui vous infecte.»

L'activité du conseiller législatif connaît son apogée en 1859: il assiste à 53 des 67 séances, y présente 94 pétitions et y fait plusieurs discours, en particulier sur la constitution du Comité général des élections, qui doit voir au règlement des contestations électorales; il intervient sur la question des subsides de l'Assemblée législative, qui doit pourvoir aux dépenses de «translation» du siège du gouvernement à Québec avant que ne soient construits les édifices parlementaires à Ottawa. À ce propos, Dessaulles soulève toute la question des rapports d'égalité entre les deux institutions électives que sont l'Assemblée législative et le Conseil législatif, refusant que celui-ci ne soit qu'un «bureau d'enregistrement» des décisions de l'Assemblée. On se serait cru revenir aux antagonismes fameux entre les deux niveaux de gouvernement que Papineau et le Parti canadien avaient connus entre 1810 et 1837, à la différence, cette fois, que le Conseil législatif est électif. Mais il devenait néanmoins une forme d'opposition partisane à l'Assemblée. La preuve: le Conseil peut, selon Dessaulles, refuser le budget de l'Assemblée qui n'incluait pas les prévisions pour le tranfert du parlement à Québec. Il accuse le ministère et le parti d'avoir dépensé depuis dix ans 1 500 000 louis sans autorisation, et d'habituer ainsi les citoyens à des dépenses non contrôlées par l'Assemblée ou le Conseil: «Si le gouvernement peut, sans autorisation, dépenser des sommes de plusieurs milliers de louis pour le transfert du siège du gouvernement, ne pourra-t-il pas également dépenser 50 000 louis pour la construction d'un pont, ou d'un quai, ou d'un canal dans tout endroit où il aura une corruption à exercer, des convoitises à satisfaire?»

La «convention» de l'opposition parlementaire du Bas-Canada, en octobre 1859, constitue une étape importante de la réflexion politique des libéraux et de Dessaulles en particulier. Non seulement oblige-t-elle les Rouges bas-canadiens à se situer par rapport aux demandes de leurs collègues haut-canadiens, mais elle donne lieu à un rapport de comité signé par le leader libéral Antoine-Aimé Dorion, par Dessaulles, par le député et ex-procureur général du Bas-Canada, Lewis-T. Drummond, et par le représentant politique des

Irlandais, Thomas D'Arcy McGee. Le rapport de ce comité marque un point tournant dans le débat constitutionnel de la génération libérale qui avait été favorable à 1837, au rappel de l'Union et momentanément à l'annexion.

Dessaulles est actif à cette «convention»; l'homme d'affaires montréalais Luther Holton, qui suit de très près l'initiative, écrit à George Brown le 14 octobre: «Dessaulles, Dorion, McGee, Drummond, Laberge and Papineau pronounced themselves emphatically and unreservedly in favor of Federation.» Le rapport du comité de l'opposition paraît dans *Le Pays* du 29 et doit alimenter la réflexion et la discussion. Les quatre signataires reconnaissent que l'Union n'a «jamais été acceptable à la majorité des habitants du Bas-Canada», que l'union des deux Canadas n'est «pas plus réelle aujourd'hui qu'elle ne l'était il y a vingt ans» mais qu'un rappel pur et simple s'avère pratiquement difficile. Le rapport précise encore: «Il n'est pas non plus possible de s'expliquer comment un simple changement dans la proportion de la représentation [...] pourrait empêcher les conflits et les coalitions résultant du caractère distinct des deux populations qui habitent les deux provinces.» Les exigences du Haut-Canada en matière de représentation proportionnelle étaient devenues incontournables: «Si le Bas-Canada veut maintenir intacte l'Union actuelle des provinces, s'il ne veut, ni consentir à une dissolution, ni à une confédération, il est difficile de concevoir sur quelles raisons plausibles il pourrait se fonder pour refuser la représentation basée sur la population.» Le danger est double pour les Canadiens français: le poids éventuel du Haut-Canada, et les décisions du Colonial Office à Londres: «Nous ne devons pas oublier que la même autorité qui nous a imposé l'acte d'Union et qui l'a altéré, sans notre consentement, en rappelant la clause qui exigeait le concours des deux tiers des membres des deux chambres pour changer la représentation relative des deux sections peut encore intervenir pour nous imposer ce nouveau changement.» Il fallait donc songer aux «dispositions formelles d'une constitution écrite, qui ne pourrait être changée sans [notre] concours».

Les points saillants du système proposé de fédération des deux Canadas — et non de toutes les colonies d'Amérique du Nord britannique — se lisent comme suit: «En définissant les attributions des gouvernements locaux et du gouvernement fédéral, il faudrait ne déléguer à ce dernier que celles qui seraient essentielles aux fins de la confédération, et, par une conséquence nécessaire, réserver aux sub-divisions des pouvoirs aussi amples et aussi variés que possibles. Les douanes, les postes, les lois pour régler le cours monétaire, les paten-tes et les droits d'auteurs, les terres publiques et ceux d'entre les travaux publics qui sont d'un intérêt commun pour toutes les parties du pays, devraient être les principaux, sinon les seuls objets dont le gouvernement fédéral aurait le contrôle; tandis que tout ce qui aurait rapport aux améliorations purement locales, à l'éducation, à l'admi-nistration de la justice, à la milice, aux lois de la propriété et de police intérieure, serait déféré aux gouvernements locaux, dont les pouvoirs, en un mot, s'étendraient à tous les sujets qui ne seraient pas du ressort du gouvernement général.»

En 1859, la solution à la crise quasi perpétuelle de l'Union en est là et le rapport du comité de l'Opposition témoigne bien de ce que Dessaulles pouvait endosser et signer.

L'abolition du régime seigneurial, sanctionnée en 1854, franchit une étape cruciale, au début de 1859, lorsque les commissaires ren-dent publique leur évaluation des seigneuries du Bas-Canada. Le seigneur Dessaulles, qui ne s'est jamais opposé à l'abolition de cette tenure, à condition que la compensation fût juste, reçoit alors pour les 67 777 arpents de sa seigneurie un montant global de 124 947,99$, le louis étant devenu dollar comme aux États-Unis. Les cens et rentes sont évalués à 46 037,16$, les lods et ventes à 51 410,83$, les empla-cements non agricoles ne représentant que 5 pour cent de cette somme. L'ex-seigneur reçoit 10 000$ pour le manoir et le domaine et 17 500$ pour les deux huitièmes de la valeur du moulin banal et des droits de banalité, les trois huitièmes revenant à Rosalie Caroline Debartzch.

La Cour de Révision des cadastres n'apportera en mai 1861 que des aménagements mineurs à ce règlement de 1859: une somme an-nuelle de 3201,50$ au lieu de 3084,65$ sera accordée au seigneur, Dessaulles recevra annuellement 225$ et la valeur du blé payable au seigneur sera de six chelins et trois deniers au lieu de cinq chelins et demi par minot. Dans une notice biographique que Dessaulles rédi-gera vers 1860, il précisera que la commutation de la tenure seigneu-riale fut «pour lui l'occasion de pertes plus considérables encore» que celles subies dans ses entreprises commerciales maskoutaines.

La question seigneuriale réglée, Dessaulles quitte Saint-Hyacinthe. C'est la fin d'une époque, d'un régime social, d'une dynastie, même si son frère Georges-Casimir et sa sœur, madame Laframboise, continuent d'être identifiés à la ville. En 1860, Dessaulles installe sa famille à Montréal, au 33 de la rue Berri, près de la rue Lagauchetière. Ses voisins sont le photographe William Notman et les frères Doutre, Joseph et Gonzalve. Caroline, qui fête ses huit ans le 13 octobre, fréquente le couvent huppé des religieuses du Sacré-Cœur.

L'installation à Montréal explique en partie la faible activité de Dessaulles au Conseil législatif, en 1860: absent 41 fois des 53 séances, il n'y présente que deux pétitions et n'y fait aucune intervention importante.

Malgré cela, Dessaulles est plus que jamais engagé dans la politique, et ce à tous les niveaux. Il bataille en faveur de son beau-frère Laframboise, intervient au Conseil législatif, envoie des correspondances parlementaires au *Pays* et doit considérer la succession de son oncle Papineau à la tête du Parti libéral. Il faut dire que la décennie de 1850 a mis rudement à l'épreuve le régime de l'Union: exigence d'une représentation selon la population de la part du Haut-Canada, crainte d'un changement constitutionnel imposé par Londres, ambiguïté de la double majorité, défi du choix d'une capitale fixe pour le pays (pourquoi pas Montréal?), ajustement dans les rapports de pouvoir entre l'Assemblée législative et le nouveau Conseil législatif, électif. Le rapport du comité de la «convention» de l'opposition parlementaire signé par Dorion, Dessaulles, Drummond et McGee donne le pouls politique de Dessaulles en 1859. Celui-ci ne parle plus d'annexion ni de rappel de l'Union; face aux défis incontournables de l'heure, en particulier celui de la représentation selon la population, il adhérerait à une fédération décentralisatrice des deux Canadas et non pas des colonies d'Amérique du Nord britannique, mais conditionnellement au principe de «l'égalité des droits» et de «l'égalité des races» ou des peuples.

Antoine-Aimé Dorion prend alors de plus en plus d'ascendant dans le Parti libéral. Dessaulles n'a peut-être pas le tempérament et n'a peut-être plus, dans les milieux économiques et religieux, la réputation qui convient à un possible premier ministre.

CHAPITRE VII

Au Pays
(1861-1862)

> «Votre Grandeur veut mêler intimement les domaines spi-
> rituel et temporel pour diriger et dominer celui-ci au
> moyen de celui-là; nous laïques, nous voulons éviter la
> confusion de ces deux ordres d'idées et nous voulons que
> l'ordre spirituel soit entièrement distinct de l'ordre tempo-
> rel. En un mot, Mgr, dans l'ordre purement social et politi-
> que nous réclamons notre entière indépendance du pouvoir
> ecclésiastique.»
>
> Louis-Antoine DESSAULLES
> à Mgr Bourget (7 mars 1862)*

Dessaulles se retrouve de 1861 à 1864 sur la ligne de feu politique
et religieuse qu'il avait connue en 1848-1849 à titre de rédacteur-
correspondant de *L'Avenir*. Il occupe en effet le poste de rédacteur en
chef du *Pays*, du 1er mars 1861 au 24 décembre 1863.

La diversité de ses activités étonne: il est toujours conseiller
législatif et le sera jusqu'en décembre 1863; de Toronto ou de
Québec, le conseiller législatif fait de plus en plus souvent office de
correspondant parlementaire du *Pays* dont il assume la rédaction;
l'action politique partisane continue de le retenir dans le Bas-Canada,
et en particulier dans la région de Saint-Hyacinthe où ses menées en

---

* ACAM, 901.135, 862-9.

faveur de son beau-frère Laframboise ou d'Augustin-Cyrille Papineau lui attirent polémiques, procès et déboires; il assume une longue et batailleuse présidence de l'Institut canadien de Montréal au moment de la deuxième vague d'opposition à cette association. Ces activités ne facilitent en rien les affaires personnelles de l'ancien seigneur. Tout au contraire; la presse ministérielle — *La Minerve*, le *Journal de Québec* — le prend quotidiennement pour cible, sans compter que *L'Ordre*, *Le Canadien*, le *Courrier de Saint-Hyacinthe* le suivent à la trace. Tous les moyens sont bons pour le perdre dans l'opinion publique comme on l'avait fait, en 1848, pour son oncle Louis-Joseph Papineau: attaques contre le conférencier sur la notion de progrès, attaques à propos de la probité financière de l'ancien maire, dénonciations répétées de Mgr Bourget ou du supérieur du Séminaire de Saint-Hyacinthe, l'abbé Joseph-Sabin Raymond, sans parler d'un duel et d'un assaut violent dont il est victime. Les coups pleuvent et viennent de tous les côtés.

Chaque jour Dessaulles quitte sa résidence de la rue Berri, près de la rue Lagauchetière, pour se rendre aux bureaux du *Pays*, 7, rue Sainte-Thérèse. Le journal libéral, qui a succédé à *L'Avenir* en 1852, lui est familier: il en a assumé la corédaction avec Louis Labrèche-Viger un moment en 1852 lorsque, pour une première fois, il songea à venir s'établir à Montréal. La scène journalistique montréalaise s'était toutefois significativement transformée depuis: les milieux réformistes et conservateurs disposaient toujours de *La Minerve*, appuyée dorénavant par *La Patrie* (1854-1858), *L'Ordre* (1858-1871) et *L'Écho du Cabinet de lecture paroissial* des Sulpiciens (1859-1873). La presse conservatrice comptait, hors Montréal, *Le Canadien*, *Le Journal de Québec*, *Le Courrier du Canada* (1857-1901) à Québec, *Le Courrier de Saint-Hyacinthe* (1853-   ) dans la ville natale de Dessaulles. La presse libérale regroupait *Le Pays*, *Le Moniteur canadien* (1849-1855) et le *Journal de Saint-Hyacinthe* (1861-1868).

Il est révélateur que Dessaulles ait inauguré son mandat au *Pays* par une série d'articles sur le pouvoir temporel du pape confronté aux libéraux italiens et qu'il ait quitté ce trihebdomadaire au moment où il prononce une série de conférences publiques sur la guerre civile aux États-Unis. L'homme a une vision et son libéralisme conjugue tout naturellement les questions internationales, nationales et locales, les affaires de Rome et les affaires du pays. Ses interventions sur le rôle politique du pape dans une Italie unifiée l'obligeront ensuite à s'expliquer sur la visite faite par une délégation de l'Institut canadien au Prince Napoléon, cousin de «l'odieux» Napoléon III, alors que cette visite servira de prétexte à une virulente polémique entre Dessaulles et Hector Fabre de *L'Ordre* à propos de l'histoire de l'Institut canadien de Montréal; ses positions sur la question pontificale lui attireront enfin les foudres locales de Mgr Bourget.

Au moment où Dessaulles prend la relève au *Pays*, l'expédition des «chemises rouges» de Garibaldi a eu lieu (mai-juin 1860) en Sicile et l'unité italienne est faite à l'exception de la Vénétie et de Rome. Dessaulles, on le sait, suit les affaires de Rome depuis 1839. En 1849, il avait publié dans *L'Avenir* un audacieux texte sur le pouvoir temporel du pape alors que s'amorçait le long processus d'unification de l'Italie. Dix ans plus tard, la question italienne refait surface lors du refoulement de l'Autriche hors du territoire italien. *Le Pays* suit les journaux étrangers et les dépêches télégraphiques de près et, de son côté, l'évêque de Montréal ne tarde pas à prendre acte de l'évolution des choses. Mgr Bourget, qui perçoit aussi l'enjeu local des événements, publie, le 19 mars 1860, une instruction pastorale de 50 pages, diffusée aussi en brochure, sur «l'indépendance et l'inviolabilité des états pontificaux» et sur la souveraineté temporelle du pape, c'est-à-dire sur son «indépendance de tout autre souverain». L'évêque défend l'État pontifical où «la justice est la mieux administrée», où la législation et l'administration financière sont exemplaires et où les abus dénoncés ont été corrigés; il récuse les thèses de la brochure *Le Pape et le Congrès* de M. de la Guéronnière et dénonce les ennemis de la papauté, décrivant avec passion et force détails les horreurs de cette autre «sacrilège révolution». Mgr Bourget annexe à ses «preuves» la lettre de Pie IX à Napoléon III, du 8 janvier 1860, ainsi que l'encyclique papale du 19 janvier, qui informait la catholicité des difficultés et des décisions du pape.

Le Pays avait donné le change et tiré du *Siècle* de Paris une prétendue bulle d'excommunication des envahisseurs libéraux qu'il publie le 14 avril; les articles sur le sujet s'y succèdent, entraînant une escalade d'écrits épiscopaux. Le 31 mai, Mgr Bourget censure *Le Pays* dont les «détestables écrits» du 14 avril ont fait à «l'autorité papale un si grand outrage», qui «me préoccupe jour et nuit», avoue l'évêque. Celui-ci publie un mandement, lu dans toutes les églises du

diocèse, qui dégage la doctrine et les principes d'une Bulle papale du
26 mars 1860 dans laquelle Pie IX excommuniait «les usurpateurs et
les envahisseurs de quelques-unes des provinces des états pontificaux». L'évêque de Montréal précise: «Ce sont des principes invinci-
bles, et qui peuvent seuls servir de base à toutes les institutions civiles
et religieuses. L'Église est proclamée comme une société parfaitement
organisée et jouissant, par le fait de sa divine constitution, de toute
la liberté qui lui est nécessaire pour l'exercice de ses fonctions sa-
crées; son indépendance de tout autre pouvoir y est reconnue, dans
la personne de son chef comme une œuvre de la divine Providence,
qui a su former des débris de l'Empire Romain un État temporel à
son Église, pour qu'elle fut sur la terre le royaume de celui que
l'Écriture appelle le Roi des Rois.»

Dès les 16 et 21 mars 1861, Dessaulles commente les affaires
italiennes dans deux articles, «La France, Rome et l'Italie», dont il
emprunte le titre à une nouvelle brochure de M. de la Guéronnière
que *Le Pays* publie parallèlement à son commentaire. Toute délicate
qu'elle soit pour les catholiques, reconnaît Dessaulles, la question de
l'intégration des territoires pontificaux dans le nouveau territoire
national de l'Italie met en cause la pertinence du pouvoir politique du
pape et demeure le seul litige à régler pour achever l'unité italienne.
Puisant dans la presse européenne, du *Siècle* à l'*Annuaire* de la *Revue
des deux mondes*, et dans des témoignages comme celui de Mgr Liverani, *Le Pays* soutient, fondamentalement, que la papauté est mal
conseillée par la cour romaine. Son rédacteur brosse un tableau acca-
blant de l'administration des États romains: réformes non accomplies
depuis les velléités de 1849, exagération dans les dépenses, insuffisance des contrôles administratifs, pouvoirs excessifs du cardinal
Antonelli et de sa famille. Conscient des risques de son propos, il
écrit: «Et nous n'avons pas cité la centième partie des faits avérés
officiels, qui sont connus de toute l'Europe, mais que personne ne
connaît ici pour l'excellente raison que personne n'en parle, craignant
d'être décrété d'impiété.» Mais surtout, le libéral qui a déjà fait une
conférence à l'Institut canadien sur Galilée et qui commence à éprou-
ver sur lui-même les blessures de l'ostracisme de l'évêque local
dénonce la justice et les tribunaux romains avec leur procédure interminable et injuste: accusateurs et témoins non identifiés, audience
non publique, disproportion entre les délits et les peines, détentions

politiques. Cinglant, Dessaulles affirme «que ce n'est pas être anti-catholique ni anti-chrétien que de blâmer un système sous lequel le principe évangélique "Ne faites pas à autrui ce que vous ne voudriez pas vous être fait à vous-même" est constamment violé dans la pratique».

Concluant cinq articles à propos de «Nos adversaires sur la question du pouvoir temporel», Dessaulles demande: «Les abus du gouvernement temporel et les quatre frères Antonelli seraient-ils par hasard ce que le catholicisme possède *de plus sacré?*» Ces «adversaires», ce sont bien sûr les journaux et surtout *La Minerve* qui associent à grands traits *Le Pays* au *Siècle* de Paris. C'est aussi «l'antique M. Bibaud», fondateur et professeur de l'École de Droit dite du Collège Sainte-Marie, qui vient opposer aux articles de Dessaulles la supériorité du droit romain. Alimentée par la brochure de Maximilien Bibaud, *L'Honorable L.A. Dessaulles et le système judiciaire des États-Pontificaux,* qui paraît au début de 1862, la polémique court entre les subtilités de la traduction du latin au français et les moqueries réciproques: Dessaulles rédigeant un long texte moqueur — «Une séance à l'école de droit du professeur Bibaud» — et raillant la brochure qui fera voir «un homme parfaitement étranger à la vie pratique et à la société dans laquelle il se trouve; vivant dans le vide d'une imagination très mal ordonnée; se concentrant en lui-même où il ne trouve rien; n'ayant que sa mansarde pour horizon, et une collection de bouquins pour se maintenir en antagonisme furieux contre son siècle...» Bibaud, de son côté, reproche à Dessaulles de n'écrire «qu'*ab irato*», de n'être qu'un homme de parti; défendant ses étudiants, Bibaud ironise sur les déboires de l'ex-seigneur-entrepreneur, remarquant qu'il est «vrai que [ses 130 étudiants] n'ont pas encore établi une *compagnie des chaux du Canada!*»

La question du pouvoir politique du pape liée au développement final de l'unification italienne s'avérait trop importante aux yeux des ultramontains canadiens-français pour ne pas prendre prétexte de toute occasion pour stigmatiser les positions «odieuses» des libéraux, du *Pays* et de Dessaulles. La visite faite par l'Institut canadien au prince Napoléon lors de son passage à Québec puis à Montréal, le 13 septembre 1861, permit à la presse conservatrice de tenter de clouer à nouveau Dessaulles.

Le prince Napoléon était le cousin de Napoléon III, empereur de France de 1852 à 1870. Napoléon III avait contribué par l'expédition française à Rome, en 1849, à la restauration du pouvoir temporel du pape menacé par les libéraux italiens; et ce geste, après le coup d'État du 2 décembre 1851, avait facilité l'adhésion du parti catholique à l'Empire. Mais, à partir de 1858, Napoléon III adopta une prudente politique d'appui à l'unité italienne, qui ira jusqu'à un choix de non-intervention lors de l'envahissement de territoires pontificaux par Victor-Emmanuel, qui écrase la faible armée du pape à Castelfidardo le 18 septembre 1860.

Le prince Napoléon, marié, en 1859, à la fille de Victor-Emmanuel, affichait plus agressivement son républicanisme et son anticléricalisme qui en faisaient un ardent défenseur de l'unité italienne et de la disparition du pouvoir politique pontifical. Il fait d'ailleurs au Sénat français un discours favorable à l'unité italienne le 1er mars 1861; discours remarqué par Cavour, le premier ministre italien libéral, qui lui écrit peu après: «La destruction du pouvoir temporel sera un des faits les plus glorieux et les plus féconds dans l'histoire de l'humanité, auquel le nom de V.A. [Votre Altesse] demeurera à jamais attaché.»

Le clergé catholique canadien de Québec et de Montréal reproche, lui, la chose au prince qui nota la constante hostilité du clergé. Une délégation de l'Institut canadien va donc rendre hommage au prince lors de son passage à Montréal, soucieux avant tout de remercier Napoléon III des dons de livres et de gravure faits, en 1855, à Joseph-Guillaume Barthe pour l'Institut. L'adresse de l'Institut canadien est explicite: «L'Institut-Canadien dont les sympathies sont acquises aux grandes causes, est heureux de communiquer avec ses bienfaiteurs par l'entremise d'un prince qui, dans ses travaux législatifs, a si éloquemment développé les vues libérales du gouvernement de la France sur les plus grandes questions de la politique européenne.» En réponse, le prince reconnaît dans l'Institut l'institution «la plus éclairée du pays et indépendante du clergé».

Le 7 janvier 1862, *L'Ordre*, dirigé par Hector Fabre, sécessionniste de l'Institut canadien en 1858, publie une lettre du comte Charles de Montalembert, qui écrivait à son correspondant Fabre: «J'ai été encore plus douloureusement affecté par l'adresse qui a été présentée à ce prince par je ne sais quel Institut-Canadien, à Montréal ou à Québec. Je me suis demandé comment il avait pu se trouver, parmi cette population d'origine française qu'on nous représente comme si attachée à la religion et aux souvenirs de la vieille France, des hommes aussi mal inspirés pour avoir pu décerner un hommage public de respect et de sympathie à celui qui n'a pas craint d'insulter le Souverain Pontife en même temps que toutes les opinions et toutes les traditions chères aux honnêtes gens.» Le 20 janvier, Fabre répond au comte: «La démarche de l'Institut-Canadien auprès du prince Napoléon a été condamnée par toute notre population, sauf un petit nombre de démocrates libres-penseurs. L'Institut lui-même a été excommunié il y a quatre ans par l'Évêque de Montréal, après une tentative de réforme faite par mes amis et moi.»

Dessaulles ne tarde pas à dénoncer dans *Le Pays* la lettre de Montalembert, à souligner les «petites irréflexions» et contradictions de l'ancien ami de Lamennais: «M. de Montalembert a toujours su conserver en poche un *prétexte* pour ne pas réaliser dans la pratique ses belles et sonores déclarations de tribune. Il est essentiellement *l'homme aux prétextes* de l'histoire européenne des vingt dernières années.» Fabre devient du coup aussi un homme à prétexte; Dessaulles lui fait observer: «Vous vous êtes fâchés à propos d'une visite faite par l'Institut *sans votre permission*.» La visite devenait un prétexte, l'occasion d'une tactique d'écrasement de l'Institut: «On nous a certainement attaqués en publiant la lettre de M. de Montalembert, puisqu'on a commis ensuite l'inqualifiable gaucherie de nous avouer que l'on s'attendait à nous voir "courber la tête" sous ce *grand nom*.»

Quatre ans après la scission de 138 membres de l'Institut canadien, partis sous la direction d'Hector Fabre fonder l'Institut canadien-français, celui-ci, rédacteur de *L'Ordre*, prend prétexte de l'initiative de l'Institut canadien auprès du prince Napoléon pour reprendre du service contre cette association. Dessaulles a bien vu «la pensée d'agression contre l'Institut canadien» dans la décision de publier la lettre de Montalembert à propos de ce «je ne sais quel Institut-Canadien» si peu représentatif, à son avis, du peuple français et catholique du Canada.

Début janvier 1862, *L'Ordre* présente l'Institut comme une «œuvre mauvaise et pernicieuse». *Le Pays* laisse d'abord un correspondant, qui signe «Un membre de l'Institut-Canadien», répliquer pour montrer la vitalité et l'honorabilité de l'Institut. Dessaulles prend le relais en argumentant qu'il ne s'était point agi d'intolérance en 1858, quand on avait refusé la création d'un comité d'enquête sur la bibliothèque parce que le fait était affirmé avant même d'être scruté. Pour lui, on ne réussirait pas plus aujourd'hui qu'il y a quatre ans à prouver la présence de livres irréligieux dans la bibliothèque de l'Institut.

Puis viennent les pièces de résistance: quatre articles de Fabre dans *L'Ordre* des 3, 5, 7 et 12 février 1862 et quatre réponses de Dessaulles dans *Le Pays* des 22 février et 1, 11 et 13 mars intitulées «Aux détracteurs de l'Institut-Canadien, grands et petits», «grands» référant à Mgr Bourget et à Montalembert, «petits» à Fabre en particulier. Pour Fabre, «l'heure des explications complètes et décisives» est arrivée; décidé «à ne pas se laisser entraîner dans des dédales de petits faits, des chicanes de mots, où la victoire [serait] à la patience et à l'esprit procédurier», Fabre décrète que la cause de l'Institut canadien est une cause perdue surtout que la condamnation de l'institution «a été formulée par *celui*-là même qui a la garde des consciences».

Le rédacteur de *L'Ordre* dégage ensuite les principes de l'Institut canadien: «liberté absolue en dehors de tout frein, de tout devoir, de tout principe religieux, moral et national» et principe d'universalité par lequel «on n'admet aucune distinction, aucune clause d'exclusion religieuse ou nationale pour les membres, les livres et les discours». La conséquence sociale est, pour Fabre, évidente: «Si dans une société catholique vous élevez une tribune où l'on puisse combattre l'influence religieuse, directement ou indirectement, vous faites acte d'agression contre cette société.» Une «œuvre collective dans notre pays» ne peut être neutre: elle ne peut être que catholique et nationale. Et Fabre de formuler le credo du «vrai» nationalisme qui ne peut être libéral: «L'intérêt national se confond ici plus encore que partout ailleurs avec l'intérêt religieux, et le libéralisme qui se sépare de l'un, se fait par le même mouvement l'antagoniste de l'autre.» Ce que veulent selon lui les membres de l'Institut canadien, «c'est la fusion des races: ils font l'Institut à l'image de la société qu'ils rêvent, sans distinction religieuse, sans distinction nationale». Rêve antinational et ruineux pour la nationalité: «On ferait sortir les générations nouvelles de la voie chrétienne, où les attendent d'infaillibles lumières pour les jeter dans toutes les aventures de la pensée, dans tous les hasards de l'étude, pour les livrer aux incertitudes morales et aux désordrs intellectuels.»

Le Pays dénonce la nouvelle croisade de Fabre. À partir des procès-verbaux de l'Institut, le journal fait l'historique des activités et des positions idéologiques du rédacteur de *L'Ordre*, tout en tentant malicieusement de le mettre en contradiction et d'en faire «l'homme des bons principes» qui défend, aujourd'hui, l'opposé de ses positions.

Puis, Dessaulles observe que les membres de ce «mauvais» Institut sont pourtant admis dans les familles, salués cinquante fois par jour dans la rue, sollicités pour l'obole aux pauvres. La pression montait manifestement: «Votre influence est énorme, sans doute, et c'est faire preuve de quelque courage que de se mettre en travers de votre route même sur un sujet qui n'a trait qu'au temporel. Néanmoins vous ne seriez croire combien vos persécutions ont d'effet sur certains esprits qui comprennent qu'une fois l'Institut écrasé, si vous y parveniez, *d'autres seraient écrasés à leur tour.* Beaucoup d'entre eux commencent à dire que la pression est trop forte et qu'une réaction devient inévitable.»

À ceux qui avaient substitué «la calomnie au bûcher», Dessaulles explique que l'Institut ne comptait que 44 membres qui ne fussent pas Canadiens français et entre 25 à 30 membres protestants sur 480 membres. Ce décompte réglait-il toutefois la question de principe? Il récuse l'accusation selon laquelle l'Institut avait un enseignement tantôt national, tantôt antinational ou faisait preuve d'un prosélytisme tantôt catholique, tantôt protestant, en déniant tout «enseignement» officiel de l'Institut. Il s'emploie encore à montrer que l'institution pouvait être neutre sans que les membres soient «indifférents à toute religion, à toute morale et à toute nationalité». La bibliothèque n'était pas celle d'un collège mais la propriété *commune* d'hommes libres et responsables. Dessaulles tente aussi de confronter les conservateurs à leur système: « Plus le peuple est instruit, moins il est maniable. [...] Cette idée se retrouve partout dans votre système. Pour l'ignorant vous déclarez que l'éducation primaire est un danger; pour l'homme instruit que les neuf-dixièmes des livres qui sont le résumé de l'intelligence humaine sont dangereux. À qui appartient la censure?» Il termine son apostrophe aux détracteurs en rappelant la chronologie des événements de 1858: le 13 avril, discussion à l'Institut sur le contenu de la bibliothèque; le 22, démissions des 138 membres; le 30, première des trois lettres de Mgr Bourget condamnant l'Institut. Cette séquence «convainquit l'Institut que tout ce mouvement était causé par une influence extérieure qui était devenue hostile à l'Institut», nommément Mgr Bourget.

Avec un rare sens prémonitoire des enjeux, Dessaulles écrit: «[...] si l'Institut venait à succomber devant vous, partisans de l'intolérance et de l'automatisme général, l'avenir politique et social du pays en recevrait une sérieuse atteinte, parce que cela démontrerait que l'esprit persécuteur y peut encore étouffer le libre arbitre individuel.»

Le 24 février 1862, au moment où Dessaulles en est à défendre l'Institut canadien contre ses détracteurs, Mgr Bourget termine la septième et dernière lettre qu'il destine au *Pays* et le secrétaire de l'évêché, le chanoine Paré, prie les directeurs de les publier. Dessaulles lit les documents et constate qu'à nouveau, les affaires de Rome concernent éminemment les affaires canadiennes.

Après la censure de *L'Avenir* en 1849, du *Pays* en 1858, l'évêque de Montréal était revenu à la charge, dans son mandement du 31 mai 1860, auquel il avait annexé un «Premier supplément concernant les journaux qui ont attaqué la Bulle de Sa Sainteté Pie IX». Ce document contenait la première formulation des griefs qu'il fait maintenant au journal dirigé par Dessaulles.

Dans cette correspondance d'une cinquantaine de pages rédigée entre le 12 et le 24 février 1862, Mgr Bourget qualifie *Le Pays* d'antichrétien parce qu'il n'a pas de principes religieux, d'anticatholique parce qu'il se montre peu respectueux de l'Église, d'antisocial parce qu'il est favorable au renversement des gouvernements légitimes, d'immoral parce que favorable au théâtre et au roman qui véhiculent des représentations douteuses du mariage. La deuxième lettre fait observer que le journal libéral présente la «révolution» italienne et ses héros sous de trop belles couleurs et suggère qu'on pourrait bien «souhaiter semblable révolution en Canada». L'évêque aligne ensuite les déclarations du pape susceptibles de convaincre *Le Pays* des réformes accomplies et demande aux directeurs du journal: «N'êtes-vous pas maintenant, Messieurs, à vous étonner que *le Pays* soit monté sur de si hautes échasses pour essayer de cracher à la face du Souverain Pontife, des Cardinaux qui l'entourent et par contre coup de 200 000 000 de chrétiens...?» Et tout comme Chiniquy en 1849, l'évêque suggérait aux lecteurs du *Pays* de lui retirer leur soutien.

Mgr Bourget poursuit en tentant de contredire les affirmations du *Pays* à propos de l'administration financière et judiciaire des États pontificaux, en réduisant les sources d'information du journal de Dessaulles aux seuls *Faits officiels du Piémont*. L'évêque ne manque pas de souligner le mauvais traitement fait dans *Le Pays* au pape et au cardinal Antonelli alors qu'on n'y trouverait qu'éloges du prince Napoléon. Pour le censeur de l'Institut canadien en 1858, sa bibliothèque demeure «une sentine puante qui infecte notre ville».

Dessaulles lit et relit les lettres; il serait favorable à leur publication, lui le polémiste. Mais les directeurs du *Pays*, «Dorion et Cie», en décident autrement et l'écrivent à Mgr Bourget, le 4 mars: «[...] c'est pour maintenir intacte la ligne de démarcation qui sépare les choses de l'ordre spirituel de celles que Dieu a livrées aux disputes du monde que nous désirons éviter une discussion avec Votre Grandeur sur des matières qui ne sont pas, à la vérité, du domaine du dogme et de la foi mais dans lesquelles Votre Grandeur apporte la dignité et l'autorité d'un Pontife de l'Église. Nous disons que nous ne désirons pas discuter, car il n'a pu entrer dans la pensée de Votre Grandeur que *le Pays* publierait, sans songer à se défendre, sept longues lettres dans lesquelles des accusations, aussi graves qu'imméritées, sont accumulées contre lui.» Les directeurs affirmaient ensuite ne pas reconnaître la distinction que l'évêque faisait entre la direction et la rédaction du *Pays* et concluent avec une remarquable sérénité: «Enfin, nous prions Votre Grandeur de croire que, quelles que soient les conséquences de la position que nous avons cru devoir prendre, nous trouverons dans notre conscience, dans les traditions que nous ont laissées les hommes les plus distingués de notre histoire et dans l'approbation de nos concitoyens, la force nécessaire pour maintenir intacts la liberté de discussion, les droits de la presse et notre propre dignité.»

Dessaulles reçoit les lettres «comme s'adressant à moi» et répond, le 7 mars, à Mgr Bourget auquel il reproche d'abord sa «souveraine injustice». Il s'emploie à aligner les rétractations que la presse conservatrice européenne a dû faire à propos de la question romaine et insiste à nouveau pour préciser à l'évêque que sa source d'information principale n'est pas *Le Siècle* mais bien plutôt l'*Annuaire de la Revue des deux mondes*. Concernant les velléités révolutionnaires du *Pays*, Dessaulles rappelle à Mgr Bourget: «Il y a une raison bien simple pour que *Le Pays* ne veuille pas de la révolution ici; c'est que nous avons des institutions politiques qui, quoiqu'encore imparfaites, permettent leur propre modification *sans révolution*. [...] Dans un pareil pays, Mgr, les révolutions n'ont pas de raison d'être. Il n'y a que les gouvernements qui veulent refouler l'opinion publique qui sont brisés. Ceux qui marchent avec elle ne le sont jamais; preuve qu'elle est la vraie souveraine.»

Dessaulles note «l'hostilité instinctive» de l'évêque «contre tout ce qui ressemble à un droit populaire, à la participation du peuple à son propre gouvernement». Fidèle à lui-même, il avoue franchement à l'homme qui était devenu un ennemi: «L'absolutisme est bien plus commode en effet pour ceux qui ne veulent pas que les nations pensent et lisent, et qui ont toujours mis la pensée humaine *à l'index*.» Sa conclusion dessine la trajectoire des idées qui allaient traverser les décennies à venir:

> La conclusion la plus généralisée, Mgr, que l'on en tire, c'est que Votre Grandeur sans l'émettre explicitement, maintient et veut réaliser pratiquement l'idée que comme il n'y a aucun ordre de pensée qui ne puisse avoir quelque point de contact avec l'idée religieuse, il n'y a conséquemment aucun ordre d'idées qui ne doive être jugé au point de vue absolu de l'idée de la suprématie de la religion; que conséquemment comme il n'y a pas de principe social ou politique qui ne puisse affecter de près ou de loin, soit en bien soit en mal, la religion, il n'est pas de principe social ou politique dont l'application, le fonctionnement pratique ne doive être subordonné à la censure ecclésiastique, conséquemment à la surveillance du Clergé. Votre Grandeur veut mêler intimement les domaines spirituel et temporel pour diriger et dominer celui-ci au moyen de celui-là; nous laïques, (même ceux qui flattent aujourd'hui V.G. dans un but d'ambition politique et d'égoisme) nous voulons éviter la confusion de ces deux ordres d'idées et nous voulons que l'ordre spirituel soit entièrement distinct de l'ordre temporel. En un mot, Mgr, dans l'ordre purement social et politique nous réclamons notre entière indépendance du pouvoir ecclésiatique.

Question de fond pour Dessaulles, dans la mesure où elle noue ou dénoue l'antagonisme entre les libéraux et les conservateurs ultramontains. Là était la ligne de partage des idées, des droits. Distinction ou confusion, séparation ou alliance. Cette idée centrale depuis la lecture des *Affaires de Rome* de Lamennais en 1839 et son article sur le pouvoir temporel dans *L'Avenir* de 1849, était réanimée par l'évolution du libéralisme et de l'unification en Italie. Dessaulles inaugure donc son entrée comme rédacteur du *Pays* par un texte sur la question romaine qui constitue la véritable trame de l'attaque du professeur Bibaud, de la visite faite par l'Institut canadien au prince Napoléon, de la charge des détracteurs, «grands et petits», de l'Institut. Éviter la confusion, ici et ailleurs, plaider pour la distinction entre le politique et le religieux, telle était la grande affaire de Dessaulles.

CHAPITRE VIII

Des comptes publics
et de l'Institut canadien
(1861-1863)

«Si nous étions partisans du droit divin, on serait moins
actif dans la propagande contre nos livres. Cessons d'être
libéraux en politique, cessons de proclamer l'indépendance
de la pensée humaine et vous verrez la tactique changer à
notre égard.»

Louis-Antoine DESSAULLES,
«Ci-suivent l'adresse
de l'Institut-Canadien
à l'hon. M. Dessaulles
et la réponse de celui-ci»,
Le Pays (1ᵉʳ juillet 1862)

Le travail de rédacteur en chef au *Pays*, rue Sainte-Thérèse, comporte, entre autres tâches, la lecture des dépêches télégraphiques et
des journaux étrangers. Dessaulles y suit la politique internationale
de près, des affaires italiennes aux affaires étatsuniennes. Dans son
bilan «1861» du 31 décembre, il porte un regard panoramique sur
l'évolution politique en Pologne, en Hongrie, en France, en Irlande,
souhaitant la chute de l'Autriche, observant les tendances absolutistes en Espagne et l'inaccomplissement de la république voisine, aux
prises avec le honteux esclavage. Déjà, dans deux textes antérieurs à

son entrée en fonction comme rédacteur en chef, le 1ᵉʳ mars 1861, Dessaulles réitère, à l'occasion du neuvième anniversaire du *Pays*, le programme du journal libéral: être l'ennemi déclaré de toutes formes d'absolutisme, ailleurs et ici. Ce texte, qui reprend ses idées énoncées dans le prospectus du *Pays* de janvier 1852, définit ainsi l'attitude absolutiste: «L'absolutisme se trouve partout où la volonté d'un homme se substitue au fonctionnement régulier des institutions; partout où les gouvernants, au moyen de l'intrigue ou de la corruption, éludent le principe de la responsabilité des officiers publics; partout où les administrateurs de la chose publique, au lieu d'être soumis au contrôle des corps législatifs, dominent au contraire leur action politique au moyen de la prostitution du patronage.» De Vienne, de Rome ou de Montréal, cet absolutisme religieux ou politique demeure l'objet constant de l'attention de Dessaulles, soit à titre de conseiller législatif soit à titre de rédacteur du *Pays*.

Le conseiller législatif y demeure actif; il est présent à 34 des 45 séances en 1861, à 39 des 46 séances en 1862 et à 40 des 49 séances en 1863, y présentant chaque année une dizaine de pétitions. De 1856 à 1863, le conseiller de la division de Rougemont aura assisté aux deux tiers des 434 séances du Conseil et y aura présenté 177 pétitions de citoyens du Bas-Canada. Mais de 1861 à 1864, Dessaulles accorde plus d'importance à sa fonction de journaliste qu'à celle de conseiller. *La Minerve* ne manque d'ailleurs pas de railler cette ubiquité de l'homme qui se place au premier rang de la galerie du Conseil législatif «pour y prendre des notes, y rire, y grimacer lorsque les membres de l'opposition ont la parole».

Dès son entrée en fonction, le rédacteur-conseiller législatif est mis à rude épreuve, lors de débats à propos du Comité des élections qui statue sur les contestations d'élections. Dans *Le Pays*, Dessaulles accuse l'orateur du Conseil législatif de partialité dans les discussions concernant la composition du Comité des élections. S'ensuit une passe d'armes entre Étienne-Paschal Taché et Dessaulles qui se moque «du gentilhomme [Sir] de fraîche confection», du «soi-disant chevalier» dont l'épée «n'a pour toute gloire que celle d'une rouille virginale», du «*curieusement* honorable Sir Étienne» qui «a gambadé de parti en parti, de ministère en ministère, et qui, de culbute en culbute, a toujours retombé sur ses pieds précisément là où il y avait un riche salaire à gripper». De son côté, Taché pointe du doigt «le censeur général» et traite Dessaulles «de démocrate de profession, mais d'aristocrate d'idées», rappelant comment il se plaisait à voir l'ex-seigneur «dans un salon déployer ses habitudes aristocratiques». Taché, qui accuse *Le Pays* de libelle contre l'orateur, entend même faire comparaître le journal de Dessaulles. Celui-ci est prompt à réagir: le 11 mai 1861, *Le Pays* titre: «Le conseil législatif devient persécuteur», et le rédacteur en chef y va de sa plume habituelle: «Non, non, personne ne s'y trompera! Il y a de la persécution au fond de cette affaire! On n'aime pas à voir ses tripotages politiques exposés au grand jour; et les grandioses colères, et les comiques impatiences des gens à mines obliques et à conscience élastique s'expliquent parfaitement!» Le conseiller-journaliste va même jusqu'à contester l'institution: «Encore une affaire comme celle-ci et le conseil sera ravalé au niveau de l'ancien conseil législatif du Bas-Canada, de si peu enviable mémoire!»

Si l'intention de donner toute son importance au droit de vote et à la régularité du processus électoral risque parfois d'être noyée dans la polémique partisane, la préoccupation récurrente de Dessaulles concernant la souveraineté populaire ne se dément pas. Avec *Le Pays*, il se fait le promoteur d'élections à date fixe pour limiter les usages partisans d'élections-surprises, toujours susceptibles de dévaloriser la souveraineté populaire. Il propose aussi une indemnité pour les députés, de façon à leur assurer une plus grande indépendance. Il dénonce de façon soutenue l'intervention du clergé dans les élections: «Nous le demandons en toute confiance aux hommes de bonne foi de tous les partis, quand l'alliance du gouvernement et du clergé a-t-elle été favorable à la liberté des peuples?»

La question de la représentation de la population en Chambre continuait d'être au cœur des affaires du pays et les «libéraux-conservateurs» devaient faire face à la pression soutenue du Haut-Canada. Dessaulles, en démocrate conséquent, se dit toujours favorable au principe de la représentation selon la population mais tout en différant son application. Le démocrate n'a pas oublié que ce fut le traitement que les habitants du Haut-Canada avaient servi au Bas-Canada au moment de l'Union. Il s'en tient donc à ses énoncés de 1858, lors de son *Adresse aux électeurs de Rougemont*, et de 1859 à l'occasion du texte commun de l'opposition libérale du Bas-Canada: égalité entre les deux sections ou parties du pays. Deux ans avant les premiers grands débats relatifs à une confédération, il écrit: «La majorité collective doit donc régir les questions générales, les majorités locales régir les questions purement sectionnelles. Ce principe a été formellement admis dans la convention de Toronto en 1862, et il paraît certain quand on y réfléchit sérieusement, que son application sera beaucoup plus certainement efficace contre le danger d'oppression de la part d'une minorité d'une section alliée à la majorité de l'autre, que l'application pure et simple du principe de la représentation basée sur la population...» Et si cette expérience devait, après quelques années, échouer, il faudrait en venir, selon le rédacteur du *Pays,* à «la dissolution de l'Union», tant réclamée en 1848. Il faut le souligner: contre tout paradoxe, le démocrate Dessaulles demeure conséquent avec lui-même et avec la pratique politique canadienne; il s'en explique: «À l'époque de l'Union des deux provinces, on a jugé que l'on ne devait pas permettre à celle qui possédait la plus grande population d'être représentée selon son nombre. Pourquoi cela? Uniquement pour empêcher des agressions réputées possibles contre les institutions de la section la moins peuplée. On a en un mot forcé le Bas-Canada de se contenter du même nombre de députés que le Haut, afin qu'il ne pût, en aucun cas, profiter de sa supériorité numérique, pour maltraiter en quoi que ce fût la partie supérieure. Eh bien, aujourd'hui que les situations respectives sont changées, que ce n'est plus le Haut-Canada qui peut être menacé dans ses institutions, mais que c'est le Bas-Canada qui peut être menacé dans les siennes, le Bas-Canada possède indéniablement le même droit.» C'est donc le principe fédératif qui doit l'emporter et non le principe unitaire; c'est bien le premier que l'Union a consacré.

Pour Dessaulles et sa génération, la question de la représentation n'est pas que constitutionnelle. Son principe s'est joué dans des circonstances qu'il faut rappeler et son application ne se limite point au seul nombre de députés. Dessaulles sera l'un des tout premiers penseurs et essayistes canadiens-français à lier cette question à celle de la représentation équitable dans l'administration publique. Dès avril 1861, il prend prétexte d'une remarque du gouverneur, à propos de la supériorité de la «race anglo-saxonne sur la race canadienne-française», pour suggérer que cette opinion paraît partagée par ceux qui font les nominations. Tout comme James Huston à l'Institut canadien en 1845, il fait le décompte des Canadiens français dans les

ministères et dénonce le «système d'exclusion» à l'égard des francophones. Ses observations portent aussi sur la langue et sur la politique d'immigration.

À propos de la langue française peu respectée dans les «bureaux
publics», au greffe de la Paix de Montréal ou dans les wagons de
chemin de fer, il demande: «Si l'on voulait juger de la supériorité des
races par leurs aptitudes à apprendre les langues étrangères, *qui ose-
rait dire que la race française n'est pas la race supérieure ici?*» Et, se
haussant d'un cran dans la remarque cinglante, il observe: «C'est
vous qui méprisez la langue que vos compatriotes, *at home*, se font
gloire de parler!»

Déjà aussi, il met le doigt sur une politique d'immigration non
représentative de la population: le gouvernement, demande-t-il, va-
t-il abandonner «le système étrange qui consistait à faciliter plutôt
l'entrée du pays à des populations différant de la nôtre de langage, de
mœurs et de religion?» Il est clair, pour lui, que le système d'exclusion de la France et de la Belgique est «adroitement combiné pour
affaiblir» les Canadiens français. Ces préoccupations sont résumées
dans trois articles au titre prometteur que Dessaulles publie dans *Le
Pays* des 7, 10 et 12 décembre 1861: «Les Canadiens français ont-ils
le droit d'exister?»

L'individu qui, depuis 1844, a pris comme devise «Les principes
et non les hommes» persévère donc à débattre des principes. Mais la
succession des débats engagés pour défendre les principes a entraîné
des combats partisans où les «hommes» deviennent de plus en plus
des cibles. Le jeu se joue certes à deux et le conseiller-journaliste qui
n'a de cesse de dénoncer le torysme ou le conservatisme, de le suivre
à la trace depuis plus d'une décennie, écope de la part de la presse
ministérielle. C'est manifestement la grande guerre journalistique
entre 1861 et 1864. Dessaulles rappelle malicieusement les sommes
annuelles payées à la presse ministérielle pour des annonces gouver-
nementales refusées à la presse libérale. Faute de pouvoir obtenir du
Conseil législatif le tableau des impressions confiées à différents journaux, il fouille et trouve le scandale: aux ateliers du *Journal de
Québec* où règne ce qu'il appelle «l'esprit-Cauchon», à l'atelier de *La
Minerve* qui, pour des travaux au Bureau des douanes de Montréal,
se prend un fort profit entre le prix commercial et celui qui lui est
payé. Il raille cette presse écrite «sous la dictée», qui reçoit «sa feuille

de route» et qui a sans cesse la religion à la bouche «comme un carme déchaussé».

Le rédacteur du *Pays* s'acharne sur son vieil ennemi Joseph-Édouard Cauchon, propriétaire et rédacteur du *Journal de Québec* qui, de surcroît, assume en 1861-1862, le poste de ministre des Travaux publics dans le gouvernement Macdonald-Cartier. Pendant un an, Dessaulles suit les travaux de construction des nouveaux édifices parlementaires à Ottawa, exécutés sous la responsabilité du ministère de Cauchon. Non seulement répète-t-il qu'Ottawa a été imposé comme siège de la capitale du pays, mais il a toutes les raisons de croire que le patronage politique s'y exerce sur une grande échelle. Tout y passe: Dessaulles analyse les coûts par étage des nouveaux édifices; il scrute le chauffage, la ventilation, la toiture des édifices pour y déceler vices de forme et vices de fonds! Le *Journal de Québec* se moque de Dessaulles qui «s'est fait maçon, mesureur, architecte». Une Commission d'enquête sur les irrégularités dans l'aménagement des édifices de la nouvelle capitale nationale permet à Dessaulles d'accabler Cartier et Macdonald, ce Cartier du procès contre le Grand Tronc de 1857...

Le journaliste du *Pays* fait son miel des comptes publics et dénonce les dépenses non autorisées; il épluche les comptes du Service des postes, pointant du doigt les fraudes et les falsifications. Ses dénonciations portent aussi sur le Grand Tronc et sur ses appuis diversifiés au Parti conservateur en temps d'élection. *La Minerve* s'en prend à Dessaulles et à sa «manie des dissertations sur les Comptes Publics», ajoutant qu'en «réfléchissant sur son passé, il s'était imaginé sans doute que la Providence avait mis en lui la pâte d'un profond financier»! À celui qui ne lâchait jamais sa prise, le journal de Duvernay écrivait: «Nous connaissons votre tactique maintenant. À force de gasconnades et de tours de passe-passe, vous lassez la patience de vos adversaires qui vous abandonnent invariablement le dernier mot, afin d'en finir.»

Assumer, entre 1861 et 1864, la responsabilité de rédacteur du *Pays*, c'était consentir à se placer au front, à s'exposer à tous les coups. L'escalade ne se limite d'ailleurs pas aux apostrophes ou aux passes d'armes verbales; elle culmine dans un duel en 1861 et dans un guet-apens en 1863.

En mai 1861, à propos de textes anonymes, dans *La Minerve* et dans *Le Pays*, liés à des activités électorales, Dessaulles et Louis-Siméon Morin, solliciteur général dans le cabinet Macdonald-Cartier, en viennent à un duel qui dégénère en scènes loufoques. Morin étant «le provoqué» et ayant par conséquent le choix des armes, on décide en raison de l'illégalité du duel au Canada — et Morin est ministre de la Justice! — de prendre le train à Lévis et d'aller régler le différend du côté des États-Unis. À peine descendus des «chars», les duellistes s'aperçoivent que l'un des pistolets choisis par le témoin de Morin est hors d'usage! Que faire? Retourner à Québec, laisser croire au règlement de l'affaire, tout en allant dans les environs de Québec régler le duel comme le propose le témoin de Dessaulles? Ou retourner à Québec chercher des pistolets, et revenir «au-delà des lignes», régler l'affaire?

Le duel tourne court tandis que Dessaulles explique aux lecteurs du *Pays* pourquoi il avait dû recourir à ce «moyen extrême de protection personnelle» de son honneur. Il se promet de se méfier «de ces gens qui ne sont habiles que dans le grand art de faire fausse amorce»!

À nouveau à l'occasion d'élections, Dessaulles est assailli, le 9 juin 1863, à coups de poings et de garcettes par quatre «brigands», «assommeurs soudoyés» par les «amis de Cartier»; il perd connaissance, rapporte *Le Pays*, et les blessures s'avèrent graves sans être «fatales». Alors que le journal libéral explique ce guet-apens par les dénonciations faites par Dessaulles «des turpitudes du parti du pillage et des manches de hache», *La Minerve* l'explique par une supposée conduite «impertinente» de Dessaulles «quelque part» à un poll d'élection, où il serait resté deux jours. On est loin des principes lorsque *Le Pays* écrit que «*La Minerve* représente, dans le journalisme du pays, le guet-apens moral par la calomnie systématique, comme son génie inspirateur, M. Cartier, représente, dans les élections, le massacre et le guet-à-pens de la rue».

Ses assaillants sont arrêtés; O'Rourke et Elder sont emprisonnés, s'évadent par une porte mal fermée, puis sont repris, tandis qu'un certain William s'est enfui aux États-Unis. Louis-Siméon Morin, l'homme aux pistolets rouillés, défend les assaillants de Dessaulles! Le procès traîne en longueur, les accusés ne se présentant pas. Finalement, en mars 1864, le juge Mondelet de la Cour du Banc de la Reine acquitte les assaillants accusés d'assaut «avec intention de meurtre».

Dessaulles est toujours rédacteur du *Pays* lorsqu'il amorce une défense de l'Institut canadien qui va baliser sa vie jusqu'en 1871. Déjà, de janvier à mars 1862, il avait dénoncé les détracteurs grands et petits (Mgr Bourget, Montalembert, Fabre) de l'Institut, qui avaient ravivé les circonstances de la scission et de la condamnation de 1858 et qui avaient soutenu qu'une véritable société nationale pour les Canadiens français devait être catholique et non «neutre». C'est dans ce contexte difficile que Dessaulles est élu pour la première fois président de l'Institut, du 1er mai 1862 au 5 novembre 1863, et qu'il va tenter de légitimer publiquement l'Institut face à ce qu'il perçoit comme une «pensée d'agression» et une «volonté d'écrasement».

À ses collègues de l'Institut qui reconnaissent publiquement ses initiatives récentes, Dessaulles avoue: «Au reste, Messieurs, ma tâche était facile parce que j'avais le bon côté de la question, celui de la justice, celui de la défense contre une attaque injuste, celui de l'indépendance de l'esprit humain, celui de la tolérance envers tous, celui du droit de parler et d'écrire, et surtout celui de lire et de penser; droit le plus indéniable que la Providence ait départi à tout homme venant en ce monde; droit le plus inhérent à notre nature puisque l'homme a reçu en partage la raison et le libre arbitre.» Pour le nouveau président, l'enjeu est clair: «Messieurs, ce que l'on veut détruire ici, c'est moins un foyer d'étude et d'instruction qu'un foyer d'idées franchement libérales. Si nous étions partisans du droit divin, on serait moins actif dans la propagande contre nos livres. Cessons d'être libéraux en politique, cessons de proclamer l'indépendance de la pensée humaine et vous verrez la tactique changer à notre égard.»

Le 23 décembre 1862, à l'occasion du 18e anniversaire de fondation de l'Institut canadien, Dessaulles fait une conférence qui sera la pièce maîtresse de sa défense de l'institution jusqu'à sa conférence sur la tolérance, en 1868. Après un historique de l'association, de sa vitalité et de son leadership dans la vie associative du Bas-Canada, Dessaulles rappelle le programme de l'Institut: tolérance, liberté de penser et non-confessionnalité. Il évoque la première tentative de 1855 pour exclure des journaux protestants auxquels avaient droit les quelques membres non catholiques de l'Institut. Puis, il développe les idées déjà émises en réplique à Hector Fabre, au début de 1862, et celles évoquées en réponse à la récente adresse de l'Institut à son égard. Il rappelle le prétexte de livres immoraux invoqué en 1858 pour condamner l'Institut, niant à nouveau le fondement de cette accusation. Il en appelle au discernement dans l'application du principe «que toute lecture n'est pas bonne à tout le monde», soulignant qu'au collège, le finissant ne peut regarder les planches anatomiques qu'il étudiera pourtant en première année de médecine. Contre l'autre principe selon lequel «une bibliothèque ne doit contenir que des livres inoffensifs», le président de l'Institut demande: peut-on étudier la géologie sans lire des ouvrages «qui contrediront en certains cas la cosmogonie de Moïse»? Peut-on, en philosophie, laisser de côté Jouffroy ou quelques philosophes allemands? Peut-on étudier l'histoire sans lire des ouvrages critiques de certaines tyrannies politiques ou religieuses? Faut-il renoncer «aux économistes parce qu'ils sont presque tous condamnés»? «Faut-il enfin rejetter les trois-quarts des esprits éminents qui ont élevé si haut la raison de l'homme et illuminé le monde?»

Le conférencier devient lyrique lorsqu'il pourfend les détracteurs de la raison, l'école qui présente la raison comme destructrice davantage que comme constructrice, les «petits St-Thomas» qui nient la raison en se servant justement du livre. Il s'emploie à énumérer les manifestations de la raison: les codes civils, les lois de la nature, l'imprimerie, les découvertes de la physique ou de l'astronomie, les technologies nouvelles — la vapeur, la machine à coudre, le télégraphe —, les institutions de bienfaisance. Porté par l'indignation, il rappelle aux détracteurs de l'Institut et de la raison «que ce n'est pas en niant notre raison qu'ils peuvent nous donner une bien haute idée de la leur. Que ce n'est pas en nous contestant le droit de juger qu'ils peuvent nous faire admettre leur droit de nous juger. Que ce n'est pas en nous conseillant l'abdication de notre propre raison qu'ils peuvent nous persuader de la supériorité de la leur sur la nôtre. [...] Que ce n'est pas enfin en faisant de la persécution morale acharnée contre nous, — et en vérité, nous sommes presque fondés à croire que s'ils pouvaient exercer la persécution *légale,* ils se donneraient cette jouissance avec délices — qu'ils peuvent nous convaincre de leur esprit de conciliation et de charité.»

Puis Dessaulles revient dans le détail aux événements de 1858, entendant bien clarifier une fois pour toutes les tenants et aboutissants de l'injuste condamnation épiscopale de 1858 finalement lancée sur du «faire croire». Pour Dessaulles, la motion — renversée — du

13 avril 1858 pour «créer un comité qui recevrait instruction de faire une liste des livres qui, dans son opinion, devraient être retranchés de la bibliothèque» était irrecevable parce qu'elle «affirmait précisément ce qui était en débat» et ce que la majorité niait. Plutôt, un comité de révision eût été concevable. De toute façon, la responsabilité d'indiquer les titres à retrancher incombait à ceux qui avaient voté pour la motion et qui allaient démissionner de l'Institut; c'eût été facile, observe Dessaulles, parce que les bibliothécaires et sous-bibliothécaires, depuis près de trois ans, étaient du groupe des sécessionnistes et auraient facilement pu produire une telle liste de titres à retrancher. Mais, avant enquête, la minorité concluait! Puis, sans fournir de preuve, elle dévia subtilement le propos avec l'aide de la presse ultramontaine pour «faire croire» que «la tribune de l'Institut était devenue une *trompette*, un moyen de laquelle on répandait les idées les plus absurdes en fait de religion, de *morale* et de nationalité!»

Dessaulles cherche à faire partager son étonnement: «S'il y avait si peu de mauvais livres qu'ils ne fussent même pas connus des bibliothécaires, *devenus adversaires*, et qu'il fallût une révision minutieuse de la bibliothèque pour les découvrir, LE MAL N'ÉTAIT DONC PAS SI GRAND QU'ON L'A FAIT CROIRE! Le cri soulevé contre l'Institut a donc été HORS DE PROPORTION avec la cause que l'on prétendait le motiver!!» Cette logique menait le conférencier à son objectif: «C'est sur cette absence de preuves, sur cette affirmation conséquemment gratuite, qu'une condamnation a été portée contre l'Institut sans qu'il eût même été mis en demeure de se défendre et de présenter son point de vue sur la question!» Dessaulles s'adresse aux membres et auditeurs de l'Institut mais aussi à Mgr Bourget, l'homme qui a condamné l'Institut, qui a excommunié ses membres, l'homme qui défend la papauté contre les libéraux italiens et qui s'est vu refuser la publication de ses sept lettres dans *Le Pays*.

Le président de l'Institut s'en prend aussi à l'argument selon lequel la condamnation de l'Institut fut et demeure justifiée par la respectabilité des sécessionnistes, c'est-à-dire de 138 membres sur un total de 700. Qu'en est-il, demande-t-il, de la respectabilité de la majorité demeurée à l'Institut? Ne reçoit-on pas toujours ces membres anathémisés dans les familles? Ne vient-on pas toujours leur tendre la main pour les pauvres? L'ancien conseiller législatif, familier avec la bibliothèque de l'Assemblée législative, s'en sert aussi pour confondre les détracteurs, grands et petits, de l'Institut:

> Voyons, sérieusement, quel est le député qui oserait de son siège en Chambre, le catalogue en main, proposer que la bibliothèque fût expurgée de l'Encyclopédie du 18ᵉ siècle, de celle du 19ᵉ, de l'Encyclopédie moderne, du dictionnaire de la conversation [...], des œuvres philosophiques de Cousin, de Jouffroy, de Hegel, de La Mennais, de Locke, de Jules Simon; des leçons de géologie de Miller, de l'histoire de Paris de Dulaure, de l'histoire du christianisme de de Potter, des admirables études historiques de Chateaubriand, du Jocelyn de Lamartine, ou des discours de Mirabeau ou de Victor Hugo? Quel ne serait pas le rire inextinguible de la Législature et du pays? Eh bien! un certain nombre de ces ouvrages ne se trouvent pas dans la bibliothèque de l'Institut! Ils sont tous dans celle du Parlement! Et pourtant on admire là-bas et l'on proscrit ici? Qu'est-ce que cela veut dire? Est-ce là deux poids et deux mesures, oui ou non?

Dessaulles pense et espère que ces «petites difficultés momentanées disparaîtront» et que «l'éloignement ne saurait donc être permanent» entre l'Institut et ses détracteurs. Les jours, les mois et les années qui suivent allaient apporter un amer démenti à ses espoirs.

Moins d'un mois après cette conférence, Mᵍʳ Bourget fait faire une annonce le 18 janvier 1863 dans toutes les églises du diocèse. En chaire, les curés répercutent la directive de l'évêque: «L'Institut se fait l'apôtre de l'abominable doctrine du rationalisme, qui voudrait faire prévaloir la pauvre raison humaine sur la foi divine.» L'annonce continue ainsi: «Nous allons donc prier pour que ce monstre affreux du rationalisme, qui vient de montrer de nouveau sa tête hideuse dans l'Institut et qui cherche à répandre son venin infect dans une brochure qui répète les blasphèmes qui ont retenti dans cette chaire de pestilence, ne puisse nuire à personne.» Sans ambiguïté, la conférence et la brochure de Dessaulles sur l'Institut canadien sont visées.

Dessaulles prend sa plume et écrit à Mᵍʳ Bourget le 2 février, lui reprochant de «dépasser toutes les bornes mêmes de la sévérité», de condamner à nouveau sans entendre l'intéressé et de taxer de rationalisme l'Institut plutôt qu'un de ses membres. Il est clair, pour lui, que l'évêque a pris le parti «de nous écraser», de juger selon deux poids et deux mesures: condamne-t-il la bibliothèque de la Législature, le Surintendant de l'Instruction publique responsable de la bibliothèque de l'École normale, les membres catholiques de la Chambre de nouvelles de Montréal qui reçoit des journaux protestants? Dessaulles affirme à l'évêque qu'il «a violé toutes les règles de la justice et de la charité chrétienne» en lui attribuant des idées qui ne sont pas les siennes à propos des rapports entre la raison et la foi. Il le prie de lui indiquer «ces blasphèmes» qu'il aurait proférés ou de faire réparation.

L'évêque ne répond pas et n'accuse même pas réception; un document anonyme aux archives de l'évêché — «Observations sur une lettre de Mr Dessaulles du 2 février» — précise, un peu naïvement, que la censure épiscopale ne désignait personne mais plutôt un écrit dangereux pour la foi des fidèles. Le persévérant Dessaulles revient à la charge, le 6 avril, mais sans plus de succès.

À l'été de 1863, Dessaulles est la cible d'une série d'articles sur «Le rougisme en Canada» dans *Le Courrier du Canada*, articles qu'on mettra en brochure en 1864. Celui qui signe «Un observateur» — L.-H. Huot — s'en prend à Dessaulles presque à chaque page, le qualifiant d'un «des plus chauds claqueurs du rougisme». Huot fouille les articles et les conférences de Dessaulles pour stigmatiser les idées religieuses, les principes sociaux et les tendances anti-canadiennes du rougisme. À propos de la souveraineté populaire si chère à Dessaulles, il écrit: «L'axiome rouge, Vox Populi, Vox Dei, que M. Dessaulles traduit par cet autre: *Les rois sont sujets et les sujets sont rois!* sape par la base tout respect pour l'autorité et cherche à détruire l'équilibre de l'échelle sociale, l'œuvre de Dieu et non des hommes.»

Attentif à la montée de la tension et soucieux de conciliation, l'Institut canadien crée, en octobre 1863, un comité composé du Dr Coderre, de Joseph Doutre, de Wilfrid Laurier et de Dessaulles, chargé «de s'enquérir des moyens propres à aplanir les difficultés survenues entre Sa Grandeur l'Évêque de Montréal et l'Institut». Le 27 du même mois, une rencontre cordiale avec l'évêque ne donne pourtant aucun résultat.

Dans *Le Pays*, Dessaulles n'est pas dupe de cette nouvelle «croisade» contre l'Institut, de ce «feu croisé concentré sur l'Institut par *la Minerve, le Canadien, le Courrier du Canada, le Journal de Québec, le Courrier de St-Hyacinthe*». Il nie que l'Institut soit un «foyer de rationalisme»: «Encore une fausseté, Messieurs, car rationalisme signifie opposition au principe d'autorité *en religion*, et jamais un mot n'est sorti de l'Institut contre ce principe. [...] Ce n'est pas dans l'ordre religieux que l'Institut réclame son indépendance, c'est dans l'ordre *purement temporel*.» Il nie que l'Institut ait jamais dit que les Canadiens français doivent «laisser leur religion, mettre sous le boisseau les vérités révélées, et *rendre hommage public à la déesse Raison*». À nouveau, le président de l'Institut doit préciser et rappeler les intentions des libéraux: «Nous réclamons l'indépendance de l'esprit humain dans l'ordre légal, dans l'ordre politique, dans l'ordre politique et social! Dans l'ordre religieux, nous laissons cela à la consciencre de chacun; nous ne nous en mêlons pas!»

Conciliant — les catholiques ne doivent-ils pas faire appel à la raison pour amener l'incroyant à leur croyance —, le rédacteur du *Pays* revient rapidement à la charge: «Conclure, des erreurs de quelques hommes, d'un très grand nombre d'hommes, à la fausseté absolue de la raison, c'est conclure des erreurs de quelques papes à la fausseté de la religion.» Puis, il reprend une idée qui lui est chère, de plus en plus d'ailleurs: «Est-ce bien le *rationalisme* qui a causé [les massacres] des Manichéens, des Hussites, des Vaudois, des Albigeois, des Protestants d'Allemagne, des Protestants de France?» Et Mérindo, Cabrières, la Saint-Barthélémy, les massacres des Cévennes, les dragonnades, l'Inquisition: ces atrocités n'ont-elles pas été commises au nom de la religion?

De son côté, Fabre et l'Institut canadien-français en remettent, identifiant l'Institut canadien aux «mauvaises tendances du siècle». Après avoir défendu 1789 et rappeler aux catholiques ultramontains que «la seule chose qu'il vous reste à faire aujourd'hui, c'est de prouver que le catholicisme peut fort bien marcher avec la démocratie», Dessaulles conclut ainsi ses articles dans *Le Pays* contre les ennemis de la raison: «Votre intention est d'écraser, si vous le pouvez, toutefois, l'Institut, puis le parti libéral, puis le libéralisme, puis le ministère. Car tout se tient.»

Le rédacteur du *Pays* écrit sur tout ce qui bouge; Dessaulles y est à l'aise, assigné à l'éditorial et au feuilleton quotidien de la politique et des comptes publics. Le duel est verbal et physique, tout comme l'assaut! Mais l'observateur de la politique canadienne depuis 1837 demeure cohérent, en particulier à cette époque où la pression du Haut-Canada en faveur de la représentation proportionnelle est à son maximum. En bon démocrate, Dessaulles se dit toujours favorable au principe de la représentation proportionnelle à la population, mais en bon réaliste qui a de la mémoire, il opte pour la non-application du principe, tout comme Londres et les habitants du Haut-Canada en 1840... Le rédacteur du journal libéral poursuit aussi son feuilleton sur l'Institut canadien de Montréal dont il devient le défenseur attitré; il a bien compris que «tout se tient»: le journal, l'association, la doctrine, le parti, le ministère. Abandonner un vaisseau, c'est mettre la flotte en péril.

CHAPITRE IX

Du progrès
et du palais de justice
(1863)

«Le progrès est la manifestation immédiate de la raison humaine appliquée à l'amélioration de la condition générale de l'humanité. Or le progrès étant le résultat de l'action continue de la raison humaine sur les moyens de développement moral et physique que la Providence a départie à l'humanité, il suit de là que le progrès est la condition fondamentale de l'existence des sociétés.»

Louis-Antoine Dessaulles,
«M. Dessaulles en face
de ses calomniateurs»,
Le Pays (14 novembre 1863)

L'adversité n'épargne pas Dessaulles depuis que le conseiller législatif est entré à la direction du *Pays* en 1861: débat sur le pouvoir temporel du pape face aux libéraux italiens, polémique autour du passage du prince Napoléon à Montréal, refus de publication des lettres de Mgr Bourget dans *Le Pays*, polémique avec Hector Fabre puis avec Mgr Bourget au sujet de l'Institut canadien sans compter un duel et un guet-apens! La pression monte encore, fin 1863, alors que Dessaulles est attaqué sur deux fronts: celui des idées et celui de son administration comme maire de Saint-Hyacinthe. Dans les deux cas, on tente d'ouvrir de vieilles cicatrices.

L'avocat Cyrille Boucher qui avait fait ses classes à l'école de Maximilien Bibaud, auteur d'un pamphlet contre Dessaulles en 1862, avait, dans *La Patrie* du 27 février 1858, décrié la conférence de Dessaulles sur le progrès faite cinq jours plus tôt à l'Institut canadien, dénonçant «ce petit Voltaire» qui racontait la genèse du monde à sa façon. Ultramontain ultramonté, Boucher, secrétaire puis trésorier de l'Union catholique des jésuites, cofondateur de *L'Ordre* dont il avait démissionné en novembre 1860, revient à la charge, en août 1863, à l'occasion d'une élection dans le comté de Saint-Hyacinthe où se présente un parent de Dessaulles, Auguste-Cyrille Papineau, contre Rémi Raymond, frère de l'abbé Joseph-Sabin Raymond du Séminaire de Saint-Hyacinthe. Boucher rappelle aux électeurs du lieu que Dessaulles avait affirmé dans sa conférence sur le progrès — cinq ans et huit mois plus tôt! — que «l'homme était un singe perfectionné». La charge est manifeste et de bonne guerre dans cette société insatiable de politique partisane. Dans *La Minerve* du 13 août, Boucher intime à Dessaulles qui avait promis de pulvériser le Parti conservateur, de fixer une date de rencontre; stigmatisant les alliances antinationales des libéraux, Boucher suggère une mise en scène — «Vous serez le coq; je vous laisserai chanter sur votre fumier tout à votre aise» — et nargue le parent de Papineau: «[...] je préfère recevoir mon coup de grâce de la main d'un homme que de la patte d'un singe!»

Une première assemblée contradictoire a lieu le 25 octobre, devant 500 personnes dans le fief de Dessaulles, qui exige de Boucher qu'il prouve ses calomnies. Celui-ci prétend ne pouvoir le faire, la conférence n'ayant jamais été publiée; mais Boucher promet de fournir des affidavits — la bonne vieille bataille rangée des affidavits! —, corroborant sa compréhension de la conférence de Dessaulles. *Le Pays* donne rendez-vous, le 8 novembre, à Boucher dont on fait un portrait peu reluisant dans le journal: un de ces «renégats qui règlent leurs principes d'après le nombre de gros sous qu'ils espèrent toucher», «homme sans caractère et sans position», homme de religion et de politique et de la confusion du spirituel et du temporel, «si déterminé Tartuffe à l'Église et si audacieuse Cartouche au restaurant», allusions autant à «ses promenades suspectes» qu'à des habitudes de «grippeminaudages»! Dessaulles et *Le Pays* doutent qu'il puisse prouver quoi que ce soit puisqu'il a admis ne pas avoir pris de notes d'une conférence non publiée. Un collègue de l'Institut canadien, Narcisse Cyr, ex-rédacteur du *Semeur canadien*, organe du protestantisme de langue française, écrit à Dessaulles le 31 octobre: «Je vous envoie le volume que je vous ai promis. Les deux articles de Cyrille Boucher se trouvent dans le numéro du 23 octobre 1856. Le dit Cyrille Boucher s'est offert comme sous-rédacteur du *Semeur*, et si j'avais accepté ses services, il est probable qu'à l'heure qu'il est il serait un protestant hypocrite...»

Huit novembre, sur le parvis de l'église de Saint-Hyacinthe. Mille personnes assistent au débat contradictoire après la messe et ce jusqu'aux vêpres, la joute oratoire se poursuivant en soirée place du marché alors que Louis Taché prend la relève et accuse l'ex-maire Dessaulles de mauvaise administration. Cyrille Boucher produit trois lettres, dont l'une de J.A. Mousseau qui parle de ces «hommes qui se posent en matérialistes ou en athées en ville et qui veulent passer pour de bons catholiques devant les habitants des campagnes, surtout en temps d'élection». À propos de la conférence de Dessaulles, Boucher poursuit ainsi la lettre de Mousseau: «Il donna sur la création une théorie toute autre que celle de la genèse. Il adopta l'opinion des matérialistes et des athées...» Dessaulles produit aussi trois lettres du Dr Coderre, de Francis Cassidy et de Joseph Doutre, attestant que jamais le conférencier n'avait affirmé que l'homme fût un singe perfectionné. Dessaulles avance même qu'il consentirait à faire lire le texte de sa conférence sur le progrès par l'évêque de Saint-Hyacinthe, Mgr Joseph Larocque.

À sa manière, bien sûr — *Le Courrier de Saint-Hyacinthe* donnant une autre version reprise par *La Minerve* et le *Journal de Québec* —, *Le Pays* rend compte de l'assemblée du 8 novembre et Dessaulles peut répliquer dans quatre articles, «M. Dessaulles et ses calomniateurs», des 10, 12, 14 et 17 novembre. *Le Pays* évoque Boucher, «tremblant de tous ses membres comme un épagneul fouetté», «cloué au pilori des misérables», buvant «ainsi son déshonneur et sa honte». Dessaulles entreprend de répondre à ses accusateurs, et d'abord à J.A. Mousseau auquel il lance une fléchette d'ironie toute de circonstance: «Et pourtant regardez cette tête, et son développement; le cerveau est énorme, et bien point de cervelle!»

Le Pays du 14 novembre 1863 contient les seuls passages connus de la conférence sur le progrès de 1858. Dessaulles définit d'abord ce progrès:

Le progrès est la manifestation immédiate de la raison humaine appliquée à l'amélioration de la condition générale de l'humanité. Or le progrès étant le résultat de l'action continue de la raison humaine sur les moyens de développement moral et physique que la Providence a départie à l'humanité, il suit de là que le progrès est la condition fondamentale de l'existence des sociétés.

De même que la raison est le plus bel attribut de l'humanité parce qu'elle forme en quelque sorte son point de contact avec le Créateur, de même le progrès est la plus directe conséquence, le plus évident effet de la raison humaine qui, découlant de Dieu, doit nécessairement tendre conséquemment à remonter à la raison divine, source de toute perfection. Or cette tendance, c'est le progrès qui en est la manifestation. Dire que l'humanité n'est pas essentiellement progressive de sa nature, c'est dire que Dieu a mis en nous inutilement, sans objet, sans préméditation définie, cet admirable attribut, la raison qui a fait dire au poète: L'homme est un Dieu tombé qui se souvient des cieux. […]

Non, la société doit être progressive parce que la raison humaine doit se révéler activement d'une manière ou d'une autre, doit avoir un moyen quelconque de manifestation actuelle, évidente. Or cette manifestation, cette révélation voulue, inévitable de son existence, la raison la donne par le perfectionnement graduel, continu, de l'espèce et de l'individu tout ensemble qui lui est dû. Le progrès, c'est le perfectionnement social, c'est la civilisation améliorant le monde, c'est la vie de la raison collective du genre humain, exactement comme le développement physique est la vie de l'individu.

Où est donc le matérialisme dans ce passage, demande Dessaulles?

Publiant ensuite des passages sur la gradation de complexité de l'évolution, Dessaulles répond à ses accusateurs au sujet du hasard qu'on avait imputé à ses réflexions. Puis, 15 ans après le *Manifeste du Parti communiste*, Dessaulles doit se défendre des accusations de communisme «du Cyrille», comme il appelle Boucher:

Nous voilà donc, dès l'enfance de l'Humanité, en plein communisme. Le communisme n'est donc pas la plus haute expression, le dernier raffinement de la civilisation; il en est au contraire la négation. Le communisme ne se rencontre qu'au point de départ de la société, jamais au but de sa course. Il forme le premier degré de l'échelle et non le dernier. Il constitue la barbarie, l'état d'enfance du genre humain et non son état perfectionné.

Le communisme n'est possible que là où les idées sont à l'unisson parfait, là où tous les esprits sont exactement au même niveau. [...] Le communisme forme toutes les intelligences sur le même moule, et comprime leur essor au lieu de la favoriser. Le communisme est donc l'ennemi, la négation pratique du progrès qui ne peut s'opérer qu'en laissant à chaque membre de la société son entière liberté d'esprit et d'action.

Boucher et *La Minerve* ne désarment pas: Dessaulles a rabaissé «la dignité de l'homme à celle du singe», il a «mis de côté dix-huit siècles de respect pour les Saintes Écritures». Et un peu plus léger, mais tout aussi efficace à faire rire le citoyen ordinaire, le rédacteur de *La Minerve* suggère: «L'assemblée se tenait le ventre à poignée quand M. Dessaulles arriva à la création d'une espèce de singe appelé miom-miom qui tient le milieu entre l'homme et le singe ordinaire: la différence consiste en ce que les mioms-mioms ont *un commencement de queue, une queue de cinq pouces,* et que l'homme, supérieur par l'intelligence, leur est inférieur de ce côté-là. Voilà la justification de M. Dessaulles.»

Le 16 novembre, Dessaulles explique pourquoi il n'a pas publié et ne publiera pas sa conférence sur le progrès: le sujet exigerait d'importants développements. Il avoue: «J'en ai maintenant fini avec cette triste et sale espèce», avec ces «simples gibiers de police».

Le lendemain, *Le Pays* publie de longs extraits du *Traité de géologie* de Giraudet approuvé par l'évêque de Tours qui, au dire de Dessaulles, pense comme lui.

C'en n'est pas fini pour autant! Le conférencier-président de l'Institut canadien et rédacteur du *Pays* doit répondre à un «Catholique canadien» de l'ultramontain *Courrier du Canada.* Dessaulles déplore les «tristes malentendus» de ces luttes politico-philosophiques et précise une fois de plus sa volonté de ne pas «faire du rationalisme au point de vue religieux». Le *Courrier de Saint-Hyacinthe* publie aussi deux longs textes — «Le progrès ou observations à l'occasion des fragments d'une lecture de M. Dessaulles publiés dans *le Pays*», dans ses éditions du 12 et du 15 décembre. L'auteur logerait au Séminaire de Saint-Hyacinthe qu'on n'en serait point surpris. Le ton est politiquement conciliateur mais se veut idéologiquement inattaquable. Serait-ce l'abbé Désaulniers, professeur de philosophie, qui vient décrire ce qu'est la «saine philosophie» et qui affirme que le progrès de la civilisation est dû au christianisme et à l'Église et non à la raison humaine? Le correspondant du *Courrier* écrit: «Non, la raison humaine est insuffisante au progrès de l'humanité, tel qu'un chrétien doit l'entendre. Nous admettons très-volontiers la puissance et la fécondité de la raison humaine; mais nous la savons, en même temps, trop faible et trop stérile, pour la croire capable de faire atteindre seule à l'humanité le but de perfectionnement et de "progrès" auquel elle est conviée, pour remplir la fin de son existence sur terre.» La raison doit être rachetée par la foi et il n'est donc pas question de séparer le temporel du spirituel même dans le domaine intellectuel. Le contradicteur de Dessaulles trouve facilement dans l'Évangile le credo dont il a besoin: «Je suis la *voie*, la *vérité*, la *vie*.»

Dessaulles soumet finalement le texte de sa conférence à Mgr Larocque, le 17 décembre, et celui-ci la commente dans un long texte de 14 pages, les 28 et 29 du même mois. Paternaliste, l'évêque rappelle d'abord à Dessaulles que sa mère mourante lui avait recommandé ses deux fils. Puis de façon générale, il observe qu'on ne peut parler du progrès «d'une manière exclusivement scientifique», qu'on ne peut évoquer l'origine de l'homme sans se passer de la Révélation et qu'on ne peut commenter la naissance de la famille, de la tribu et de la société «sans le secours de l'Histoire Sacrée». D'entrée de jeu, l'évêque déplore que l'Église n'ait pas été nommée comme cause du progrès.

Mgr Larocque reconnaît toutefois ne pas avoir retrouvé dans le texte de la conférence les affirmations décriées par Boucher, Mousseau et d'autres selon lesquelles «l'homme ne serait qu'une espèce de singe perfectionné» et la création serait due au hasard. Les débats de tribunes électorales et les polémiques de journaux visaient bien autre chose. Mais pour l'évêque, on doit refuser d'appliquer à l'homme la thèse du progrès continu: Adam et Ève ont été créés dans un état de perfection «à une distance que nous dirions incommensurable de l'animal le plus perfectionné après eux». Quant à la diversité des races, elle vient d'une souche unique, celle d'Adam et Ève, «puis, après le déluge, dans la famille de Noë». L'Histoire Sacrée ne peut être contée autrement.

Mgr Larocque estime que la conférence de Dessaulles manque «de sève religieuse»; il récuse la thèse de l'origine purement matérielle des êtres organisés, thèse imputable à «la raison orgueilleuse» et logiquement inacceptable parce qu'alors les effets seraient supérieurs à la cause. L'évêque reconnaît que Dessaulles n'adhère pas à cette thèse puisqu'il met à l'origine du progrès l'œuvre du Créateur mais il fait un clair rappel à celui qui exalte la raison sans en montrer les faiblesses: «Avec M. de Lamartine, il boit plein d'enthousiasme, un *toast* au triomphe régulier, progressif de la raison humaine, dans les idées, dans les institutions, dans les lois, dans les droits de tous, dans l'indépendance des cultes, dans l'enseignement, dans le fond et la forme des gouvernements... Le monde appartient désormais à la raison.» Stigmatisant «les châteaux en Espagne du socialisme, du communisme et tant d'autres ismes», les «royaumes vides» du spinozisme et du panthéisme et les «inepties discordantes» des Hegel, Schelling, Fichte, Kant, Strauss et Renan, l'évêque propose plutôt un autre *toast*: «À l'alliance et à l'entente cordiale entre la raison humaine et la révélation, la foi et l'Église; de façon, toutefois, que la raison reconnaisse que, à la révélation, à la foi et à l'Église appartient la haute suprématie sur ce qui touche au dogme et à la morale, directement ou indirectement.» Entente cordiale du maître et du serviteur.

Comme Dessaulles avait habilement soumis à Mgr Larocque, avec le texte de sa conférence, les deux articles de Cyrille Boucher parus dans le *Semeur canadien* du 3 octobre 1856, espérant leur dénonciation par l'évêque, celui-ci commente à propos du premier article sur «La Bible» que l'Église s'est souvent prononcée à ce sujet, ayant «à cœur, notamment, de ne pas multiplier la *confusion de Babel*, à propos de la lecture des Écritures». Concernant l'autre article, «Un peintre jeté dans les prisons de l'Inquisition» — un autre Galilée! —, Mgr Larocque écrit: «[...] nous présumons que l'auteur, quel qu'il soit, a voulu jouer le rôle de certains *cicerones* et *garçons de places européennes*. Ils diversifient leurs renseignements suivant le caractère des touristes qui s'adressent à eux. Au débauché, ils savent montrer le lupanaire [*sic*]; le Sanctuaire à l'homme religieux. [...] Leur but est toujours le même; c'est de gagner leur argent.»

Dessaulles se vit probablement retourner le texte de sa conférence — introuvable à ce jour — et, pour mettre un terme à la polémique, ne donna pas suite à une malicieuse proposition de publier les observations de Mgr Larocque. L'affaire n'était pas close pour autant; elle allait rebondir en 1867, après avoir suscité une autre polémique...

Fin février, l'abbé Désaulniers, ancien professeur de philosophie de Dessaulles, fait un sermon à la paroisse Notre-Dame de Saint-Hyacinthe, dans lequel le conférencier sur le progrès se sent visé plus que les doctrines mêmes sur l'évolution. Il voit un «sermon politique» dans ce que l'abbé Désaulniers a affirmé à propos de sa supposée haine à l'égard du pape et de l'Église et s'en ouvre à Mgr Larocque, exigeant une rétraction du prédicateur ou une intervention de l'évêque. L'événement donne lieu à une substantielle correspondance entre Dessaulles et Mgr Larocque qui n'hésite pas à aborder la question de «la passion des partis» et à avouer à Dessaulles qu'il n'est pas étonnant qu'on le croit hostile au pape, après tout ce qu'il a écrit depuis vingt ans. Mgr Larocque finit par se révéler, sinon se trahir, en écrivant à Dessaulles, le 28 avril 1864: «Dans les pays Catholiques, *l'indifférence irréligieuse* est le résultat de l'orgueil de l'esprit à se soumettre.» La forme différait de celle de Mgr Bourget, mais la position était la même.

Tout ce débat électoral et intellectuel avait manifestement un objectif politique: continuer, par d'autres voies, à déconsidérer Dessaulles dans l'opinion publique. On avait réussi à affronter l'ex-seigneur et l'ex-maire de Saint-Hyacinthe dans son fief, à l'obliger comme c'en était devenu l'habitude à faire mettre un terme à des «calomnies» répétées comme on l'avait fait pour l'Institut canadien. On avait bien eu affaire à une bataille politico-philosophique, à un débat sur l'évolution du genre humain devant des électeurs parfois illettrés, à une polémique érudite et au contenu manifestement délicat d'un point de vue doctrinal. L'occasion avait été belle. Partis du singe, les belligérants avaient mené le débat au niveau des rapports entre la raison et la foi, au niveau du principe de la non-séparation entre la raison et la foi, entre le temporel et le spirituel. Entre temps Dessaulles avait dû ferrailler ferme mais non sans inquiéter les libéraux et le Parti libéral qui le voyaient depuis trois ans tirer sur tout ce qui bougeait.

Sur un autre front, cette fin d'année 1863 se révélait difficile. Un autre procès est sur le point d'aboutir suite à une polémique amorcée en 1861 en contexte post-électoral dans Saint-Hyacinthe. Un certain «Jean-Baptiste» porte alors, dans *La Minerve* du 5 octobre 1861, les accusations suivantes contre l'ancien maire de Saint-Hyacinthe: «Quand M. Dessaulles était notre maire il a bien employé à ses affaires une partie de l'argent emprunté par notre Corporation, témoin le billet pour au moins 240£ qu'il a donné vers le 3 avril 1857 pour payer la balance de ce qu'il devait encore.» Dans *Le Pays* qu'il dirige, Dessaulles réagit vivement contre cette ingérence de *La Minerve* «dans le sanctuaire de la vie privée». Il somme «l'insulteur» de se nommer, lui propose de «relever le gant» et de venir le rencontrer publiquement et s'étonne de ce que ce correspondant anonyme, membre du Conseil de Ville de Saint-Hyacinthe alors, vienne, quatre ans après la supposée affaire, faire ce douteux tapage. Dessaulles rappelle que le Conseil de Ville avait approuvé toutes ses démarches, lui faisant même parvenir une adresse de remerciements.

La Minerve en rajoute en mettant en doute la capacité de Dessaulles de siéger au Conseil législatif: avait-il les 2000 louis ou les 8000 dollars de propriété foncière exigés? Le journal de Duvernay ajoute: «Il est de notoriété publique que vous êtes insolvable.» Dessaulles met *La Minerve* et les conservateurs au défi de lui poser la question de la qualification au Conseil législatif même. Et face au refus de Duvernay de divulguer l'identité de «Jean-Baptiste», il intente un procès pour libelle réclamant 2000 dollars. Entre temps, *Le Pays* du 12 novembre avait publié le procès-verbal du Conseil de ville de Saint-Hyacinthe du 2, qui reconnaissait que les transactions de l'ancien maire avaient été faites «de manière franche et honnête». *La Minerve* maintient que Dessaulles doit encore de l'argent à la Ville, qu'il ne pouvait, légalement, comme conseiller, avoir été détenteur de fonds publics et qu'il n'a pas payé à la Ville les intérêts sur les montants empruntés.

En février 1862, Dessaulles apprend que celui qui s'était caché sous le pseudonyme de «Jean-Baptiste» était Louis Taché, neveu de Sir Étienne-Paschal avec lequel Dessaulles avait été à couteaux tirés au Conseil législatif. Le procès prévu pour janvier 1862 est d'abord remis en mars pour ne se tenir finalement qu'au début de 1864, quelque temps après une dernière escarmouche où Dessaulles défia Taché de prouver qu'il ne devait pas depuis neuf ans une somme de 18 dollars à la municipalité. Après un dernier baroud d'honneur — Taché proposant à Dessaulles: «Si vous vous donnez encore le plaisir de venir nous faire à la porte de l'église de St.Hyacinthe une seconde lecture sur le *progrès*, veuillez ne pas oublier de nous expliquer comment il se fait que le progrès a gardé pour vous et vos amis toute l'honnêteté de ce monde, et a donné à vos adversaires un tempéramment malhonnête», et Dessaulles narguant Taché de «faire la lessive de sa conscience» aussi souvent que nécessaire — on attendit le procès et le jugement.

Le 19 janvier 1864, devant le juge Smith de la Cour supérieure du district judiciaire de Saint-Hyacinthe, l'avocat de la Défense pose, pendant trois heures, 48 questions à Dessaulles, défendu par son indéfectible ami, Joseph Doutre. Dessaulles explique qu'il a emprunté, avec l'accord du conseil, pour réduire les pertes de la ville sur les débentures, qu'il se remboursait des avances d'argent faites au conseil en négociant, avec l'accord de celui-ci, les débentures de la ville et qu'il n'a gardé une balance après sa démission comme maire qu'avec l'assentiment du conseil qui lui précisait ce qu'il fallait payer. L'ancien maire répète qu'il n'avait employé à ses affaires que de l'argent emprunté *par lui* et en accord avec les autres conseillers; il évalue, devant le juge, que pendant 26 mois, il avait plus prêté à la ville que reçu d'elle et qu'au total il avait «perdu de l'argent comme maire au lieu d'en gagner». Selon lui, les articles de *La Minerve* ont été «écrits avec malice et de manière à faire regarder comme répréhensibles et criminels des actes qui ont été entièrement à l'avantage de la ville que j'ai servie honnêtement et souvent au préjudice de mes propres intérêts».

Résumant les plaidoiries, le juge Smith reconnaît qu'il y avait eu libelle diffamatoire en prétendant que le demandeur avait utilisé à ses propres affaires l'argent de la Ville, qu'il y avait eu malice en publiant, cinq ans après les événements, dans *La Minerve* de Montréal, des accusations qui ne concernaient vraiment que les Maskoutains et que manifestement le défendeur n'avait jamais fourni de preuves à ses accusations. La Cour condamne alors Taché à 100 dollars plus les frais. L'ancien maire était lavé de tout soupçon mais ses adversaires avaient compris qu'il y avait eu un filon à suivre dans cette dangereuse «générosité» de Dessaulles, qui avait tenté de conjuguer de difficiles intérêts de maire, de seigneur et de bailleur de fonds.

Depuis 1861 et son entrée au *Pays*, Dessaulles multiplie le nombre de ses opposants, de ses adversaires, de ses «calomniateurs» sans parler de duelliste ou d'assaillants; la presse ministérielle — *L'Ordre* et *La Minerve* en particulier — lui avait donné le change de façon soutenue à propos de son activité au Conseil législatif et à propos des affaires italiennes et du pouvoir temporel du pape, suivie en cela par Mgr Bourget, auquel on avait refusé de publier ses lettres sur le sujet dans *Le Pays*; Hector Fabre — et Montalembert! — avaient pris prétexte de la visite au prince Napoléon pour polémiquer avec l'Institut canadien et tenter de miner sa réputation, ce à quoi le président de l'Institut avait dû opposer un «Discours sur l'Institut canadien»; nouvel affrontement avec Mgr Bouget à propos du rationalisme de l'Institut; polémique avec Cyrille Boucher à propos d'une conférence sur «le progrès» de... 1858; procès — gagné — contre Louis Taché au sujet de son administration en tant que maire en... 1857. Dessaulles devait s'attendre au *Pays* à cette adversité qui finit par être cumulative et pressante.

Des libéraux modérés ou «conservateurs» commencent bientôt à percevoir les effets risqués de l'identification du Parti libéral au radicalisme du *Pays* et de l'Institut canadien. Fabre est de ceux-là depuis son départ de l'Institut canadien en 1858, et, dès janvier 1862, il ne manque pas de souligner les retombées possibles des positions du *Pays* et de Dessaulles à propos de la question du pouvoir temporel du pape:

> [Dessaulles] alarme les consciences, il blesse les croyances, il afflige les nobles cœurs.
>
> Ce n'est pas tout, il effraie ceux que les fautes du parti actuellement au pouvoir poussaient vers lui, et il les rejette dans les rangs de nos adversaires communs.
>
> Il y a des hommes modérés qui se demandent, si arrivés au pouvoir, quelques-uns des amis du *Pays* ne tenteraient pas d'étendre à la politique du pays les principes proclamés et pratiqués à l'Institut.
>
> L'inconvenance et le péril de ces discussions quasi religieuses étaient parfaitement compris dans l'opposition, lors de la fondation du *Pays*. *Le Pays* fut fondé avec l'entente qu'on s'abstiendrait scrupuleusement de soulever et de soutenir de pareilles discussions.
>
> Nous regrettons pour le pays que cet engagement n'ait pas été tenu fidèlement. Le ministère y a gagné bien des partisans.

Toute discussion n'était pas bonne à tenir et en particulier dans *Le Pays* dont Fabre prétendait que Dessaulles en avait dévié le cours.

En juillet, *La Minerve* suggère qu'on «devrait caser M. Dessaulles». La réplique vient très rapidement: «Et bien, sachez, sainte espèce, que M. Dessaulles *ne se laissera pas caser*! Il n'en a pas été question le moins du monde; mais si on lui avait offert, comme vous le dites, dans votre beau style, la *maîtrise* de la poste, (mot, qui, ainsi appliqué, n'est pas français), il l'aurait refusée de suite. Pourquoi? Parce que la tâche qu'il s'est donnée n'est pas finie; parce qu'il y a encore trop *d'anciens* pillards à dévoiler, parce que tant qu'il en restera UN sur la scène politique, M. Dessaulles veut être là pour lui jeter à toute minute son ignominie à la figure, pour le tenir au pilori de l'opinion! M. Dessaulles veut avoir sa part de l'honorable mais laborieuse tâche du nettoiement des écuries d'Augias. Il veut tout savoir et surtout TOUT DIRE!!» Dessaulles n'entend pas baisser les bras.

La charge ne se limite pourtant pas à la nuisance prétendue au parti ou à la possibilité d'une nomination politique; elle franchit ce que le citoyen Dessaulles appelle «le sanctuaire de la vie privée». *La Minerve* écrit: «M. Dessaulles a dissipé toute sa fortune et le grand seigneur d'autrefois en est réduit aux gages d'un journaliste. Ses anciens amis ou n'osent plus le regarder ou se contentent de le prendre en pitié.» Dans un article au titre évocateur — «Les égoûts du sous-sol de notre politique» — le rédacteur du *Pays* rétorque au journal de Duvernay: «Nous ne voyons pas très clairement quel rapport ont ces intelligentes remarques aux questions politiques.»

> M. Dessaulles aurait-il dissipé toute sa fortune, cela n'empêche pas M. Cartier d'avoir encouragé le vol en grand à Ottawa; cela ne le justifie pas d'avoir vendu la province au Grand Tronc pour l'énorme salaire qu'il en recevait [...]. M. Dessaulles pourrait avoir perdu sa fortune sans avoir à en rougir, M. Cartier ne peut pas, *lui*, avoir fait ou autorisé ces choses sans déshonneur. Être aux gages d'un journaliste n'est pas déshonorant de soi, surtout quand on exprime des convictions et qu'on dévoile l'immoralité et le parjure; être aux gages d'une compagnie qui vous fait trahir votre pays l'est peut-être un peu!

Le Pays doit accrocher ses lecteurs avec un autre titre exceptionnel: «Personnel». Dessaulles fulmine: «Nos adversaires nous ont juré
une de ces haines ardentes, profondes, inextinguibles qui obscurcis-
sent la raison et le jugement. Ne pouvant nous reprocher de tergiver-
sations comme homme public, ils ont fouillé dans notre vie privée, et
pervertissant odieusement certains faits, ils nous traitent comme s'il
existait des taches dans notre conduite personnelle.» Laisser croire,
suggérer, donner à penser... que l'Institut canadien, que Papineau,
que Dessaulles... La stratégie a fait fortune dans la presse depuis
1840. *Le Franco-Canadien*, journal libéral de Saint-Jean, vient toutefois un peu à la rescousse de Dessaulles: «Si M. Dessaulles a perdu
une importante fortune, c'est lui qui en souffre»; et si cela est imputable à des libéralités, même imprévoyantes, personne n'a le droit de
lui en faire le reproche». *La Minerve* ne démord pas, qui titre, début
1863: «Un homme à la portion congrue». L'irréductible adversaire
parle de «propriété littéraire» — allusion au *Pays* — à la fois pour
laisser entendre que c'est là la seule «portion» dont dispose Dessaulles et que même celle-là pourrait ou devrait lui être ravie: «Mais les
ressources s'épuisent en ce monde, et tel qui a été prodigue dans sa
jeunesse mendie son pain sur ses vieux jours. Cela s'appelle en langage vulgaire manger le pain blanc avant le pain noir.»

La charge contre le rédacteur du *Pays* et le président de l'Institut canadien s'intensifie à partir d'octobre 1863, après la polémique
avec «le Cyrille» sur le progrès et au moment où va s'ouvrir le procès
pour libelle contre Louis Taché. Titrant «Encore l'insulteur public»,
La Minerve considère qu'avec «les défauts de ses talents et les mauvais penchants de sa nature irritée par des déceptions de tout genre
et des fiascos répétés», Dessaulles en est rendu à connaître une
«situation trop pénible et trop humiliante». *L'Ordre* se met aussi de
la partie et cette fois ce n'est plus Hector Fabre, rendu au *Canadien*
de Québec, mais Louis Labrèche-Viger, l'ex-corédacteur, avec Dessaulles, du *Pays* au moment de sa fondation. À la une de *L'Ordre* du
27 novembre, Labrèche-Viger revient sur l'idée du tort possible causé
au Parti libéral:

> Nous croyons, dans l'intérêt du parti ministériel, devoir expri-
> mer notre regret sincère de voir la rédaction du *Pays* se lancer
> dans des dissertations philosophiques qui n'avanceront guère les
> intérêts du parti libéral en Canada.

> La mince satisfaction qui peut résulter d'un succès obtenu dans la discussion abstraite et sans aucune portée politique, ne devrait pas contrebalancer, aux yeux de notre confrère, le tort qu'il peut faire au parti qu'il sert.
>
> [...]
>
> Le rédacteur du *Pays*, quelles que fortes que soient ses convictions philosophiques, n'ignore sans doute pas que ses opinions ne sont pas celles de tout le monde; que peut-être la majorité même du parti ministériel ne penserait pas comme lui. Pourquoi donc lors froisser de propos délibéré les convictions, les susceptibilités, les préjugés même si vous voulez, de vos alliés politiques, qui savent que ces discussions surannées sont, dans notre population, l'écueil contre lequel s'est jusqu'ici brisé le parti libéral?

Déjà, après Fabre, Labrèche-Viger fait la distinction dont Laurier allait se faire le grand défenseur en 1877: distinguer les intérêts politiques des intérêts partisans et électoraux. Le lendemain, Dessaulles utilise «le droit de la défense», expliquant qu'une défense, modérée et sans hostilité, contre la religion, de la raison ne peut faire de tort au Parti libéral. «Est-ce en laissant écraser l'Institut ou toute autre association ayant un caractère libéral, demande-t-il, que le parti libéral acquerra plus de force? Est-ce en reculant constamment devant l'esprit réactionnaire que le parti libéral gagnera du terrain?»

Puis le rédacteur du *Pays* explicite une de ses motivations de fond: il faut

> rappeler à ceux qui veulent détruire le libéralisme en contestant à la raison ses droits les plus sacrés, qu'une grande partie des maux qui ont frappé les sociétés est venue de leur persistance à nier les droits des peuples et de la raison tout ensemble?
>
> Le despotisme fait des esclaves en enchaînant leur raison pour les priver ensuite de leur liberté. On n'attaque la raison que parce que l'on n'aime aucune espèce de liberté.
>
> On masque sa tactique avec le grand mot de religion [...]

Raison et liberté: même combat; liberté individuelle et liberté des peuples: même visée.

L'Ordre ne l'entend pas ainsi: «Le parti libéral n'est nullement identifié avec l'Institut-Canadien» et «n'est pas constitué pour soutenir des thèses philosophiques, ni pour discuter sur l'Inquisition [...]». Pour *Le Courrier de Saint-Hyacinthe*, Dessaulles est même «condamné par ses propres amis».

Dans un article au titre presque désespéré — «Nos articles n'ont-ils aucune actualité?» —, Dessaulles écrit: «Ne voir aucune actualité dans une discussion qui a pour but de prouver que c'est réellement au despotisme et non au libéralisme que les peuples doivent leurs misères et la lenteur des progrès de la civilisation [...] c'est ne faire aucune attention aux bruits souterrains qui indiquent que le mineur est à l'œuvre pour faire sauter les murailles de la ville.» À Labrèche-Viger, de *L'Ordre*, il répond: «Quelques-uns néanmoins partagent l'idée de notre confrère et regardent aussi comme *purement philosophique* la grande discussion de savoir *si le libéralisme est pour les peuples le fléau que la réaction prétend, et si le despotisme est la plus grande bénédiction qui puisse tomber sur eux*. Rien ne nous paraît plus erroné.» À ceux qui disent «Taisez-vous, taisez-vous», Dessaulles répond avec une pointe de désillusion quant à l'appui des libéraux: «Eh bien nous croyons sincèrement que nous taire quand la croisade contre le libéralisme est si active, si acharnée, si fortement combinée, c'est abdiquer, c'est laisser le champ libre aux amis de l'automatisme, c'est avouer en quelque sorte que le libéralisme ne peut être défendu et que le despotisme seul est la véritable voie de l'humanité. Or, le libéralisme ne peut se faire accepter qu'en démontrant, l'histoire en main, que le despotisme est réellement la négation du bien.»

De Québec, dans *Le Canadien*, Fabre ne lâche pas prise; très habilement, il demande si et comment le libéralisme peut se concilier avec les croyances religieuses de la population. Dessaulles trouve excessive et déloyale cette façon de représenter les libéraux comme hostiles «au culte de la masse entière de nos concitoyens». Il avait personnellement dénié vouloir soumettre l'Église à la raison mais on avait tenu sa dénégation pour rien. Ces reproches d'irréligion lui paraissent relever davantage de l'hostilité que de la conviction. Au confrère du *Canadien*, il assure

> qu'aujourd'hui comme toujours nous ne demandons que trois choses au clergé, savoir:
>   1° Faire loyalement la distinction entre le domaine spirituel et le domaine temporel;

2° S'abstenir d'amener la politique dans le temple;

3° Cesser de représenter le libéralisme comme hostile au catholicisme parce qu'il réclame sa pleine indépendance dans l'ordre purement social et politique.

Selon Dessaulles, la religion ne peut «que perdre à se heurter aux écueils de la politique» et les membres du clergé qui interviennent dans les affaires politiques «affaiblissent chez ceux qu'ils opposent le respect qu'ils doivent à leur pasteur; ils compromettent la cause qu'ils veulent sincèrement servir; s'exposent à voir diminuer la charité, le calme d'esprit et la droiture d'intention qui sont les plus grandes nécessités de leur ministère [...] et enfin jettent dans les esprits une perturbation dont les conséquences ne peuvent jamais être favorables à la religion».

L'Ordre du 4 décembre 1863 reproduit avec satisfaction quelques paragraphes du *Franco Canadien* de Saint-Jean qui était venu, plus tôt, défendre Dessaulles contre les attaques de sa vie privée: «[...] nous ne voyons aucun bien qui puisse résulter de ces discussions philosophiques [...] Nous pensons même que pour plusieurs, il peut en résulter du mal. Nous ne voyons pas mieux l'opportunité de publier de semblables écrits pour la défense de la *raison pure,* ni d'aller fouiller de nouveau pour cela les annales de cette terrible *Inquisition* que le philosophisme moderne a tant exploitée et, il faut le dire, tant exagérée. [...] Nous ne pouvons approuver des discussions qui blessent les sentiments les plus délicats et les plus sacrés d'un grand nombre de Canadiens, à quelque parti qu'ils appartiennent.»

Après *La Minerve,* après *L'Ordre,* après *Le Courrier du Canada,* après *Le Canadien* et même après *Le Franco Canadien, Le Courrier de Saint-Hyacinthe* vient enfoncer le clou. Avec des exemples tirés de l'actualité montréalaise récente, *Le Courrier* se délecte à faire voir la pleine vérité de ce que Dessaulles a écrit dans *Le Pays:* «Votre intention est d'écraser, si vous le pouvez toutefois, l'Institut; puis le parti libéral, puis le libéralisme, puis le ministère. Car le tout se tient.» Si Dessaulles a proclamé son «ce que nous voulons», *Le Courrier* aligne son «ce que nous ne voulons pas»: «Or, nous ne voulons pas d'un Institut condamné par l'autorité ecclésiastique et foyer du rationalisme; nous ne voulons pas d'un libéralisme émanant de cet Institut et qui demande la liberté du mal comme celle du bien;

nous ne voulons pas d'un parti libéral qui vient bâillonner le clergé et séparer la politique de la religion; enfin nous ne voulons pas d'un ministère qui *tient à tout cela.*»

Coup d'éclat, le 19 décembre 1863: Dessaulles est nommé greffier-adjoint à la Cour des Sessions de la Paix du district judiciaire de Montréal. Aux lecteurs du *Pays,* il explique: «Nous ne laissons l'arène politique que sur approbation entière de *tous nos amis,* pourquoi serions-nous sensible aux morsures de quelques pillards ou de quelques transfuges?» L'ex-rédacteur du *Pays* ajoute: «Nous sortons de la vie publique parce que nous croyons que l'avenir du pays et du parti libéral est assuré. Nous avions dit, l'année dernière, que nous resterions sur la brèche tant qu'il resterait un pillard dans le gouvernement. Eh bien, depuis dix-huit mois, le parti libéral a fait si bonne et si grande besogne que nous avons cru pouvoir laisser, au moins pour un temps, la lutte active. [...] Nous ne déposons notre plume qu'avec l'idée bien arrêtée de la reprendre si le pillage, que nous avons bien un peu contribué à mettre au tombeau, devait jamais ressusciter.» L'homme de principe prend la peine d'expliquer comment, pour démontrer les abus du système, il lui a fallu certes discuter des principes mais aussi dénoncer, nommer des hommes qui les ont créés ou en ont profité.

Le 28 décembre, les amis libéraux de Dessaulles le remercient publiquement des services rendus à la cause libérale en lui organisant un dîner dans la grande salle du restaurant Terrapin. Le 12 janvier 1864, Charles Daoust, qui lui succède au *Pays,* écrit à son propos: «De tous les écrivains qui ont suivi la politique canadienne, c'est lui qui a le plus hardiment abordé les questions, soit qu'elles se rattachassent aux principes fondamentaux de la constitution, aux finances, à la législation parlementaire ou à l'administration départementale.» «Cela seul, ajoutait Daoust, explique suffisamment la joie que nos adversaires ont manifesté à la nouvelle de son départ.» En effet !

Trois jours après sa nomination, *La Minerve* écrit: «Nous dirons tout simplement qu'avec M. Dessaulles disparaît la grande plaie du journalisme canadien-français.» Le vieil ennemi ne manque pas l'occasion de tourner le fer dans les plaies: «M. Dessaulles descend des hautes régions du Conseil législatif à l'humble position de Greffier. Il est étonnant d'observer comme ce fougueux démagogue a subi toute sa vie une progression descendante.» Puis le 24, *La Minerve*

publie une correspondance — «Où est le calomniateur?» — de nul
autre que Cyrille Boucher, qui commence ainsi: «Le gouvernement
vient de vous assurer le beurre et le pain devant bonne conduite; vous
allez donc descendre des hauteurs orageuses de la vie publique
et vous mettre au ratelier, en arrière des banqueroutiers qui pillent
le coffre de la Province», allusion au scandale dévoilé par *le Pays*
d'un employé — Delisle — compromis dans une affaire d'extorsion.
Boucher raille Dessaulles à propos «des bienfaits du gouvernement démocratique», revient sur la conférence sur «le progrès» et les
reproches de Mgr Larocque, qui avaient été aussi les siens, pour quitter Dessaulles de haut: «Vous étiez, Monsieur, dans une magnifique
position: la fortune et le talent attiraient sur vous tous les regards;
vous pouviez être un des chefs de la nation, ministre de la couronne.
L'histoire vous demandera compte des services que vous auriez dû
rendre à vos compatriotes et du mal que vous leur avez fait.»

L'année 1863 se terminait de façon assez dramatique pour Dessaulles. Au soir du 31 décembre, il pouvait lire dans *La Minerve*: «En
opérant sa chute récente, M. Dessaulles a lancé une dernière insulte
à ses adversaires. Nanti de son brevet d'insulteur public, il est tombé
du Conseil législatif en jetant la boue à profusion. Le vertige de la
passion politique l'a troublé jusqu'aux derniers moments de sa vie
publique. Nous sommes loin de vouloir reprocher à M. Dessaulles
les malheurs de fortune qui l'ont conduit, d'humiliation en humiliation, à la pénible nécessité d'accepter une place de cinquième ordre,
dans l'emploi du gouvernement; mais pourquoi entourer de tant de
bruit, de tant de fracas, la fin désastreuse d'une vie publique sans
honneur et sans gloire? Puisque M. Dessaulles a besoin de s'éclipser
de la scène politique, pour la raison que l'on sait, pourquoi ne se
retirait-il pas humblement, dévorant sa honte et son infortune dans
le silence et loin du bruit? Qu'il tâche donc de se faire oublier, cet
homme qui après avoir vanté son désintéressement sur les toits, finit
par solliciter une destitution [celle de Delisle] pour se caser lui-même
et vivre de l'argent du trésor public! Qu'il ne provoque donc pas par
des grimaces le mépris et le dédain, lorsque quelqu'un contemple en
se penchant toute la profondeur et la tristesse de la grande ruine
morale dont il fournit l'exemple.»

La fameuse conférence de 1858 sur le progrès avait certes révélé
l'intérêt de Dessaulles pour la science (géologie, zoologie, paléonto-

logie) et pour ce qui était en passe de devenir le scientisme. Mais la polémique avec Cyrille Boucher et le débat avec Mgr Larocque et l'abbé-philosophe Isaac Désaulniers dégagent le véritable enjeu de la conférence de Dessaulles: la place de la raison chez l'homme et dans la société.

Ce sont aussi ces «dissertations philosophiques» qui servent de prétexte pour chercher à marginaliser Dessaulles. Et, symptomatiquement, ce sont les libéraux modérés de *L'Ordre* (Labrèche-Viger) et du *Canadien* (Fabre), auxquels *La Minerve*, *Le Courrier du Canada* et *Le Courrier de Saint-Hyacinthe* emboîtent allègrement le pas, qui enfoncent l'idée que jamais les «principes» du *Pays* et de l'Institut canadien de Montréal ne faciliteront l'élection du Parti libéral, si mal perçu et représenté en raison de ces articles «inutiles» du *Pays* et de son rédacteur. Dès 1862, Dessaulles avait testé les limites d'admissibilité du libéralime au Canada français. Quinze ans plus tard, Wilfrid Laurier allait faire de la distinction entre libéralisme réformiste à l'anglaise et libéralisme révolutionnaire à la française le passeport du libéralisme acceptable.

CHAPITRE X

À la défense de l'Institut canadien de Montréal (1864-1866)

«Si l'Institut venait à succomber devant vous, partisans de l'intolérance et de l'automatisme général, l'avenir social et politique du pays en recevrait une sérieuse atteinte, parce que cela démontrerait que l'esprit persécuteur y peut encore étouffer le libre arbitre individuel.»

Louis-Antoine DESSAULLES,
«Aux détracteurs de l'Institut
Canadien, grands et petits»,
Le Pays (13 mars 1862)

Chaque matin, Dessaulles, qui a dû démissionner du Conseil législatif, prend non plus la direction des bureaux du *Pays*, rue Sainte-Thérèse, mais celle du Palais de Justice, pas très loin. Greffier-adjoint de la Couronne et de la Cour des Sessions de la Paix, au salaire annuel de 2300 dollars, il reçoit les serments d'allégeance et d'office, pourvoit à la disponibilité des jurés, émet des passeports ou des certificats de nationalité, reconnaît les qualifications des candidats à des postes de juge de paix, fournit les statistiques judiciaires annuelles. La tâche comprend aussi le dépôt à la Banque de Montréal de sommes constituées par les amendes et les émoluments du personnel; les deux greffiers n'ont au départ aucune somme d'argent en main, mais ils réclament bientôt quelques fonds pour des dépenses imprévisibles et inévitables puis un coffre-fort pour y mettre en sécurité les sommes d'argent durant les intervalles des dépôts.

L'emploi ne le confine pas pour autant à la vie privée. Très rapidement, Dessaulles polémique dans les journaux de Saint-Hyacinthe avec le supérieur du Séminaire, revient à la charge auprès de Mgr Bourget, fait des conférences sur la guerre civile américaine à l'Institut canadien et, surtout, amorce une nouvelle défense de l'Institut qui ne se terminera qu'avec l'affaire Guibord en 1871.

Cinq jours après sa nomination, Dessaulles s'en prend dans *Le Journal de Saint-Hyacinthe* au Séminaire du lieu, regrettant que l'institution prenne une part active aux luttes politiques, qu'on le calomnie dans les classes à propos de sa vie privée, qu'on sorte des écrits contre lui — allusion à un texte contre sa conférence sur le progrès — et accusant le Séminaire d'exercer un contrôle sur *Le Courrier*. Le supérieur du Séminaire, l'abbé Joseph-Sabin Raymond, nie ces «acerbes incriminations» de l'ancien élève et reconnaît franchement «que si les relations qui l'ont uni à nous par le passé ne sont pas toujours demeurées les mêmes, la cause en serait dans une divergence d'opinions sur des questions d'un caractère plus sacré que celles de l'ordre politique». La réputation de l'anticlérical est bien établie. Dessaulles rétorque que la propagande contre lui ne remonte sans doute pas jusqu'au supérieur mais s'avère plutôt le fait de certains qui ont outrepassé ses défenses. L'abbé Raymond écrit: «Il est possible, et même probable, que dans l'enseignement religieux, philosophique et historique du Séminaire, certaines questions aient été traitées depuis quelques années dans un sens plus ou moins différent des idées de M. Dessaulles ou de celles qui lui ont été attribuées; par exemple, celles du progrès, de l'antiquité du monde, de l'origine et de l'unité de la race du genre humain, du pouvoir de la raison privée des lumières de la foi, de la constitution de la société politique, de l'influence civilisatrice de l'Église, de l'autorité temporelle du Souverain Pontife, de la tolérance, etc, etc.» Le catalogue des idées non reçues de Dessaulles était plutôt complet et le Supérieur reconnaissait que des exemples aient été pris «à tort ou à raison» dans les écrits du journaliste et du conférencier. Dessaulles réplique: «Si on attaque dans l'enseignement de la maison, des idées émises par moi, on est pleinement dans son droit et je suis trop jaloux de ma liberté d'opinion pour vouloir la restreindre chez les autres! Ainsi donc attaquer les idées, c'est toujours permis, attaquer la personne, jamais.» Au bout de six échanges, le débat — cette fois — tourne court.

Le travail administratif de Dessaulles ne le fait point taire. Prenant prétexte de l'évaluation faite, à la fin décembre, par Mgr Larocque du texte de sa conférence sur «le progrès», Dessaulles revient à la charge contre Mgr Bourget, dans une lettre du 1er février 1864. Il lui apprend que les passages sur la raison humaine de sa conférence sur «l'Institut canadien», tant décriée par l'évêque de Montréal, proviennent de sa conférence sur «le progrès» et lui souligne malicieusement que Mgr Larocque de Saint-Hyacinthe n'a pas trouvé à redire sur ces passages. Il insiste donc pour que Mgr Bourget réévalue sa conférence et sa brochure sur l'Institut canadien. Dès le lendemain, Mgr Bourget écrit à Mgr Larocque, l'informant de l'intention possible de Dessaulles de faire se contredire les deux chefs épiscopaux. Il conclut ainsi sa missive: «C'est l'intime conviction, dans laquelle je suis que cet ennemi de la religion ne cherche qu'à tout embrouiller, par ses sophismes, qui m'a porté à ne pas lui répondre. Ce qui m'a porté à user de termes sévères, c'est qu'il m'a paru disposé à travailler fortement pour ramener dans l'Institut Canadien nos bons jeunes gens, qu'il est si important de conserver dans les saines doctrines qu'ils ont puisées jusqu'ici à des sources pures.» Mgr Larocque répond à son collègue qu'il espère «voir M. Dessaulles revenir aux principes qu'il a sucés avec le lait de son excellente mère» et qu'il a voilé «la censure sous une expression polie», escomptant ainsi «étouffer le feu qui avait embrasé les esprits». Rien ne le mettait donc en désaccord avec l'évêque de Montréal qui, par expérience, savait qu'il fallait «quelquefois appeler les choses par leur nom». Enfin, Mgr Larocque condescend à ce que son «opinion» ne soit pas rendue publique, mettant un terme à cette polémique sur «le progrès». L'évêque de Montréal a ainsi en main une lettre «plus que satisfaisante» pour confondre Dessaulles, «dans le cas où il faudrait en venir à quelques explications». Manifestement, l'évêque a Dessaulles à l'œil.

C'est dans ce contexte que le Comité créé par l'Institut canadien en octobre 1863, pour aplanir les difficultés avec l'évêque de Montréal, passe à l'action. En mai 1864, deux membres de ce Comité — Dessaulles et le président de l'Institut, Casimir-Fidèle Papineau —, apportent à l'évêché, avec l'approbation des autres membres, le catalogue de la bibliothèque de l'Institut, priant Mgr Bourget d'indiquer les titres dont la lecture serait défendue aux catholiques et proposent, pour témoigner de leur volonté d'aplanir les difficultés, que ces livres soient mis sous clé dans «une espèce de séquestre» et ne soient accessibles aux membres catholiques que sur autorisation du président ou du Comité de régie. Sans nouvelle depuis six mois et averti du départ imminent de Mgr Bourget pour l'Europe, Dessaulles se rend à l'évêché le 14 novembre et fait le lendemain rapport au président de l'Institut: l'évêque a refusé d'indiquer les titres que les catholiques ne devraient pas lire, prétextant que même une telle démarche ne pouvait conduire à aucun résultat pratique. À la question: comment les catholiques pourront-ils savoir à quoi s'en tenir? l'évêque avait répliqué qu'ils devaient s'adresser à leur confesseur. Ce que Dessaulles commente ainsi: «Ainsi Sa Grandeur nous renvoie précisément à ceux auxquels Elle défend de nous entendre.» Pour l'émissaire de l'Institut, il est clair que «Sa Grandeur est inflexiblement décidée à ne tenir aucun compte de tout ce qui ne comporte pas une admission absolue de notre part que tous les torts sont pour nous»; pour lui, «tout espoir de rapprochement est illusoire» et l'alternative est soit d'attendre le successeur de Mgr Bourget soit de «nous adresser à ses Supérieurs à Rome», décision que le Comité devra prendre en délibéré.

Le lendemain, 16 novembre, Dessaulles écrit à titre personnel à Mgr Bourget l'une de ses lettres les plus indignées et les plus véhémentes. Il y déplore le comportement passionné de l'évêque et sa façon «de traiter les gens contre lesquels Elle s'est une fois préjugée»: «L'entretien que j'ai eu l'honneur d'avoir avec Votre Grandeur me fait voir une fois de plus ce que l'on peut attendre de l'autorité ecclésiastique quand elle se croit toute puissante. Je puis maintenant le dire à Votre Grandeur: je suis allé chez Elle, cette fois, que pour démontrer aux personnes qui croyaient encore à la possibilité de prévaloir sur son esprit par sa modération et l'esprit de conciliation, la profonde erreur où elles étaient.» Dessaulles n'avait pas besoin de cette démarche pour se convaincre: il avait sa propre histoire de la sévérité de l'évêque à son égard et il s'emploie à la lui rappeler. Direct, il écrit: «D'après ce que j'ai vu, Monseigneur; d'après ce que [des] prêtres m'ont dit, d'après ce qui me vient d'autres sources, j'en suis venu à la conclusion qu'avec tout autre dignitaire que Votre

Grandeur il serait possible de s'entendre et de faire lever les censures *injustes* qui pèsent sur l'Institut.» Il est clair pour lui que l'attitude de l'évêque n'a qu'un but: «abattre l'Institut n'importe comment». Dessaulles réitère à Mgr Bourget sa détermination et son espoir toujours vibrant: «Il faudra tôt ou tard que la liberté individuelle finisse par être respectée et que l'autorité ecclésiastique comprenne qu'il est aussi pernicieux d'exiger trop que pas assez.»

Puis Dessaulles aborde la question plus personnelle de l'attitude de l'évêque à son endroit: «[Votre Grandeur] a donc cru pouvoir oublier sa position jusqu'à me dire que j'étais un *caractère faux*, un *falsificateur des faits et des questions que je discutais* et enfin que *je savais parfaitement le contraire de ce que je lui affirmais*, cette dernière partie exprimée sur le ton du persifflage et conséquemment de l'insulte.» Il rappelle à Mgr Bourget son mandement de 1862 recommandant la neutralité au clergé entre les partis politiques et la lettre secrète, subséquente au mandement, qui conseillait de ne pas observer cette neutralité. La réplique dut faire mouche.

Face à tous les refus de Mgr Bourget — refus d'indiquer les livres prohibés de la bibliothèque de l'Institut, refus d'indiquer les passages «blasphématoires» de la brochure sur l'Institut canadien, refus de suivre l'avis de construire sa cathédrale dans la partie orientale et francophone de la ville — Dessaulles demande à l'évêque où logeait donc cette «raison orgueilleuse» que celui-ci ne voyait que chez autrui.

De mai 1865 à mai 1866, Dessaulles, toujours greffier-adjoint, est élu président de l'Institut canadien; il sera réélu de novembre 1866 à mai 1867. Ses mandats à la présidence de l'Institut sont surtout marqués par la suite donnée aux initiatives du comité formé pour faciliter un rapprochement avec l'évêque de Montréal. Le comité et l'Institut décident de ne pas attendre le successeur de Mgr Bourget pour régler le contentieux mais plutôt de recourir à Rome. Dix-huit membres de l'Institut, dont le président Dessaulles, adressent le 16 octobre 1865 une supplique au pape Pie IX au nom des membres catholiques de l'association.

En un sens, le geste est à contretemps: Pie IX vient de publier l'encyclique *Quanta Cura* à laquelle est joint le *Syllabus* des «erreurs modernes» condamnées par l'Église catholique. La Supplique de 25 pages, rédigée par Dessaulles, rappelle que la liberté des cultes prévaut au Canada, que la population y est religieusement mixte, que les membres angloprotestants de l'Institut ne représentent qu'un seizième des membres, que tout sujet de controverse religieuse est banni de cette société, qui n'est pas une société secrète et qui comme corps se situe hors de la sphère religieuse. La supplique refait l'histoire de l'Institut depuis 1858 et expose sa condamnation, sans qu'il fût entendu par l'évêque de Montréal, qui avait ordonné aux confesseurs de refuser l'absolution et les derniers sacrements aux membres de l'Institut qui n'auraient pas signé leur acte de démission.

La supplique fait état du désarroi dans lequel se trouvent les membres de l'Institut depuis sept ans: «La paix même des familles a été troublée souvent, quand par exemple, certains confesseurs exigeaient des mères ou des épouses qu'elles eussent recours à tous les moyens de persuasion dont elles pouvaient disposer pour engager leurs fils ou leurs époux de cesser d'appartenir à l'Institut.» Comment, demandent les suppliants, pouvons-nous être en même temps mis hors de l'Église et sollicités pour des souscriptions aux œuvres de l'Église? Le document narre les démarches du Comité de rapprochement, reconnaît la présence d'une cinquantaine de titres à l'Index dans la bibliothèque, rappelle la proposition de séquestre et supplie le pape de les entendre, ce que Mgr Bourget n'a jamais fait, contre toute procédure ecclésiastique.

Expédiée le 10 novembre 1865, la supplique au pape est accompagnée d'un mémoire de Dessaulles au cardinal Barnabo, préfet de la Sacrée Congrégation de la Propagande, mémoire qui commente les pièces justificatives jointes à la supplique.

De la même façon qu'il avait écrit à titre personnel à Mgr Bourget après avoir fait rapport à l'Institut de sa visite à l'évêque, Dessaulles écrit, le 30 novembre, au cardinal Barnabo pour expliciter la question personnelle mentionnée à la page 27 du mémoire. Il fait dans cette lettre l'histoire de ses démêlés avec Mgr Bourget, très attentif aux doléances des ultramontains: «Votre Éminence aura peut-être quelque peine à me croire, mais il existe ici une école, composée surtout de jeunes gens récemment sortis des collèges qui semblent viser à être beaucoup plus catholiques que le Pape et les Conciles, et qui décrètent sans façon d'impiété tout principe démocratique appliqué à l'administration des sociétés. [...] En politique presque au même degré qu'en religion, cette école ne songe qu'à établir partout le principe d'autorité despotique, et cela dans un pays où tout le système politique a la démocratie pour principe et pour base.» Il ajoute qu'il aurait pu traduire Mgr Bourget en justice pour dommage à sa réputation, mais qu'il ne l'a pas fait. Il laisse enfin Rome «juge du mode ou degré de réparation que Sa Grandeur peut me devoir».

En juin 1866, sept mois après l'envoi de la Supplique, du Mémoire et de sa lettre personnelle, le président de l'Institut canadien n'a toujours pas reçu quelqu'accusé de réception de Rome. Dessaulles écrit alors au cardinal Barnabo pour s'enquérir de l'arrivée des documents. Le 24 juillet, le cardinal lui confirme qu'il a bien reçu les documents, qu'il a informé Mgr Bourget de la Supplique de l'Institut et qu'il attend les commentaires de l'évêque de Montréal.

Entre-temps, Dessaulles s'est trouvé un allié de taille dans sa démarche pour faire lever la sanction épiscopale. En effet, Gonzalve Doutre, bachelier en droit de l'Université McGill depuis 1861 mais admis au barreau que deux ans plus tard, en raison de son jeune âge, est déjà une figure connue parmi les réformateurs du barreau canadien. Membre actif de l'Institut tout comme les membres de sa famille, Doutre a reçu, le 3 avril 1865, du grand vicaire Truteau, en l'absence de Mgr Bourget, l'autorisation de faire ses Pâques et ce malgré son adhésion à l'Institut canadien. En mars 1866, le Sulpicien Sentenne lui refuse toutefois la même permission, exigeant une autorisation de Mgr Bourget lui-même qui la lui refuse. Commence alors une longue correspondance entre Mgr Bourget et Doutre qui met l'évêque face à cette contradiction d'un grand vicaire qui permet et de l'évêque qui refuse, évêque qui par ailleurs avait permis, sous certaines conditions, à un autre membre de l'Institut de se confesser et de communier. Doutre s'insurge contre ce traitement inéquitable et demande à l'évêque s'il ne veut pas lui faire payer d'avoir été signataire de la Supplique d'octobre 1865 et donc d'avoir endossé une vision des faits que l'évêque ne partage évidemment pas.

Mgr Bourget tente de contredire Doutre en alléguant que la démarche du Comité de rapprochement, et en particulier celle de C.-F. Papineau et de L.-A. Dessaulles, avait été celle d'individus et non pas de l'Institut comme association. Doutre s'enquiert donc auprès de Dessaulles des raisons qui ont motivé la démarche du Comité de ne pas mettre l'Institut directement en communication avec l'évêque. Le 1er mai 1866, Dessaulles répond longuement à Doutre, s'étonnant dans un premier temps que l'évêque ait consenti, après 18 mois, à donner à quelqu'un d'autre qu'au Comité les raisons de son refus. Il lui explique pourquoi ce furent des membres catholiques de l'Institut qui prirent l'initiative de la démarche. Dessaulles plaide d'abord que ce furent les membres et non pas l'Institut qui avaient lu les livres et qui avaient été censurés. L'Institut n'était définitivement pas comme corps une association religieuse et il ne fallait point, pas plus hier qu'aujourd'hui, jouer ce jeu. Plaideur et fin procédurier, Dessaulles répond à l'argument voulant que les catholiques, constituant la majorité des membres de l'Institut, auraient pu s'aboucher directement avec l'évêque, qu'en droit civil, les catholiques ne sont pas les seuls propriétaires des livres de la bibliothèque de l'Institut et qu'ils ne peuvent donc en disposer à leur guise. D'où, explique Dessaulles, la proposition faite à Mgr Bourget d'un séquestre ne concernant que les catholiques romains. Pourquoi, demande aussi Dessaulles à Doutre, un catholique serait-il obligé de se mettre en conflit avec la loi civile en prenant la liberté d'expurger une bibliothèque qui n'est pas sa propriété?

Puis, le président de l'Institut observe que d'autres institutions ne reçoivent pas de l'évêque le même traitement; il ne fait plus seulement allusion à la bibliothèque de l'Assemblée législative ou à celle de l'École normale, mais à la Mercantile Library Association et à celle du Mechanic's Institute où les Irlandais catholiques ne sont ni ostracisés ni censurés.

Enfin, Dessaulles prétend «que c'est une règle élémentaire en droit canonique comme en droit civil que l'appel au tribunal supérieur suspend l'effet du jugement, ou annule momentanément la censure», ce que Doutre n'obtiendra jamais comme avis ni de Mgr Bourget ni de son supérieur, l'archevêque de Québec, Mgr Baillargeon.

Doutre sort ébranlé de sa correspondance avec Mgr Bourget, mais sa détermination demeure, trempée par l'adversité. Il affronte finalement Mgr Bourget sur le terrain ultime, celui de la conscience où il s'était toujours placé: «Je suis tellement convaincu de la rectitude de ma conduite, sur les points en dissension, que je plaindrais sincèrement Votre Grandeur d'avoir à rendre compte à Dieu, en même temps que moi, de nos actes respectifs sur le sujet de cette correspondance. J'irais avec la plus entière confiance confronter ma conduite avec celle de Votre Grandeur aux yeux du Souverain Juge. Je ne me convaincrai jamais que pour être catholique, il faille se dépouiller des attributs inaliénables de l'homme, et n'être plus qu'une espèce de polype, livré aux caprices d'un homme qui n'est pas devenu un Dieu, pour avoir été sacré Évêque.» La hauteur de vue s'avère la même que celle de Dessaulles expliquant à Mgr Bourget, le 7 mars 1862, le sens de leur divergence sur la question du pouvoir temporel du pape et de l'Église.

L'affaire entre Doutre et Mgr Bourget est close lorsque l'évêque de Montréal soumet au cardinal Barnabo, le 21 septembre 1866, son Mémoire concernant l'Institut canadien de Montréal. À propos de la condamnation de l'Institut, l'évêque souligne que Dessaulles lui-même a reconnu la présence de livres à l'Index dans la bibliothèque. Il déplore ne pas avoir pu faire lui-même une enquête sur la bibliothèque et réitère son désaccord avec la proposition d'un séquestre où la décision de prêt des livres relèverait encore de l'Institut et non de lui. Enfin, l'évêque répète que ce n'est pas lui qui a condamné l'Institut mais l'Église. À propos des doléances personnelles, il reprend l'idée que son «Annonce» de janvier 1863 ne visait pas le rationalisme de Dessaulles personnellement.

Mgr Bourget termine son mémoire en rappelant que «Mr Dessaulles a prétendu en outre avoir *la liberté de dire* et de *penser que le gouvernement du Pape, administré comme il l'est, nuit plus qu'il ne sert à son influence comme chef de l'Église.* Comme tous les ennemis de la Papauté, il a eu la témérité de calomnier le gouvernement Pontifical, et de charger d'injures le Premier Ministre du Roi-Pontife, pour proclamer ensuite comme nuisible ce gouvernement si sage et si paternel.» Comment ce passage *ad hominem* disposa-t-il le gouvernement pontifical? On ne le saura jamais. À son mémoire l'évêque joint, enfin, des articles d'Hector Fabre sur l'histoire de l'Institut canadien, articles au centre de la polémique de 1862 avec le rédacteur du *Pays*, Dessaulles.

Il ne restait donc plus qu'à attendre le délibéré et le jugement de la congrégation de la Propagande.

Président de l'Institut canadien, Dessaulles ne s'est pas seulement porté à la défense de l'Institut; il fait partie, à compter de mai 1865, du Comité pour la construction d'un édifice pour l'association, ses anciens locaux ayant été réduits par l'élargissement de la rue Notre-Dame. Dessaulles, jeune patriote au temps des insurrections, est aussi du Comité en faveur d'un monument pour les illustres patriotes de 1837 et de 1838, finalement érigé, «la malveillance et le préjugé [étant] allés jusqu'à vouloir empêché l'Institut d'inscrire son nom sur ce glorieux résultat de ses efforts et de son activité».

Il préside, le 17 décembre 1866, à l'inauguration du nouvel édifice de l'Institut. *Le Pays* du 20, dont l'*Annuaire de l'Institut canadien pour 1866* reproduit le texte, rapporte l'événement en décrivant par le détail l'extérieur et l'intérieur de l'édifice, en énumérant les invités et en faisant état des différents rapports soumis, entre lesquels étaient intercalés l'Ouverture de *Faust* de Gounod, le quadrille *Queen's Canada,* la polonaise *Violette,* la valse *Stolen Kisses* exécutés par la fanfare de la Rifle Brigade. Le rédacteur du *Pays* fait un tour guidé des lieux y compris dans la galerie de tableaux où figurent les portraits à l'huile de MM. J.-B.-Éric Dorion et L.-A. Dessaulles dus à M. Boisseau et le portrait de... Galilée offert par Napoléon Bourassa.

Dans son discours d'inauguration, Dessaulles s'emploie à montrer la vitalité de l'Institut qui vient de se donner un remarquable édifice en plein cœur du vieux Montréal; il informe, par ailleurs, les membres de l'état d'avancement des pourparlers avec Rome et de l'essentiel des difficultés: «Ne pouvant légalement faire le plus, nous avons voulu essayer le moins, et proposé le séquestre des livres pour les catholiques. Nous avons été refusés, nous n'avons pas même obtenu l'indication des livres dont on se plaint. Ce que l'on nous demande, l'élimination absolue des livres, la loi ne le permet pas.»

Défense de l'Institut, érection d'un monument aux Patriotes, construction d'un nouvel édifice pour l'Institut, l'activité du président Dessaulles ne s'arrête pas là. Il fait, de décembre 1864 à avril 1865, six conférences publiques sur «la guerre américaine, son origine et ses vraies causes» qui paraîtront chacune en brochure après l'avoir été dans *Le Pays* et qui donneront finalement un fort volume de 538 pages. Dessaulles avait fait de fréquents voyages aux États-Unis dont il avait lu les grands écrivains et historiens. Ses conférences de 1850 sur l'annexion du Canada aux États-Unis l'avaient familiarisé avec la documentation étatsunienne et, depuis 1859, la presse canadienne-française, majoritairement favorable à la cause du Sud, suivait de près les débats et les événements autour de la guerre civile. Dans un très rare passage de ses mémoires où il est question de son père, la fille de Dessaulles, Caroline Dessaulles Béique, évoque la fièvre montréalaise à propos de la guerre de Sécession: «Mon père, qui était un journaliste renommé, avait pris fait et cause pour les États du Nord, menant une campagne active. [...] À cette époque, la sœur de mon père, Madame Laframboise, avait l'habitude de recevoir le dimanche soir, et ces réunions étaient assez bien suivies. J'ai entendu là des discussions interminables au sujet de la guerre américaine. Un bon nombre des membres de la société d'alors étaient convertis aux doctrines des Sudistes. Mon père qui était très documenté sur ce terrain soutenait à peu près seul l'opinion contraire, mais il pouvait citer, presque sans fin, des cas iniques d'injustices révoltantes et d'odieuses contraintes.»

Bien documenté, Dessaulles l'est; il a consulté les débats du Congrès, la presse américaine et quelques études récentes sur la question: *Inside View of Slavery: or, A Tour among the Planters* (1855) de C.G. Parsons, le *Suppressed Book about Slavery* (1864), *Southern Slavery in its Present Aspects* (1864) de Daniel R. Goodwin, *American Conflict* (1864) en deux volumes de Horace Greeley, *L'abolition de l'esclavage* (1861) d'Augustin Cochin et *History of the Rebellion: its Authors and Causes* (1864) de Joshua R. Giddings, ancien consul des États-Unis à Montréal.

Pour Dessaulles, l'esclavage est au centre des luttes politiques étatsuniennes depuis l'élection de 1856; il est «la négation pratique des institutions républicaines», «le cancer vénéneux» de son organisation sociale, une «institution immorale» indéfendable où il fallait chercher l'origine et les causes de la guerre américaine. Pour un libéral et un républicain, l'esclavage représente «la possession de l'homme par l'homme», «la plus emphatique négation de tous les droits comme de tous les devoirs», «le pouvoir illimité, discrétionnaire d'un individu sur un autre», «la brutalité du despotisme personnel autorisé», «la négation de tous les droits humains et comme de toutes les lois divines».

Devant ses auditeurs de l'Institut canadien, le conférencier dégage la signification du combat entre le Sud et le Nord et dénonce les appuis et les tactiques du Sud: «Et puis, disons-le franchement, grand nombre de ces sympathiseurs pour le Sud ne se sont montrés si fervents à sa cause que parce qu'ils ont cru entrevoir dans son succès la destruction des institutions démocratiques et du républicanisme.» Dessaulles fait l'historique de l'esclavage depuis l'Antiquité et cite les jugements des grand hommes politiques des États-Unis. Il scrute, pour ses auditeurs, les codes civils, le «code noir» des États esclavagistes, accumule les horreurs et les faits de cruauté de l'esclavage, ses effets sur les mœurs (famille, mariage, intempérance, immoralité de la vente des humains) et sur la prospérité matérielle et intellectuelle des États. Citant le Révérend Palmer de la Nouvelle-Orléans — «L'esclavage est un dépôt de Dieu» —, il ne manque pas au passage de dénoncer la défense de l'esclavage par toutes les dénominations et par la presse religieuse, pour souligner à nouveau les dangers «de mêler la politique avec la religion» et de «faire servir la chaire de véhicule à ses propres passions politiques». À son habitude, il sait trouver l'image répétitive qui frappe: le maître qui fouettait, mutilait, marquait et laissait mourir l'esclave, le considérait-il comme «son prochain selon l'Évangile?» demande Dessaulles.

Les conférences eurent un certain retentissement au Canada et aux États-Unis comme le rapporte *Le Pays*.

Au plus fort de ses interventions publiques et de cet affrontement avec la figure par excellence de l'autorité religieuse à Montréal, Dessaulles se montre capable d'un extraordinaire abandon dans sa correspondance privée avec Fanny Leman, qui sera bientôt la seconde épouse de son frère cadet, Georges-Casimir. On ne dispose pas d'une véritable correspondance de l'amoureux et de l'époux, ni d'échanges épistolaires avec sa fille unique, avant l'exil de 1875. Le Dessaulles intime qui nous est connu est le correspondant de Fanny Leman, celui qui signe «ton ami dévoué» ou «ton beau-frère dévoué» et qui indique à Fanny d'indiquer «privé» sur ses lettres. Avec elle, il sait être léger, badin; il se moque des «admirateurs» de cette femme remarquable, avec on ne sait quoi de l'homme fasciné. Il parle de recettes de «beignes et de bretons», d'un cosmétique qu'il a acheté pour noircir les cheveux, lui «qui ne vieillit pas»! Il prend plaisir à observer et à lui décrire les gens sur la place du marché de Saint-Hyacinthe: que «de bas sales, bas nets et bas percés sous les crinolines», imagine-t-il. Avec Fanny, la politique est infléchie au profit de la jovialité; à propos de la pluie persistante, il écrit: «Le système constitutionnel là-haut donne lieu à de pareils abus.» Évoquant sa participation au bazar des dames-patronesses, il avoue à Fanny: «Je travaille pour le bon Dieu, mais le Diable a sa petite part; il faut bien que tout le monde vive.» Il ajoute: «Les sœurs me portent sur la main, c'est la seule maison religieuse où l'on ne voit pas de longues cornes à mon front!» Ou, alors, il narre une soirée familiale et ses jeux avec les enfants: «Nous avons valsé, puis polké, puis galopés!»

Fanny Leman est aussi la confidente de ses passions secrètes et de ses projets. De New York, il lui écrit sa curiosité pour le spiritisme; ce «déiste», selon le mot d'Amédée Papineau, s'intéresse aux tables tournantes depuis au moins dix ans. Il lui parle de spiritisme mais aussi de «spiritomètre», cette invention qu'il a mise au point pour mesurer les taux d'alcool et prévenir la fraude des distilleries. L'appareil intéresse vivement le gouvernement des États-Unis et la «réussite lui paraît désormais certaine», confie-t-il à Fanny, en septembre 1866.

Le greffier s'est en effet jeté dans les inventions et les brevets. Le libéral conquis par le progrès espère ainsi faire fortune et se renflouer financièrement. Il se rend de plus en plus souvent aux États-Unis. En juillet 1865, il demande un congé de quinze jours du Greffe, «quelques affaires importantes exigeant [sa] présence à Philadelphie»; autre absence de vingt jours en septembre, pour «des affaires d'une très grande importance à transiger au bureau des patentes à Washington».

En avril 1866, un feuillet publicitaire signé de Dessaulles et de Charles Dion circule dans certains milieux montréalais. On y lit:

> Vous êtes prié de vouloir bien assister à une réunion qui se tiendra dans la chambre No. 5, Bâtisse Toupin, Place d'Armes, au-dessus du Bureau du Scottish Provincial Insurance Company, jeudi le 19 courant, à quatre heures précises de l'après-midi, afin d'étudier les mérites de la nouvelle invention de Mr. Dion, appelée sonnerie d'alarme dion. [...]
>
> L'objet de la réunion est d'examiner complètement le fonctionnement de l'appareil et de convaincre ceux qui ont la direction de diverses compagnies d'assurances de la réalité de l'utilité de l'invention.

En août 1866, Dessaulles s'associe à Pierre Aymard Jay, Français récemment arrivé au Canada, et avec lequel il obtient, pour une période de deux ans, sept brevets, portant, entre autres, sur une pompe à air et sur une scie à mouvement continu. L'association fait long feu: Dessaulles intente un procès à Jay, l'accusant d'avoir cherché à s'approprier le modèle du système d'alarme pour lequel il détient un brevet avec Dion. Le procès aboutit à un non-lieu, le jury ne parvenant pas à faire l'unanimité.

Mais ce ne fut pas le cas pour les 57 autres procès intentés contre lui, de 1843 à 1866, devant la Cour Supérieure de Montréal. Dans toutes les causes sauf deux, Dessaulles était le défendeur. Sa réputation de mauvais payeur était fondée. Dix-neuf jugements, de 1860 à 1863, l'obligent à payer près de 13 000$ à ses créanciers; de 1864 à 1866, cinq causes perdues le confrontent à des débours de plus de 5000$. En 1861, un procès intenté par Gale fait découvrir le stratagème de Dessaulles qui, en 1859 et vraisemblablement auparavant, avait fait l'acquisition de terrains pour son chemin de fer à lisses en se servant d'un certain Toussaint Desève comme prête-nom. En 1864, sa Compagnie des chaux du Canada, la «Canada Lime Works», est mise en faillite et vendue à l'encan devant l'église de Sainte-Rosalie et la seigneurie, grevée de dettes, vient tout près d'être saisie. En 1865, la Banque du Peuple, à laquelle il doit encore 900$, obtient un bref de saisie sur les rentes et d'autres biens de la seigneurie. C'est dire la gêne du greffier, qui attend beaucoup de ses inventions et qui doit en même temps faire bonne figure et tenir tête à l'évêque de Montréal.

L'affrontement entre le greffier Dessaulles et Mgr Bourget connaît un premier sommet au moment où Dessaulles, qui assume des présidences successives de l'Institut canadien de Montréal et qui collabore au projet de construction de locaux prestigieux, personnifie l'indépendance idéologique de cette association. Le refus systématique de toute solution de la part de l'évêque explique pourquoi Dessaulles lui demande où se trouve vraiment cette «orgueilleuse raison» dont Mgr Bourget fait tant de cas. La Supplique adressée à Rome constitue à la fois un recours à l'autorité supérieure de l'évêque de Montréal et une stratégie d'appel qui, en droit civil, a pour effet de suspendre un jugement antérieur, nommément la condamnation de l'Institut par Mgr Bourget, en 1858.

Dessaulles et l'Institut veulent être entendus, ce que Mgr Bourget leur a refusé; la solution recherchée doit viser les membres catholiques de l'Institut, car il est hors de question, en droit civil, de démembrer une bibliothèque qui est autant celle de catholiques que de protestants. Cette stratégie fait voir on ne peut plus clairement que la décision de l'Institut canadien d'être une association non confessionnelle est au cœur du conflit.

Le mémoire de Mgr Bourget, en réplique à la Supplique de membres catholiques de l'Institut, pose la question de la bonne foi de l'évêque. Comment peut-il y affirmer qu'il n'a pas pu faire enquête sur l'Institut quand le catalogue de la bibliothèque lui a été soumis? Son désaccord avec la proposition d'un séquestre des livres non recommandables pour les membres catholiques, n'indique-t-il pas, tous comptes faits, une volonté inébranlable de contrôler la bibliothèque de l'Institut? L'évêque peut-il, de bonne foi, faire porter à l'Église universelle *sa* condamnation de l'Institut, en 1858? Et finalement, que penser de l'argument *ad hominem* de l'évêque qui rappelle au tribunal pontifical qui va le juger l'opposition réitérée de Dessaulles au pouvoir temporel du pape?

On peut s'interroger sur l'importance que Dessaulles accorde à la défense de l'Institut canadien de Montréal. Après cette nouvelle défense de la raison, l'enjeu est clair: «l'esprit persécuteur», celui qui avait condamné Galilée, peut-il encore «étouffer le libre arbitre individuel»? Dessaulles prétend que tout se tient: *Le Pays*, l'Institut canadien, le Parti libéral.

CHAPITRE XI

Contre l'intervention du clergé en politique (1867)

«Si dès le début de ce rôle d'adversaire des bons principes et de la vérité qu'il a joué depuis plus de vingt ans, on eut montré ce que valent et ses arguments et ses assertions, on l'aurait empêché d'infecter un certain nombre de personnes de tant d'idées malsaines qui ont violé l'atmosphère intellectuelle où elles respirent, et on ne l'aurait pas vu faire avaler, en se moquant de leur crédulité, à des auditeurs ou à des lecteurs qui savent plus croire que distancer, des faussetés qui les ont imbus de préjugés formant chez eux une croûte difficile maintenant à percer.»

Abbé Joseph-Sabin RAYMOND,
Courrier de Saint-Hyacinthe
(18 mai 1867)

Depuis sa lecture des *Affaires de Rome* de Lamennais, en 1839, Dessaulles n'avait cessé de dénoncer l'intrusion de l'Église en politique et la perpétuation de la confusion entre ses intérêts sprirituels et matériels. Il l'avait fait aussi bien contre le pape, à Rome, que contre le curé Crevier, à Saint-Hyacinthe.

En 1867, on discute depuis trois ans d'un nouveau régime constitutionnel pour le pays; depuis l'hiver 1865, les jeux sont pourtant faits au niveau parlementaire et le projet de loi est dorénavant devant le parlement impérial pour y recevoir une sanction finale, qui viendra

le 1ᵉʳ juillet. Au moment où l'on se prépare à de nouvelles élections
en septembre 1867, deux occasions vont se présenter pour ramener le
greffier-adjoint de la Cour des Sessions de la Paix de Montréal dans
l'arène politique: de janvier à juillet, le président de l'Institut canadien de Montréal, qui attend toujours une réponse à la supplique
adressée à Rome, dénonce la collusion de l'Autel, du Trône et du
Séminaire en polémiquant avec le supérieur du Séminaire de Saint-
Hyacinthe, l'abbé Joseph-Sabin Raymond, et en retournant au *Pays*
mener une enquête sur l'intervention du clergé en politique, à l'occasion d'une élection qui allait marquer l'insuccès des Rouges dans
leur opposition à la Confédération.

Dessaulles connaissait très bien le Séminaire de Saint-Hyacinthe.
Il y avait fait ses premières années d'études et ses classes de Philosophie sous messieurs Raymond et Désaulniers. À titre de maire de
la ville, il avait suivi de près les activités du collège et avait pris la
peine, à quelques occasions, de rendre compte des examens de fin
d'année, valorisant les initiatives de l'institution mais se permettant
aussi un regard critique. Il écrivait dans *La Minerve* du 30 juillet
1847: «Quelques-unes des idées qu'on y a émises et discutées ne sont
peut-être pas admises comme strictement vraies par la majorité des
laïques éclairés; on y a peut-être attribué trop exclusivement au
catholicisme certains résultats sociaux qui sont dûs à l'action de la
religion et de la civilisation réunies...» Trois ans plus tard, après la
parution de *L'Avenir* et la radicalisation idéologique de l'Institut
canadien, Dessaulles avait déjà, dans ses conférences sur l'annexion
du Canada aux États-Unis, identifié les préventions contre la démocratie: «Ces préjugés, nous les suçons avec le lait, en quelque sorte;
on en farcit l'imagination des jeunes gens, dans les collèges, et aux
yeux de bien des gens encore, être républicain, c'est être sans religion,
sans principes, sans notions d'honneur et de moralité.»

Dessaulles connaissait bien l'abbé Raymond. L'homme qui avait
été aussi un inconditionnel de Lamennais avait dû s'en séparer au
moment de sa condamnation en 1834, sans toutefois renoncer à son
admiration pour Guéranger ou Lacordaire, d'autres catholiques
«libéraux», qu'il avait d'ailleurs visités en France et en Italie lors de
son voyage en 1842-1843. Raymond, qui avait collaboré aux *Mélanges religieux* entre 1842 et 1853 et avait été un conférencier très actif,
personnifiait le clerc savant.

Les deux hommes avaient soutenu une brève polémique à la fin de 1863, au moment où le frère de l'abbé Raymond, Rémi, avait défait à la surprise générale le cousin de Dessaulles, Augustin-Cyrille Papineau, lors d'une élection. Dessaulles avait gardé en travers de la gorge les sermons des curés contre son cousin et deux articles contre Papineau dans le *Courrier de Saint-Hyacinthe* du 25 septembre 1863, qu'il attribua alors à deux prêtres du Séminaire, les abbés Tétreau et Ouellet, et qui, après s'en être pris à la famille Papineau en général, se terminaient par cette considération: «[...] nommer M. Dessaulles, c'est nommer l'apôtre de l'annexion, l'insulteur du Pape, [...], celui qui parmi les Canadiens [...] a jeté le plus de bave sur ce que nous aimons.»

Début janvier 1867, un article du *Pays,* signé «Tolérance», et qu'on peut attribuer à Dessaulles, réanime un feu dont les braises n'avaient encore jamais vraiment refroidi. Dessaulles s'en prend alors à une sortie du *Courrier de Saint-Hyacinthe* du 22 décembre 1866 contre Louis-Joseph Papineau. Pour lui, il est clair que la plume qui a rédigé ce texte est à nouveau celle du Séminaire. S'enclenche alors, sur sept mois, une polémique de dizaines de longues colonnes publiées d'un côté, dans le *Journal de Saint-Hyacinthe* et *Le Pays*, et de l'autre, dans *Le Courrier de Saint-Hyacinthe, La Minerve* et le *Journal de Trois-Rivières*. Depuis 30 ans, les polémiques s'étaient multipliées: avec le curé Crevier, avec *La Minerve* et le Dr Nelson, avec Mgr Bourget, avec Hector Fabre, avec Cyrille Boucher, avec Louis Taché. En 1867, le polémiste est à son meilleur; il amène son adversaire sur son terrain, déboute ses manières de faire; il trouve des témoignages incriminants, le hasard lui faisant même parvenir de la correspondance oubliée à l'occasion d'un déménagement!

Les assertions de Dessaulles en 1867 sont celles de 1863: le Séminaire se mêle activement de politique, ses professeurs écrivent régulièrement dans le *Courrier* et le dirigent en grande partie et, enfin, les professeurs le présentent comme un homme sans principe et comme un athée. Ces assertions sont fondées, dans un premier temps, sur des affirmations d'élèves, sur la présence du latin dans des citations et sur une familiarité plutôt grande avec la théologie et le droit dans des articles du *Courrier*. Le supérieur Raymond nie ces assertions et entend rassurer les parents des élèves; il s'interroge sur la crédibilité à accorder aux témoignages d'élèves, souligne que les dictionnaires regorgent de citations latines, reconnaît que, de fait, le rédacteur du *Courrier* a consulté, au Séminaire, mais récuse toute attribution d'un article à l'abbé Ouellet, alors absent de Saint-Hyacinthe. L'abbé Raymond se dit froissé des accusations du filleul de l'abbé Girouard, le fondateur, et laisse entendre que tout refus de ces dénégations équivaudra à le traiter de menteur. Pour lui, le clergé a le devoir de traiter publiquement des questions sociales d'autant plus qu'il «n'est guères de question s'élevant au dessus des intérêts purement matériels dans laquelle la religion n'ait à intervenir». Les enjeux se précisaient.

Dessaulles est conscient de la difficulté de faire la preuve quand tous les moyens ont été pris pour masquer l'affaire. Plus délicat que le supérieur ne le laissera bientôt entendre, Dessaulles propose que seuls les deux interlocuteurs sachent les noms des personnes susceptibles d'être appelées à la barre de l'opinion publique, ce que le supérieur refuse. Dessaulles précise son propos: «Pour moi, la question actuelle est plutôt une question d'intérêt public que privé. J'entends l'envisager au point de vue de l'indépendance complète des citoyens dans la sphère politique et montrer qu'il y a abus, dans un établissement d'éducation, à rabaisser certains hommes publics dans l'esprit des élèves pour cette seule raison qu'ils n'appartiennent pas au parti que la maison favorise.» Il reconnaît au Séminaire le droit et le devoir «de discuter des principes généraux de la philosophie politique et sociale»; mais il regrette de le voir «se ranger toujours dans le camp du privilège et jamais dans celui des libertés populaires [...] mais ce que je leur conteste c'est, sous prétexte d'enseigner les principes, le droit d'attaquer les individus, et d'incriminer systématiquement les intentions de ceux qui comprennent combien il est nécessaire que les peuples aient des défenseurs quand les puissantes influences se liguent contre eux».

Raymond nie qu'on ait attaqué Dessaulles personnellement et détourne le propos en suggérant qu'à la manière des libéraux italiens, ceux du Canada veulent s'emparer de l'enseignement et «faire fermer le collège». Dessaulles rétorque: «En vérité je ne reconnais plus l'homme et ne puis apercevoir que le long manteau de l'inquisiteur!»

La polémique se resserre lorsque Dessaulles publie quatre témoignages à l'appui de ses accusations. Son cousin J.-G. Papineau vient affirmer qu'en 1863, au Séminaire, on lui enleva la brochure *Blanc et noir*, publiée par Dessaulles contre *La Minerve* et le Dʳ Nelson, alors qu'on vendait moins cher qu'en ville la brochure *Le rougisme en Canada*, véritable charge contre les Rouges de *L'Avenir* et de l'Institut canadien. On faisait donc de la politique au collège. Papineau témoigne aussi du fait que le *Courrier* était permis aux élèves et que deux ecclésiastiques lui avaient affirmé que les fameux articles du *Courrier* du 25 septembre 1863 étaient des abbés Tétreau et Ouellet. Les professeurs écrivaient donc bel et bien dans le *Courrier*. Un certain M. Lévesque corrobore qu'on avait traité Louis-Joseph Papineau et Dessaulles d'impies et d'athées. On visait donc nommément des individus et faute de brûler les «impies», on les calomniait, pense Dessaulles! Rappelant ses années de philosophie, l'avocat C.A. Geoffrion écrit: «Après nous avoir parlé d'Épicure et de quelques autres philosophes et réfuté leurs erreurs, [M. Désaulniers] ajouta que nous avions, même en Canada, de ces prétendus philosophes; qu'on avait vu dans une de nos grandes villes un de ces hommes affirmer que l'homme n'était qu'un singe perfectionné qui avait perdu son poil au frottement social. On ne mentionna pas alors votre nom, mais il n'y avait pas à s'y tromper». Enfin, le rédacteur du *Pays*, Alphonse Lusignan, ancien du Séminaire, rappelle qu'on avait dénoncé la conférence de Dessaulles sur Galilée, et qu'en donnant un terrain aux protestants maskoutains, le seigneur leur avait fourni un moyen de propager leurs erreurs; il était clair pour Lusignan qu'on était prévenu contre Dessaulles au Séminaire.

Un autre témoin, le Dʳ Préfontaine, que l'abbé Raymond traitera de délateur, vient alors ajouter qu'à l'Académie du Séminaire, on entendit un discours violent contre Dessaulles au moment de la candidature de celui-ci au Conseil législatif; Préfontaine avoue: «À l'exemple de mes professeurs de philosophie, MM. Désaulniers et Godard, je croyais le peuple trop bête (textuel) pour se gouverner lui-même et je pensais que sa participation au gouvernement était une erreur, qu'il y avait danger réel à l'instruire, l'instruction le rendant plus difficile à gouverner.» Le témoignage est trop beau pour que Dessaulles n'en dégage pas les postulats: «On ne doit envisager la question personnelle qui se vide aujourd'hui que comme un moyen de démonstration de ce fait si grave que nos maisons d'éducation sont en antagonisme complet et absolu, avec les seuls principes politiques et sérieux qui vont dorénavant régir le monde. On y persiste à donner une fausse direction à l'esprit des jeunes gens et à leur présenter le libéralisme, c'est-à-dire l'idée républicaine, comme dangereuse et même irréligieuse.» Un témoin de Raymond, M. Rainville, vient d'ailleurs fournir une idée de cette «direction» donnée à l'esprit des Académiciens à propos de la meilleure forme de gouvernement: «*In medio stat virtus*; et je trouve que le plus grand des théologiens, qui a été aussi le plus grand des philosophes, a dit la vérité sur ce point [...] par ces paroles de sa *Somme*: la meilleure forme politique est le gouvernement mixte, où il y a monarchie, parce qu'il y a un roi qui gouverne, l'aristocratie, parce qu'il y en a beaucoup qui participent au pouvoir à raison de leur mérite; et la *démocratie,* parce que les *hommes du peuple* peuvent être élevés aux charges, et parce que l'élection de ceux qui commandent appartient au peuple.» Dessaulles fait alors une pause stratégique et avoue garder «plusieurs petites poires pour la soif»!

De son côté, le supérieur Raymond se dit persuadé que Dessaulles n'aurait pas «la force morale d'avouer une erreur» et entreprend d'évaluer à la baisse les dons faits autrefois par le seigneur Dessaulles fils. Il admet par ailleurs qu'en 16 ans «de traits lancés contre les opinions de M. Dessaulles, dans une défense certes légitime», certains aient pu tomber sur sa personne. Mais immédiatement, l'abbé fait un pas en avant: «Qu'on remarque bien que la plupart des qualifications dont M. Dessaulles se plaint à son égard de la part des divers professeurs se rapportent aux idées qu'à tort ou à raison on lui a reprochées comme injurieuses à l'Église. Cela ne rend-il pas évident que c'est dans la sphère religieuse qu'il faut chercher la raison de l'opposition qui existe entre le Séminaire et son adversaire?» Dans la sphère religieuse et non pas dans le rapport entre la sphère religieuse et la sphère politique!

Le supérieur qui décompte maintenant 70 lettres d'appui et de témoignage — dont plus des deux tiers de prêtres — n'en défend pas moins le Trône, l'Autel et le Séminaire contre ceux qui voudraient les renverser tous trois: M. Dessaulles aura «pris les moyens de jeter dans le discrédit une institution qui soutient tout ce qui peut contribuer à maintenir notre nationalité en entretenant les principes religieux, sociaux et moraux qui en font la force, et cela parce que les autres institutions de même nature, sentant le contre coup, perdraient leur influence, et qu'ainsi un grand obstacle de moins se trouverait à ce changement projeté de notre destinée comme peuple [...], et qui aurait pour résultat inévitable, plus ou moins consenti, de faire disparaître le nom, la langue, les mœurs, la religion de nos pères du sol de la patrie.» Et s'il faut mettre un dernier barrage, l'abbé Raymond le place ainsi: «Et c'est du prêtre, qui enseigne la vérité, que le Christ a dit: qui vous méprise, me méprise.»

Le supérieur du Séminaire ménageait aussi une poire pour la soif. Il cède alors la plume à l'abbé Isaac Désaulniers, professeur de philosophie, interpellé quelquefois par les témoins de Dessaulles. Le prédicateur de 1863 contre Dessaulles et le restaurateur du thomisme au Canada français revient à la conférence sur «le progrès» de 1858 pour «relever le gant» et montrer en trois longs articles comment Dessaulles est anticatholique, antisocial et antipatriotique. L'affirmation par le conférencier de la pluralité et la variabilité de l'espèce humaine contredisent, selon Désaulniers, le récit mosaïque. Le progrès continu de l'espèce humaine est en contradiction avec le «dogme» du péché originel et la chute d'Adam; en ce sens, le progrès est la négation du christianisme et Dessaulles un anticatholique. La pensée répugne par ailleurs à la génération spontanée dans la mesure où elle implique un effet sans cause. Quant à la raison perçue comme résultante de la seule organisation physique de l'homme, il s'agit là du plus pur matérialisme. La «sagesse» de Désaulniers n'exclut pourtant pas l'ironie, à preuve: «Et qui nous empêche, après tout, de croire que ce singe, en suivant toujours le perfectionnement de l'individu, ne finirait pas par être un honorable monsieur du dix-neuvième siècle?» Le professeur de philosophie conclut ainsi son intervention: «Cette lecture est de plus une insulte à la science et au sens commun [...]; une insulte à notre société qui s'est toujours glorifiée d'honorer Dieu et son Église; une insulte aux institutions si chères au peuple Canadien et qu'il doit au christianisme; enfin, une insulte en particulier à la jeunesse de notre pays que l'on jugeait assez dégradée pour s'éprendre d'une doctrine vraiment honteuse.»

À son tour, Dessaulles se moque du «canoniste de réserve», de «l'irréflexion» du «professeur de sagesse» venu «écorcher sa philosophie aux roches du chemin»; il lui retourne du Thomas d'Aquin en l'abreuvant de multiples citations du théologien-philosophe à propos du statut de la raison. Et puis, une petite incise: «Il faut vous habituer à laisser le domaine de la terre aux laïques quand ceux-ci ne vous disputent pas celui du Ciel.» Et pour que le public y voit clair, il propose — ce qui sera refusé par l'abbé Raymond — de mettre en brochure les articles des abbés et les siens et de publier sa conférence sur «le progrès» à condition que les journaux qui la publieront et la commenteront s'engagent à faire place à ses commentaires. En bon logicien, il rappelle au supérieur du Séminaire que ses 70 témoins n'infirment pas ses affirmations et il hausse la discussion d'un cran: «Je parle ici au nom du libre arbitre moral et de l'indépendance individuelle; je lutte contre les proscripteurs de tout principe libéral, contre ceux qui osent même dire que le fait seul d'une lecture sur le progrès est un acte impie! Je fais donc la bataille de la civilisation moderne contre l'esprit réactionnaire [...]»

Et poire pour poire, Dessaulles en sert une toute mûre au supérieur: une lettre de l'abbé Tétreau, du Séminaire, au rédacteur du *Courrier de Saint-Hyacinthe*, Louis Gladu, qui commence ainsi: «Si, dans ces jours d'extrême fatigue, j'avais temps de m'occuper de politique....» L'abbé explique ensuite ce qu'il «démontrerait» à propos des libéraux, de la «gloire de M. La Fontaine» et de ceux auxquels il ne donnerait pas la communion sans confession. Devant cette preuve d'une solidité inébranlable, Dessaulles ne peut que rappeler *(1)* que le Séminaire fait de la politique active, *(2)* qu'il est en rapport direct avec le *Courrier* et *(3)* que ses professeurs exercent un contrôle sur la feuille.

Bien que mûre, la poire est amère pour le Supérieur qui minimise l'effet de la lettre en rappelant que les professeurs ont droit à leurs opinions, y compris sur le projet de Confédération, et à l'expression de ces idées, faite ici confidentiellement au rédacteur. Évidemment, il s'enquiert de la méthode «frauduleuse» par laquelle Dessaulles a eu copie de cette correspondance privée et déclare qu'il n'est plus en face d'un adversaire de bonne foi mais plutôt d'un homme sans loyauté et «qui ne respecte rien»: «Que l'on reconnaisse donc maintenant les moyens auxquels a recours pour parvenir à ses fins le parti anti-clérical. Faire parler des élèves contre leurs professeurs; se servir de ce qui a pu être dit dans l'intimité; engager à faire des dénonciations contre des amis avec qui on était en rapport; mettre la main dans les papiers des autres pour y surprendre des secrets; rendre publiques des lettres privées malgré ceux qui seuls ont le droit d'en disposer; voilà le système moral que l'on veut substituer à celui qui a dominé jusqu'à présent dans notre pays, si renommé par la loyauté de ses mœurs.»

Ce sera donc «l'autorité religieuse qui seule [maintiendra] la morale» fondée sur la religion. Et à ceux qui veulent briser cette indissociable union — «les libres-penseurs de la *civilisation moderne*» — on répétera le mot de Donoso Cortès: «Toute grande question politique suppose et renferme une grande question théologique.» L'intervention du clergé est donc tout simplement nécessaire.

À Raymond qui le qualifie maintenant d'adversaire de la vérité, Dessaulles rétorque: «Dire que j'ai joué depuis vingt ans le rôle d'adversaire des bons principes et de la vérité ne découle clairement pas de notre discussion actuelle. Dire que je suis l'ennemi de tout principe juste, de la religion, de la vérité, de l'église, du bon ordre, que depuis vingt ans, je n'émets que des *idées malsaines,* n'en découle pas non plus. *Voilà les idées de la maison* à mon égard depuis *vingt ans!*» Et puis, enfonçant le clou, Dessaulles laisse tomber: «Ce que vous dites aujourd'hui vous-même s'est toujours dit par vos subalternes!»

Comme «petit plat de dessert», Dessaulles publie deux lettres. L'une de l'actuel rédacteur du *Courrier,* Oscar Dunn, dans laquelle on apprend qu'étudiant au Séminaire, l'abbé Tétreau lui «suggéra» d'écrire un article dans le *Courrier.* À nouveau, Dessaulles montrait que ses trois accusations étaient fondées. Ce ne fut pas l'explication de Dunn, à l'effet qu'il avait alors mal choisi le terme de «suggestion», qui allait le faire changer d'idée. L'autre lettre d'un agent du *Courrier* à Yamachiche montrait que le propriétaire du journal, en 1863, avait incité l'agent à rassurer les abonnés en disant que c'étaient les prêtres du Séminaire qui dirigeaient la feuille, que MM. Tétreau et Ouellet en étaient les principaux rédacteurs et que le rédacteur n'écrivait «rien d'important sans les consulter». Le clou était enfoncé. Le supérieur réplique: la conduite de M. Dessaulles «ne permet plus guère à mon honneur et à ma dignité» de continuer.

Le 9 juillet, Dessaulles décide d'en finir avec cette polémique «la plus acharnée encore que l'on ait vue contre un citoyen». Il résume ces sept mois de duel verbal: «Vos prétentions à vous faire considérer comme ne pouvant pas commettre de fautes; votre habitude de régenter avec amertume tous ceux qui veulent penser comme vous dans l'ordre social et politique; votre tactique à chercher à déconsidérer ou

à écraser tout ce qui vous résiste, même dans une sphère qui n'est pas
la vôtre; vos colères et vos injures quand vous vous trouvez en face
d'un homme qui a l'énergie de démontrer vos torts; votre évidente
détermination enfin de ne jamais faire le plus léger aveu en face des
plus écrasantes preuves; toutes ces choses ont frappé bien des lecteurs. Adieu, Monsieur le Supérieur.»

Les lettres de l'abbé Tétreau à l'ex-rédacteur Gladu, celle du
même abbé au jeune Oscar Dunn, futur rédacteur du *Courrier* au
moment de la polémique ainsi que celle de l'agent du journal à
Yamachiche, M. Chagnon, incriminaient le Séminaire qui s'était mêlé
de politique et témoignaient de relations directes et soutenues avec le
Courrier. Sans compter que la tolérance de certaines brochures et
l'intolérance à l'égard de certaines autres ne convainquaient que les
convaincus de l'objectivité dont le supérieur se faisait fort. Quant aux
attaques personnelles contre Dessaulles, contre ses conférences sur
Galilée ou sur le progrès, leur force reposait sur des témoignages et,
en partie, sur la logique habituelle de Dessaulles qui finit par faire
comprendre au supérieur Raymond que ses commentaires à son propos étaient justement ceux de ses subalternes depuis 20 ans. D'ailleurs, la seule concession, partielle, que fait l'abbé Raymond concerne ces attaques individuelles possibles contre Dessaulles, sur une
si longue période.

Mais le véritable enjeu était ailleurs. Pour les deux polémistes, le
«contrôle» de l'enseignement était central; la nationalité s'y jouait
quelque part dans la transmission de certaines valeurs telles que les
idées et les opinions sur la meilleure forme de gouvernement. Depuis
au moins 1850, Dessaulles avait compris que les élites sortaient des
collèges, prévenues contre la démocratie et contre les idées libérales en général. En 1867, il dénonce la triple alliance du Trône, de
l'Autel et du Séminaire et la doctrine ultramontaine de l'abbé
Raymond pour qui toute question politique renferme une dimension
morale donc religieuse. Dans le feu de la polémique, la prétention
cléricale était allée jusqu'à identifier le mépris du prêtre au mépris du
Christ même! Mais pour Dessaulles qui affirme d'entrée de jeu
l'indépendance des individus dans la sphère politique, il faut «laisser
la terre» aux laïcs, ne pas confondre la sphère politique et la sphère
religieuse, séparer l'Église de l'État.

En pleine polémique et en pleine période électorale, Dessaulles doit continuer à voir à ses affaires personnelles. Résident à Montréal depuis 1860 et dédommagé au moment de l'abolition du régime seigneurial, Dessaulles doit néanmoins vendre l'ancienne seigneurie. C'est là l'aboutissement de ses difficultés financières exacerbées depuis 1860. À la requête d'Alfred La Rocque agissant pour feu Joseph-Félix La Rocque, la Cour Supérieure de Montréal émet le 1ᵉʳ juin 1867 un mandat de «venditioni exponas» expédié pour exécution au shériff du district judiciaire de Saint-Hyacinthe, nul autre que Louis Taché, l'accusateur de Dessaulles que celui-ci avait fait condamner par la Cour. Le 12 juillet, devant l'église de la paroisse de Saint-Dominique, la seigneurie est vendue aux enchères et acquise pour la somme de 32 025 dollars par un certain Robert Jones. Celui-ci obtient, de surcroît, une saisie qui englobe «un fauteuil en maroquin, deux bergères en damas, une bergère en indienne, une petite table de toilette, une étagère en acajou, un tapis de seize verges, un piano Ladd en bois, deux volumes de musique reliés, une bibliothèque en frêne, le haut vitré, le bas à deux portes, 21 grandes gravures, trois cadres et gravures, deux vases de porcelaine, un microscope». Il ne s'agissait même plus de sauver les meubles.

À peine sorti de la polémique et de la vente de la seigneurie, Dessaulles, toujours greffier-adjoint, retourne anonymement au *Pays,* alors dirigé par Alphonse Lusignan. La Confédération a alors été sanctionnée, le 1ᵉʳ juillet, par le parlement impérial et l'élection de septembre, bien que non référendaire, donne le pouls de la population. Les résultats sont décevants pour les libéraux qui obtiennent 12% du suffrage au provincial et au fédéral. Alors qu'ils avaient obtenu 33% du vote dans la grande région de Montréal à l'élection de 1863, ils ne remportent que 18% en 1867. Seule la région de Saint-Hyacinthe s'est maintenue avec 41% du vote aux deux élections. C'est l'échec de l'opposition des Rouges à la Confédération. À vrai dire, on sait peu de chose de la position de Dessaulles, sinon qu'en toute logique, il était opposé au projet confédératif fait sans appel au peuple, qui consacre le principe de la représentation selon la population à l'application duquel il se refusait et qui signifie l'abandon du principe d'électivité du Conseil législatif.

Au *Pays,* Dessaulles entreprend, en septembre 1867 — vraisemblablement en collaboration avec Lusignan — une enquête sur les élections et en particulier sur l'intervention du clergé en faveur des conservateurs et de la Confédération. Le journal libéral fait appel aux lecteurs pour documenter son enquête. Il y avait déjà un bon moment, pour sa part, que Dessaulles glanait des renseignements à propos des gens d'Église.

Depuis 1852, il consigne, dans un calepin à index de 57 pages, les faits et gestes scandaleux du clergé. Cartouchière toujours disponible, le calepin aligne les comportements privés de certains membres du clergé: telle fille avait été engrossée par le curé Amiot de Napierville dont la servante avait eu six enfants de lui; l'abbé Hervey va à tel hôtel d'Old Orchard Beach sous le nom de Jarry; l'abbé Ménard de Lachenaie est un pédéraste. Mais ce calepin indexe surtout les comportements du clergé face à la politique: le curé Archambault de Saint-Hughes refusera la sépulture à des gens qui voteront «rouge»; le curé Bruneau de Verchères maintient qu'on est obligé, en conscience, de voter pour le gouvernement; des professeurs du Collège de Sainte-Thérèse invitent les élèves à écrire à leurs parents pour qu'ils votent contre les libéraux; Mgr Larocque met untel en demeure de retouner *Le Pays* ou de se voir refuser l'absolution; le curé Ricard d'Acton refuse l'absolution à une femme parce que son mari lit le *Journal de Saint-Hyacinthe;* le jésuite Vignon prescrit aux fidèles d'éviter les hérétiques et les excommuniés de l'Institut canadien de Montréal. Le réflexe d'observer, de noter les failles pour d'éventuels combats est donc bien présent au moment où Dessaulles prie les lecteurs de faire de même.

D'ailleurs, les faux pas du clergé et de la hiérarchie n'avaient pas manqué depuis quelques mois. Sans compter la participation du Séminaire de Saint-Hyacinthe à la politique active dont il vient de faire voir les mécanismes, quatre des cinq évêques du Québec — ceux de Québec, de Saint-Hyacinthe, de Trois-Rivières et de Rimouski — avaient publiquement pris position en faveur de la Confédération. Mgr Charles Larocque, de Saint-Hyacinthe, dans une lettre pastorale de 16 pages, en date du 18 juin, ne s'était pas caché pour dénoncer les opposants libéraux à la Confédération, «certains journaux exaltés» aux principes «plus qu'équivoques», les sociétés secrètes tel le Club de Saint-Jean-Baptiste et les annexionnistes: «Des institutions républicaines ne nous iraient pas mieux qu'au grand peuple dont nous descendons, les Français! Et le sort qui nous serait réservé, si un jour ou l'autre Dieu souffrait que nous entrassions dans la grande république américaine, serait exactement comparable à celui de tant de tributaires qui viennent s'engouffrer dans le large et profond St-Laurent, où ils disparaissent sans qu'il soit possible d'en apercevoir aucune trace.» Mgr Larocque félicitait ces «hommes les plus remplis d'intelligence et de patriotisme» qui ont rendu possible la Confédération, ce «sort politique qui doit nous apparaître comme des plus acceptables, sinon comme le plus riant possible».

Les prises de positions des évêchés sont parfois curieusement répercutées par les curés. Dans Bagot, par exemple, où se présente le beau-frère de Dessaulles, Maurice Laframboise, un curé affirme devoir refuser les sacrements et l'absolution à ceux qui voteraient «rouge». Un groupe de signataires — dont le frère de Dessaulles, Georges-Casimir — prend l'initiative, le 13 septembre, d'écrire à l'évêque via le *Journal de Saint-Hyacinthe* pour lui demander si l'on pouvait voter libéral sans encourir ces risques. Mgr Larocque se contente de les référer à sa lettre pastorale de juin.

«L'enquête» du *Pays* sur les élections s'amorce le 17 septembre 1867 et se poursuivra jusqu'au 20 février 1868. La profusion des détails sur les comtés de Rouville, de Saint-Hyacinthe et surtout de Bagot, la similitude de certains renseignements présents dans le journal et dans le «Calepin de notes» de Dessaulles, tout comme les tentatives pour le faire destituer de son poste de greffier-adjoint en raison de cet engagement «politique», permettent d'attribuer ces articles à Dessaulles, ami par ailleurs du rédacteur, Lusignan, qui a témoigné en sa faveur lors de la polémique avec l'abbé Raymond.

Dessaulles explique donc les raisons de l'intervention du clergé dans les élections; et en attendant des renseignements supplémentaires des lecteurs, il s'en prend à la brochure de L.-H. Huot, *Du rougisme en Canada,* qui vilipende *L'Avenir,* l'Institut canadien et *Le Pays.* Le 10 octobre, Dessaulles scrute les comportements des curés du comté de Rouville. Dans trois longs articles, il fait la même revue pour ceux du comté de Saint-Hyacinthe, gardant comme «petit plat de dessert» les onze curés du comté de Bagot! Il félicite les curés Desnoyers de Saint-Pie, Poulin de Saint-Dominique et Girouard de Saint-Simon pour leur attitude de réserve durant les élections. Mais il stigmatise les interventions indues du curé Archambault de Saint-Hughes, du curé Brunelle de Saint-Liboire, ancien vicaire de l'abbé Archambault, du curé Poulin de Sainte-Hélène, du curé Michon d'Upton, de son collègue Marcotte de Saint-Théodore d'Acton, de l'abbé Marchesseault de Sainte-Rosalie, se réservant le curé Ricard de Saint-André d'Acton pour six articles et les priant de ne pas croire «que [son] portefeuille soit épuisé»! Le *Journal de Saint-Hyacinthe* se fait un devoir sinon un plaisir de reproduire l'enquête du *Pays*.

Dès le mois d'octobre, on tente toutefois, mais vainement, d'immobiliser l'enquêteur du *Pays*, lui reprochant ses multiples séjours à Saint-Hyacinthe, ses visites et ses poignées de main place du marché. La rédaction du *Pays* doit préciser à ceux qui se sont adressés à M. Dessaulles comme auteur des articles sur les élections qu'ils devront plutôt communiquer avec la rédaction et «que M. Dessaulles n'est pas l'auteur de ces articles et qu'il leur est parfaitement étranger»!

Les polémiques de Dessaulles ont eu, le plus souvent, comme trame, le combat pour la séparation des pouvoirs, pour la distinction entre le spirituel et le temporel. En 1843, affrontement avec le curé Crevier à propos de l'administration de la paroisse; en 1849 et en 1861, opposition au pouvoir temporel du pape au moment de l'unification italienne; de 1864 à 1866, défense de l'Institut canadien de Montréal contre la volonté d'ingérence épiscopale dans la bibliothèque de l'association.

En cette année 1867, où le vent de l'antagonisme libéral-ultramontain tourne à droite, Dessaulles mène le combat de la séparation de l'Église et de l'État sur deux fronts primordiaux: sur le front politique, en dénonçant l'intervention électorale du clergé en faveur du Parti conservateur et de la Confédération; sur le front de la formation idéologique des générations, en stigmatisant l'enseignement anachronique des séminaires, encore fervents de la monarchie et de l'alliance du Trône et l'Autel. Non seulement l'abbé Raymond avait-il reconnu que l'attaque contre le Séminaire voulait dire une mise en cause de la nationalité, du prêtre et du Christ lui-même — qui allait transmettre quelles idées? — mais en faisant sien le mot de Donoso Cortès — «toute question politique renferme une question théologique» —, le supérieur reconnaissait, dès lors, le véritable enjeu de la polémique. Il se sentit donc légitimé de tenir Dessaulles responsable d'avoir «infecté» tant de lecteurs et d'auditeurs depuis 20 ans.

De ce point de vue, les interventions de Dessaulles en 1867 s'avèrent complémentaires: montrer, en amont, le lieu de formation de la pensée réactionnaire et, en aval, son application dans l'enjeu de pouvoir social que constitue une élection. La boucle était bien bouclée.

CHAPITRE XII

Plaidoyer pour la tolérance (1868)

«Car M. Dessaulles, le grand partisan de la liberté, le grand
ennemi des bâillons, est friand de procès de diffamation et
nul, plus que le père des libérâtres en ce pays, n'en a intenté
un aussi grand nombre. C'est un trait de plus dans l'histoire
du libéralisme au Canada.»

LA RÉDACTION,
«La lecture de M. Dessaulles»,
Courrier de Saint-Hyacinthe
(24 décembre 1868)

La Supplique des membres catholiques de l'Institut canadien était à
Rome depuis le mois d'octobre 1865. Et malgré les tentatives faites
par le journal *L'Ordre* pour provoquer une discussion sur les plaintes
formulées, on avait agi comme si l'affaire était *sub judice*, de façon à
ne pas compromettre l'effort. De surcroît, l'Institut avait connu des
difficultés financières en novembre 1867: le remboursement de la
dette de construction du nouvel édifice ne pouvait être fait avec la
seule indemnité d'expropriation. Le nombre des membres avait par
ailleurs baissé et les cotisations n'étaient guère payées avec fidélité.
On lança donc une souscription avec un objectif de 14 800 dollars
et la circulaire, publiée en anglais pour atteindre les membres et
citoyens anglophones de Montréal, fit jaser. Dessaulles fit partie du
Comité de souscription et souscrivit lui-même 200 dollars. Les acti-

vités de l'association n'en continuaient pas moins et Dessaulles participa à deux débats, s'inscrivant pour défendre la négative, pour le premier sujet — «Le gouvernement peut-il permettre l'enrôlement de ses citoyens pour soutenir la guerre d'un pouvoir étranger?» — et l'affirmative, pour le second — «L'Institut canadien doit-il manifester en dehors de son enceinte ses principes, se mêler activement aux événements et leur prêter son concours?»

En janvier 1868, on s'enquiert du progrès des démarches de l'Institut auprès de Rome. L'évêché n'a aucune nouvelle. En mars, le cardinal Barnabo confie à Mgr Laflèche, évêque de Trois-Rivières, la responsabilité d'une enquête auprès des parties intéressées. La personne choisie ainsi que les termes du mandat préjugent un peu des résultats. On a choisi l'évêque le plus ultramontain après Mgr Bourget, l'auteur de *Quelques considérations sur les rapports de la société civile avec la religion et la famille* publiées en 1866 qui associent la nationalité et la religion, décrient la menace du libéralisme et soutiennent la monarchie tempérée comme meilleure forme de gouvernement. Le cardinal n'écrit-il pas à Mgr Laflèche: «[...] il est clair que l'Institut professe un esprit de tolérance et de liberté tellement indéfinies, qu'il ne peut jamais être permis aux hommes et aux Instituts catholiques. De plus il appert [...] que l'on agrège indistinctement au dit Institut des non-catholiques et même des hommes sans religion [...]»

Le 2 mai, Mgr Laflèche écrit à Dessaulles, à titre de président de l'Institut, et propose une rencontre, le 22, à l'évêché de Montréal. Les difficultés surgissent alors: Dessaulles n'est plus président mais il fut l'un des signataires de la Supplique expédiée, non par l'Institut comme corps, mais par quelques-uns de ses membres catholiques et à leur initiative, précisions dont le cardinal Barnabo était conscient. Dessaulles s'informe aussi des procédures à suivre et de la portée de l'enquête: produira-t-elle un jugement définitif ou un rapport? Il accepte néanmoins d'aller au rendez-vous du 22, avec les signataires de la Supplique qui demeurent encore à Montréal. Mgr Laflèche répond que son mandat fait référence à l'Institut «comme corps» et que les personnes présentes au rendez-vous parleront «au nom de tout l'Institut». Quoi qu'il en soit, il écrira à Rome pour obtenir des instructions. Dessaulles écrit aussi au cardinal Barnabo pour lui rappeler respectueusement que, dans sa lettre du 24 juillet 1866, son Éminence n'avait évoqué que les membres catholiques de l'Institut et non l'Institut comme corps. Ni Dessaulles ni Laflèche ne reçurent de réponse et la rencontre du 22 n'eut pas lieu.

À peine sorti de sa polémique avec le supérieur du Séminaire de Saint-Hyacinthe qui avait questionné les dons faits par la famille Dessaulles à l'institution, Dessaulles publie, dans le *Journal de Saint-Hyacinthe* de juin 1868, trois articles intitulés «L'évêché de St-Hyacinthe contre la famille Dessaulles». Toute pointue qu'elle soit, l'affaire à propos de la construction de l'église-cathédrale de Saint-Hyacinthe surprend. Pourquoi le *Courrier* a-t-il pris l'initiative de publier non seulement les montants *souscrits* par la famille Dessaulles mais les montants *payés,* alors même qu'on n'a pas encore commencé la construction de la cathédrale? Pourquoi ces sommes, erronées de surcroît, ont-elles été fournies par l'évêque sinon par l'évêché? Comment expliquer l'écart entre ce que Dessaulles affirme avoir payé (1342$) et ce que soutient l'évêché (480$)? Dessaulles trouve curieux que le donateur soit accusé par le donataire et s'étonne qu'on n'ait point été plus prudent à l'évêché dans la vérification des faits.

De Saint-Jean où l'évêque de Saint-Hyacinthe a dû se replier en raison des difficultés financières de l'évêché, Mgr Charles Larocque demande à son secrétaire de publier un communiqué dans le *Courrier*, indiquant qu'il maintient les chiffres fournis, que son intention n'était pas de blesser la famille mais «qu'il était important que la ville de Saint-Hyacinthe [...] ne demeurât point sous la conviction erronée que l'évêque avait reçu de la famille une somme aussi considérable que celle qu'avait mentionnée *le Pays*». Il ajoutait, pour son secrétaire, qu'il fallait «garder un profond silence sur [ces] injures» et déplorer «la funeste influence» de M. Dessaulles.

En réplique, Dessaulles publie dans *Le Pays* du 4 août 1868 une longue lettre à Mgr Charles Larocque à laquelle il donnera aussi la forme d'une brochure de huit pages. À coup d'extraits de Conciles, Dessaulles rappelle à l'évêque la mansuétude des pasteurs qui ne sont point des «maîtres». Il souligne à l'évêque que les livres mêmes de l'évêché indiquent 2246,40$ et non pas 1680$, montant payé que l'évêque attribuait à la famille; rappelant que l'évêché a profité des intérêts de ces sommes, il interroge la qualité de la tenue de livres qui ne consignent pas deux billets qu'il a entre les mains. Face au mutisme décidé de l'évêque, l'affaire devra se poursuivre en cour:

«[...] il ne me reste d'autre ressource, pour la [Votre Grandeur] forcer de parler justice et raison, que de l'amener en Cour par une action civile sommant V.G. ou de construire l'église ou de remettre les deniers souscrits pour cet objet. Alors il faudra bien que les sommes payées se constatent.» Louis-Antoine, Georges-Casimir et Rosalie-Eugénie Dessaulles Laframboise amènent donc la Corporation épiscopale catholique romaine de Saint-Hyacinthe devant la Cour Supérieure du district. L'initiative est rare, surtout lorsqu'elle concerne l'autorité religieuse ainsi confrontée à la vérité du code civil. Mais le procès tourne court: «La Cour sur motion de la défenseresse et du consentement des demandeurs discontinue l'exception à la forme faite par la demanderesse.»

La Minerve, qui laisse entendre que Dessaulles est responsable «par ses calomnies» du départ de l'évêque, va justifier celui-ci à exposer les vrais motifs de l'intervention de Mᵍʳ Larocque. Ce sont les embarras financiers, selon Dessaulles, qui sont cause du départ de l'évêque prévu «depuis longtemps»; et la cause de ces embarras réside dans la construction du palais épiscopal et des dons prévus qui ne sont pas venus. Et si ces dons ne sont pas venus, c'est en raison du froid créé par Mᵍʳ Larocque dès son arrivée dans le diocèse. N'avait-il pas lancé: «On m'envoie dans une petite ville qui est bien rouge, mais je ne pense pourtant pas qu'il soit impossible de *bleuir* tout cela»? Et le nouvel évêque avait continué, en chaire et dans l'adresse à M. Cartier après son retour d'Angleterre, à tenter de faire passer au bleu, au conservatisme, la population et les fidèles. C'en était fait, selon Dessaulles, de «la bonne entente entre un pasteur fortement ministériel et un troupeau décidément libéral». Puis, vinrent la fameuse lettre pastorale du 18 juin 1867 à propos de la Confédération et les interventions des curés, jamais découragés par leur évêque dans leurs initiatives. Le «coup de grâce à l'autorité morale» de l'évêque arriva lorsqu'il tenta de nuire électoralement au candidat Perrault. Lorsqu'après les élections, l'évêque se mit en frais de commencer la construction de la cathédrale tout en étant arrogant, selon Dessaulles, à l'endroit des paroissiens, la générosité populaire ne se montra pas à la hauteur de ce qu'elle avait toujours été sous ses prédécesseurs.

Aigreur générale possible de l'évêque à l'endroit des souscripteurs? Réplique à la famille Dessaulles, à Maurice Laframboise battu en 1867 dans Bagot, à Georges-Casimir qui avait signé avec d'autres un appel à l'évêque contre un curé interventionniste, à Louis-Antoine à la «funeste influence»? Chose certaine, Dessaulles avait réussi à montrer jusqu'à quel point l'évêque était politiquement marqué et comment sa volonté de *bleuir* la ville avait pu lui nuire dans ses propres entreprises.

On n'avait pas réussi en tout cas à *bleuir* l'Institut canadien de Saint-Hyacinthe. Dessaulles y fait une conférence, dans la salle de l'hôtel de ville, le 11 juin, sur «le fanatisme protestant en Irlande». Il reprendra cette conférence le 23 août lors du quatorzième anniversaire de l'Institut local; il en écrit à sa femme: «Foule considérable [900 personnes à l'extérieur, 200 à 300 à l'intérieur] à ma lecture qui s'est faite dans la nouvelle manufacture de Casimir [Dessaulles] et Barsalou.»

Dans la même veine, il «lecture», le 17 décembre 1868, sur «la tolérance», lors de la célébration du 24ᵉ anniversaire de l'Institut canadien de Montréal. On comprend qu'il réclame cette tolérance après l'histoire récente de l'Institut, après les polémiques avec le supérieur Raymond et l'évêque de Saint-Hyacinthe, après l'enquête sur l'intervention des curés dans l'élection de 1867. D'entrée de jeu, il rappelle à ses auditeurs: «Nous formons une société ayant pour but l'étude et l'enseignement mutuel. Le principe fondamental de notre association est la tolérance, c'est-à-dire le respect des opinions d'autrui. Nous invitons tous les hommes de bonne volonté, à quelque nationalité ou quelque culte qu'ils appartiennent. Nous voulons la fraternité générale et non l'éternelle hostilité des races!» Or, demande-t-il, «l'association entre laïques, en dehors du contrôle religieux direct, est-elle permise catholiquement parlant?»

À son habitude, Dessaulles puise dans ses lectures et dans des approbations d'auteurs catholiques pour appuyer son appel à la tolérance. De Montalembert: «Donnez-la [la liberté] où vous êtes les maîtres, afin qu'on vous la donne où vous ne l'êtes pas.» De Mᵍʳ de Moulins à Mᵍʳ Dupanloup: «[...] j'aime la liberté, et je l'aime trop quand elle me sert pour ne pas la supporter quand elle me gêne.» La tolérance est fondamentalement catholique: c'est l'amour du prochain.

Puis, il en vient à son propos: «D'où viennent nos difficultés? De ce que nous avons des membres protestants; de ce que nous recevons des journaux protestants, et de ce que nous avons quelques livres philosophiques à l'*index*.» Ailleurs, dans d'autres associations de Montréal, la tolérance ne permet-elle pas qu'on trouve des journaux catholiques à la Mercantile Library? À Ottawa, l'évêque ne fait-il pas preuve de tolérance en proposant de rayer une clause de l'Institut local prohibant les protestants? Et l'Index ne porterait-il pas surtout sur des livres qui contestent la suprématie du pape sur le temporel? Pourquoi Montaigne, Pascal, Chateaubriand à l'Index? Le conférencier termine en faisant l'histoire des démarches de l'Institut auprès de Mgr Bourget puis auprès de Rome.

La conférence qui sera publiée dans l'*Annuaire de l'Institut canadien pour 1868* est reprise à Saint-Hyacinthe — autre lieu de l'intolérance! — trois jours plus tard. La presse conservatrice et religieuse attaque de plus belle; le *Nouveau Monde*, voix officieuse de l'évêché de Montréal qui paraît depuis septembre 1867, résume la conférence en affirmant que pour Dessaulles «tous les cultes sont également vrais». Le *Courrier de Saint-Hyacinthe*, qui s'emploie à noter la présence attentive du pasteur protestant Duclos dans la salle, qualifie la conférence «d'aussi intolérante qu'intolérable».

Le journal exprimait bien l'état d'une société de plus en plus conservatrice. Non seulement l'ultramontanisme prêchait-il la primauté du spirituel sur le temporel, mais il ne pouvait penser la tolérance qu'en termes d'indifférence religieuse et d'égalitarisme idéologique; ou alors, il proposait de comprendre les poursuites légales de Dessaulles contre Mgr Larocque comme des formes de bâillons et d'intolérance. Rome allait confirmer ce point de vue sur la tolérance, avec le risque attenant, toutefois, que l'intolérance en vienne à ronger l'Église elle-même, de l'intérieur.

CHAPITRE XIII

Face au tribunal de l'Inquisition (1869-1871)

> «Si l'État doit être l'humble serviteur du pouvoir ecclésiastique et ne peut mettre un frein à sa soif perpétuelle d'omnipotence, mieux vaut le savoir tout de suite; mais rien n'indique que nous courrions ce danger. Au contraire je suis convaincu qu'il n'est pas possible que les hommes éclairés qui président à l'administration de la justice en ce pays, n'affirment pas le principe fondamental du droit public: QUE L'ÉGLISE EST DANS L'ÉTAT ET NON L'ÉTAT DANS L'ÉGLISE.»
>
> Louis-Antoine Dessaulles,
> «Affaire Guibord», *Annuaire
> de l'Institut-Canadien pour 1869* *

Si l'appel à la tolérance lancé par Dessaulles était fondé en amont, les événements de 1869 allaient lui donner doublement raison en aval.

Rome était toujours à délibérer à propos de la Supplique adressée le 16 octobre 1865 par l'Institut canadien, dont les démarches de conciliation auprès de Mgr Bourget avaient échoué. L'Institut en appelait donc à «l'autorité» pontificale afin d'être cette fois entendu et nourrissait l'espoir que la condamnation de 1858 et l'excommunication des membres pussent être levées.

---

* Montréal, Perreault, 1869, p. 50.

Après l'échec de la Commission proposée à Mgr Laflèche, Mgr Bourget, alors à Rome, fait parvenir à la Sacrée Congrégation de l'Inquisition un Mémoire de 36 pages qui entend répondre à deux questions: l'Institut canadien est-il mauvais et dangereux, et peut-il être réformé? Le document confidentiel exprime la pensée de fond de Mgr Bourget. L'évêque de Montréal prend d'abord et avant tout une précaution: affirmer que l'*Annuaire de l'Institut canadien pour 1868*, qui contient la conférence de Dessaulles sur «la tolérance», constitue bel et bien une publication officielle de l'Institut et représente, par conséquent, la pensée de l'association. Pour Mgr Bourget, l'Institut est «mauvais» dans sa fin en préconisant la tolérance et dans ses moyens: journaux, conférences, bibliothèques, recrutement et composition. Il est «dangereux» pour la jeunesse et ne peut être réformé, lui qui n'accepte aucune autorité:

> Et, en effet, pour opérer, dans l'Institut, une réforme salutaire, il faudrait avant tout le faire renoncer à la tolérance qui est la fin de sa fondation, et à tous les principes faux, erronés et impies dont il fait profession. Il faudrait nécessairement modifier la constitution et les réglements qui renferment le germe de cette tolérance qui lâche la bride à tous les caprices et à toutes les aberrations de la raison humaine. Il faudrait purger la bibliothè-que et la chambre de lecture de tous les livres et journaux con-traires à la foi et à la morale, soit en les éliminant tout à fait, soit en les séquestrant si rigoureusement que ceux-là seuls pour-raient les lire qui y seraient autorisés par le St-Siège. Il faudrait bannir des discussions les sujets qui, d'après les règles de l'Église, ne peuvent être soumis au libre examen des libéraux, comme le prétendent les libres penseurs du jour. Il faudrait in-terdire la tribune à tous ceux qui seraient disposés à y parler comme ceux dont les discours sont rapportés dans l'*Annuaire*.

Une conclusion s'impose selon le Mémoire: condamnation de l'Institut par la Congrégation de l'Inquisition et mise à l'Index de l'*Annuaire*.

C'est en effet la conclusion à laquelle Rome arrive le 7 juillet 1869. Les «Éminentissimes et Révérendissimes Inquisiteurs Géné-raux» informent Mgr Bourget que «les doctrines contenues dans un certain Annuaire, dans lequel sont enregistrés les actes du dit Institut, devraient être tout à fait rejetées, et que ces doctrines enseignées par le même institut devraient elles-mêmes être réprouvées.» Ils remarquent, «de plus, qu'il était fort à craindre que, par de telles mauvaises doctrines, l'instruction et l'éducation de la jeunesse chrétienne ne tombassent en péril» et exhortent l'évêque à tout faire pour «que les catholiques, et surtout la jeunesse, soient éloignés du susdit Institut, tant qu'il sera bien connu que des doctrines pernicieuses y sont enseignées». Le Tribunal félicite l'évêque de son zèle et de sa vigilance et louange enfin l'Institut canadien-français et le *Courrier de Saint-Hyacinthe*. L'Institut canadien de Montréal est bien condamné pour ses doctrines pernicieuses contenues dans son *Annuaire,* mis à l'Index le 12 juillet par Décret du Saint Office.

Dès le 16, de Rome, Mgr Bourget envoie une circulaire au clergé du diocèse précisant qu'on «peut assurer que c'est ce mauvais livre [l'*Annuaire* et la conférence sur l'intolérance] qui a fait juger et condamner ce mauvais Institut» qui veut «nous ravir notre peuple et surtout notre jeunesse». Le but atteint, il faut mettre en œuvre les moyens pour que la condamnation ne reste pas «lettre-morte»:

1° Les Curés publieront l'Annonce ci-joint, en observant ce qui y est réglé, et ils veilleront soigneusement à ce que leurs paroissiens ne fassent pas partie de l'Institut Canadien; 2° Les Confesseurs exigeront, avec prudence et fermeté, que leurs pénitents se conforment à la prescription du St Office; [3°]; 4° Les Supérieurs de Séminaires, collèges et autres maisons d'éducation prémuniront leurs élèves contre les pernicieuses doctrines de l'Institut Canadien [...] pour qu'ils soient capables de résister aux sollicitations qui leur seront faites, pour les faire entrer dans l'Institut; 5° Les Journalistes sont invités à prêter le secours de la presse contre les dangereuses doctrines de l'Institut, qui menace de renverser le trône aussi bien que l'autel; 6° L'Institut canadien Français, le Cabinet de Lecture, l'Union catholique, le Cercle Littéraire et autres bonnes Institutions voudront bien apporter leur concours de zèle et de dévouement pour la propagation des bons principes [...]; 7° Il est souverainement à désirer que l'on mette en circulation les brochures qui renferment l'antidote du poison des mauvaises doctrines que l'Institut Canadien cherche à répandre dans toutes les classes de la société; 8° Des moyens doivent être pris avec prudence et discrétion, pour détourner les fidèles, les femmes surtout, d'assister aux lectures de l'Institut Canadien et de s'abonner à sa bibliothèque ou à ses journaux [...]

Tout était prévu.

Le dimanche 29 août 1869, dans toutes les églises du diocèse de Montréal, l'Annonce aux prônes fait état de la condamnation par Rome de l'Institut et rappelle que «deux choses sont ici spécialement et expressément défendues, savoir: 1° de faire partie de l'Institut Canadien tant qu'il enseignera des doctrines pernicieuses, et 2° de publier, retenir, garder, lire l'*Annuaire* du dit Institut pour 1868», et ce au risque d'être privé des sacrements y compris à l'article de la mort.

L'Institut canadien devait faire face, il en allait de sa survie. Le 9 septembre, on nomme un Comité spécial, dont fait partie Dessaulles, auquel on confie la tâche de délégué auprès de l'administrateur du diocèse, le grand vicaire Truteau. Dessaulles écrit à Truteau, le 20 septembre, et lui communique deux résolutions qu'il entend soumettre aux membres: 1° que l'Institut *comme corps* n'enseigne aucune doctrine et exige de ses membres le respect des doctrines professées par les autres; 2° que les *membres catholiques* ayant appris la condamnation de l'*Annuaire* de 1868 par décret de l'autorité romaine se soumettent purement et simplement. Pour Dessaulles, il semble possible que ces deux propositions puissent rallier la majorité sinon l'unanimité des membres; certains prêtres estiment qu'une telle adhésion au décret doit permettre aux membres de l'Institut de recevoir l'absolution et les sacrements; et si le public est bien informé que ces résolutions ont fait lever les obstacles, l'entente entre l'évêché et l'Institut serait enfin possible. Dessaulles s'ouvre enfin de ses craintes à propos du *Nouveau Monde* qui espionne l'Institut, rapporte des faussetés quant à la scission ou à la dissolution de l'Institut et cherche à rendre «la lutte interminable». Le délégué de l'Institut n'a pas tort: le rédacteur du *Nouveau Monde*, le chanoine Lamarche, est aussi membre du Chapitre du diocèse qui statuera sur les propositions faites.

La réponse de l'évêché ne tarde pas: le 22 septembre, Truteau fait part à Dessaulles du refus du Chapitre et énumère quatre conditions qui satisferaient l'autorité diocésaine: soumission de l'Institut *comme corps* aux deux jugements de Rome, rejet par l'Institut des doctrines pernicieuses que l'Église condamne et qui sont contenues dans l'encyclique *Quanta Cura* de 1864 (le rationalisme modéré, l'indifférentisme, le libéralisme, le progrès et la civilisation moderne), acceptation par l'Institut d'un droit de juridiction ordinaire de l'évêque à expurger la bibliothèque des livres qu'il aura jugé prohibés, soumission à l'évêque de la constitution et des réglements de l'Institut pour qu'il «en fasse disparaître tout ce qu'ils peuvent renfermer de faux principes». Telles sont les conditions que l'Institut devra accepter *comme corps*.

Le lendemain, 23 septembre, le président du Comité spécial, le Dr J. Émery-Coderre, fait rapport aux membres de l'Institut auxquels il communique le texte des deux résolutions soumises, sans faire état toutefois du refus de ces propositions par le Chapitre diocésain. Le matin même de cette réunion, le *Nouveau Monde* s'était employé à marquer qu'on ne pouvait pas concilier la vérité avec l'erreur, le bien avec le mal, la saine philosophie avec la philosophie rationaliste et matérialiste; l'article se terminait par un «non possumus» éloquent. Le lendemain, 24, le journal officieux de l'évêché publie les quatre conditions posées par le Chapitre, conditions qu'on avait tues à l'Institut! Le *Nouveau Monde* prêtait plus «que son concours» à l'application de la condamnation. Ce même jour, Dessaulles prend sa plume et explique à l'administrateur Truteau qu'il n'a pas communiqué les conditions de l'évêché parce qu'il croyait encore possible l'exploration d'un rapprochement. Mais tel n'était plus le cas après la fuite stratégique de documents de la part du *Nouveau Monde*. De surcroît, ces conditions étaient irréalisables, et on le savait pertinemment à l'évêché. De toute façon, on renonçait à attendre de l'évêché une interprétation des jugements romains, qui devait venir de Rome et non pas de l'ordinaire diocésain qui était partie au débat. Dessaulles finit sa lettre en rappelant qu'on n'exigeait pas des associations montréalaises ce qu'on exigeait de l'Institut et qu'il fallait bien voir dans cette asymétrie une volonté de destruction de l'Institut. Dessaulles demande alors une «trève».

Deux jours plus tard, le 26, Dessaulles écrit au chanoine Lamarche sa façon de penser à propos de «l'esprit de domination du clergé», de «l'arbitraire local», en contradiction avec ce que «les autres Évêques n'exigent nulle part». Il tente de lui expliquer comment on a compromis l'Institut à Rome en présentant l'*Annuaire* comme publication officielle de l'association et comment à nouveau on l'a jugé sans l'entendre. Au chanoine qui lui avait écrit: «C'est la dissolution de l'Institut qu'il faut et pas autre chose», Dessaulles explique que cette dissolution est impossible parce qu'elle exige l'accord des neuf dixièmes des membres et qu'elle signifierait l'abandon aux anglo-protestants de la meilleure bibliothèque francophone de Montréal.

Après des explications à l'administrateur Truteau et au rédacteur du *Nouveau Monde*, il ne restait plus à se faire entendre que de Rome. Au cardinal Barnabo, préfet de la Sacrée Congrégation de la Propagande, Dessaulles, Joseph et Gonzalve Doutre ainsi que Casimir-Fidèle Papineau font, le 12 octobre 1869, une nouvelle représentation, après la Supplique de 1865. Le long document explique que le Tribunal de l'Inquisition a été trompé et qu'on a surpris sa bonne foi à propos de l'*Annuaire* et des supposées doctrines de l'Institut qui, comme corps, n'enseigne aucune doctrine; il doit être clair, selon eux, que la publication de l'*Annuaire* est l'initiative — commerciale — d'un imprimeur et non celle du Comité de Régie de l'Institut. Les signataires déplorent que l'on se soit appuyé sur l'affirmation d'une seule partie et craignent que cette attitude «n'affaiblisse notoirement la confiance et le respect que la population catholique entretient indubitablement à l'égard des tribunaux de l'Église». Quant à Mgr Bourget qui a plaidé sa cause de façon erronée en droit et inexacte en fait, on regrette son opiniâtreté: «Nous n'avons jamais trouvé chez lui ni la justice, ni la charité qui conviennent à un pasteur de l'Église. Sous les dehors les plus humbles en apparence, ceux qui ont eu affaire à lui savent quelle raideur et quelle inflexibilité il montre invariablement sur toutes les questions grandes ou petites. C'est un homme qui ne revient jamais *d'une opinion*, quelque chose qu'on puisse lui dire. Ceci est reconnu ici dans le Clergé comme parmi les laïques.» Le document expose au cardinal la situation «mixte» du pays, l'impossibilité de demander aux protestants de l'Institut de signer un acte de foi catholique: «Il y avait un moyen bien simple d'éviter ces malheureuses conséquences; c'était de ne pas exiger *du corps* des déclarations auxquelles un bon tiers de ses membres ne pouvaient souscrire, et de se contenter de la juridiction sur les individus, juridiction à laquelle les catholiques de l'Institut n'ont jamais songé à se soustraire», s'étant soumis *à titre de catholiques* au décret de l'Index. On cherchait selon eux autre chose que la réconciliation, on avait en vue la dissolution de l'Institut. On fait donc appel au cardinal-préfet de la Propagande pour qu'il «veuille bien leur dire si vraiment les lois de l'Église exigent impérieusement la soumission aux conditions posées par *l'Ordinaire* dans la lettre de Mr l'Administrateur relativement aux déclarations exigées du corps lui-même et non seulement des membres catholiques» et pour qu'il distingue «ce qui est réellement voulu par les lois de l'Église de ce qui est inspiré par l'esprit de parti». Le 18 novembre, un membre de l'Institut canadien, Joseph Guibord, meurt. Ce typographe de métier avait été l'un des dix-huit signataires de la Supplique à Rome de 1865. Prétextant qu'il est sous le coup de censures ecclésiastiques — l'excommunication —, le curé Rousselot, de la paroisse Notre-Dame, refuse la sépulture ecclésiastique; et lorsque le 21, le cortège s'amène au cimetière de la Côte-des-Neiges, il est repoussé et on doit se replier sur le charnier du cimetière protestant où le corps de Guibord restera jusqu'en 1875, c'est-à-dire jusqu'aux termes de trois procès dont le premier est intenté par l'Institut canadien et Joseph Doutre auquel la veuve de Guibord s'en est remis.

Gonzalve Doutre est alors en route pour Rome, délégué par les membres catholiques de l'Institut canadien. Il y arrive le 6 décembre 1869 et rencontre le cardinal Barnabo, qui lui apprend que la Propagande, à laquelle les membres catholiques de l'Institut ont fait appel, est dessaisie du dossier, passé au Saint-Office. Le cardinal accepte une rencontre entre Doutre et Mgr Bourget alors à Rome, rencontre dont Doutre n'entendra plus parler. Il se rend auprès de Mgr Nina, assesseur du Saint-Office, qui promet aussi une rencontre avec Mgr Bourget qui n'aura pas lieu. À Mgr Nina, au courant de l'affaire Guibord, il précise: «[nous irons] jusqu'en Angleterre chercher la justice, si elle nous était déniée au Canada et à Rome». Doutre soumet enfin, le 20 décembre, un projet de règlement où la censure ne toucherait clairement que les membres catholiques de l'Institut et non l'association. À Rome jusqu'en février 1870, Doutre n'aura pas de réponse à sa proposition. De ce voyage, il fera rapport à l'Institut canadien lors d'une conférence, le 14 avril 1870.

À sa seule initiative, Dessaulles annonce une conférence pour le 29 décembre à la salle de l'Institut canadien sur «l'affaire Guibord»; le conférencier qui déclare qu'il fallait «que quelqu'un parlât» tient toutefois à ce qu'on ne fasse pas porter ses propos à l'institution. Il s'en prend à la recrudescence du fanatisme, au *Nouveau Monde*, aux «veuillotins» et s'emploie avant tout à souligner les anomalies de ce qui est devenu une «affaire», l'enjeu étant de faire voir que l'appel de 1865 n'a pas réellement été jugé, qu'il n'y a pas eu excommunication formelle et qu'en conséquence, Guibord peut et doit être enterré dans le cimetière catholique.

Le conférencier explique à son auditoire que le Tribunal de l'Inquisition s'est penché sur une question nouvelle, postérieure de quatre ans à la Supplique, parce que Mgr Bourget a porté le débat sur l'*Annuaire* de 1868. La conséquence est une méprise: on condamne l'Institut sur une nouvelle question, les doctrines pernicieuses, qu'on affirme de surcroît être enseignées par l'Institut, alors que celui-ci n'enseigne rien *comme corps* et que d'autre part l'appel était celui des membres catholiques de l'Institut et non celui de l'association. Pour Dessaulles, le décret aurait dû statuer sur trois choses: «1° Que la composition mixte de l'Institut n'était pas acceptable à l'Église; 2° qu'une bibliothèque publique ne pouvait en aucun cas contenir des livres à l'index; 3° que les journaux protestants que l'évêque voulait exclure devaient être éliminés.» Or le décret ne disait rien de ces trois questions. La question n'étant plus la même tout comme la personne jugée, l'appel pouvait-il être clairement décidé? De plus, seul l'accusateur a été entendu sur cette nouvelle question et Desaulles de s'indigner: «Où sont les tribunaux laïques qui vous signifient que vous êtes condamné avant de daigner vous apprendre que vous êtes accusé?» Et, d'ajouter le conférencier, le décret eût-il été le même si on avait entendu l'Institut à propos du statut de l'*Annuaire* et des supposées doctrines de l'Institut? «Où est l'esprit biscornu, ironise-t-il, qui va soutenir qu'un corps qui écoute une lecture, un essai, ou un discours improvisé, *enseigne ce qu'il écoute*?» Pour Dessaulles, l'appel n'a pas été jugé, il n'y a pas eu excommunication formelle et «une sentence basée sur une accusation qui n'a jamais été communiquée à la partie accusée ne lie personne».

Le conférencier rappelle que les membres de l'Institut se sont soumis au décret relatif à l'Index mais non pas à celui portant sur les doctrines pernicieuses supposément enseignées par l'Institut comme corps. Et de l'avis même de l'évêque de Québec, l'appel de 1865 subsiste toujours et on ne peut considérer les membres de l'Institut comme des «rebelles». Alors, pourquoi le refus de sépulture ecclésiastique quand on sait que des criminels, des non-croyants, des suicidés — mais de famille influente — et même un autre membre de l'Institut canadien y ont eu droit? Pourquoi le refus de sépulture catholique quand on marie catholiquement des membres de l'Institut? Ainsi, «prétend-on que Guibord n'est pas mort catholique? On ne va pas jusque là. D'ailleurs l'appel fait au Pape par Guibord et ses collègues montre très clairement ses intentions sous ce rapport. On dit donc qu'atteint de *certaines censures* il a perdu les privilèges des catholiques. Sans doute il a perdu, de fait sinon de droit, certains privilèges du catholique, mais a-t-il perdu *tous les droits* du catholique? Voilà ce qu'il faudrait établir, et ce que personne n'a encore fait. La question se réduit donc à ceci: ces censures détruisent-elles son droit comme citoyen catholique, à la sépulture ecclésiastique? Certainement non en droit ecclésiastique, parce que ces censures ne lui étaient pas nominativement et publiquement appliquées, ce que le droit ecclésiastique exige pour le refus de sépulture. Certainement non en droit civil *parce que l'abjuration* n'a jamais eu lieu, condition nécessaire définie par le droit civil à la demande même de l'autorité religieuse.»

Le conférencier se demande si c'est un mort qu'on vise, et non pas les vivants, si l'Église n'abuse pas de sa fonction de tenue des registres de l'état civil. Le libéral qui se bat depuis trente ans exactement pour la séparation du pouvoir civil et du pouvoir religieux conclut sa longue conférence par cette préoccupation: «Si l'État doit être l'humble serviteur du pouvoir ecclésiastique et ne peut mettre un frein à sa soif perpétuelle d'omnipotence, mieux vaut le savoir tout de suite; mais rien n'indique que nous courrions ce danger. Au contraire je suis convaincu qu'il n'est pas possible que les hommes éclairés qui président à l'administration de la justice en ce pays, n'affirment pas ce principe fondamental de droit public: que L'ÉGLISE EST DANS L'ÉTAT ET NON L'ÉTAT DANS L'ÉGLISE.»

L'affaire Guibord — l'enterrement d'un individu — soulevait ainsi les passions autour de la question de la primauté du droit civil ou ecclésiastique, du pouvoir politique ou religieux. Autant l'affaire Guibord ramenait Dessaulles aux «affaires de Rome» de 1839 et à la question de la séparation des pouvoirs, autant le décret du Tribunal de l'Inquisition le ramenait à sa conférence sur Galilée de 1856. Qui eût cru que cette Inquisition qui paraissait si loin dans le temps et dans l'espace aurait rejoint, ici et maintenant, un conférencier de l'Institut canadien de Montréal? Galilée, Dessaulles, même destin.

D'ailleurs, les affaires de Rome commençaient à être encombrées par les affaires du Canada. Pour Mgr Bourget qui ne tenait pas à y rencontrer Gonzalve Doutre, la stratégie était claire: «Le point important à y gagner maintenant serait de discréditer cette mauvaise Institution par tous les moyens possibles, et surtout en encourageant les sociétés littéraires qui sont animées d'un bon esprit.»

Le 11 janvier 1870, huit jours avant le début du procès relatif à l'affaire Guibord, Dessaulles donne une suite à sa dernière conférence sur Guibord et aborde la question de l'Index. Si parfois le conférencier s'enlise dans le détail des contradictions, il ne perd pas son habileté à mettre le doigt sur les anomalies essentielles. Bien sûr, il souligne cette contradiction de Mgr Bourget à dénoncer les livres à l'Index de l'Institut canadien alors qu'on ne dénonce point ceux qui se trouvent dans des bibliothèques de Montréal, dans celles de collèges ou de bons catholiques. Le conférencier est habile à souligner des titres à l'Index qui sont l'œuvre de prêtres approuvés parfois «par quarante évêques» ou à suggérer que l'Index est «une arme au service du temporel».

Mais surtout, Dessaulles touche au nœud des difficultés et son argumentation donne à penser qu'il parle à partir d'une blessure, d'une injustice subie. Quand on parle de poison, on l'indique, proclame-t-il, faisant référence autant aux supposés «blasphèmes» de son discours sur l'Institut canadien de 1862 qu'aux livres à l'Index de l'Institut. Il demande à ses auditeurs: «Comprenez-vous que [Sa Grandeur] ait refusé d'indiquer nos livres à l'*index* ? Mais si elle eût donné cette indication, la paix pouvait se faire, et voilà justement ce que l'on ne voulait pas.» Dessaulles s'attarde aux «erreurs» de Mgr Bourget mais surtout à sa sévérité excessive. Donnant quelques exemples de condamnations par le pape qui excluaient le refus d'absolution à l'article de la mort, Dessaulles montre que Mgr Bourget refuse l'absolution à l'article de la mort pour qui possède l'*Annuaire* de 1868 de l'Institut canadien — donc sa conférence sur la tolérance alors que les coupables de propriété d'une maison de débauche peuvent être absous en danger de mort. Deux poids, deux mesures: tel est le leitmotiv de plus en plus récurrent de Dessaulles.

Il dénonce aussi l'arbitraire et l'excès de zèle de l'évêque de

Saint-Hyacinthe, son vieil ennemi, qui a défendu de lire certains journaux — allusion au *Pays* — qui ne sont même pas à l'Index, et ce, sous peine de refus des sacrements, même à l'article de la mort. Que penser, demande-t-il, de ces deux évêques «qui ont un peu trop mis la religion au service de leurs petits mécontentements et de leurs petites hostilités»?

Le conférencier conclut en montrant comment l'encyclique *Quanta Cura* de 1864 et le *Syllabus* des erreurs modernes qui y est attaché sont en passe de devenir le credo dans le domaine politique et dans le domaine intellectuel. Contrôle, contrôle, contrôle, partout: au tribunal, dans les fabriques, dans les cimetières, dans les recherches, dans les bibliothèques et les librairies, dans les études légales et médicales, dans la presse, dans les associations culturelles.

Huit jours plus tard, le défenseur par excellence de l'Institut canadien comparaît devant la Cour supérieure de Montréal, comme témoin au procès de Guibord. L'affaire avait déjà pris des proportions inattendues. L'Institut canadien — pour Henriette Brown, veuve Guibord — menait via les avocats Joseph Doutre et Rodolphe Laflamme un autre combat contre «l'esprit réactionnaire» qui prétendait assurer la primauté de l'Église sur l'État. La défense — le curé Rousselot et les marguilliers de la Fabrique de la paroisse Notre-Dame de Montréal — était représentée par Francis Cassidy, l'un des fondateurs de l'Institut canadien, deux fois président avant de quitter l'association en 1867, L.-A. Jetté et F.-X.-A. Trudel, ultramontain ultramonté, que la presse libérale appelait «le Grand Vicaire». Des centaines de colonnes allaient être consacrées à l'affaire dans la presse montréalaise et canadienne.

Témoignant les 19, 20, 21, 22, 24, 25 et 28 janvier 1870, Dessaulles refait essentiellement l'histoire des difficultés de l'Institut canadien, rappelant que Guibord avait été signataire de la Supplique de 1865 et tentant surtout de démontrer que Rome n'avait pas rendu de décision sur *cet appel* mais bien plutôt sur une autre accusation portée à Rome par Mgr Bourget, à propos de l'*Annuaire* de 1868 et des supposées doctrines de l'Institut. Pour Dessaulles, l'appel était en suspens et du même coup, la condamnation de 1858 et les excommunications. Tel est le sens de l'appel, devant les tribunaux civils. En conséquence, Guibord était «sous le coup de censures ecclésiastiques» limitées qui ne justifiaient pas le refus de sépulture catholique.

Contre-interrogé par la défense, l'ancien président de l'Institut doit expliquer le mandat du Comité de 1863 chargé d'aplanir les difficultés entre l'évêque et l'Institut. On lui demande carrément si l'Institut possède des livres à l'Index et, ironie, on lui demande à lui ce que Mgr Bourget avait refusé, à savoir: d'indiquer les livres à l'Index de l'Institut. On le questionne enfin sur des extraits de sa conférence sur l'annexion du Canada aux États-Unis où il aurait insulté le pape «comme chef catholique». Sa réponse est longue: elle refait l'histoire des *Affaires de Rome*, de l'intervention politique du pape dans les affaires de Pologne.

La Minerve décide, le 27, de ne reproduire que partiellement, et donc partialement, son témoignage et, début février, s'amorce dans ce même journal un débat entre l'avocat Trudel et Dessaulles au sujet de sa longue réponse à la question formelle et écrite posée par la défense. À la fin des témoignages, le juge Charles Mondelet prend l'affaire en délibéré.

Un autre débat s'engage, en avril, avec le chanoine Lamarche, membre du Chapitre diocésain et rédacteur du *Nouveau Monde*. D'allusion désobligeante du *Nouveau Monde* — Doutre qui n'est «pas assez libre-penseur et pas assez Dessaulles!» — en ironie de la part de Dessaulles qui dit «avoir affaire à assez gros gibier cette fois-ci», de correspondances en visites à domicile, la polémique dégénère, au point où Dessaulles décide «de rompre complètement et définitivement avec l'imposture et les imposteurs»: «Quoique le *Nouveau-Monde* puisse dire dorénavant, je ne ferai jamais la moindre attention à ses calomnies ni à tout ce qu'il pourra publier. Le bureau du journal est trop clairement une *officine de mensonge* pour qu'un honnête homme soit jamais obligé de se détourner de son chemin pour répondre à ce qui peut en sortir.»

Le 2 mai 1870, le libéral juge Charles Mondelet rend jugement: «En conséquence de ce, cette Cour ordonne qu'il émane de suite, un bref de *Mandamus* péremptoire, commandant aux défenseurs et curé, de donner aux restes du dit feu Joseph Guibord, la sépulture susdite, suivant les usages de la loi, dans le dit cimetière, sur la demande qui leur en sera faite comme dit est, et tel que la sépulture est accordée aux restes de tout paroissien qui, comme lui, meurt en possession de son état de catholique romain; et aussi d'enregistrer suivant la loi, ès-registres de la dite paroisse de Notre-Dame de Montréal, dont les défenseurs sont les dépositaires, le décès du dit feu Joseph Guibord, suivant qu'il est prescrit par la loi.» Le juge demande que rapport soit fait de l'exécution de ce jugement le 6 mai et «condamne les défenseurs aux dépens». Le jugement est aussitôt porté en appel.

Les appels et recours n'en finissent plus. Le 27 mai 1870, Mgr Bourget, à Rome, achemine une réponse de 15 pages au Recours des quatre membres de l'Institut canadien du 12 octobre 1869. Il y explique à la Sacrée Congrégation de la Propagande que ces quatre personnes ne sont pas mandatées par l'Institut et que l'une d'elles, Gonzalve Doutre, est même professeur dans une institution protestante, l'Université McGill. L'Institut ne s'est pas vraiment soumis au décret du tribunal de l'Index, de l'aveu même de M. Dessaulles qui a reconnu au procès Guibord que la bibliothèque de l'institution «conservait» toujours une copie de l'*Annuaire* de 1868 mis à l'Index. Selon l'évêque, l'Institut enseigne toujours des doctrines pernicieuses, à preuve les nouvelles conférences de Dessaulles sur Guibord et sur l'Index où est encore professée la tolérance, que Dessaulles a reconnu au procès être «la tactique générale» de l'Institut. Mgr Bourget oublie toutefois de mentionner que les dernières conférences de Dessaulles ont été faites lors d'une réunion convoquée à titre individuel par le conférencier. En réponse au recours de l'Institut, l'évêque explique qu'il n'a pas trompé le tribunal mais tout simplement répondu à ses questions; qu'il n'était pas nécessaire que l'Institut fût entendu, la condamnation d'un livre n'impliquant pas les mêmes procédures judiciaires qu'un procès criminel; que les autres associations protestantes de Montréal ne sont pas plus de son ressort que les écoles protestantes et que les conditions posées par le Chapitre étaient nécessaires et réalisables. Il se résume en affirmant que la soumission de l'Institut à l'Index, tant décriée par M. Dessaulles, n'est «qu'un acte d'hypocrisie» pour piéger les membres de l'association.

À Rome aussi, à l'occasion du Concile qui va déclarer l'infaillibilité pontificale, Mgr Laflèche fait parvenir une Opinion au Saint Office. Il évalue aussi qu'une association ne peut être «indifférente» au point de vue religieux et que les protestants y sont dangereux, surtout que l'Institut a pour but «l'enseignement mutuel». Du point de vue doctrinal, l'Institut est plus dangereux que le prosélytisme des «Suisses calvinistes» qui ne peuvent se faire passer pour catholiques.

Le fils spirituel de Mgr Bourget conclut: «Je suis convaincu que la plupart des hommes dont l'influence dirige aujourd'hui l'Institut Canadien sont de véritables libres penseurs et que leur but est de détruire autant qu'ils le peuvent l'influence du clergé catholique sur le peuple canadien, afin d'y substituer ensuite la leur et d'en venir à la réalisation de leur projet de réforme libérale, c'est-à-dire, la révolution.»

Les affaires du Canada deviennent davantage les affaires de Rome lorsque Dessaulles écrit à Mgr Nina, assesseur du Saint Office, pour lui communiquer copie du jugement du juge Mondelet à propos de l'affaire Guibord. Dessaulles s'applique à faire voir que les conditions légales n'étaient pas satisfaites pour refuser la sépulture ecclésiastique: «[...] que celui qui est né catholique, qui est entré sur les registres de l'état civil comme tel, qui a versé les prestations ordinaires du culte et qui n'a jamais *légalement* abjuré [...] doit être considéré comme catholique à sa mort et trouver sa place au cimetière catholique qui est la propriété *commune et indivise* de tous les catholiques d'une paroisse, le cimetière étant toujours acheté de leurs deniers ou de ceux de la fabrique.» Or, Guibord n'avait jamais abjuré et possédait un lot au cimetière. Dessaulles s'enquiert enfin de la réponse que l'on attend au projet d'arrangement fait à Rome, en décembre, par Gonzalve Doutre.

À Rome, le Tribunal de l'Inquisition se réunit le 13 août 1870, considère le recours de l'Institut canadien et met à l'Index, le 31 août 1870, l'*Annuaire de l'Institut-Canadien pour 1869*, qui contient les conférences de Dessaulles sur Guibord et sur l'Index. La décision en latin en est communiquée aux évêques de Québec, de Montréal et de Trois-Rivières le 23 septembre et à Dessaulles le 24 octobre:

> [...] la dite congrégation a décidé [que] vous signifiez nettement à M. Dessaulles que sa manière d'agir ne peut en aucune manière être approuvée. Car alors qu'il en appelait au St. Siège des plaintes plusieurs fois exprimées contre les ordonnances de son Évêque propre, se déclarant prêt à recevoir avec respect les ordres du St. Siège, il a néanmoins inséré dans un certain annuaire certains écrits qui sont en contradiction manifeste avec sa déclaration et ses promesses. Car le dit annuaire fourmille de telles erreurs qu'il a été jugé qu'il devait être défendu tant par le droit que sur son propre mérite.

Il sera aussi de votre devoir [...] de déclarer au dit Dessaulles que par cette communication que vous allez lui faire, le St. Siège entend que la question sur laquelle il en a appelé soit regardée comme définie pour toujours.

Et si nonobstant cette déclaration, il veut encore porter ici des plaintes à propos de la même affaire, avertissez-le que le St. Siège n'y fera aucune attention et qu'on ne lui donnera aucune réponse.

Veuillez de plus lui signifier que s'il écrit de nouveau sur les mêmes sujets, ou sur d'autres de la même teneur qu'il a rendus publics, et s'il a la hardiesse de faire publier ces choses, vous lui refuserez toute réponse sur cette question déjà décidée par le Siège apostolique.

Enfin faites savoir au dit Dessaulles que le St. Siège est persuadé que l'Institut Canadien, tant à cause des matières que l'on y traite que des principes que l'on y exprime, principes qui méritent une entière réprobation, a renoncé au but primitif de sa fondation.

Signé: Alessandro cardinal Barnabo.

Le document est ambigu, et Dessaulles, qui se voit refuser une traduction française, regrette que la justice ecclésiastique «au lieu de juger les questions, [...] adresse des rebuffades aux individus». Le jugement s'adresse manifestement à Dessaulles et non pas à l'Institut ni aux trois autres signataires de la représentation du 12 octobre 1869, faite après les conditions imposées par le Chapitre du diocèse, en l'absence de Mgr Bourget à Rome. La représentation ou le recours portait sur le statut de l'*Annuaire* de 1868 en regard de l'Institut, sur le non-enseignement de l'association, sur la non-audition d'une des parties et sur l'impossibilité pour les protestants de signer un acte de foi catholique et donc sur la légitimité de la soumission des seuls membres catholiques de l'Institut. Les quatre signataires espéraient voir distinguer ce qui était «réellement voulu par les lois de l'Église» de ce qui était «inspiré par l'esprit de parti». De tout cela le document ne dit mot mais focalise sur un individu, Dessaulles, dont on met clairement en cause la sincérité, la bonne foi et les «résolutions».

L'atmosphère de Montréal était au soupçon et aux rebondissements. Le 12 octobre, Dessaulles publie, sous le pseudonyme de

«Plusieurs citoyens de la partie Est de Montréal», une brochure de dix-sept pages à propos du projet de reconstruction de la cathédrale détruite par le grand incendie de 1852. Dessaulles s'y connaissait en la matière, ayant déjà ferraillé avec l'évêque de Saint-Hyacinthe sur le même sujet. Le «projet grandiose de la création d'un petit St. Pierre [de Rome]» de Mgr Bourget lui paraît être un autre cas d'autocratie épiscopale. L'évêque qui avait «in petto» décidé de localiser «sa» cathédrale dans la partie ouest de la ville se comportait comme s'il ne s'était agi que d'une question religieuse alors que «des intérêts nationaux et sociaux» étaient en cause pour la population catholique de l'Est qui était le véritable appui de l'évêque. Sans consultation, l'évêque prévoit donc s'installer au beau milieu de neuf ou dix églises protestantes, au beau milieu d'un «cercle hérétique»! Seuls les riches pourraient s'y rendre assister aux «pompes du culte», seuls ils y loueraient des bancs. «L'église-mère» pouvait-elle être loin de ses enfants?

Deux mois plus tard, coup de théâtre: le jugement du juge Mondelet est renversé, le 10 décembre, par la Cour de Révision. Pour les demandeurs, cette fois, il fallait aller en appel. Dessaulles en est toujours à peaufiner une réponse à la lettre du cardinal Barnabo. Il lui écrit finalement, le 10 mars, et en fait part aux membres de l'Institut canadien, le 13 avril.

La lettre annonce la fin de quelque chose, car Dessaulles reconnaît que le cardinal n'est pas plus obligé de répondre que de rendre justice. Après l'arbitraire, avoue-t-il, le mutisme; mais il n'est pas «de ceux qui croient devoir se soumettre en silence parce que l'injustice vient de haut». Il se dit atterré par la substitution d'une question par une autre, par «l'incroyable *imbroglio* organisé à notre préjudice dans une cour ecclésiastique, et dont nous n'avons vu avec stupeur le développement que quand tout eût été bien arrangé et complété pour rendre toute réclamation illusoire». À propos de Mgr Bourget, il laisse échapper: «C'est vraiment le plus impraticable des saints vivants.» Mais plus fondamentalement, il explique aux membres de l'Institut que jamais on n'avait obtenu réponse à la question suivante formulée par dix-huit signataires et non par lui seul: «Un catholique encourt-il les censures ecclésiastiques et le refus des sacrements pour le fait seul qu'il est membre [d'une] association» qui possède quelques livres à l'Index?

À quoi devait-on donc se soumettre? À un jugement toujours attendu? Il reprend alors l'énumération de dix-huit injustices commises à l'égard de l'Institut qui trouvent toutes leur source en un lieu: le droit inquisitorial. Il affirme: «Je comprends parfaitement pourquoi l'on m'a condamné! J'ai eu le malheur de heurter les idées ultramontaines sur la suprématie absolue du Pape, même dans les matières purement temporelles.» Triste, touché, il termine par une référence à l'Évangile: «Et enfin, est-ce donc bien à Rome que l'on tient si peu compte de cette grande parole, dite à Jérusalem il y a dix-huit siècles: SI J'AI MAL PARLÉ, FAITES-MOI VOIR LE MAL QUE J'AI DIT; MAIS SI J'AI BIEN PARLÉ, POURQUOI ME FRAPPEZ-VOUS?»

La mort allait aussi le frapper. Celle de l'être dont il s'était fait un père symbolique, depuis au moins 1837, alors qu'il l'avait aidé à sortir de Montréal en cachette. L'homme qu'il avait visité deux fois en France et qui avait parlé de Dessaulles comme d'un «autre moi-même». Le Patriote qu'il avait défendu en 1848 contre *La Minerve* et le Dr Nelson et dont il avait appuyé la rentrée politique en réclamant aussi le rappel de l'Union. Le parent avec lequel il était resté en communication après la retraite de Papineau à Montebello, le patriarche du libéralisme qu'il avait invité à venir faire une conférence publique à l'Institut canadien de Montréal en 1867. Louis-Joseph Papineau s'éteignait le 25 septembre 1871, au seuil de ses 85 ans et Dessaulles était présent auprès de son oncle, mort avec «la plus parfaite tranquillité». L'Institut canadien de Montréal envoie une délégation aux obsèques du grand homme qui y avait fait son testament politique le 17 décembre 1867, l'année de la Confédération.

Quatre jours plus tard, Dessaulles écrit à un correspondant «que jamais il n'y a eu chez [Papineau] l'ombre d'une idée dictée par l'intérêt, et le dévouement du devoir a été le seul mobile de toute sa vie». Papineau avait reçu le jeune abbé Médard Bourassa auprès de lui à titre d'ami et non pas comme prêtre et avait confié à Dessaulles qu'il «ne croyait pas à la révélation» mais que «tout en croyant aussi invinciblement que personne à l'existence de Dieu et aux devoirs moraux des hommes, il n'admettait pas les cultes, que les hommes avaient chargés de tant de superstitions». Dessaulles préfigurait-il son propre avenir en écoutant Papineau demander: «Voudriez-vous donc, mon cher curé, que j'arrive devant Dieu avec un mensonge à la bouche, et une hypocrisie devant les hommes, voulez-vous qu'en mourant je perde ma propre estime en protestant de sentiment que je n'ai pas dans le cœur? Je n'ai jamais pendant ma vie déguisé ma pensée, et voudriez-vous que je la déguise au moment de paraître devant Dieu?» Au curé Bourassa qui avait pu évoquer quelque difficulté quant à l'enterrement de Papineau dans la chapelle du manoir, le grand tribun avait affirmé: «Je pense que l'Évêque d'Ottawa, qui m'a toujours montré tant de considération et d'estime, ne fera pas comme ce vieux fanatique d'Évêque de Montréal et ne songera pas à m'exclure de chez moi.» Finalement, le curé, avec l'accord de l'évêque d'Ottawa, avait assisté aux funérailles et dressé l'acte de décès.

Mais il allait falloir à nouveau défendre l'oncle Papineau, même après sa mort. Le dimanche 8 octobre, à Notre-Dame devant des milliers de fidèles, le sulpicien Antoine Giband affirme presque explicitement la damnation de Papineau. Dessaulles s'insurge auprès du curé Rousselot, croisé lors du procès de Guibord, contre cet acte «de dénigrement personnel». Pensant à tous les libéraux et sans doute à lui-même, il demande au curé: «Est-ce que ceux qui souffrent aujourd'hui de votre intolérance et de vos injustices [...] vont être dénigrés après leur mort en présence de leurs parents et de leurs amis [...] parce qu'ils auront résisté à des exigences si exagérées que des prêtres même sont forcés d'admettre que *l'on va beaucoup trop loin*?» Dessaulles avait tenu à mettre un cran d'arrêt à ce viol moral du tombeau, de la part de ceux qui faisaient «Dieu à [leur] image et lui [prêtaient] libéralement [leurs] petitesses et [leur] fanatisme». Il prenait soin enfin d'informer le curé que cette lettre n'avait rien de confidentiel, question de mettre une épée de Damoclès au-dessus de la tête des intolérants.

Il allait d'ailleurs communiquer cette lettre et une autre du 18 octobre à ses amis les plus sûrs, dont le poète Louis-Honoré Fréchette, auquel il écrit, le 12 novembre 1871: «Notre pauvre pays se meurt non pas tant sous l'imbécilité des gouvernants que sous l'ignorantisme clérical. C'est là et seulement là qu'est le mal.» Le diagnostic de 1867 — «le Grand Tronc de l'obscurantisme» — se précisait et se confirmait. Après la condamnation de l'Institut canadien en juillet 1869, les attaques sournoises du *Nouveau Monde*, les «rebuffades individuelles» de Rome contre le Recours d'octobre 1870, le renversement en décembre 1870 du jugement dans l'affaire Guibord, la «dernière» correspondance au sujet de l'Institut, voilà qu'au décès du «père» du libéralisme succédait, le 26 décembre 1871, la disparition du *Pays*. «L'éteignoir clérical fait bien les choses», avait écrit Dessaulles à Fréchette.

Les «doctrines pernicieuses» de l'Institut canadien sont donc au centre de sa condamnation romaine de 1869, après sa condamnation montréalaise de 1858. Mˢʳ Bourget et Rome trouvent intolérable la tolérance de l'Institut, mieux, de Dessaulles. Car la mise à l'Index des *Annuaires* de 1868 et de 1869 signifie essentiellement la condamnation des conférences de Dessaulles sur la tolérance, sur Guibord et sur l'Index. Dès lors, Dessaulles est avec Laurent-Olivier David, auteur d'un ouvrage sur le clergé canadien, le seul auteur canadien à avoir été mis à l'Index au xixᵉ siècle. Et le parallèle est troublant, d'un Tribunal de l'Inquisition, appellé alors la Sacrée Congrégation de la Propagande, qui condamne Dessaulles comme il l'avait fait pour Galilée. La conférence de 1856 sur Galilée avait bien été autobiographique, prémonitoire d'un destin.

La seconde condamnation de l'Institut canadien et la mort de Papineau annonçaient la fin d'un combat pour que l'Église soit dans l'État et non l'État dans l'Église.

CHAPITRE XIV

La grande guerre ecclésiastique (1871-1874)

> «[...] il devait être évident à tout homme sensé que le clergé ne pourrait jamais rester *toujours unanime* une fois sur le terrain toujours un peu orageux de la politique.»
>
> Louis-Antoine DESSAULLES
> au cardinal Barnabo
> (3 juin 1871)*

> «Car enfin il y a une conclusion pratique à tirer de tant de dures vérités échangées entre ecclésiastiques? Ou ces ecclésiastiques sont calomniateurs ou ils disent la vérité. Dans le premier cas, que penser des subalternes? Dans le second que penser des Évêques? Voilà clairement la grande guerre dont nous sommes témoins réduite à sa plus simple expression.»
>
> Louis-Antoine DESSAULLES,
> *La grande guerre ecclésiastique*,
> 1873, p. 79

Mieux que quiconque, Dessaulles percevait les signes et les effets de «l'éteignoir clérical». L'échec des Rouges dans leur opposition à la Confédération et la disparition de *l'Union nationale* de Médéric Lanctôt, la résistance de l'abbé Raymond à Dessaulles lors de leur polémique, le déclin du phénomène des associations, les difficultés financières de l'Institut canadien de Montréal en 1868, la condamnation romaine de l'Institut en 1869, l'échec du voyage de Gonzalve

---

* ANQQ, fonds Dessaulles, «Penn Letter Book», p. 199-202.

Doutre à Rome, le renversement (décembre 1870) du jugement Mondelet en faveur de Guibord entamaient de façon décisive le pouvoir politique et culturel des libéraux plus radicaux. Mais surtout, leurs moyens de communication et de combat disparaissaient: *Le Journal de Saint-Hyacinthe* à l'été de 1868 remplacé par *La Gazette de Saint-Hyacinthe*, qui cesse de publier en septembre 1871, *La Lanterne* d'Arthur Buies, parue de septembre 1868 à mars 1869, et surtout *Le Pays*, en décembre 1871. *La Nation* (1871-1873) allait assurer une certaine relève à Saint-Hyacinthe et *Le National* (1872-1879), modéré, allait faire de même à Montréal.

«L'éteignoir clérical» se donnait par contre les moyens de sa politique: *L'Ordre* de Montréal, *Le Canadien* et *L'Événement* de Québec, *L'Ère nouvelle* de Trois-Rivières, *Le Franco-Canadien* de Saint-Jean se dissociaient clairement du rougisme tandis que l'ultramontanisme militait dans *Le Nouveau Monde* (septembre 1867-1990) et dans *Le Franc-Parleur* (1871-1878). Autant Dessaulles avait connu son apogée de conférencier à l'Institut canadien de Montréal et de Saint-Hyacinthe, autant l'abbé Joseph-Sabin Raymond, son opposant le plus crédible, était de toutes les tribunes et de toutes les tâches: discours sur la nécessité de la force morale (1865), conférences sur l'encyclique antilibérale de 1864 et sur les relations Église-État (1865-1866), sur l'amour de la vérité (1866), sur l'intervention du prêtre dans l'ordre social et intellectuel (1867), sur la tolérance (1869) en réplique à Dessaulles, sur le pape (1870) dont le Concile Vatican I venait de reconnaître l'infaillibilité en matière de dogme.

Le triomphe relatif des conservateurs et des ultramontains et la montée de leur pouvoir entraînaient toutefois des désaccords et des dissensions parmi eux quant à l'extension de ce pouvoir. Depuis 1865, la question du démembrement de la paroisse Notre-Dame de Montréal avait opposé autant à Montréal qu'à Rome l'évêque Bourget et les Sulpiciens, ex-seigneurs de l'île qui bénéficiaient de l'appui de l'évêque de Québec, Mgr Taschereau, de celui du Séminaire de Québec et de l'évêque de Saint-Hyacinthe, Mgr Charles Larocque. Le contentieux avait détourné *La Minerve* de George-Étienne Cartier de son appui à l'évêché, contraint à susciter la publication du *Nouveau Monde*. Le litige n'était pas sans faire valoir l'opiniâtreté sinon l'inflexibilité de Mgr Bourget.

Le succès de la Confédération, appuyée par la majorité des évêques et l'influence indue de curés, ne semble pourtant pas satisfaire les attentes et apaiser les craintes de certains. Vers 1867, le débat autour de l'éducation, du pouvoir de l'Église en cette matière et des droits des minorités religieuses (et non pas linguistiques), la codification (1866) du Code civil, la question de l'érection civile des paroisses et de la tenue des registres de l'état civil de même que la loi sur le mariage (séparation de corps, empêchements, annulations) avaient entamé la confiance de certains milieux cléricaux à l'égard du Parti conservateur et rendu conditionnelle leur alliance avec le pouvoir politique. L'affaire Guibord avait d'ailleurs avivé ces craintes, en remettant à l'ordre du jour la question des rapports entre le pouvoir civil et le pouvoir religieux.

L'ultramontanisme ultramonté amorce une nouvelle phase avec la publication dans *Le Journal des Trois-Rivières* du 20 avril 1871 d'un «Programme catholique», inspiré d'une lettre pastorale de Mgr Laflèche du 10 mars. Les douze signataires qualifiés «d'illuminés» par *La Minerve*, et parmi lesquels on compte F.-X.-A. Trudel, avocat de la Fabrique contre Guibord, le chanoine Lamarche du *Nouveau Monde* et Adolphe-Basile Routhier, proposent essentiellement une chose, à la veille des élections: «L'adhésion pleine et entière aux doctrines catholiques romaines en religion, en politique et en économie sociale, doit être la première et la principale qualification que les électeurs catholiques devront exiger du candidat catholique.» *Le Nouveau Monde, Le Courrier du Canada, Le Journal des Trois-Rivières, L'Ordre, L'Union des Cantons de l'Est* et *Le Pionnier* de Sherbrooke endossent ce programme d'un parti politique catholique dont la devise serait «Religion et Patrie», et religion d'abord. Dès le 24 avril, l'archevêque de Québec, Mgr Taschereau, désapprouve ce programme conçu en dehors de l'épiscopat, suivi en cela par Mgr Larocque de Saint-Hyacinthe et Mgr Langevin de Rimouski. Mgr Bourget l'approuve toutefois ainsi que son collègue Laflèche. Les journaux ont de la matière: au commencement était le verbe, le verbe devenait le commencement d'une guerre des mots, des intentions.

Dès le 3 juin, Dessaulles écrit au cardinal Barnabo, de façon quasi prophétique: «Il devait être évident à tout homme sensé que le clergé ne pourrait jamais rester *toujours unanime* une fois sur le terrain toujours un peu orageux de la politique.»

À compter de novembre 1871, paraît «en plusieurs actes» *La comédie infernale ou conjuration libérale*. L'ouvrage signé par «Un illuminé» — alias Alphonse Villeneuve — est produit à l'imprimerie du *Franc-Parleur*, «9 rue Sainte-Thérèse, ancienne place autrefois occupée par *le Pays*»! Villeneuve, qui est alors instituteur, sera ordonné prêtre le 21 décembre 1873 par Mgr Bourget qui le gardera auprès de lui, à l'évêché. *La comédie infernale* met donc en scène Belzébuth au Canada, c'est-à-dire Dessaulles, l'Institut canadien, Joseph Doutre, Guibord; mais sa trame est plus subtile dans la mesure où les vrais diables sont dorénavant ailleurs: «Je crois maintenant que le libéralisme catholique et le gallicanisme sont les seules armes avec lesquelles nous puissions vaincre l'Église en Canada.» La thèse de ce théâtre des anathèmes est bien qu'il faut surveiller le gallicanisme des Sulpiciens qui s'opposent à Mgr Bourget depuis 1865; il faut surtout être vigilant à l'égard du libéralisme des gens de Québec, en particulier de celui de l'abbé Benjamin Pâquet. Celui-ci publie, en mai 1872, ses conférences sur *Le libéralisme*, approuvées par son prestigieux collègue, l'abbé Joseph-Sabin Raymond, qui reprend la même thèse dans sa conférence du 8 décembre, *Discours sur l'action de Marie dans la société*: il n'y a pas de libéralisme catholique en Canada. Ce que les ultramontains de Montréal et de Trois-Rivières appellent le libéralisme des gens de Québec n'est en fait qu'un ultramontanisme modéré; l'*Annuaire* de l'Université Laval ne rapportait-il pas, d'ailleurs, l'évaluation de *La Civilta cattolica*: «La lecture de ce livre [*Le libéralisme*] qui nous arrive du Canada, nous a donné le plaisir qu'on éprouve à entendre un écho fidèle et lointain: plaisir d'autant plus grand que l'écho est plus lointain et plus fidèle»? Mais la question du libéralisme catholique devient une nouvelle pomme de discorde, entretenue par «Luigi» — pseudonyme italien sinon romain de l'abbé Alexis Pelletier — dans *Quelques observations critiques sur l'ouvrage de M. l'abbé Paquet intitulé, Le Libéralisme* (1872) d'abord parues dans *Le Nouveau Monde*, en juillet; «Binan» alias Pinsoneault, prend la relève avec *Le grand vicaire Raymond et le libéralisme catholique* (1873), paru dans *Le Franc-Parleur*, à compter de janvier, et «Luigi» revient à la charge avec *Il y a du libéralisme et du gallicanisme en Canada* et *Du modérantisme ou de la fausse modération* (1873) d'abord confiés au *Franc-Parleur*, de janvier à juin 1873.

Entre temps, on célèbre à Montréal, le 29 octobre 1872, les

noces d'or sacerdotales de Mgr Bourget. Les circonstances — et l'organisation — font que les sermons, en présence de Mgr Taschereau et des autres évêques «modérés», sont faits par le père Braun, jésuite, et par l'abbé Pelletier — «Luigi» — qui attisent le contentieux entre les évêques. Pour *Le Journal de Québec* du 2 novembre, «ces noces d'or n'ont été qu'un prétexte ou pour parler plus franchement, un guêt-à-pens afin de faire tomber, dans le gouffre du Programme [catholique], évêques, prêtres et laiques...» En novembre, les Jésuites présentent un projet d'université à Montréal qui engendrera une «querelle» pendant près de 20 ans. Dessaulles, qui est toujours greffier-adjoint de la Cour des Sessions de la paix de Montréal, a acheminé sa *Dernière correspondance au Cardinal Barnabo*. *Le Pays* disparu, il se passionne alors pour des projets miniers mais l'évolution de la situation le préoccupe au point qu'il écrit à Mgr Bourget deux longues, très longues lettres, le 31 juillet et le 15 décembre 1872, qui formeront l'essentiel d'une brochure qui paraît en juin 1873: *La grande guerre ecclésiastique. La comédie infernale et les noces d'or. La suprématie sur l'ordre temporel.* Dessaulles y cumule les exemples — *La comédie infernale* de Villeneuve, les noces d'or de Mgr Bourget, le sermon du père Braun sur le pouvoir temporel — qui attestent d'une véritable guerre entre ecclésiastiques, qui se jettent «le déshonneur à pleins pamphlets». Son propos est de montrer «où nous mènerait la réalisation de l'idée ultramontaine» et de démonter ces prétentions cléricales à un «droit chrétien» et à «l'immunité ecclésiastique» qui est «le droit pour le Clergé de ne supporter aucune des charges de l'État! C'est le droit pour le prêtre d'être exempt de toute taxe pour les améliorations publiques. C'est le droit pour le Clergé d'accaparer les fortunes particulières par la captation testamentaire sans que l'état ait le droit d'intervenir. [...] C'est le droit pour l'Église de soustraire les prêtres à la juridiction des tribunaux civils. [...] C'est le droit pour le prêtre de contrôler l'action politique du citoyen [...]» Voilà ce qu'est la prétention ultramontaine.

Le propos polémique est plus simple: faire voir le sens et les conséquences de cette guerre ecclésiastique, souligner les contradictions du clergé québécois et l'injustice du traitement subi par lui et les libéraux: «Où allons-nous donc chercher la sincérité et la bonne foi dans ce tohu bohu religieux, dans ce pêle-mêle ecclésiastique où de chaque côté l'on prétend que le mensonge est de l'autre! [...]

Quand donc ai-je dit des ecclésiastiques la dixième partie de ce qu'ils disent aujourd'hui les uns des autres?» Pourquoi aujourd'hui le silence de Mᵍʳ Bourget sur *La comédie infernale* qui maltraite les Sulpiciens et la charge autrefois contre le *Discours sur l'Institut canadien*? Comment expliquer la position de Mᵍʳ Langevin qui interdit la politique en chaire et les insultes contre un parti au profit d'un autre parti? Dessaulles ne disait-il pas la même «affreuse» chose? Et que faut-il comprendre de la directive de Mᵍʳ Baillargeon de Québec en 1867 relative au droit de chacun de voter selon sa conscience sinon que des «Évêques nous ont fait un péché de ce qui est aujourd'hui un devoir ou un droit!!»

Dessaulles s'emploie à creuser le fossé entre les évêques: «Dans le Diocèse de Montréal les Curés devront faire, puisque c'est un devoir *d'office*, ce que l'Archevêque et l'Évêque de Rimouski déclarent leur être *absolument interdit* chez eux. On est donc *obligé* de faire dans le Diocèse de Montréal ce qui peut être une cause d'interdiction dans les deux autres diocèses. Vérité en deça des Pyrénées, erreur au delà.» À telle enseigne, que «les fidèles ne savent plus à quel saint, ou plutôt à quel Évêque se vouer!»

La charge se poursuit à coup de références et de citations contre le père Braun, contre l'immunité ecclésiastique, contre l'infaillibilité des papes et contre les prétentions de l'Église en matière civile. Le pamphlet n'est ni le plus contenu ni le mieux organisé de Dessaulles. Mais il fait mouche: le 4 juin Mᵍʳ Bourget écrit une lettre au *Nouveau Monde,* dans laquelle il considère Dessaulles l'homme «que je ne puis m'empêcher de regarder comme l'ennemi le plus dangereux qu'ait la religion dans notre bon pays». Le 13, l'évêque récidive par une «circulaire au clergé concernant le pamphlet de l'Hon. L.A. Dessaulles, intitulé: *la Grande guerre ecclésiastique*, annoncé par *la Minerve*»: «Ce nouvel écrit de l'Hon. L.A. Dessaulles doit donc être traité comme l'a été l'*Annuaire de l'Institut-Canadien pour 1868*, qui a été mis à l'Index, c'est-à-dire, qu'il ne peut être permis, sous peine de refus de sacrements, ni de le vendre, ni de l'acheter, ni de le lire, ni de le faire lire, en le prêtant ou en le donnant à qui que ce soit, ni de le garder chez soi, ni de le déposer chez les libraires, afin qu'il y soit mis en vente, pour entrer ainsi dans le domaine public.» Tout est prévu par Mᵍʳ Bourget qui s'autorise en quelque sorte d'un pouvoir d'Index pourtant réservé à Rome. Attaquée, *La Minerve* réplique le

21 juin par un article sur «Les dissensions religieuses» qui paraîtra en brochure.

Dessaulles n'entend pas se laisser à nouveau condamner publiquement par l'évêque. Il porte à l'imprimerie d'Alphonse Doutre un texte daté du 15 juillet 1873, *Réponse honnête à une circulaire assez peu chrétienne. Suite à la Grande Guerre ecclésiastique*, qui répond, en 32 pages, à chacune des accusations de la circulaire de l'évêque de Montréal. L'indignation ne vieillit pas devant ce «débordement de passion et d'incontrôlable colère» de l'évêque, qui «abuse de la réputation de transcendante sainteté que ses flatteurs lui ont faite». Le plus «grand ennemi de la religion au Canada» ne se récuse pas d'avoir démonté la guerre intestine du clergé; il demande à Mᵍʳ Bourget: «Celui qui a commis l'acte serait-il donc moins coupable que celui qui le commente et le flétrit?» Il propose même une discussion à l'évêque dans *Le Franc-Parleur* que celui-là ne devrait ni craindre ni refuser.

Dessaulles s'étonne que l'évêque ait dénoncé *La Minerve* mais non pas *La comédie infernale*, ni *le Nouveau Monde*, ni *Le Franc-Parleur* qui attisent, depuis près de deux ans, les feux du débat sur le programme catholique et le libéralisme «catholique»; il rappelle, après l'affaire Guibord, les prétentions ultramontaines de l'évêque à propos de l'érection civile des paroisses et de la tenue des registres de l'état civil. L'auteur de la brochure relate longuement une enquête romaine sur le commerce des fausses reliques, cachée par l'Église mais révélée par la presse italienne libre.

L'inédit de cette *Réponse honnête* réside toutefois dans la ferme dénonciation de la prétention de l'évêque à empêcher la circulation de l'imprimé lorsqu'il traite d'affaires temporelles. La défense faite par l'évêque de lire, de faire lire par don ou par prêt, de vendre ou d'acheter *La grande guerre ecclésiastique*, constitue pour Dessaulles «une violation de mon droit de citoyen dans un pays libre». De quel droit l'évêque se prévaut-il pour nuire au commerce de la librairie, aux entreprises de presse et aux droits des auteurs et des journalistes? Toujours combatif, Dessaulles avertit Mᵍʳ Bourget: «J'attendrai donc le moment opportun, et quand je croirai qu'il sera utile de donner encore une leçon à l'épiscopat, j'amènerai Votre Grandeur devant les tribunaux pour voir si elle peut infliger à plaisir des dommages pécuniaires aux individus.» L'intention ultime est claire: «Si dans un pays de droit constitutionnel il n'existe aucun recours contre l'arrogance ecclésiastique qui prohibe les livres parce qu'elle ne peut les réfuter, que les juges nous le disent, et qu'ils nous informent du haut du banc judiciaire que dans les possessions anglaises ce n'est pas la Reine qui est souveraine, mais les Évêques sous l'autorité du Pape.»

Après *La comédie infernale*, les noces d'or de Mgr Bourget, *La grande guerre ecclésiastique*, la circulaire de l'évêque de Montréal, la *Réponse honnête* de Dessaulles, un autre front de guerre ecclésiastique est ouvert par l'abbé Alexis Pelletier alias «Luigi». Six articles adressés «À l'hon. L.A. Dessaulles» paraissent dans *Le Franc-Parleur*, entre le 22 juillet et le 8 août 1873. «Luigi» réunit ces textes dans une brochure au titre évocateur: *le Don Quichotte montréalais sur sa Rossinante ou M. Dessaulles et la Grande Guerre Ecclésiastique*, qui est publiée par «la société des Écrivains catholiques» et imprimée au Franc-Parleur.

La «Rossinante» de Dessaulles, c'est «la raison *laïque*» à laquelle il ramène tout, selon «Luigi»: «Elle vous pousse à de singulières escapades. Ou elle vous gouverne fort mal, ou vous n'êtes pas susceptible d'être assujetti à un gouvernail.» «Luigi» dénonce le naturalisme du défenseur de l'Institut canadien et du rédacteur du *Pays* qui place l'homme dans un «ordre purement naturel»; il le qualifie de «déiste», puis amorce une guerre de tranchées verbale en tentant de réfuter, en 101 pages, les positions des deux dernières brochures de Dessaulles à propos de l'infaillibilité papale, du mariage, des dîmes, des immunités ecclésiastiques, de la question universitaire, des reliques romaines et du pouvoir temporel du pape, «qu'il faut admettre ou renoncer à porter le titre de catholique». On aura une idée d'une partie du style de «Luigi» en citant sa qualification des derniers écrits du Don Quichotte montréalais: «Un effroyable pêle-mêle, sans autre ciment qu'une bave insolente!»

Sous le pseudonyme de «Jean Piquefort», Adolphe-Basile Routhier, l'ultramontain de Québec avec lequel Dessaulles a brièvement polémiqué en faveur du poète Louis-Honoré Fréchette, ouvre un nouveau front avec ses quatre articles intitulés «Portraits et pastels. M. L.A. Dessaulles», qui paraissent dans l'infatigable *Franc-Parleur*, entre le 26 août et le 5 septembre 1873. Routhier, qui s'attaque au style et au contenu des écrits de Dessaulles, entend montrer qu'il n'est ni un écrivain ni un savant. Comme rédacteur du *Pays*, «il com-

battait au premier rang de l'opposition, et ne comptait pas les blessures qu'il recevait, ni les morts qui tombaient à ses côtés. On lui
reprochait même avec raison, de sacrifier inutilement ses soldats. Ce
n'était pas lui qui portait les meilleurs coups à l'ennemi; mais il pouvait se vanter de porter les premiers.» Cet «indisciplinable» ne «res-
pectait guère plus la grammaire que le clergé. Ses phrases étaient mal
bâties, et d'une longueur... à rendre ses lecteurs poitrinaires.» Ce
«pygmée», qui avait pris le parti du mensonge et de la haine et qui
était «actuellement hors de l'Église», compilait mensonges sur faussetés pour discréditer l'Église et le pape. Routhier, qui termine son
portrait en évoquant la *Réponse honnête* de Dessaulles, pique fort:
«On le regarde comme un homme dévoyé et dangereux, mais très
capable. C'est un impie, dit-on, mais un homme de grands talents.»

À peine Routhier a-t-il publié son premier article que Dessaulles prend la plume et, faute de tribune journalistique, publie, daté
du 27 août 1873, un trois pages intitué *Au public éclairé. Quelques
observations sur une Averse d'injures à moi adressées par quelques
savants Défenseurs des bons principes.* Essentiellement, il reproche à
«Luigi» et à «Jean Piquefort» «leurs étonnantes crudités de langage»,
leur anonymat et cette habitude de «se cacher derrière une haie pour
lancer des pierres».

Deux jours plus tard, Dessaulles s'attable au bureau de sa résidence, rue Berri, et rédige une autre brochure, publiée en septembre,
*Examen critique de la soi-disant réfutation de la Grande guerre
ecclésiastique de l'honorable L.A. Dessaulles sans réhabilitation de
celui-ci. Par un faillible qui n'a point lu l'ouvrage interdit contre une
légion d'infaillibles.* La brochure de 40 pages est publiée par la
«Société des écrivains de bon sens» et non pas «catholiques» et porte
en exergue cette phrase de Lamennais: «Qu'on pense comme nous,
ou qu'on ne pense point, ou qu'on porte la peine d'une pensée re-
belle.» Page par page, il réplique au *Don Quichotte* de «Luigi» qui,
selon lui, couvre la religion de ridicule. Il relève les «fautes de prote»
et sert à «Luigi» le traitement que «Jean Piquefort» lui a servi. Si
comme l'indique la dernière phrase de la brochure «la réfutation
n'est point faite: elle est toute à faire», on se demande qui pouvait encore vouloir suivre cette guerre des épithètes et des références.
Le byzantisme de la grande guerre ecclésiastique devenait par trop
évident.

Le Franc-Parleur élève à nouveau la voix en octobre. Cette fois-ci, celui qui se cache «derrière la haie» est «Binan». C'est un autre vieil ennemi de Dessaulles, l'ex-sulpicien Pierre-Adolphe Pinsoneault qui, en 1849, avait été le théologien de service pour contester les prises de position de Dessaulles dans *L'Avenir*, à propos du pouvoir temporel du pape menacé par les libéraux italiens. Pinsoneault, qui avait été évêque de London, en Ontario, de 1856 à 1866, y avait accumulé querelles sur bévues. Nommé au siège épiscopal de Birtha, l'évêque Pinsoneault était revenu à Montréal en 1869 auprès de son maître et ami, Mᵍʳ Bourget, qui l'avait placé à la rédaction du *Franc-Parleur*.

Dans douze lettres, en 45 articles, adressées «À l'Honorable L.A. Dessaulles», publiées dans *Le Franc-Parleur* entre octobre 1873 et octobre 1874, et reprises en brochure par la «Société des écrivains catholiques», «Binan» s'en prend surtout à *La grande guerre ecclésiastique* mais ressasse tous les débats dans lesquels Dessaulles s'est impliqué depuis quelques années; il défend *La comédie infernale* de son ami et collègue au *Franc-Parleur*, l'abbé Alphonse Villeneuve, discute de l'Institut canadien, de libéralisme catholique, d'infaillibilité pontificale, de Galilée et d'Inquisition. Après avoir soutenu que, pour Dessaulles, c'est la raison qui est infaillible et non pas le pape, il résume ainsi son propos à son correspondant: «Vivez au milieu des ruines des croyances de vos jeunes années, en vain portez-vous vos regards au loin pour découvrir un abri où trouver le repos, partout à l'horizon vous ne voyez que tronçons accumulés, que pierres éparses et qu'édifices mutilés.» Il y a «un abîme infranchissable entre vous et la patrie», déclare ce franc parleur.

Dessaulles met la guerre ecclésiastique du clergé en évidence dans des brochures, faute de disposer d'un journal, depuis la disparition du *Pays* en décembre 1871. Un nouveau journal paraît pourtant, depuis le 24 avril 1872, *Le National*, qui sera publié jusqu'en février 1879. Dessaulles n'y a toutefois qu'occasionnellement accès même si le propriétaire en est son beau-frère Maurice Laframboise. C'est que *Le National* est l'organe du Parti national, conçu à la fin de 1871 et fondé en janvier 1872. Le Parti national entend se situer au-dessus des clivages et des affrontements entre conservateurs et libéraux, à un moment où, dans l'Ouest canadien, les intérêts des Canadiens français, présumément protégés par la récente Constitution, commencent à être menacés et le seront bientôt au Nouveau-Brunswick avec la question des écoles de la minorité catholique française. Le Parti national est lancé par Louis-Amable Jetté, l'ex-avocat de la Fabrique de Notre-Dame dans l'affaire Guibord et par Frédéric-Liguori Béique, un jeune avocat prometteur auquel l'avenir réserve un destin auprès des Dessaulles. Antoine-Aimé Dorion, le chef du Parti libéral, se dit d'accord avec le projet; Joseph Doutre s'y rallie sans enthousiasme alors que Rodolphe Laflamme s'y oppose vigoureusement. Des noms s'ajoutent à la liste des promoteurs du nouveau parti: Côme-Séraphin Cherrier, Laurent-Olivier David, Félix-Gabriel Marchand, Wilfrid Laurier, Honoré Mercier. Le parti apparaît donc comme un forum de patriotes, de conservateurs mais surtout de libéraux même si sa fondation a, symboliquement, lieu dans les locaux du modéré Institut canadien-français de Montréal. La suspicieuse *Minerve* écrit: «Grattez un national et vous trouverez un rouge.»

Le programme du *National* indique clairement qu'on y a pris note des accusations d'un Fabre en 1862 ou d'un Labrèche-Viger en 1863, à propos des «torts causés» au Parti libéral par le radicalisme d'un Dessaulles, par exemple: «*Le National* sera un journal politique et non religieux, mais organe spécial d'une population catholique, et en conformité aux croyances de ceux qui dirigent le journal, quand l'occasion s'en présentera, nous abonderons dans le sens catholique; et nous désavouons d'avance tout ce qui pourrait échapper à l'inadvertance dans la rapide rédaction d'un quotidien, pour protester de notre entier dévouement et de notre filiale obéissance à l'Église.»

Charles Laberge est rédacteur du *National*. Cofondateur, en 1860, avec F.-G. Marchand du modéré *Franco-Canadien* de Saint-Jean d'Iberville, Laberge a des raisons personnelles de tenir Dessaulles éloigné du journal. En 1865, il avait collaboré à *L'Ordre*, en y signant des articles sous le pseudonyme de «Libéral mais catholique» et avait avoué à Mgr Bourget, en 1867, qu'il aurait préféré voir évoluer l'Institut canadien vers plus de modération plutôt que de voir créér un Institut canadien-français rival. Ce n'était donc point l'approche de Dessaulles, qui écrivait, en 1868, à propos de la modération du *Franco-canadien*: «Laberge s'y soumettra-t-il? C'est probable car les convictions fortes deviennent de plus en plus rares. Laberge proteste en son cœur contre ces sottises et ces fautes. Mais il lui manque l'énergie d'y faire face. Voilà la seule différence entre nous deux.»

Le Parti national connaît quelques succès, dont la défaite de George-Étienne Cartier en 1872, battu par L.-A. Jetté auquel Béique a servi d'organisateur, et la victoire des libéraux québécois, à Ottawa, en 1874, qui y envoient 34 députés contre les 31 des conservateurs.

Dessaulles collabore toutefois au *National* bien que ses articles ne soient pas toujours signés. Il s'attaque surtout au scandale du Canadien Pacifique qui martyrise les conservateurs et qui lui font ressasser l'histoire de ses propres déboires financiers. *La Minerve* qui a cru le reconnaître dans son style en profite pour chercher les rouges sous les nationaux. Dessaulles rétorque qu'il peut comme fonctionnaire se mêler de politique; il va même un peu plus loin dans le dépit et l'avertissement: «Le temps n'est plus éloigné maintenant où je pourrai prouver la conspiration politique dont j'ai été victime de 1856 à 1860, et parler des *offres pressantes* que l'on m'a faites avant de me miner. Cela viendra en temps et lieu.» *La Minerve* — de Cartier — rappelle à Dessaulles qu'il n'a que réchauffé «ses diatribes d'autrefois», qu'il «pose en vengeur de la morale publique» et conclut, à propos de «l'aberration de cet homme notoirement fou», qu'il est inutile de le poursuivre en justice en raison de son insolvabilité. Dessaulles avoue: «Je ne laisserai pas ces messieurs échapper par la tangente sous prétexte qu'ils ne peuvent pas me poursuivre parce que je ne suis plus riche.» Mais Laberge met un terme à ce jeu dangereux pour la survie du *National* et du Parti national: il confère avec Laframboise et invite Dessaulles à «ne plus écrire éditorialement» dans *Le National*. Les tribunes commencent à faire défaut, autant celle de l'Institut canadien qui n'organise plus de conférences depuis 1871, que celle de la presse libérale.

Dessaulles demeure toutefois assez près du Parti libéral; il communique aux amis ministres les «besoins de nos amis» à placer aux Douanes ou aux Postes. On a droit, dit-il, à la sympathie du gouvernement! Mince satisfaction qui s'ajoute, fin novembre 1874, à la nouvelle du jugement du Comité judiciaire du Conseil privé de Londres qui renverse les instances canadiennes et donne raison aux avocats et amis de Guibord. Celui-ci pourra être enterré dans le cimetière catholique. Autre gratification: paraît en 1874 la première *Histoire de la littérature canadienne*. Edmond Lareau, un libéral de très bonne eau, y fait une place à Dessaulles considéré comme «le plus illustre représentant, le chef actuel de l'école libérale au Canada». L'historien des idées évoque les «articles pleins d'idées nouvelles pour notre population» du «plus grand polémiste de son école»; il souligne son admiration pour la raison et son opposition à l'arbitraire. Lareau écrit du styliste qu'il est «plus philosophe que littérateur, meilleur polémiste que bon rhéteur, plus entortillé que coulant, plus coulant que châtié», mais estime qu'il demeure «un penseur hardi qui, en Europe, se placerait à côté des Laurent, des Jules Simon, des Michelet et des Sainte-Beuve».

Mais la vie des idées n'a pas de répit. Dans sa recension du livre de Lareau, *Le Courrier de Saint-Hyacinthe* affirme que l'auteur y a fait «parade du plus mauvais libéralisme» en approuvant les doctrines condamnées de Dessaulles et déplore «ses critiques si peu justifiées sur les travaux de M. Raymond».

Dessaulles avait eu raison de dénoncer l'ultramontanisme, la confusion du politique et du religieux. La radicalisation de l'ultramontanisme, perceptible dans le Programme catholique qui proposait, après 1867, la création d'un parti catholique, pouvait-elle laisser unanimes des évêques très humains, trop humains en matière politique et temporelle?

Les ultramontains dénoncent encore le libéralisme catholique au Canada, celui de l'abbé Raymond et de l'abbé Pâquet. On en est alors à se montrer plus catholique que le pape, façon de célébrer les noces d'or sacerdotales du pilier de l'ultramontanisme, Mgr Bourget.

C'est la guerre totale, du clergé contre le clergé, de Dessaulles contre le clergé, alors que celui-là se complaît à faire voir les directives contradictoires de l'épiscopat. Pelletier, Villeneuve, Pinsoneault, Bourget visent Dessaulles à traits continus: le Don Quichotte sur sa «raison laïque», l'ennemi le plus dangereux de la religion au Canada, l'auteur mis à l'Index. L'anticléricalisme de Dessaulles est consacré, si l'on peut dire. Mais l'anticlérical, qui raille tous ceux qui se prennent aux mots, est aussi marginalisé. Éloigné du *National*, il ne lui reste que la brochure comme arme dans cette grande guerre.

CHAPITRE XV

La déroute financière
(1870-1875)

«Une sorte de fatalité me poursuit: je crois toucher une
chose et elle fait comme l'oiseau des champs qui va se placer
un peu plus loin, qui reste toujours en vue mais toujours
hors de portée.»

Louis-Antoine DESSAULLES
à sa fille Caroline
(16 juillet 1875)*

En février 1875, Dessaulles a accepté la demande en mariage de sa
fille Caroline faite par Frédéric-Liguori Béique. Caroline, née en 1852,
a vécu au manoir familial et a suivi ses parents à Toronto et à Québec
lorsque son père était Conseiller législatif. Lors de l'établissement de
la famille à Montréal en 1860, Caroline, enfant unique, étudie chez
les Dames du Sacré-Cœur et passe la plupart de ses étés à Saint-
Hyacinthe, chez l'oncle Casimir, ou chez les Laframboise, avec à
l'occasion des visites à Arthabaska. En 1871, le poète et avocat libéral
Louis-Honoré Fréchette, qui a passablement bourlingué, l'y rencontre et tente vainement, à 32 ans, de charmer Caroline. Caroline Dessaulles vit alors l'adolescence des jeunes bourgeoises qui s'emballent
durant les vacances estivales pour les étudiants: ballades, pique-nique

---

* ANQM, fonds Dessaulles, n° 110.

aux champs, promenades en chaloupe au fil de l'eau, séjours à Montebello ou au manoir de Côteau-du-Lac, chez les de Beaujeu. Insouciance et gravité conjuguées, comme le consigne presque chaque jour, dans son journal, sa cousine Henriette, fille de Georges-Casimir.

Caroline rencontre Frédéric-Liguori Béique, son aîné de sept ans. Reçu avocat en 1868, Béique pratique avec L.-A. Jetté, l'un des défenseurs de la Fabrique de Notre-Dame dans la cause Guibord, en 1870. Avec son associé et d'autres personnalités, Béique fonde le Parti national en 1872 et il est vraisemblable que leur rencontre se soit faite dans l'entourage de Maurice Laframboise, qui finance la fondation du *National*, journal du parti du même nom.

À 22 ans, Caroline se marie avec le jeune et fortuné Béique à l'église Saint-Jacques de Montréal, le 15 avril 1875. Les noms des donateurs accolés à la liste des cadeaux de noces rendent bien compte du réseau parental et amical: les Papineau, les Thompson, les Cherrier, les Laframboise, les Morisson, les Lamothe, les Coursolles, les Truteau, les Beaudry.

Quatre jours plus tard, les mariés sont déjà à New York, prêts à s'embarquer pour leur voyage de noces en Europe. L'enchantement commence tout de suite à New York où ils vont entendre Mme Ristori chanter «Elizabeth, Queen of England». Le 20 avril, le *Russia* des lignes Cunard largue les amarres, puis pousse les machines une fois en eau profonde. La traversée se fait en dix jours et le *Russia* amarre à Liverpool le 1er mai.

Dès le lendemain, les mariés arrivent à Londres et y séjournent au moins jusqu'au 11 mai. Leur curiosité est insatiable: après les musées, Hampton Court, Richmond Park et les New Gardens, on va entendre Adelina Patti, l'Albani dans *Lohengrin* de Wagner, Mme Nielson dans *Le Talisman*, Maurel dans *Don Giovanni* et dans les *Nozze di Figaro*. Déjà, Dessaulles a adressé une lettre à Béique, lui suggérant de voir son correspondant d'affaires, M. D'Abrigeon, à Gand, car il a formé une compagnie pour éventuellement exploiter en Belgique et en Hollande une machine à gaz pour l'éclairage des maisons et des édifices commerciaux.

Après un séjour de trois jours à Paris, et une visite obligée Au Bon Marché, les Béique descendent vers le sud et s'arrêtent à Marseille; ils se promènent au Prado, montent à Notre-Dame-de-la-

Garde et visitent l'île d'If qu'Alexandre Dumas a rendue populaire dans son *Comte de Monte-Cristo*. Puis c'est Toulon, Nice, Menton, Monaco «par la corniche». De Gênes, ils se rendent à Rome et entreprennent l'Italie, le *Baedeker* en trois volumes à portée de la main. La Rome catholique les séduit certes, mais leurs déambulations sur le Corso, via del Babuino, Piazza del Popolo, Piazza di Spagna les enchantent. Ils partent pour Venise et Milan où Caroline reçoit une lettre de son père qui lui apprend que l'appareil à gaz expédié à D'Abrigeon, à Gand, a coulé en mer avec le navire qui le transportait; elle lit pour la première fois quelques lignes inquiétantes: «j'attendais quelques fonds», écrit-il, «dont j'ai un terrible besoin par la crise exceptionnelle où nous sommes. Il n'y a pas eu heureusement de forte banqueroute depuis quelque temps, mais la crise ne paraît pas diminuer d'intensité.»

Les voyageurs se dirigent ensuite vers la région des lacs — Como, Bellagio —, vers la Suisse — Genève, Lausanne, Bâle —, puis vers Strasbourg et descendent le Rhin, de Mayence à Cologne. Le 4 juillet, ils sont à Bruxelles et vont à Gand rendre visite au professeur Laurent, ami de leur père, qui les reçoit à sa table. Caroline, qui a reçu une autre lettre de son père, lui écrit: «J'espère que cette vilaine crise va finir, et que tu n'auras plus trop d'inquiétudes. Je serais si contente de te voir tranquille.»

Le 13 juillet, ils sont de retour à Paris et y séjourneront jusqu'à la fin d'août. Caroline y reçoit coup sur coup trois lettres alarmantes de son père. Le 5 juillet, il lui avait confié espérer que Béique n'ait pas à revenir, tout en ajoutant: «Mais enfin il peut survenir des nécessités impérieuses qui ne vous laissent pas d'alternative.» Onze jours plus tard, Caroline tend une lettre à son mari: «Les affaires restent impossibles et l'inquiétude est générale. [...] Personne ne sait s'il sera debout demain. [...] j'ai bien de la peine à me maintenir par le terrible temps où nous sommes. [...] Ménagez bien votre bonheur, il y en a tant qui vivent dans l'impasse.» Puis une lettre, datée du 23 juillet, où Dessaulles donne des nouvelles de la famille, se termine ainsi: «Adieu, chère enfant. Amuse-toi le plus que tu pourras; amuse-toi pour toi et pour moi, car je ne m'amuse guère ici avec l'effroyable difficulté des affaires.» Caroline n'a pas reçu cette lettre lorsqu'elle écrit à son père le 27 juillet: «Dans six semaines nous serons réunis. Ta fille qui t'aime. Caroline.» Non. Ils ne seront pas réunis. Jamais plus.

Dessaulles a certes connu des difficultés financières depuis le décès de son père et la mauvaise conjoncture économique des insurrections de 1837; la seigneurie a fait l'objet de projets d'agrandissement ou de vente dans les années 1840, avant d'être vendue en 1867, après les dédommagements reçus suite à l'abolition du régime seigneurial en 1854. Entre temps, Dessaulles a connu des revers dans ses entreprises de chemin de fer, de carrières de chaux et de pierre. Greffier-adjoint depuis 1863, il se lance vers 1864 dans des inventions — sonnerie d'alarme avec son ami et partenaire Charles Dion, spiritomètre pour les distilleries — qui l'amènent souvent aux États-Unis et surtout entraînent des débours de plus en plus importants.

La spéculation minière le fascine aussi; il croit avoir une bonne affaire à proposer à la maison Lazard de New York: une mine d'or en Nouvelle-Écosse et une autre mine à Chester, au Québec. Si Lazard achète, écrit-il en avril 1869, «je me réserverai d'entrer dans l'affaire pour un huitième des profits». Il doit, depuis 1860, 6000$ à C. Dorwin and Co. et ne peut, encore en 1869, couvrir les billets signés pour le capital et les intérêts, lui qui a subi tant de procès à ce sujet. Il écrit aussi à un certain Jackson Rae, «cashier», l'informe de sa «patent business» et précise: «But as my success, although delayed beyond what I had anticipated, now seems to be a matter a certainty.» À nouveau, une certitude.

Toujours en avril 1869, il fait un bilan inquiétant à son vieux partenaire Dion au sujet de ses investissements dans des brevets; il doit alors 9800$ de dettes et billets accumulés depuis 1864. Il a déjà déboursé 15 268,22$ pour la sonnerie d'alarme, 4979,57$ pour le spiritomètre et 1452,68$ pour les «prétendues inventions» d'un éphémère associé, M. Jay. Total des débours: 21 700,47$. Total des revenus: 0,00$. D'autres mauvaises affaires font qu'il est alors à découvert de plus de 15 000$ et que treize billets pour 3480$ arrivent à échéance en mai. Telle est, avoue-t-il à Dion, «ma position dans toute sa laideur et sa vérité» et elle «est pire que vous ne l'avez jamais imaginée». Tous deux comptent sur la passation d'une loi à la législature de l'État de New York, qui ferait débloquer les choses pour leur sonnerie d'alarme potentiellement attrayante pour les compagnies d'assurances. Pour Dessaulles, si la loi ne passe pas, il sera «un homme *moralement fini* en Canada». Il a conscience de se noyer, de «tomber».

À son partenaire dans l'affaire du spiritomètre, un certain Cox, il avoue la même chose: il est criblé de dettes. À un autre prêteur, le Dr Mailhot de Saint-Hyacinthe, il reconnaît: «Jamais homme ne s'est exposé, dans le seul but de payer ses dettes et de racheter son nom, à plus de difficultés, de tracasseries, d'inquiétudes graves, de déboires bien souvent, que je l'ai fait; jamais homme n'a soutenu une plus terrible lutte pour se tenir à flot que je le fais depuis trois ans [...]» «Depuis deux ans, confie-t-il en 1869, j'ai vécu sur 80$ par mois. Demandez à ceux qui vivent ici [à Montréal] si on se donne bien du luxe avec cette somme.» Quant à la législature d'Albany, New York, elle ne votera pas de loi relative à quelque système d'alarme...

À la fin de 1871, après sa dernière correspondance avec le cardinal Barnabo à propos de l'Institut canadien, après le décès de Papineau et au moment où se jouent *La comédie infernale* et *La grande guerre ecclésiastique*, Dessaulles s'associe à un certain André-Narcisse Lamothe, né en 1820, frère de Pierre Lamothe, notaire de la seigneurie de Dessaulles durant de nombreuses années. A.-N. Lamothe a été des Fils de la Liberté et fut arrêté en novembre 1837. Faute d'avoir terminé sa cléricature de notaire, il se retrouve instituteur à Montréal, vers 1848, et professeur de langues, vers 1865. On ignore comment il en vient à s'intéresser à une mine de plomb dans le Missouri, près des villes de Kaskakia, de Peoria, de Marame et de LaMothe. Selon toute vraisemblance, il s'agit de l'ascendance de la famille Lamothe et de la descendance d'une famille Renault dont l'histoire fut mêlée au développement de la Louisiane et du Missouri français, et qui réclame, aujourd'hui, le titre de propriété.

En décembre 1871, Lamothe, qui n'hésite pas à donner dans le «de Lamothe», intéresse Dessaulles à l'affaire: dix millions de dollars pourraient être investis et Dessaulles entre dans le projet avec une participation de 10 pour cent. Lamothe est à New York et s'emploie à se débarrasser de la réclamation Renault, à faire certaines vérifications auprès de la Législature du Missouri et à valider le titre Lamothe par des recherches de titres et de généalogie qu'il mène dans des bibliothèques. Dessaulles finance Lamothe dont le «but est une grande fortune pour nous deux», de façon à éteindre les dettes du bâilleur de fonds. Dessaulles fait confiance, même s'il a connaissance d'un rapport, à propos de Lamothe, document qu'il qualifie d'«absurde» et dont il exige les noms des auteurs.

Lamothe assure son partenaire que la compagnie anglaise, qui a les yeux sur la mine, n'achètera pas sans lui malgré les tractations d'un certain M. Hazard. Il fait même paraître dans le *London Times* l'avertissement suivant: «Warning. To all English Capitalists. Not to purchase mine LaMothe, Missouri, United States, from present holders, as the real Fee Simple Title is in A.-N. de La Mothe.» Puis Lamothe se déplace à Londres, à compter d'octobre 1872; il y séjourne jusqu'en juin 1874, alors qu'il s'installe à Paris, au moins jusqu'à la fin de l'année. Et tout cela — voyages, frais de séjour et de représentation — aux dépens de Dessaulles qui expédie traites sur traites, sans compter les avances faites à madame Lamothe.

En France, Lamothe cherche à acheter, pour 500 000 francs, de la succession Renault, la partie de la concession minière qu'elle possède. Les affaires se corsent et Dessaulles doit effectuer un premier versement de 40 000 dollars pour la fin de juin 1874, «sinon tout est manqué». Les affaires traînent pourtant de juillet à septembre; Dessaulles est à nouveau dans une «position terrible» et Lamothe continue de tirer des traites sur lui. En décembre 1874, rien ne va plus et un certain McMullen, dont l'attitude surprend Lamothe et Dessaulles, doit donner à Dessaulles «personal explanations of what has been done and the reasons for it».

Dessaulles se maintient jusqu'en juillet 1875 alors que Caroline et son mari, Frédéric-Liguori Béique, ne sont point encore de retour de leur voyage de noces et que la crise économique, déjà latente, s'installe à demeure.

Sans préavis, Dessaulles quitte Montréal pour les États-Unis, le 28 juillet 1875. Son gendre, Béique, est le premier à connaître la fuite de son beau-père qui écrit, le 29: «Je n'aurai jamais assez de larmes, je ne pourrai jamais faire assez d'expiations pour le mal affreux que je vous ai fait à tous. Peut-être aurais-je dû ne rien dire et ne plus même me rappeler à votre souvenir. D'un autre côté un mal ajouté à un autre mal ne guérit rien, et ce serait une injustice envers vous que de ne pas vous prévenir à temps.» Il inclut aussi une lettre pour Caroline, et Béique décidera du moment opportun pour la lui communiquer.

Le lendemain, 30 juillet, il détaille à son gendre les raisons de sa fuite: G.W. McMullen de Montréal a évincé Lamothe pour la simple et bonne raison qu'il avait de l'argent à offrir aux héritiers Renault.

McMullen et ses nouveaux associés ont toutefois promis «a fair share» à Dessaulles, et Béique est invité à communiquer avec eux. Dessaulles, qui avoue avoir mis plus de 9000 dollars dans l'affaire Lamothe est alors probablement à Philadelphie et le courrier doit lui être adressé sous un nom d'emprunt, via Fall River dans le Massachusetts. Le même jour, il écrit à sa femme et lui avoue «l'enfer» qu'il vit depuis cinq ans. Désireux de leur épargner ses tourments, confie-t-il, «j'ai tout dévoré seul et il me semble que j'ai mieux fait». «Je t'embrasse et t'aime», écrit Dessaulles qui termine toutefois sa lettre par deux recettes de médicaments. Une lettre d'une telle portée, symboliquement close par une recette, un truc, une invention pour «guérir». Guérir, atténuer la douleur, mettre du baume.

Il ne démord toutefois pas de sa croyance en sa bonne étoile; il affirme à Béique: «Malgré le terrible malheur que je n'ai pu conjurer, soyez sûr que je suis plus près du succès qu'on ne le pense au Canada, même mes meilleurs amis.»

Le 1er août, il reprend la plume pour écrire une longue lettre à Zéphirine, son épouse: «Je manquerais complètement de cœur et de vrai courage, si je ne t'adressais pas un dernier mot d'adieu et de demande de pardon, avant de m'en aller définitivement. Je t'ai laissée calme en apparence mais la mort dans l'âme.» Il reconnaît ses «mécomptes en affaires» et avoue son tort de s'être laissé «dominer par des mirages, des probabilités que je changeais en certitude dans mon esprit». «Il est clair, confesse-t-il, que je ne jugeais pas ma situation sainement et ne voyais que la nécessité d'en sortir sans en comprendre en même temps l'impossibilité.» Mais pourtant, insiste-t-il, son intention de payer ses dettes devrait lui faire trouver grâce auprès des siens et de ses amis. Son expiation est commencée, avoue-t-il, et le désespoir de la solitude succédera à l'angoisse des déboires. Il a conscience «d'aller là où je ne puis espérer ni intérêt ni sympathie».

Songeant à sa chère Caroline, il écrit: «Reporte sur elle l'amour que tu avais pour moi et aide lui à me faire pardonner par son mari le mal que je lui fais; et si vous ne m'en croyez pas indigne, donnez-moi quelquefois une pensée et un souvenir. Quant à moi, et surtout à cause de vous deux, chaque minute de mon existence, je le jure, sera employée à préparer ma réhabilitation. J'ai pris le portrait de ma pauvre Caroline mais je n'ai malheureusement pas pu emporter le tien que vous avez ôté de l'album, ce qui m'a été un bien amer désappointement. Au reste j'ai la mémoire des figures comme celle du cœur; il n'y a pas plus de danger que j'oublie tes traits que tes grandes qualités d'épouse et de mère. Ton image est autant gravée dans mon cœur que le souvenir des 25 ans de bonheur que je t'ai dûs et qu'aucune autre femme n'eût pu faire plus complet. Adieu donc une dernière fois! que ce dernier baiser reste dans vos cœurs comme vos deux amours resteront éternellement gravés dans le mien.»

La lettre a aussi un post scriptum, avec ses aspects prosaïques: «J'ai laissé la clé de la maison pendue à la bibliothèque»; puis: «Dans un des tiroirs de gauche de mon bureau, tu trouveras deux numéros de gazette sur lesquels Doutre a écrit: à conserver. Ces deux nos. contiennent l'annonce de la vente du ménage qui a été racheté pour toi par des amis. [Denys] Émery [Papineau] y était.» Mais une fois encore, Dessaulles parle de lui-même en évoquant les siens: «Je pense à l'hiver prochain. Aura-t-on soin des feux comme moi pour que le froid n'approche pas de vous?»

Le 2 août, la nouvelle de la fuite se propage dans la famille. Henriette Dessaulles, fille de Georges-Casimir, frère de Louis-Antoine, consigne dans son journal: «Comment rassembler mes idées dans ma pauvre tête pour écrire ce soir — je ne sais plus penser — tout est chaos et souffrance en moi. Ce matin maman m'appela dans sa chambre — elle avait l'air si triste que je fus émue de suite [en] l'apercevant. [...] Enfin elle me dit le terrible secret — et c'est mon père, mon bon, mon parfait aimé qui portera encore tout le poids de cette faute de mon pauvre oncle! Le déshonneur! c'est cela qui est bien plus affreux que la ruine — et que ce soit le plus loyal, le plus honnête, le plus estimable qui porte ce fardeau! est-ce bien juste mon Dieu!»

Le même jour, la nouvelle sort dans la presse, dans la presse anglophone de Montréal d'abord, que reprendra *L'événement* de Québec le lendemain, 3 août. On rapporte la fuite de Dessaulles qui laisserait de 80 000$ à 90 000$ de dettes constituées de billets promissoires escomptés par des courtiers et des banques. On laisse entendre que la signature de quelques-uns de ces billets aurait été fabriquée par Dessaulles et que les faux billets atteindraient la somme de 40 000$. Les expériences désastreuses avec les inventions — Dessaulles aurait perdu 12 000$ avec l'alarme de Dion — et les exploitations minières «à la Nouvelle-Orléans» sont à l'origine de ces défalcations. *L'Evening Star* note que Dessaulles était «depuis plus d'un mois sous l'empire d'une profonde dépression mentale». M. Voligny, de la Compagnie de navigation du Richelieu, perd 14 000$; A.G. Lord, courtier, 9343$. Il en va de même pour des parents, endosseurs de nombreux billets: Georges-Casimir, son frère, Maurice Laframboise, son beau-frère, Casimir-Fidèle Papineau, vieux compagnon de combat à l'Institut canadien.

Pour le *Franc-Parleur*, «la rétribution était sévère, mais grand Dieu, elle était solidement méritée». Le journal ultramontain évoque ces choses «qui, tout en prouvant l'instabilité des choses humaines, ont découvert la dépravation du cœur et l'absence complète de ce sens moral et de cette honnêteté qui est la base fondamentale de toute société catholique et civilisée». *Le Journal des Trois-Rivières* suggère que Dessaulles, parti «pour un monde inconnu», ne laisse pas que des dettes mais aussi ses écrits; il «a traité ses amis», écrit le journal ultramontain, «comme il a traité ses compatriotes et son Pasteur [Mgr Bourget]». *La Minerve* attaque *Le National* à nouveau et écrit caustiquement: «Si *le National* est friand de scandales [allusion à celui du Canadien Pacifique abordé par Dessaulles], que M. Laframboise ordonne à son homme sans tête, de raconter, par le menu, l'histoire de cet ancien rédacteur du *Pays*, de son collaborateur des grandes circonstances qui, de la même plume brevetée dont il se servait pour faire des faux, traitait tous nos hommes publics de voleurs.»

Le 11 septembre, Dessaulles informe Béique qu'il quittera Philadelphie le 18 et s'embarquera sur un vapeur à destination d'Anvers en Belgique. Le bref mot se termine ainsi: «Veuillez addresser à Geoffrion pour moi le Mémoire du père Braun sur les biens des Jésuites (brochure bleue). Il me servira certainement en Belgique.» L'homme maintient un cap, même dans cette dérive.

La Minerve continue d'enfoncer le clou. Le vieil ennemi depuis le temps des procès contre Duvernay publie un article intitulé «La fin de la comédie» dans lequel on écrit: «Puisque M. Laframboise [député et propriétaire du *National*] est si curieux, pourquoi n'interpelle-t-il pas le gouvernement pour connaître les motifs de la destitution d'un ex-employé de Montréal, très bien lié avec lui. On n'est pas vengeur de la morale publique à demi.»

L'homme qui était en mer devait penser à cette déroute morale du moralisateur pointé du doigt. Il devait penser à celui qui avait écrit en 1848: «Dans la vie privée, le vol déshonore; dans la vie publique, il est des hommes qui s'en font gloire...»; à ce «Campagnard» qui, en 1849, avait publié un long texte, dans *L'Avenir*, intitulé «Quelques idées et quelques principes soumis à ceux qui nient les principes et n'ont point d'idées». Il pouvait songer à ce candidat qui prescrivait en 1856: «Il faut que le scandale de la vénalité des hommes publics ait une fin! Il faut de la moralité partout, dans le Gouvernement comme ailleurs! Il faut que le devoir passe avant l'intérêt! que l'honneur personnel passe avant l'argent!»; au rédacteur qui devisait, dans *Le Pays*: «Ceux qui ont toujours leur conscience sur les lèvres l'ont rarement à sa vraie place, dans le cœur», et qui qualifiait ces gens «à mines obliques et à conscience élastique». L'exilé se rappelait sans doute de l'esprit sinon de la lettre de ce propos de *La grande guerre ecclésiastique*: «Si on laisse les paroles pour ne s'attacher qu'aux faits, seul moyen sûr de juger pertinemment un homme...» À quoi d'autre pouvait penser Dessaulles, accoudé au bastingage ou arpentant le pont du bateau qui avait mis le cap est-nord-est?

CHAPITRE XVI

L'exil belge
(1875-1878)

«Mais Gand vous fait irrésistiblement l'effet d'un homme
qui a perdu sa fortune et qui n'a plus l'énergie nécessaire
pour s'en refaire une.»

Louis-Antoine Dessaulles
à Caroline Dessaulles Béique
(Bruxelles, 1ᵉʳ janvier 1876)*

La traversée dura une quinzaine de jours. Le vapeur transatlantique
atteignit Flessingue et Anvers le 3 octobre 1875.

Dessaulles connaît la Belgique pour être passé à Anvers et à
Bruxelles, lors de son second voyage européen en 1842. Il y a aussi
des relations, dont François Laurent, éminent professeur de droit
civil à l'Université de Gand, qui est membre-correspondant de
l'Institut canadien de Montréal depuis 1872 et qui vient de préfa-
cer l'*Histoire générale du droit canadien* d'Edmond Lareau et de
Gonzalve Doutre. Lecteur de *La grande guerre ecclésiastique,* où
Dessaulles évoque les ultramontains belges, Laurent écrit à son collègue libéral canadien: «[vos brochures ont] un caractère de sincérité
et de franchise qui fait du bien à l'âme au milieu de l'atmosphère

---

* ANQM, fonds Dessaulles, nº 128.

d'hypocrisie où nous vivons. Ce qui me fait en plus du bien à l'âme, c'est votre courage.»

Dès 1874, Dessaulles a aussi un agent d'affaires à Gand, un certain D'Abrigeon, intéressé aux inventions de Dessaulles, pour lesquelles celui-ci fait prendre des brevets en Belgique par l'intermédiaire d'un monsieur Kirkpatrik. En difficulté depuis 1870, Dessaulles a pu, selon toute vraisemblance, se ménager une porte de sortie et planifier son exil. Ne demande-t-il pas à son gendre Béique, en voyage de noces, de voir D'Abrigeon à Gand au sujet d'une compagnie de globes pour l'éclairage au gaz? Ne rappelle-t-il pas à Caroline de passer saluer le professeur Laurent? À Philadelphie, Dessaulles n'a pas eu, que l'on sache, d'autre projet que de trouver un billet pour Anvers.

Dessaulles s'installe à Anvers du 3 au 16 octobre: «Nous arrivons à trois heures dans le port, la pluie continue à tomber à torrents. Je viens avec quelques passagers à l'hôtel du Grand Miroir, maison d'une propreté recherchée, où l'on nous donne une table magnifiquement garnie pour six francs par jour ou sur le pied de 22$ par mois si l'on reste plus de huit jours. Tout est ici d'un bon marché fabuleux. [...] Je me suis acheté un chapeau de 12 francs que j'aurais payé au moins 4$ à Montréal. Nous sommes sortis quatre et avons pris un verre d'anisette excellente dans un estaminet. Quand nous avons demandé le prix, c'était deux sous le verre, ce qui en coûte quinze à Montréal et 25 à New York.»

Il part pour Bruxelles, où il séjourne du 20 octobre au 28 décembre 1875. Il habite faubourg Saint-Josse, quartier Schaerbeek, rue du Progrès, «désignation qui me va», écrit-il avec ironie à Caroline. Encore aujourd'hui, on peut voir face à la place Rogier sur la continuation de la place de Broucker et du boulevard Adolphe Max, cette ancienne rue du Progrès avec au 45, le café-brasserie «Le Progrès», contigu à la «Taverne du Progrès», à l'Hôtel des Nations à proximité de la gare du Nord et à ces anciens commerces — Hubert, friture, café Le Télégraphe — dont les raisons sociales s'estompent sur des murs de brique délabrés.

Dessaulles quitte néanmoins Bruxelles et prend le train jusqu'à Gand, où il décide de se fixer. De la gare Saint-Pierre, la voiture remonte vers la Lys, qui traverse la ville. Assez rapidement, il aperçoit un premier canal, puis un deuxième sur la droite, le Kestevel. Le cocher emprunte vraisemblablement la rue Veld, jusqu'à la hauteur de l'église Saint-Nicolas, où il prend à gauche, vers le pont Saint-Michel, sans toutefois franchir la Lys. On longe alors le Quai aux Herbes — l'ancien port de Gand —, où se succèdent la maison des Maçons, la première maison des Mesureurs de Grains, la maison de l'Étape, la seconde maison des Mesureurs de Grains, puis celle des Francs-Bateliers. On atteint alors le Marché aux Légumes, sur lequel est érigée la maison de la Grande Boucherie. À la hauteur du Vleeshuisbrug, qui permet de franchir la Lys et mène au Quai de la Grue, le cocher prend à droite, puis à gauche, vers la rue Langue Munt — Longue Monnaie —, rue commerciale et aujourd'hui piétonne, où Dessaulles s'installera, au 15.

En se fixant à Gand, Dessaulles opte pour le pays flamand plutôt que pour le pays wallon. La Belgique est alors dirigée par le Parti catholique, acquis au catholicisme libéral d'un Lamennais; la fraction ultramontaine, qui s'affirme après les Congrès de Malines (1863, 1864, 1867) et à la faveur de l'encyclique *Quanta Cura* et du *Syllabus* des erreurs modernes (1864), finira, après 1878, par dominer la droite parlementaire. Gand, ville de 130 000 habitants en 1880, est connue pour ses petites et moyennes fabriques et ses fabricants capables de construire des modèles ou des maquettes de machines, brevetées ou pas. Mais la crise qui a touché Montréal touche aussi Gand où Dessaulles vivra de la fin de décembre 1875 à la fin de février 1878. Sans vraisemblablement le savoir, Dessaulles s'installe aussi au cœur du conflit clérico-libéral belge, dans une ville où la bourgeoisie industrielle s'est tournée depuis 1840 vers le libéralisme et l'anticléricalisme et s'oppose au Parti catholique du milieu rural. Agglomération stratégique en temps d'élections, Gand est la ville du principal quotidien ultramontain, *Le Bien public*, fondé en 1857, et de *La Flandre libérale* (1874), fer de lance de l'anticléricalisme, alimenté par l'Université et ses professeurs, dont François Laurent. C'est aussi à Gand que l'enterrement civil d'un étudiant, en 1859, avait donné lieu à une série de manifestations violentes.

Dessaulles est donc en pays de connaissance. Il était parti du Canada au moment d'un tel conflit, au moment où, en juillet 1875, cinq ans après le premier procès de Guibord, son ami Joseph Doutre avait demandé au curé Rousselot l'exécution du jugement du comité judiciaire du Conseil privé de Londres favorable à l'enterrement de

Joseph Guibord dans le cimetière catholique de la Côte-des-Neiges. Le curé de la paroisse Notre-Dame avait opposé un refus catégorique. Le 29 août, Doutre avait obtenu un bref d'exécution et le 8 septembre, une première tentative de translation des restes de Guibord, du cimetière protestant au cimetière catholique, est bloquée par une foule de catholiques devant l'entrée du cimetière. On doit donc rebrousser chemin, avec le cercueil de Guibord. Le même jour, Mgr Bourget rédige une lettre pastorale qui sera lue le dimanche suivant dans les églises du diocèse, dans laquelle il dit comprendre la «démonstration paisible» des fidèles désireux que leur «cimetière ne soit point profané» par un homme mort dans la disgrâce. Et prétextant de son pouvoir «de lier et de délier», l'évêque, toujours combatif, assure les fidèles «que le lieu du cimetière où serait enterré le corps de feu Joseph Guibord, si jamais dans la suite il y est inhumé d'une manière quelconque, sera de fait, et demeurera, *ipso facto*, interdit et séparé du reste de ce cimetière». La menace est ainsi déjà contrée.

Le 13 octobre, l'évêque de Montréal publie une nouvelle lettre pastorale qui détaille les raisons de l'excommunication de Guibord: appartenance à un Institut qui enseigne de mauvaises doctrines et possède des livres à l'Index, défaut de confession annuelle et de communion pascale. Le document proteste enfin d'une décision des «Nobles Lords» du Conseil privé qui attriste des évêques, «dont la loyauté ne s'est jamais démentie».

Le 13 novembre 1875, le maire de Montréal réunit les effectifs policiers auxquels s'ajoutent 1255 soldats de la milice canadienne; on procède finalement à l'enterrement de Guibord dans le cimetière «catholique» mais sans aucune cérémonie. Le curé Rousselot assiste à titre d'officier civil et on recouvre le cercueil de ciment de façon à dissuader toute tentative de vandalisme. Le jour même, Mgr Bourget rédige une dernière lettre pastorale au sujet de l'affaire Guibord; il suggère même une épitaphe: «Ci-gît le corps du trop fameux Joseph Guibord, qui mourut dans la rébellion au Père commun de l'Église et sous l'anathème de l'Église; qui ne put franchir les portes de ce lieu sacré que parce qu'il était escorté par une troupe de gens armés, comme pour un combat contre les ennemis de la patrie; qui, sans le bon esprit de ses concitoyens, aurait fait couler beaucoup de sang; qui a été conduit à ce sépulcre, non pas sous la protection de la croix, mais sous celle des baïonnettes; qui a été déposé dans cette fosse, à deux pieds en terre, non pas au chant onctueux des prières que l'Église a coutume de faire pour ses enfants, quand ils meurent dans la paix du Seigneur, mais au milieu des malédictions qui se comprimaient dans la poitrine des assistants...»

La Minerve du 18 novembre 1875, la tenace *Minerve* écrit à propos de l'enterrement de Guibord: «Quel dommage cependant que M. Dessaulles ne soit pas ici pour entonner l'hymne du triomphe!» En effet, il n'était plus là pour savourer cette amère victoire au terme d'une longue lutte. Ce ne serait d'ailleurs pas le seul fruit qu'il ne récolterait pas.

À Gand, où les enterrements sont aussi troublés, il faut donc se refaire une vie sinon une fortune. Tout exilé qu'il soit, Dessaulles continue, malgré des difficultés financières, à se comporter en bourgeois. Il habite les beaux quartiers de la ville, côtoie juges et professeurs d'université, a table à l'Hôtel d'Allemagne, fréquente les bibliothèques et un cabinet de lecture et se distrait dans les musées. Il se choisit un logement avec soin, «rue Longue Monnaie, no. 15, au magasin de l'Agneau Bleu, chez Mme J. Vandervoodt-De Bliquy, qui fait dans tout. J'ai deux petites pièces, salon avec poële et chambre à coucher, au troisième», écrit-il à sa fille Caroline. «Sur le même palier, bain et cabinet, mais le bain ne sert que l'été [...] Mais je suis aussi commodément qu'on peut l'être. Dans une grande alcôve en arrière du salon, il y a une commode avec crochets pour les habits sur le mur, le tout fermé par des rideaux. J'ai tout cela pour trente francs, y compris le déjeuner, ce qui à dix sous par jour pour le déjeuner, met la chambre à 15 francs par mois.» Le Canadien sans le sou ne cesse de s'étonner d'un coût de la vie si bas; tout est «d'un bon marché fabuleux», de l'argenterie aux fraises en passant par les vêtements. Le froid, la pluie et les carences du chauffage incommodent presque chaque jour le mari qui, dans sa lettre d'adieu à sa femme, s'était à ce point préoccupé de l'entretien des feux.

À Caroline, il décrit son quotidien alimentaire: «Le déjeûner n'est rien, un peu de pain et de beurre mais d'excellent café avec lait chaud. À midi et demie et 5 h. dîner, pour accomoder tout le monde. Voici le menu d'hier: soupe, pas très bonne, puis roastbeef avec patates, les plus belles et les meilleures que j'ai jamais vues; puis veau rôti avec chou-fleur; puis un ragoût aux champignons puis, car tout cela se passe successivement, ce qui fait perdre un temps énorme, puis de la salade arrangée avec des œufs puis un plat d'oiseaux tout petits, appelés béguinettes [...] puis des fruits, puis fromage et beurre, puis du café [...] Le souper est à huit heures. On a du bon thé avec viande froide ou d'excellent fromage de gruyère ou de Hollande. Tout cela coûte 6 f. 10 par jour, ou 4 f. 75, env. 88 cents par jour à la semaine, avec chambre magnifiquement meublée.» Le pensionnaire varie parfois ses habitudes en prenant ses repas au restaurant ou à l'Hôtel d'Allemagne. Il trouve les Belges «goinfres» et «goulus», en particulier avec leur plat national et leur boisson coutumière: «Mais si tu les voyais manger leurs *moules*, ces petites huîtres à écaille bleue et lisse, longues et étroites. Elles sont gluantes et leur seule vue, jaune sale, est repoussante. J'ai goûté de leur bouillon; il prend à la gorge et laisse un arrière goût *gâté*. Mon voisin en vide trois assiettes avant son diner, des assiettes *combles*...» Dessaulles n'en finit pas de s'étonner de la consommation belge de bière; les statistiques comparatives avec la Bavière et la désapprobation indignée de la bière donnée aux enfants rivalisent avec les comparaisons excessives: «Ce qui s'est bu hier soir au théâtre est inimaginable et aurait fait flotter une chaloupe!»

Les relations de Dessaulles se limitent, outre ses relations d'affaires, aux personnes de la pension, aux habitués de la table de l'Hôtel d'Allemagne et aux membres du Club de la Concorde où tous les soirs il va lire les journaux européens: «Van Acker m'y a fait admettre comme membre trimestriel, ce qui me coûte environ deux francs et demi par mois. [...] Ce club est très grand et magnifiquement aménagé. Il compte douze cents sociétaires et une centaine de trimestriels qui ont tous les droits sauf celui de *voter* à l'élection des officiers. Depuis près cinq mois j'y passe toutes mes soirées à lire revues, journaux, etc, etc. J'y ai trouvé le *Scientific American* qui m'a fait infiniment de plaisir. C'est de beaucoup le meilleur journal de mécanique et d'invention qui existe.»

Le dimanche, comme les Bruxellois, les Anversois ou les Gantois, Dessaulles «s'empare de la rue», à la recherche d'une distraction gratuite. Il emploie son temps en observant les kermesses, la fête communale, le Carnaval de la Pacification de Gand ou la procession de la Saint-Hubert. L'ancien conférencier, curieux de progrès et de Galilée, visite tous les musées accessibles: le Jardin zoologique et le

Musée d'Histoire naturelle de Bruxelles, le musée Rubens à Anvers et dans la même ville, le musée Plantin, du nom du célèbre imprimeur du xvie siècle. Parfois une exposition industrielle l'amène à Audenarde ou ailleurs; à l'été de 1876, il se paie le train jusqu'à Ostende où il observe les baigneurs: «On a ici de singulières habitudes là-dessus. Les cabines, au lieu d'être fixes comme en Amérique, sont sur des roues. Il y en a trois ou quatre cents, rangées sur le rivage et une dizaine de charretiers y attellent leurs chevaux et conduisent les gens dans l'eau puis ressortent la cabine, pour retourner chercher ceux qu'ils y ont laissés.»

Mais ce quotidien s'emploie principalement à relever un défi lancinant: se refaire une vie, se refaire une fortune, avec l'espoir de retourner au Canada et d'y régler ses dettes. Et quand Dessaulles n'est pas à chercher un associé, à courir une fabrique pour faire tourner une pièce ou retoucher à une machine dont il a le brevet, il est à sa table de travail, passant le long temps de l'exil à écrire.

L'inventeur ou le spéculateur conçoit toujours quelque projet: exporter des diamants au Canada où on en achète malheureusement peu, commercialiser un savon américain, proposer l'acide salycétique comme agent de conservation, placer un nouveau type de laveuse, une nouvelle brosse à plancher, mettre au point un patin à roulettes avec frein avant, pour les patineurs du «rink» de Gand, adapter un fourneau au gaz, commercialiser les globes-réflecteurs Trudeau au gaz. Mais sa grande affaire, c'est la machine à gaz. Dessaulles avait déjà mis au point, à Saint-Hyacinthe, une machine à gaz susceptible d'alimenter tous les appareils qu'on pouvait alors y adapter. Il en avait expédié une à D'Abrigeon mais le modèle avait péri en mer avec le bateau qui le transportait. Il s'active donc à la fabrication d'un nouveau modèle, sans cesse amélioré. Les fonds manquent bientôt et il faut se mettre à la recherche d'associés qui promettent plus qu'ils ne tiennent, qui se défilent avec ou sans l'idée de la machine. Dessaulles ne cesse de s'en plaindre, après en avoir fait les associés presque idéaux; il leur impute les retards de fabrication, le bris d'un ventilateur. La machine fonctionne enfin parfaitement en août 1876 et lui mérite une médaille d'or aux expositions d'Audenarde et d'Assenède. Mais Dessaulles se sait à la merci de ses associés: il a le brevet mais non les moyens pour commercialiser l'invention. Tout le presse à accepter une proposition et on sait, de surcroît, qu'il n'a pas les moyens financiers d'aller devant les tribunaux. Pourrait-il d'ailleurs y établir clairement son identité, lui qui vit sous le nom d'emprunt de Damrémont? On réussit néanmoins à placer un appareil en août 1877 et Dessaulles retire 90 francs de l'affaire. C'est mince, sur trois ans. Et l'on comprend les jugements à l'emporte-pièce sur les Belges qui ne comprennent «que l'attente derrière le comptoir», qui ne sont bons que pour la contrefaçon, qui ont de l'industrie mais point «d'esprit d'entreprise». La désillusion est à la hauteur des attentes.

Les rappels des insuccès et de l'exil sont toutefois plus fréquents que les poussées d'espoir. Dessaulles visite-t-il le musée d'Anvers qu'il s'attarde devant une toile représentant une mère avec son enfant. Le jour de l'An s'avère une journée longue et triste, bien qu'il se soit saigné pour expédier à Caroline et à quelques autres parentes «des bouts de fichus» servant à ourler les manches. La joie bruyante du carnaval lui fait mal et «l'anxiété terrible» qu'il traîne lui fait passer des nuits «les yeux ouverts», «le chagrin à la gorge». «Éconduit partout, écrit-il, je vois le succès fuir devant moi à mesure que je le poursuis avec une persistance incessante.» La plus grande de ses privations est celle des espiègleries de Caroline, à laquelle il confie: «[...] éloigné de tout ce que j'aime au monde, n'ayant d'autre ressource contre le désespoir qu'un incessant travail d'esprit, entouré de difficultés, criblé de mécomptes, écrasé de l'idée de chagrins que je cause; isolé; ne voyant personne et dévorant seul mon malheur; ne rencontrant jamais un mot de sympathie ni un regard ami, je lutte pour ne pas me laisser affaisser moralement et pour me maintenir en état de travailler. Je ne vis certes pas par goût mais bien uniquement par devoir.»

Lecture, correspondance et écriture meublent les creux qui forment l'essentiel de sa vie d'exil. Dessaulles travaille «à son grand bureau», de neuf heures et demie à cinq heures, dîne, fait une marche jusqu'à six heures et demie et se remet au travail. Il se documente au Club de la Concorde où il dévore la presse européenne mais dont il critique la bibliothèque «qui ne contient guère que des romans et il y a bien des années», avoue-t-il, «que j'ai cessé de lire ces choses qui ne vous mettent rien dans la tête». Il consulte aussi la bibliothèque de l'Université de Gand, plus à jour sur le Moyen Âge que sur les débats récents. Au moment de la fuite, le polémiste a conservé la tête froide:

non seulement il pense à demander à Doutre l'ouvrage du père Braun sur la constitution des Jésuites, mais il a «le bon esprit d'emporter» ses notes. Il demande même à sa femme de lui expédier l'*Encyclopédie du XIXᵉ siècle*, de Maurin, ouvrage avec lequel «il écrit dorénavant». Il évoque souvent son *opus magnum* à Caroline qu'il prend soin de rassurer en promettant de tout faire pour que ses écrits ne leur nuisent pas «là-bas». En août 1876, un manuscrit — disparu — est prêt: «L'ouvrage comprend deux forts volumes *in octavo*. La première partie est une comparaison entre le secret jésuistique et le secret maçonnique. La seconde un examen de la terrible action politique secrète exercée dans tous les pays par le clergé, le tout avec nombreuses citations à l'appui. La troisième est une revue de la lutte constante de la science contre l'Église qui l'a toujours proscrite sous toutes les formes, le tout terminé par une petite revue de l'enseignement universitaire catholique qui n'a d'autre but que d'empêcher les élèves de s'instruire d'une manière sérieuse. L'ouvrage est, de fait, une réponse à celui de Mᵍʳ Dupanloup contre la Franc-Maçonnerie. Je ne défends pas celle-ci, car je me déclare dès le commencement opposé par principe à toute association secrète quelconque mais je montre que le Jésuitisme est une association *bien plus secrète* que la Franc-Maçonnerie, et que ce n'est pas parce que les membres d'une société secrète sont prêtres qu'ils ont plus de droit que les autres de faire du secret. Je crois pouvoir dire que mon ouvrage est tout aussi riche de citations et de faits historiques que tous les ouvrages sérieux qui se publient aujourd'hui.» L'ouvrage ne paraîtra pas et l'auteur ne pourra compter sur ses droits d'auteur pour vivre.

L'ouvrage paraît bien être un vieux compte à régler avec les Jésuites de Rome et de Montréal, avec ce père Braun qui, lors du jubilé d'argent en l'honneur de Mᵍʳ Bourget, avait défié l'archevêque «libéral» ou moins ultramontain de Québec, événement dont datait, à vrai dire, la grande guerre ecclésiastique, le conflit entre une Église moins agressive et une Église plus théocratique. Et «là-bas», au Canada, la guerre ecclésiastique se poursuivait, à propos de l'intervention de l'Église dans les élections ou à propos du libéralisme catholique.

Empruntant au texte de la loi fédérale canadienne, le gouvernement du Québec avait passé en 1874 un «Acte concernant l'élection des membres de l'Assemblée législative de la Province de Québec», dont l'article 258 stipulait: «Seront réputés avoir commis l'acte appelé "influence indue", et passibles, en conséquence, d'une amende de deux cents piastres ou d'un emprisonnement de six mois à défaut de paiement: 1. Quiconque, directement ou indirectement, par lui-même ou par quelque autre, en son nom, emploie ou menace d'employer la force, la violence ou la contrainte, ou inflige ou menace d'infliger par lui-même ou par l'entremise de toute autre personne, quelque lésion, dommage, préjudice ou perte d'emploi, ou de toute manière que ce soit a recours à l'intimidation contre quelque personne pour induire ou forcer cette personne à voter ou à s'abstenir de voter, ou parce qu'elle aura voté ou se sera abstenue de voter à une élection [...]» Les libéraux provinciaux s'emparent de cette arme pour faire annuler des élections dans les comtés de Charlevoix, de Bonaventure, de Jacques-Cartier où l'on fit la preuve de l'influence illégale des curés. Les évêques se mettent de la partie et à coup de mandements et de lettres pastorales étalent leurs désaccords quant «au choix de bons députés qui puissent faire honneur à la religion». L'assemblée des évêques s'entend néanmoins, le 22 septembre 1875, pour écrire: «Il y a des questions politiques qui touchent aux intérêts spirituels des âmes, soit parce qu'elles ont rapport à la foi ou à la morale, soit parce qu'elles peuvent affecter la liberté, l'indépendance ou l'existence de l'Église, même sous le rapport temporel.» Avec ces questions dites «mixtes», on était en plein ultramontanisme et on le serait, en partie, jusqu'après la Seconde Guerre mondiale.

Et depuis que «Luigi», alias l'abbé Pelletier, un vieil ennemi de Dessaulles, avait prétendu contre l'abbé Joseph-Sabin Raymond qu'il «y avait du libéralisme catholique en Canada», les Jésuites, Mgr Bourget et Mgr Laflèche avaient repris le flambeau, en pointant du doigt la hiérarchie et le clergé du diocèse de Québec. Utilisant à nouveau l'analogie du serpent, d'autant plus dangereux qu'il se cache, Mgr Bourget dénonçait, en février 1876, ce libéralisme catholique «qui tend à affranchir les esprits dans l'ordre spéculatif». Ce fut l'un de ses derniers messages avant sa démission, en juillet 1876.

Un an plus tard, Wilfrid Laurier, qui avait démissionné de l'Institut canadien pour pouvoir se marier devant l'Église catholique, fait à Québec, le 26 juin, un discours retentissant, historique, qui scelle une évolution du libéralisme amorcée en 1862, au moment où les libéraux dits modérés de *L'Ordre* avaient accusé Dessaulles et l'Ins-

titut canadien de nuire aux intérêts du parti. Laurier fait essentiellement une distinction entre le libéralisme à la française, révolutionnaire et sanguinaire, et le libéralisme à l'anglaise, réformiste et
modéré. Et aux ultramontains qui brandissent sans cesse contre les
libéraux l'image de 1789 et de 1793, Laurier répond que la confusion
délibérée est finie, puisque dorénavant, l'on comprendra que c'est
dans le libéralisme de Gladstone que le Parti libéral puise son inspi-
ration de progrès.

Quelques mois plus tard, en octobre 1877, Rome, qui est har-
celée par les guerriers ecclésiastiques canadiens, envoie Mgr Conroy
faire enquête, avec instructions secrètes d'obtenir une rétractation de
la lettre collective des évêques de septembre 1875, la publication d'un
nouveau document exonérant le Parti libéral et statuant sur le droit
des citoyens à voter selon leur conscience. L'homme qui avait en-
quêté pour *Le Pays* sur l'intervention du clergé dans l'élection de
1867, qui avait publié *La grande guerre ecclésiastique* en 1873 et
annoncé ce jour où la dissension minerait le clergé, cet homme n'était
plus là pour cueillir les fruits de son travail. Laurier empochait.
Mais aurait-il pu le faire, s'il ne s'était trouvé, plus tôt, un «Don
Quichotte» pour dénoncer le cléricalisme et tenter de mettre un frein
au «Grand Tronc de l'obscurantisme»? Qui pouvait alors avoir le
goût d'avoir de la mémoire?

La ferveur de l'écrivain anticlérical est presque naturellement
entretenue par la société belge même. Si la correspondance belge de
Dessaulles paraît d'une telle acuité, c'est bien que l'observateur bien
informé de la situation internationale vient d'une société aussi bicul-
turelle, bilingue, bireligieuse et traversée de part en part par l'antagonisme libéral-ultramontain. Il y voit rapidement aussi la dissension
dans l'épiscopat et l'attitude caractéristique de l'autorité épiscopale
de n'avoir jamais tort. Il y trouve encore le recours au confessionnal
et à la chaire comme moyen de persuasion. Tout comme au Canada,
il peut constituer un sottisier des mœurs du clergé, des attentats à la
pudeur, des stratégies de captation d'héritages. Les journaux cléricaux — *Le Bien public* de Gand, *La Gazette de Liège*, *Le Journal
d'Anvers*, *Le Courrier de Bruxelles* et *L'Ami de l'Ordre* de Namur —
lui paraissent pires que *Le Nouveau Monde* de Montréal. L'influence
illégitime est la même; seuls changent les trucs électoraux. Les affaires
Guibord y sont encore plus fréquentes. Aux insultes et aux persécu-

tions, on ajoute aussi la mise à l'Index, dont les ouvrages du professeur Laurent, ami de longue date.

Mais après 27 mois de séjour, la vie en Belgique devient intenable. Le face à face avec l'insuccès financier est insupportable. Dessaulles, qui n'est pas en position de force, fait porter ses déboires à la Belgique, «pays de la lésinerie et de la tromperie». Évoquant ce qu'il appelle «l'incapacité nationale», il confie à sa fille Caroline: «Mon malheur est d'être venu en ce pays où il n'y a aucune espèce d'esprit d'entreprise et où on est enfoncé dans la routine. Sans doute il y a ici une grande industrie prospère, mais le monde des petits industriels et des petits commerçants est borné à un degré incroyable, *je dis borné* sous le rapport de l'intelligence. On attend tranquillement la chance et personne ne fait un pas pour courir après. On ne connaît absolument pas le prix du temps. C'est là ce dont je souffre le plus.»

Il mise sur Paris, sur le sens de l'initiative français, et l'Exposition universelle qui s'y prépare en constitue un signe tangible; il pourrait aussi y publier son ouvrage terminé et celui, en trois volumes, auquel il travaille. En janvier 1878, Dessaulles avoue n'avoir plus rien. Démoralisé, endetté, sous-alimenté, il confie à son gendre Béique: «J'ai lutté tant que j'ai pu, et j'aboutis *à rien.*» Il a essayé d'obtenir des correspondances à des journaux, mais leur opposition l'a un peu révolté: «Vous y avez vu un inconvénient possible, mais songez donc un peu que l'inconvénient de manquer de pain est encore bien pire.» Devra-t-il recourir «au moyen qui reste à un homme qui n'a plus de pain»? Il lance «un dernier appel» à sa famille et à quelques amis, car, écrit-il, «il faut que je sois à charge ou que j'en finisse». Si cette dernière chance ne lui est point donnée, «vous n'aurez pas à m'entretenir longtemps en Europe», affirme-t-il à son gendre, qui l'entretient depuis trois ans.

Dessaulles règle ses dettes belges, puis, fin février 1878, monte dans le train qui le mène à Paris.

Gand lui avait renvoyé l'image de lui-même, celle «d'un homme qui a perdu sa fortune et qui n'a plus l'énergie nécessaire pour s'en refaire une».

CHAPITRE XVII

L'exil parisien
(1878-1895)

«La mort de Victor Hugo a créé une immense sensation. Génie de premier ordre, poëte qui va rester le premier dans tous les genres; le plus grand manieur de la langue française que l'on ait vu, moins harmonieux mais plus puissant par l'idée que Lamartine, et par dessus tout cela grand citoyen qui a toujours résisté à l'oppression, toujours plaidé la cause des faibles et des persécutés et qui a tenu strictement parole après avoir écrit, à propos de l'exil imposé à tous les adversaires forts de l'Empire: "Et s'il n'en reste qu'un je serai celui-là."»

Louis-Antoine Dessaulles
à Caroline Dessaulles Béique
(27 mai 1885)*

Dessaulles descend du train, gare du Nord à Paris, à la fin de février 1878. À son gendre Béique, Dessaulles l'inventeur a plaidé l'intérêt pour sa machine à gaz d'un certain Buchin de Bordeaux, et la possibilité de vendre ses globes à l'Exposition universelle de Paris qui doit ouvrir ses portes en mai. L'écrivain, le journaliste a invoqué la richesse des bibliothèques parisiennes, la possibilité d'y publier et d'y vivre de sa plume, en particulier en obtenant, de journaux québécois,

---

* ANQM, fonds Dessaulles, no. 512

une correspondance à propos de l'Exposition. Béique finit par céder, conscient du risque que l'entretien de son beau-père soit plus onéreux à Paris qu'à Gand.

À la recherche d'un pied-à-terre, Dessaulles se présente sous le pseudonyme de «Damrémont»; déjà utilisé en Belgique, ce nom d'emprunt est aussi le nom d'une rue dans le XVIIIe arrondissement de Paris. Il s'installe d'abord dans le IXe arrondissement, dans un garni de la cité d'Antin, qu'on atteint «au haut de 98 marches». Trois mois plus tard, il déménage rue des Martyrs, au coin de la rue Clauzel, à l'hôtel Clauzel, qui existe toujours; tout juste derrière les actuelles Galeries Lafayette, à proximité de la cité d'Antin et à mi-chemin entre la gare du Nord et la gare Saint-Lazare, la rue des Martyrs monte vers Pigalle et vers Montmartre, où s'érige, depuis 1876, la basilique du Sacré-Cœur, «en expiation aux crimes» de la Commune de 1871. D'août à décembre 1878, Dessaulles réside à l'Hôtel d'Amérique, 5 rue Rochechouart, puis il loue, pour deux mois, une chambre, rue Lavoisier, dans le VIIIe arrondissement, entre les boulevards Haussman et Malesherbes. Son immeuble se trouve tout près du square Louis XVI, établi à l'emplacement d'un ancien cimetière où avaient été jetés, le 10 août 1792, les corps de Louis XVI et de Marie-Antoinette et ceux d'environ 3000 victimes de la Révolution. Nouvelle chambre, puis établissement durable à l'hôtel de la Côte d'Or, 8 rue des Moulins, près du Palais Royal et de la Bibliothèque nationale, dont la grande salle a été inaugurée en 1868; il habite alors à deux pas de l'église Saint-Roch, à cent pas de Saint-Eustache, qui offrent des concerts gratuits dont il fait ses délices. De 1878 à sa mort en 1895, Dessaulles vivra sur la rive droite.

Dessaulles qui suit, depuis l'époque du Collège de Montréal, l'évolution de la France, a connu la Révolution de Juillet 1830, celle de 1848, le coup d'État du 2 décembre 1851 et le Second Empire sous Napoléon III. Il est encore au Canada, lorsque est fondée la IIIe République avec la capitulation de Sédan lors de la guerre franco-allemande, lorsqu'éclate la Commune de 1871 et lorsque Thiers doit démissionner, en mai 1873, face à une majorité parlementaire monarchique. Depuis la Belgique, il suit les affaires françaises, dirigées par le général Mac-Mahon, président de la République depuis le 24 mai 1873. Par sa démission même, le 30 janvier 1879, Mac-Mahon personnifie les tensions politiques qui traversent la France depuis la défaite de 1870; favorable aux monarchistes qui espèrent une restauration et travaillent à l'assurer, Mac-Mahon fait face aux républicains «conservateurs» de Jules Ferry, aux radicaux de Gambetta, à l'extrême gauche des anciens Communards. Les velléités d'alliance du clergé et de la réaction monarchique alimentent l'anticléricalisme et on comprend de plus en plus clairement qu'une victoire républicaine n'est possible qu'avec l'écrasement du cléricalisme. À Gand, Dessaulles est évidemment sensible à cette situation, tançant Veuillot et «la meute ultramontaine» et se réjouissant de l'exclamation de Gambetta en Chambre, le 4 mai 1877: «Le cléricalisme, voilà l'ennemi.» Le renvoi par Mac-Mahon du gouvernement Jules Simon, le 16 mai, confirme les craintes des opposants au général, qui dissout aussi la Chambre. Pour l'anticlérical en exil, ce «coup d'État» du 16 mai est un «coup de main ecclésiastique», une «dernière ruade» du clergé, qui tire sur Mac-Mahon comme sur une marionnette.

Dessaulles arrive donc en France au moment de la démission du général Mac-Mahon, le 30 janvier 1879, et de la formation du ministère Grévy, qui nomme Ferry à l'Instruction publique. La question scolaire anime alors les débats politiques depuis au moins quatre ans et Gambetta en avait bien résumé l'esprit en Chambre, le 28 février 1876, en affirmant: «C'est l'école qui insufflera à tous les Français une âme commune. Tolérer que l'Église conserve un contrôle sur l'enseignement serait encourager une entreprise de division. Une seule école pour une seule patrie.» Dessaulles qui avait ferraillé, en 1867, avec le Supérieur Raymond, à propos de l'anachronisme de l'enseignement de la morale dans les collèges, se trouvait chez lui dans cette France républicaine et anticléricale qui s'affirmait; il y retrouvait cette conviction que l'égalité politique n'était pas concevable sans l'égalité scolaire.

Dans ses lettres hebdomadaires à sa fille Caroline et dans sa correspondance de 1879 au quotidien angloprotestant, le *Montreal Daily Witness*, Dessaulles évoque l'activité parlementaire, les «hauts cris» du clergé et de *L'Univers* de Veuillot, les péripéties du projet de loi Ferry du 15 février 1879 et en particulier cet article 7 qui prévoit interdire l'enseignement public et privé aux congrégations religieuses non autorisées par l'État. Le projet de loi sera bloqué au Sénat, mais la loi sera imposée par décret, le 29 mars, en même temps que l'expulsion des Jésuites. Le 12 avril, le correspondant du *Witness* écrit que la loi Ferry est passée «to watch that citizens of the future shall be fashioned to suit modern society and not the regime of the *Syllabus*». On croirait lire des extraits, traduits, du *Journal de Saint-Hyacinthe* de 1867.

Les lettres à Caroline sont remplies de dénonciations de l'attitude et des arguments des congrégations auxquelles, précise-t-il, le gouvernement ne refuse pas le droit à l'enseignement confessionnel, sinon à la condition d'obtenir l'autorisation. Alors, l'Église sera dans l'État, et non l'inverse. Le défenseur de l'Institut canadien et de Guibord ne tarde pas à débouter l'argumentation des congrégations qui en appellent au droit commun: «Et ce qui est joli, c'est que tous parlent du droit commun auquel les congrégations *tiennent avant tout* quand il est parfaitement certain que leur existence seule est une violation du droit commun. Est-ce que dans une association laïque l'obéissance passive à un chef existe?» Pour lui, invoquer le droit commun de la part de l'Église, c'est prétendre établir la suprématie du droit ecclésiastique sur le droit commun.

Dessaulles reprend et résume ses observations et ses positions dans un article signé «Un de la gauche» et intitulé «The Clerical Question in France», qu'il fait parvenir à la *National Quarterly Review* de New York. La revue, fondée en 1876, se présente comme «a scientific, literary and critical journal» et publie des textes internationaux sur la science et la morale naturelle. Fouillé, documenté, l'article a quelque chose de militant. Les références à la situation belge, à des lettres pastorales des évêques canadiens, à la pénétration du pouvoir religieux dans le Barreau, à la magistrature et à l'armée de France sont le fait d'un vieux routier de l'anticléricalisme.

Dessaulles suit donc de près les initiatives de la IIIe République, en particulier sa politique scolaire dont il aurait tant souhaité la mise en place dans son propre pays. Il commente aussi abondamment une autre des crises symptomatiques de la IIIe République, le boulangisme, qui s'affirme après 1887. La popularité du général Boulanger, qui s'était distingué durant la guerre franco-allemande de 1870-1871 qui avait coûté, à la France, l'Alsace-Lorraine et cinq milliards d'indemnité, était croissante et tenait même du culte populaire; son nom était associé à des savons, à des liqueurs, à des cigarettes, à des chansons de cafés-concerts. L'homme avait voyagé aux États-Unis et au Québec, en 1881, et y avait été reçu avec autant de panache que l'avait été le commandant de Belvèze, de *La Capricieuse*, au moment de la reprise des relations officielles entre la France et le Canada en 1855.

Ayant cristallisé une certaine fièvre patriotique, nourrie de «l'esprit de revanche» contre l'Allemagne, Boulanger commence à inquiéter les républicains, qui l'écartent du ministère en mai 1887. Le général amorce alors une carrière politique tortueuse qui devait toutefois servir de marche-pied au nationalisme de la Ligue des Patriotes et d'un Maurice Barrès, député boulangiste de Nancy, de 1889 à 1893.

La presse canadienne-française avait suivi les événements avec attention et *La Vérité*, *La Patrie* et *La Minerve* avaient, pour des raisons diverses, misé sur le général Boulanger, dont le journal *Paris-Canada*, publié depuis 1884 par le Commissaire canadien à Paris, Hector Fabre, avait même entretenu l'image. Dessaulles, qui suit «les petites affaires du boulangisme sur *le Figaro*», ne s'y trompe pas, voyant dans ce «sauveur» un «inepte vaniteux» et dans les manifestations boulangistes le rendez-vous «de la vraie canaille de la rue», le symptôme «d'un furoncle dans l'ordre actuel». Il écrit à Caroline, le 18 octobre 1889: «C'est vraiment un imbécile. L'homme qui a osé dire, il y a seulement cinq jours: "Si la France ne veut pas être sauvée, tant pis pour elle." Il a montré dans ce mot le calibre réel du sauveur qui s'offre lui-même.» Dessaulles s'étonne des prises de position de la presse canadienne-française: «Il me fait peine de voir vos journaux supporter ce misérable et la canaille qui le suit. On prend en pitié et les feuilles et ceux qui les rédigent, et on le cite avec raison ici comme exemple d'ignorance et de sottise.» Il évoque, non sans paradoxe, le suicide de Boulanger: «Tu as vu la triste fin de cet innocent de Boulanger qui est mort en sans cœur comme il avait vécu. Il n'a rien laissé à sa femme et à ses filles et a fait une nièce sa légataire universelle. Il laisse environ 250 000 fr. dont une partie seulement aurait mis à l'aise, à Versailles, sa femme et celle des filles qui n'est pas mariée. Enfin il n'a jamais été autre chose qu'un gredin, et il s'est tué non par amour mais parce qu'il avait perdu tout espoir de revenir sur le pinacle.»

Dessaulles appuie la politique de Ferry mais craint, de la part du gouvernement républicain, toute propension à la conciliation; à propos des hommes au pouvoir, il fait part à Caroline: «On dirait qu'ils cherchent à concilier les monarchistes à la république. Il ne peut y avoir d'erreur plus complète.» Toujours vigilant à l'égard des Jésuites, le libéral à l'esprit scientifique écrit: «On peut mêler de l'eau et de l'huile, mais laissées à elles-mêmes, elles se séparent de suite. Il en est ainsi de la république et du jésuitisme.» S'il dénonce les emportements des ultramontains, comme Mgr Freppel, évêque d'Angers, ce «triple Pinsoneault», Dessaulles n'approuve pas l'amnistie des Communards par les républicains, en juillet 1880; la Commune fut, pour lui, «a deliberately planned socialist conspiracy, whose investigators deepened their crime by seizing the unnatural opportunity of the Prussian occupation». Respectueux de Clémenceau, «as severe as a puritan anachorete», il raille «le vide d'esprit qui distingue toute la gente intransigeante ici»; à propos du radicalisme, il affirme: «pas une suggestion pratique, sensée même mais des récriminations sans fin sur tout ce qui s'est fait. Tous ces braillards perdent de plus en plus leur influence et le grand tort dans lequel on tombe à l'étranger est de croire qu'ils aient de l'importance réelle en France.» En bon bourgeois libéral, semblable en cela aux républicains de la IIIe République, Dessaulles se montre peu attentif à la question sociale que même l'Église catholique reconnaît par la publication en 1891, par Léon XIII, de l'encyclique *Rerum novarum*. Il se dit, à l'occasion, favorable aux mineurs du Pas-de-Calais en grève ou opposé à l'exploitation des travailleurs «honnêtes», mais tout en pourfendant la célébration du 1er mai et les socialistes: «Les socialistes français — je ne parle pas des communards qui sont anarchistes en majorité — les socialistes français sont en grande partie des théoriciens qui veulent refaire le monde chacun selon sa recette personnelle [...] J'ai lu des entrevues demandées à Jules Guesde, à Allemane, à Brousse et à d'autres. Toujours des déluges de mots dans un désert d'idées.»

De 1878 à sa mort, Dessaulles, admirateur de la IIIe République, ne se cache pas pour autant les défis, les inachèvements, les contradictions de la politique françaises et de la république: «[...] si les Français la perdent ce sera par la seule faute des républicains et il faudra bien en tirer la conséquence que la légèreté nationale fera toujours fatalement retomber les Français sous un maître. Ils ont l'esprit naturellement frondeur, porté à blâmer tout ce qui vient du pouvoir, mais ils ne possèdent pas *l'esprit d'indépendance*. Ils sont toujours dans les extrêmes et y passent souvent d'une manie à l'autre comme tous les gens mobiles par nature. La Chambre actuelle est la pire possible, issue du scrutin de liste, et ne se soumettant à aucune discipline parlementaire. Chacun veut étonner le monde par ce qu'il croît être une grande idée, et quand il a produit son petit effet de faire parler de lui pendant deux jours peu lui importe qu'il ait embrouillé une position au lieu de l'éclaicir.»

L'exil parisien de Dessaulles est scandé par quatre grandes activités: de 1878 à 1881, rédaction en vue de publications, correspondance à des journaux nord-américains, assistance à des cours du Collège de France; après 1881, le démon des inventions et des brevets l'habite à nouveau pendant que se poursuivent des recherches qu'il entend bien publier.

Dessaulles essaie donc de «vivre de sa plume». Il s'installe le plus souvent à la Bibliothèque nationale, tout près de chez lui, pour faire les recherches préalables à ses travaux sur Galilée, sur l'évolution, sur les attitudes de l'Église à l'égard de la science. Parfois, un travail commandité l'amène chez Pierre Margry, aux Archives de la Marine; c'est l'occasion d'évoquer Papineau, l'ami de l'archiviste parisien. Dessaulles ratisse aussi le Quartier latin, autour de la Sorbonne, ou le quai Voltaire, à la recherche d'un éditeur pour ses manuscrits.

À l'exception de trois articles à *L'Événement* de Québec, en septembre et octobre 1881, et portant sur l'exposition parisienne de l'électricité, les correspondances de Dessaulles se limitent à des périodiques de langue anglaise du Canada ou des États-Unis; il ne réussit pas à intéresser des journaux parisiens à ses projets d'articles sur l'Amérique; il n'est pas question non plus, pour son gendre Béique, qui le fait vivre, de laisser l'ancien rédacteur du *Pays* publier dans *Le National* ou dans d'autres journaux du Québec; Caroline retranscrit même les correspondances de son père aux journaux canadiens pour empêcher toute identification de sa calligraphie. Dessaulles finit donc, par l'intermédiaire de son ami Joseph Doutre, à se dénicher des correspondances au *Globe* de Toronto, au quotidien anglo-protestant montréalais *The Witness* et à la *New York Quarterly Review*, dont l'imprimeur est l'un de ses parents Thompson. Pour la presse francophone du Québec, Dessaulles est mort.

Dans le *Witness* de 1879 et la *National Quarterly Review*, Dessaulles a principalement commenté la situation politique française. D'avril à novembre 1878, le «correspondant parisien» du *Globe* envoie au quotidien torontois un article bi-mensuel titré «Paris Re-Visited», «Paris in 1878» ou «The Paris Exhibition». Dès le premier article, l'irréductible républicain anticlérical prend fait et cause pour la IIIe République. Le républicain canadien espère qu'il n'y aura jamais plus d'empire et de monarchie, tout en notant que les républicains ont peu changé les noms monarchiques des rues de Paris et tout en soulignant la présence spectaculaire du «Shah de Perse», de l'empereur d'Autriche et du prince de Galles à l'Exposition!

Cette septième exposition universelle, qui ouvre ses portes à Paris en mai 1878, suit celles de Londres en 1851, de Paris en 1855, de Londres en 1862, de Paris en 1867, de Vienne en 1873 et de Philadelphie en 1876. L'Exposition qui inaugure le palais du Trocadéro, rive droite, s'étend par le pont d'Iéna, au-delà de la Seine, du quai d'Orsay à l'avenue de LaMotte-Piquet (jusqu'à l'actuelle École militaire), entre les avenues de Suffren et de la Bourdonnais. Rive droite, s'alignent, côté nord, les pavillons des États représentés, et côté sud, la Galerie des Machines.

Grâce à sa carte de presse, qui est peut-être sa seule rémunération, Dessaulles a accès à l'Exposition, à la salle de la presse et à certains événements réservés aux seuls journalistes accrédités. Il informe les lecteurs du *Globe* de la vie spectaculaire de Paris et de l'Exposition, décrivant ces effets de l'événement que les impressionnistes sont à consigner, par touches lumineuses, sur leurs toiles: la foule sur les boulevards et dans les gares, les bars et restaurants des Champs-Élysées, les cafés-concerts, les grands prix à Longchamp ou les régates à Argenteuil. L'Exposition est, à ses yeux, «a solid business like affair», prétexte autant à la hausse du prix des chambres à Paris, à de nouvelles formes de divertissement qu'au lancement d'une nouvelle bière (la Gallia) ou à la publicité du chocolat Meunier. L'Exposition internationalise la vie, à la fois par la présence des pavillons nationaux et par les multiples congrès que suscite l'événement: congrès de littérature, d'horticulture, d'anthropologie, des travailleurs, des postes. Le chroniqueur est de toutes les célébrations: visite aux Grandes Eaux de Versailles, dîner chez Vatel, visite de la manufacture de chocolat Meunier qui se termine, à table, par un excellent cigare, audition de concerts où Colonne dirige la première de *Prométhée* de Saint-Saëns, où l'on présente *Polyeucte* de Gounod et où l'on offre des concerts de musiques nationales.

Les lecteurs du *Globe* ont droit à tous les détails à propos du pavillon du Canada, identifié par une sculpture de 95 pieds de haut, représentant un ours. On y expose du mobilier, de l'outillage agricole, des cuirs, des lainages, des photographies de Notman, de Henderson et de Sandham, le tout décrit dans le *Handbook and Official Catalogue of the Canadian Section* de Keefer, aussi disponible en français. Une bonne partie de la présence canadienne se trouve d'ailleurs dans le «Colonial Museum» de la Grande-Bretagne ou dans les prix attribués à des Canadiens, qui exposent leur machinerie ou leurs inventions dans les pavillons britanniques ou étatsuniens. Le correspondant du *Globe* torontois rapporte que le maréchal Mac-Mahon a mangé du sucre d'érable au pavillon canadien, visité aussi par le prince de Galles et lord Dufferin. Répondant à sa propre question: «What has Canada gained by the Exhibit?» Dessaulles souligne les prix remportés, les articles louangeurs qui projettent du Canada l'image «of a united Dominion, and from ocean to ocean, half a continent». Toujours admiratif de la science appliquée à l'industrie, telle qu'illustrée par la «Galerie des machines», et curieux de son avenir, l'inventeur prophétise: «Science shall have reached such a climax, as to render unnecessary the old style of going to see the exhibition, but that by a combination of telephones, microphones, phonographs, etc, it may come to us.»

La science qui fascine Dessaulles est appliquée: aux manufactures, aux transports et aux communications. C'est ainsi que la raison est «constructive», comme il s'était plu à le souligner dans sa défense de l'Institut canadien et de la raison, en 1862. Ce qui est vrai pour les sciences physiques paraît l'être aussi pour les sciences de la nature auxquelles il s'intéresse, comme en témoignent les cours qu'il suit, de novembre 1878 à la fin de 1880. Au Collège de France, au Muséum d'histoire naturelle, à la Sorbonne et à la Société d'Anthropologie, il assiste librement aux cours d'archéologie d'Auguste Mariette, conservateur du Musée égyptien de Paris et membre de l'Institut; il va écouter Paul de Broca, chirurgien et anthropologue, et Jean-Louis-Armand de Quatrefages, titulaire de la chaire d'anatomie et d'ethnologie au Muséum d'histoire naturelle qui vient de publier, en 1870, *Charles Darwin et ses précurseurs français*; il se rend aux leçons de paléontologie d'Albert Gaudry, auteur d'un récent ouvrage évolutionniste sur *Les enchaînements du monde animal dans les temps géologiques*, aux cours d'embryogénie du docteur Mathias Duval de la Faculté de médecine, tout en s'assurant de ne rien manquer des cours d'été au Jardin des plantes ou des excursions anthropologiques organisées. La question présente dans la conférence de 1858 sur le progrès est toujours vivante: d'où vient l'homme? Darwin s'y est attaqué dans *L'origine des espèces* qui paraît en traduction, à Paris, en 1862.

La question de la spécificité de l'homme dans la création l'intéresse certes en elle-même mais cette curiosité ramène inévitablement son anticléricalisme. Des recherches sur la formation du crâne et des travaux du professeur de Broca sur l'anatomie du cerveau, il tire ces réflexions: «L'anatomie prouve Dieu aussi évidemment que l'astronomie et toutes les autres sciences. Des merveilles comme celles de l'organisation des êtres animés, ne se sont pas faites toutes seules. La matière n'a pas pu par elle-même se coordonner de manière à former des organismes aussi compliqués [...] Le cerveau de l'homme prouve encore bien plus Dieu que l'horloge de l'horloger. Et M. de Broca démontre que si les cerveaux de l'homme et des animaux sont exactement analogues sur tout ce qui se rapporte à la sensation, ils cessent de l'être dans tout ce qui touche à l'intelligence [...] Eh bien, puisque les savants prouvent Dieu par leurs recherches, on devrait les laisser tranquilles; mais non, le prêtre veut vérifier leurs découvertes, voir si elles touchent à la Bible [...]»

C'est avec les mêmes yeux qu'il lit *Fossil Men*, l'ouvrage de son concitoyen William Dawson, professeur à McGill: «Ce livre ne fera certainement pas honneur à sa droiture de savant s'il fait honneur à sa foi de croyant. Rien n'est ridicule comme de vouloir contrôler les découvertes de la science par un livre de religion et de morale (le *Véda*) écrit 3000 ans avant ces découvertes. Que connaissait-on alors en fait d'astronomie et de géologie?»

Cet univers de l'analyse plaît autant à Dessaulles que l'esprit critique qu'elle présuppose et alimente. Et l'assistant aux cours, le journaliste-polémiste-épistolier, prend l'initiative d'écrire lettre sur lettre à de Broca, à Quatrefages pour corriger des affirmations sur le Canada et, en particulier, sur le non-métissage de ses populations françaises. S'il assiste aux cours de théologie et d'exégèse biblique de l'abbé Fabre d'Envieu «contre la science», c'est pour mieux le contredire! Mais ce rationaliste n'est pas dupe pour autant, surtout lorsqu'il s'agit de pensée philosophique: du livre qu'il a reçu de son ami Auguste-Louis-César Montagu, *Cours de philosophie scientifique* (Paris, 1879, 268 p.), il fait remarquer à Caroline qu'il est écrit dans le style «un peu mystique de la franc-maçonnerie dont il est membre».

Galilée intéresse toujours Dessaulles: il suit quelques cours d'astronomie, fait des recherches à la Bibliothèque nationale dans l'espoir de publier un essai sur ce savant «que les historiens comprennent peu». La science qui le retient est plus souvent contre l'Église et la religion que pour la science. Tel est, à nouveau, le sens de son attention au mouvement des suffragettes qui s'affirme sous la IIIᵉ République. Après avoir assisté à deux conférences (d'Hubertine Auclert et de madame Aubry) sur les droits des femmes, il reconnaît à Caroline leur droit à participer au mouvement social et leur revendication d'une «haute éducation», dont la privation enlève toute chance d'égalité avec l'homme. Un démocrate peut-il soutenir le contraire? De surcroît, un anticlérical voit dans ce maintien des femmes dans l'ignorance une stratégie de l'Église; pour Rome, ignorance signifie docilité et piété. Dessaulles se dit d'accord pour assurer l'indépendance des femmes: «Pourquoi pas égalité de salaire à égalité d'intelligence et de produit?» Il abonde dans le sens d'une revendication d'un statut juridique apte à permettre aux femmes la pleine gestion de leurs biens et il favorise le divorce plutôt que la seule séparation des corps, qui joue en défaveur de l'autonomie des femmes.

Telles sont les activités de Dessaulles durant les trois premières années de son exil parisien. La nouveauté des lieux, les travaux de recherche, le suivi des initiatives de la IIIᵉ République, le tourbillon de l'Exposition de 1878 et les correspondances aux journaux l'occupent, le distraient quelque peu de son destin. Mais l'exigence du *primum vivere* est toujours là, même si son gendre assure ses arrières.

Dessaulles constate rapidement qu'il ne pourra pas vivre de sa plume, ni par l'édition ni par le journalisme. Très tôt, ses espoirs de vendre son appareil à gaz, mis au point en Belgique, s'effondrent: non seulement son client bordelais lui fait-il faux bond, mais il s'approprie son invention, sachant que Dessaulles n'a pas les moyens de le poursuivre. Il en va de même pour ses globes d'éclairage qu'il espère exposer mais dont il ne peut financièrement assurer le brevet.

Il tâte de tout pour survivre: traduction pour le colonel Webb, citoyen américain plein de projets; transcription d'archives; vain projet d'un poste de guide dans des musées. Il songe, un moment, à créer une agence commerciale, à courir les rabais à Paris et à approvisionner des marchands canadiens; c'est, alors, un dernier recours, au moment où il pense «en finir». La pensée de sa femme le détourne de ce projet morbide. Puis il entrevoit dans l'importation de sucre d'érable en crème une source possible de revenu. Misant sur l'exotisme valorisé par l'Exposition universelle de 1878, il imagine des «pralines iroquoises». Il demande 500 livres de sucre d'érable à Béique, élabore une stratégie de transport via la ligne maritime Allan, prévoit des bénéfices de plus de 1000 francs, bref, à nouveau, «tous ses espoirs reposent là-dessus». Ou alors, ce pourrait être des beignets «comme chez nous», présentés cette fois comme des «madeleines canadiennes».

Désireux de refaire une fortune, Dessaulles se trouve, en deux occasions, en relation avec des veuves richissimes; il se prend alors au jeu de trouver des formes d'investissement, comme ces importants travaux publics à Naples, bénéficiant alors du fait que telle veuve détient des lettres capables de faire chanter le roi Humbert d'Italie! Une autre fois, c'est une madame de Bouxhœdven qui le réclame à Nice pour mettre de l'ordre dans ses papiers. Ou bien, c'est le duc de Tournon qui ravive l'affaire Lamothe, en lui demandant des conseils sur la façon de faire valoir les droits des Lamothe-Cadillac aux États-Unis. Ou alors, un prêtre propriétaire de «mines kimméridgiennes» entend en extraire un produit miraculeux contre le phylloxera qui attaque les vignes, et Dessaulles s'enthousiasme à nouveau. Son destin est vraiment comme un oiseau des champs: toujours à vue, jamais à portée de main.

Le démon de l'invention et des brevets le reprend vers 1880. Les idées et les trouvailles se multiplient au gré de l'observation et de l'imagination: une horloge avec un globe terrestre, une turbine pour les petits ateliers de Paris, une boîte d'allumettes servant aussi de paravent pour allumer les cigares, idée sur laquelle il fonde de «grands espoirs». Sa situation est sans cesse «affreuse» et toujours «il a dans les mains de quoi nous faire tous très riches». Il mise et investit beaucoup dans la conception, la production et la mise en marché d'une malle de sauvetage en mer conçue en cylindres de rangement. Il emprunte auprès du commissaire canadien de l'Exposition universelle de Paris de 1878, tire une nouvelle traite sur Béique, communique avec la Société française de sauvetage et avec quelques amiraux français, prépare un document de 27 pages de dessins et de spécifications en vue d'une demande de brevet pour la France, la Belgique et l'Angleterre. Il reçoit même une médaille à l'Exposition de 1878; mais d'argent, point.

L'Exposition de l'électricité qui ouvre ses portes, à Paris, en juillet 1881, et l'arrivée de son vieux complice Dion, qui vient y exposer ses inventions, catalysent ses passions d'inventeur et de bourgeois ambitieux de fortune. Dion arrive «avec du neuf», selon Dessaulles; il est commandité par des financiers montréalais et sa bobine à génératrice avec des spirales métalliques plutôt que des fils a fait ses preuves. Dessaulles revit et la situation nouvelle met même fin à un vieux projet de partir pour les États-Unis, projet qu'il caresse depuis 1878 et qui allait aboutir, avec l'accord de Béique.

Il a écrit à Hector Fabre, son vieil ennemi de 1862, qui dirige *L'Événement* de Québec, lui demandant des correspondances et une attestation de journaliste susceptible de lui ouvrir les portes des théâtres de Paris. Fabre accepte trois articles, sur l'Exposition de l'électricité, publiés le 29 septembre et les 4 et 5 octobre 1881. Le correspondant parisien décrit les merveilles de la «Fée électrique» et présente les récentes découvertes en connaisseur, analysant les difficultés surmontées par Edison pour assurer un éclairage domestique quotidien, agréable et viable. L'inventeur sur le qui-vive élabore sur le téléphone de Bell amélioré par Edison et qui permet aux visiteurs du palais de l'Exposition de se parler à distance. Du phonographe, il écrit: «On peut appeler ceci la merveille des merveilles puisque des sons et des paroles emmaganisés sur une feuille d'étain enroulée sur un cylindre de cuivre en peuvent être retirées au bout d'un mois, ou d'un an, ou de dix ans, sans la moindre variation si rien n'a dérangé les traces faites sur la feuille d'étain.» Il évoque les queues de 2000 personnes qui attendent pour entendre, dans le «théâtrophone» d'Ader, la voix des chanteurs ou des acteurs du Théâtre français, de l'Opéra ou de l'Opéra comique, à un mille de distance. Quel progrès! Ce progrès, Dessaulles l'a suivi depuis 1840, depuis les chemins de fer, le télégraphe, depuis ces techniques qui lui permettaient en 1862 de défendre la «raison constructive». Il est toujours au cœur de ce progrès, il participe même, humblement, difficilement, à son avancement.

Dessaulles croit en Dion; il le fait vivre à l'occasion, paie des brevets avec des traites qu'il tire sur son gendre Béique. Dion a son «stand» à l'Exposition de l'électricité, où il obtient une médaille de bronze. Pour Dessaulles, son nom sera bientôt au-dessus de celui d'Edison! Il s'offusque même de l'incrédulité de Caroline et de Béique alors que Dion et lui sont en pourparlers avec Siemens, la grande société allemande de construction électrique et électrotechnique qui a mis au point la génératrice à courant continu et la première locomotive électrique. Ils sont aussi en relation avec la Compagnie générale d'Électricité, avec Carpentier et Edison même. Dion mène alors quatre inventions de front: une lampe à arc, un accumulateur, un générateur, une lampe portative à pile. Mais l'argent des «capitalistes» ne vient pas; partout, ce sont retards sur retards, qui exaspèrent, découragent. En mai 1883, l'idylle avec Dion est finie: les lettres à Caroline ne tarissent pas de propos amers sur Dion. Il les résume, en 1884, à sa belle-sœur et confidente, Fanny Leman Dessaulles, lui détaillant l'historique et les causes de ses mécomptes parisiens: «1° la terrible incapacité de Dion en dehors du domaine de l'invention (mais gardez strictement ceci pour vous). 2° le manque d'esprit d'entreprise des Français, et surtout leur absence absolue de loyauté dans les affaires. Ils ne donnent leur parole que pour s'en moquer et retardent systématiquement une transaction pour vous égorger s'ils le peuvent. Mesquins et petits dans les dépenses nécessaires ce sont de vrais requins pour tout prendre. Dans ces vieilles sociétés-ci, où il est difficile de se faire une position; où on ne refait à peu près jamais celle que l'on a pu perdre, où le trop plein fait que des gens pleins de mérite et de talent végètent misérablement parce qu'ils ne peuvent trouver à se caser, l'égoïsme est enragé, brutal.» Le propos ressemble étrangement à ceux tenus au moment de son départ de Belgique; il renvoie autant à un empressement excessif à se refaire une fortune, au contraste des façons de faire dans l'Ancien et dans le Nouveau Monde qu'au manque de fonds indispensables pour la mise en marché des inventions et qu'à la recherche d'un bouc émissaire à un échec évident, récurrent. Sysiphe pressé, découragé, qui peste contre la montagne, contre la lourdeur de sa charge, contre le soleil écrasant. Puis, par on ne sait quel processus, nouvelle remontée. Dessaulles croit à nouveau à son étoile. Il confie à Fanny: «Je regarde comme à peu près certain que d'ici à quinze jours nous serons à l'aise et qu'un peu plus tard vous entendrez enfin parler de moi. Ce sera un beau jour pour moi, après tant de désespérants mécomptes, que celui où je pourrai enfin faire une remise à mon pauvre frère et à ma bonne sœur. Les autres viendront après.» Quatre ans plus tard, en mai 1888, il écrira à nouveau: «Dans deux ou trois semaines je serai à l'aise.»

Il ne sera jamais à l'aise. À peine, à l'occasion, des rentrées plutôt symboliques lui permettront d'attendre. Il n'empêche que les deux compères repartent en chasse de brevets et de fortune. Le phonographe de Dion, qu'il appelle «échophone» et qui paraît à nouveau supérieur à celui d'Edison, n'est jamais prêt d'un lundi à l'autre. Une plaque pour violon, c'est-à-dire l'application du diaphragme à l'instrument, finit par donner des «preuves concluantes», mais montée sur un violon circulaire qui s'avère injouable. On s'essaie sur un violon ordinaire, le brevet est vendu 1500 francs à une firme allemande et 750 à un fabricant français, Goubaux. Succès d'estime mais point de commerce. On touche aussi à un nouveau type de téléphone et on reprend l'idée montréalaise de l'avertisseur d'incendie qui trouve quelques preneurs, après des démarches qui occupent aussi des journées entières. D'octobre 1891 à mars 1894, les espoirs sont placés dans un «poêle thermo-électrique» pour lequel Dion et Dessaulles créent une Société d'exploitation. Enfin, après l'éclairage, les communications, le divertissement, la sécurité et la cuisine, on cherche une nouvelle application à l'électricité: une machine à produire des bouteilles en série, 960 à l'heure. Mais le projet tourne court alors que Dessaulles est de plus en plus malade.

Toutes ces démarches, tous ces pourparlers, toutes ces lettres, tous ces insuccès occupent, font espérer, font vivre. Ils se conjuguent à des relations avec des Parisiens rencontrés au fil des jours: les Wiallards, dont le mari est directeur d'un journal financier et qui s'apprête à partir pour le Canada, investir dans des mines d'or de la Beauce; les Montagu, qui tiennent salon; les Hart, chez lesquels ils dînent assez souvent; la famille de La Vigerie qu'il fréquentera assidument; Paul-Théodore Vibert, républicain anticlérical, conférencier sur le Canada auquel il fournit des renseignements, mieux, des munitions!

L'exilé a appris à se débrouiller, à trouver des trucs pour survivre, pour vivre, pour savoir. La salle de lecture du *New York*

Herald lui donne accès à l'*American Advertiser*, qui l'informe des arrivants à Paris, en provenance des États-Unis et du Canada. Sortant de l'anonymat ou du pseudonymat, il revoit d'anciens amis ou collègues de l'Institut canadien, de passage à Paris: Joseph Doutre, Henry Lacroix et M. Hawley, qui l'amène quelques jours au Havre et à Trouville; il pilote l'abbé Sax qu'on a expulsé du Séminaire de Québec, le peintre Napoléon Bourassa et son épouse Papineau; il rencontre le curé Labelle, un maskoutain, Sylva Clapin; les Papineau comptent sur lui, pour diverses tâches à Paris. À trois occasions, en août 1883, en novembre 1889 lors de l'Exposition universelle de Paris, en mai 1895, Béique, son gendre, sera de passage à Paris et Dessaulles se fera une fête de sa présence et de sa générosité. Puis sa «chère» Fanny, avec laquelle il a repris une correspondance intime depuis 1884, est là, en janvier 1892 et de mai à juillet 1894. Il l'accompagne dans ses courses, l'amène entendre *Les noces de Figaro* à l'Opéra, lui fait visiter Paris, en particulier ces endroits qu'il consigne, depuis 15 ans, dans la mémoire de son cœur, ces lieux privilégiés, réservés aux amis et aux êtres chers.

Le poète libéral Louis-Honoré Fréchette est aussi de ceux-là. Dessaulles le rencontre à Paris, en juillet et août 1880, alors que l'auteur de la *Voix d'un exilé* vient y recevoir le prix Montyon de l'Académie française. Les deux hommes échangent sur la situation québécoise et canadienne, en particulier sur la parution récente de *La Patrie*, publiée par Honoré Beaugrand pour donner une suite au *Pays,* et sur la fermeture de l'Institut canadien dont l'édifice vient d'être vendu. L'exilé parisien, neveu, admirateur et un peu confident de Papineau, trouve-t-il les mots pour dire à Fréchette ses réserves quant à la pièce *Papineau* que celui-ci vient de publier et dont il a expédié un exemplaire dédicacé à son ami? Dessaulles n'avait-il pas avoué à Caroline avoir lu le texte «avec plaisir et chagrin». Chagrin de voir l'auteur donner un air poseur à Papineau alors que celui-ci «avait toute affectation en horreur», chagrin aussi d'y trouver «d'inconcevables trivialités» et «des mots populaires trop mal choisis». Ce désaccord n'empêche toutefois pas Dessaulles de faire connaître la poésie de Fréchette autour de lui. Il fait lire par une amie, dans un salon qu'il fréquente, le poème «Vive la France»:

> C'était après les jours sombres de Gravelotte:
> La France agonisait. Bazaine Iscariote,

Foulant aux pieds honneur et patrie et serments,
Venait de livrer Metz aux reîtres allemands...

Le poème patriotique obtient un réel succès. Il en informe Fréchette tout en ajoutant: «Je lis quelquefois (dans la presse canadienne) de véritables hardiesses qui me font plaisir, mais ces hardiesses-là même témoignent du chemin qui vous reste à parcourir. Le principal est que le journal continue de prospérer, et puisqu'il a si bien réussi, M. Beaugrand doit persévérer dans sa tactique [...] Votre parti conservateur est vraiment arrivé à la phase du sublime dans le pillage et l'impudence de ses moyens de gouvernement. Les *pillards* de mon temps étaient des *mouches* comparés à ceux d'aujourd'hui.» Quant à l'affaire Riel, Dessaulles estime que «les imbéciles qui ont provoqué cette insurrection méritent bien davantage d'être pendus que ceux qu'ils vont peut-être pendre».

Il est vraisemblable que lors du second passage de Fréchette à Paris, de mai à décembre 1887, les deux anciens alliés de 1871 contre Routhier se soient rencontrés. Leur amitié commune pour Paul-Théodore Vibert alimente alors leur correspondance. Et puis, en 1893, Fréchette a repris des combats menés auparavant par Dessaulles: affirmation d'une conciliation possible du libéralisme et du catholicisme, contestation de «l'école néfaste» des catholiques programmistes, dénonciation de la religion mise au service des petites haines personnelles, appui à la république, dénonciations des scandales du clergé, remise en cause de sa compétence en matière d'enseignement de l'écriture et de la lecture, qui pourrait parfaitement revenir aux laïcs, poètes ou pas. À Fréchette, son cadet de 20 ans, alors en polémique à ce sujet avec l'abbé Baillargé et qui s'inspire de la conférence de Dessaulles de 1868 sur la tolérance, celui-ci écrit: «Ce qui m'a surtout fait plaisir dans vos lettres [à l'abbé Baillargé], c'est le fait que vous n'avez pas peur du clergé. Il me semblait depuis longtemps qu'il écrasait tout au Canada, jusqu'à la plus petite liberté de penser et de parler. Vous avez sonné le réveil. Espérons que vous serez supporté. Au reste, que vous le soyez ou non, les hommes de votre portée peuvent se suffire à eux-mêmes et s'abstenir de chercher des soutiens.»

Les deux hommes ne se rencontrent pas en 1894, Dessaulles voyageant en Suisse au moment où les Fréchette viennent inscrire leurs filles dans un couvent parisien. À l'occasion, Dessaulles ira visiter les filles Fréchette; il reste en correspondance avec leur père auquel il expédie un exemplaire de son ouvrage sur *Les erreurs de l'Église.* Il lui avoue, en janvier 1894: «Je vous remercie de vos bonnes paroles au sujet de mon petit travail [...] Je vois que tout en faisant disparaître l'abbé Baillargé, on n'en est pas moins en pleine sainte colère contre vous. Faites comme moi. Moquez vous d'eux, montrez leur ignorance et le bon sens public finira par avoir raison de tous ces éteignoirs par nécessité d'infaillibilité. Que ne suis-je là pour vous aider un peu! Ah!, si j'avais su, il y a 20 ans, ce que j'ai appris ici! Je les aurais fait danser encore plus à mon goût.»

Les relations parisiennes de Dessaulles incluent, enfin, Hector Fabre et sa femme. Celui-ci, qui avait accepté trois textes de Dessaulles dans *L'Événement* et qui vient d'être nommé Haut-Commissaire du Canada à Paris, invite l'ancien rédacteur du *Pays* à collaborer au journal *Paris-Canada*, qu'il fonde en juin 1884 et qui se veut un «organe international des intérêts canadiens et français». Dessaulles n'y signera aucun article de son nom ni de son nom d'emprunt «Damrémont», mais il contribuera à sa rédaction: «Le numéro que je t'adresse, précise-t-il à Caroline, est à peu près tout de moi, mais ça ne me donne presque rien. C'est toujours une partie de mon manger en attendant mieux.» Fabre confiera d'autres tâches à Dessaulles: recherches archivistiques, travail sur les relations commerciales entre la France et le Canada.

Entre deux visites à des ateliers de fabrication de poêles ou de bouteilles, entre deux séances de travail à la Bibliothèque nationale ou entre deux visites à des amis parisiens ou à des connaissances canadiennes, Dessaulles cherche les musées et les Salons d'exposition de peinture ouverts au public et les concerts gratuits. Non seulement a-t-il habité le quartier de la Nouvelles Athènes où résident aussi des peintres, alors peu connus, mais il séjourne à Paris au moment même de l'ascension des Impressionnistes qui tiennent leur propre Salon, de 1874 à 1886, pour faire concurrence à celui de l'art «officiel».

L'art nouveau ne l'enthousiasme guère. À propos du groupe de sculptures «La danse», de Carpeaux, qui orne le rez-de-chaussée de la façade de l'Opéra de Charles Garnier, inauguré en 1875, Dessaulles confie à sa fille: ces danseuses nues qui font la ronde «ne vous font l'effet que de sales filles. Ce n'est pas là de l'art. C'est de la provocation polissonne et rien autre. Ce réalisme peut plaire aux gens blasés qui ne savent plus qu'inventer pour se monter l'imagination. Ce Carpeaux devait être un brutal débauché.»

De 1878 à 1890, Dessaulles aura pu comparer sept Salons de peinture. La Galerie des Beaux-Arts de l'Exposition de 1878 est, paraît-il, supérieure à celle de 1867 et, nouveauté, les pavillons nationaux ont souvent leur propre exposition de tableaux. Il constate qu'en 1879, la République a infusé un sang nouveau à l'art, ouvrant enfin au public le «garde-meuble» national. Le Salon de 1880 lui paraît indécent et lors de celui de 1881, il dénonce «les critiques de louer à tour de bras ce qui est mauvais et de blâmer ce qui est beau». La «légèreté française se donne libre carrière» dans la critique, selon lui! Le nu l'embarrasse, dans la sculpture comme en peinture: «On n'a admis cette année [1881] aucun de ces tableaux, plus indécents encore d'idées que de pose, qui remplissaient le salon de l'année dernière. Avec leur vie toute de licence et de plaisirs grossiers, nombre d'artistes français perdent tout sentiment de décence des relations sociales et voudraient faire passer leur laisser-aller moral et leur débraillé dans la vie ordinaire. On dirait qu'ils n'ont jamais habité que de mauvais lieux. Ce n'est pas le nu en soi qui choque mais le nu provocateur du vice, et trois artistes français sur quatre ne comprennent pas l'art autrement. Leur cynisme d'idées et d'habitudes se reproduit dans tout ce qu'ils font.» Même critique lors du Salon de 1885: «Ce qui déplaît surtout chez une certaine catégorie de peintres français, c'est l'absence complète de toute notion de décence ordinaire dans les habitudes de la vie et ils font arriver ces notions dans l'art. Ils sont en peinture ce qu'est Zola en littérature...» Le nu l'embarrasse à nouveau dans «l'exposition décennale de la peinture française» qui se tient à l'occasion de l'Exposition universelle de Paris, en 1889; il avoue à Caroline: «Les Français ont trop la passion du nu. Le nu n'est tolérable qu'à la condition absolue de perfection de formes et de couleur. Mais voilà les peintres français qui se mettent tous à peindre leurs maîtresses pour les faire passer à la postérité, et quand elles sont laides et mal faites ils les peignent telles qu'elles sont sous prétexte de fidélité dans la reproduction de la nature [...] Nombre d'artistes français font de simples pochades d'atelier bonnes pour des chambres de garçon et ils appellent sacristains ceux qui ne veulent pas voir de l'art dans ces bêtises qui, souvent, sont des saletés.» Dessaulles ne se perçoit pas en «sacristain»!

Les goûts de ce fervent du progrès sont manifestement ailleurs. Il expose à Caroline ses canons esthétiques: «L'art montre la nature en beau, du moment qu'on le fait servir à la représenter en laid, moralement ou physiquement, il cesse d'être l'art en surexcitant les mauvais instincts de la nature. Mais ces idées n'entrent pas dans la tête d'un artiste-bohème.» Ses goûts, ce sont ce «superbe tableau représentant des paysans chargeant une charrette de foin. Il y a un relief et une vie, un mouvement dans ce tableau, tout à fait remarquables; les chevaux sont vivants. Eh bien, personne n'en parle»; ou bien, cette *Sainte Famille* de Murillo, au Louvre, qui représente le bonheur serein de Marie, de Joseph et du jeune Jésus, le bonheur radieux d'une femme, d'un homme et d'un enfant unique...

Dessaulles habite tout près de l'église Saint-Roch et de Saint-Eustache. Tout comme dans les parcs où l'on peut assister à des concerts donnés par des ensembles militaires ou de la Garde républicaine ou par des sociétés orphéoniques, la musique y est gratuite. Dessaulles ne manque pas le *Stabat Mater* de Rossini à Saint-Eustache, durant la Semaine Sainte; il voit dans ces concerts une stratégie cléricale — «L'objet du clergé est évidemment d'attirer les gens par la musique» — sans paraître se rendre compte de sa propre situation! Tout déiste qu'il soit, la semaine pascale le remue, à travers ce *Stabat Mater*: «La première strophe avec ses accords respire la douleur dans toutes ses notes. Le *cujus animam* est aussi une mélodie profondément triste quand l'exécutant lui donne l'impression voulue. Où a-t-on jamais mis plus de larmes que dans le *Ut tibi complaceam*, et surtout dans l'*inflammatus* que Mme Guyard a chantés avec une perfection absolue, des inflexions de voix merveilleuses. Le duo des deux voix de femmes dans le *Quis est homo* a été ravissant, et chanté comme il doit l'être.» À qui pensait-il en écoutant cette musique composée avec, à l'esprit du créateur, cette «mère qui se tenait debout» au pied de la croix?

Dessaulles est toujours à Paris lors de l'Exposition universelle de 1889, qui commémore le centenaire de la Révolution et que les républicains ont conçue comme telle. Le symbole est à ce point évident que certaines monarchies se sont abstenues. Ce n'est pas le cas de l'Angleterre mais, paradoxalement, le Canada n'est pas représenté. Dessaulles a son idée là-dessus; il la formule à Caroline, faute d'avoir, comme en 1878, une correspondance pour la presse montréalaise ou torontoise: «Le Canada a fait la sottise énorme de rester à l'écart, et il le doit surtout à ses Évêques. Franchement qu'est-ce que cette protestation platonique contre les principes de 89 a bien pu leur faire de mal ? Les principes de 89 ne sont que l'expression de la raison et de la conscience, en matière de gouvernement; que le droit de la nation déclaré supérieur à celui d'un individu ou d'une famille [...] Le Canada avait beaucoup à gagner à venir à l'exposition, la plus grandiose qui ait jamais été tenue et sa petite bouderie épiscopale n'a fait de mal qu'à lui.» Quelques semaines plus tard, après de probables réserves de la part de sa fille, il insiste: «Quant à vos Évêques au sujet de l'Exposition, j'ai cru qu'ils étaient pour quelque chose dans l'abstention parce que votre Archevêque, à son passage ici, disait à son frère que l'on ne pouvait pas espérer que le Canada catholique pût venir fêter les principes de 89. Quelques Canadiens cléricaux qui sont venus ici se sont exprimés de la même manière, et j'avais lu dans *le Monde*, l'année dernière, un article furieux sur ce sujet. D'où que vienne l'opposition, ça été une bêtise doublée d'une faute en affaires.»

Une faute en affaires: vraisemblablement. Car 1889 fut et demeure la grande Exposition universelle, déployée sur le Champ de Mars (palais des Beaux-Arts, palais des Industries, palais des Arts libéraux), sur l'espace des Invalides (Armées, les Colonies, l'Économie sociale) et dans les jardins du Trocadéro (Agriculture et Horticulture). Avec en sus, l'exploitation des berges de la rive gauche de la Seine, entre le Champ de Mars et les Invalides et, bien sûr, la Tour de Gustave Eiffel. Et puisque le succès se mesurait déjà au «monumental», l'affluence de trente-deux millions de visiteurs, qui doublait la participation à l'Expo de 1878, témoignait de la réussite de la célébration républicaine.

Dessaulles n'a pas, cette fois, de correspondances à acheminer à la presse canadienne. Son entrée à l'Exposition est directe: parmi 60 000 exposants, il y expose avec Dion leur violon à diaphragme, dans la section réservée aux instruments de musique. C'est un repli, car faute de capital, ils doivent faire le deuil d'une mise en valeur de la bobine à spirale, de la lampe à arc et de l'Échophone ou phonographe de Dion. Dessaulles est à son aise dans cette fête de la science et de la technique. De loin il préfère la Galerie des Machines à la Tour Eiffel. Il ajoute au concert des perplexités et des débats autour de cette «masse barbare» et de cette «gigantesque et noire cheminée d'usine» en affirmant à Caroline que cette tour risquait de modifier le climat parisien! Observateur, en 1878, de la «rue des Nations», il est fasciné par la reconstitution de l'histoire de l'habitation: l'habitat que l'homme s'était donné depuis l'époque des cavernes refaisait, sur le mode de l'histoire du *primum vivere*, le récit de l'origine et de l'évolution de l'espèce. L'inventeur s'attarde à la section où sont exposés des objets de sauvetage en mer. Est-ce l'homme qui a eu faim qui est sidéré par le palais de l'Alimentation, pantagruélique: «On y fait des gâteaux vendus tout chauds par milliers [...] Au centre du palais est un énorme tonneau contenant deux millions de litres, ou 400 000 gallons, ou 6000 barriques. On a dans ce palais des vins de toutes les parties du monde, des montagnes de bouteilles, soit en pyramides, soit en arcs-de-triomphe, ici formant des plein-cintres, là des ogives. Il y a là au moins un million de bouteilles.» Le gigantisme est partout et fait la manchette. Il y a une frénésie du nombre, une intuition d'un changement d'échelle dans les façons de faire. À propos du banquet des maires de la République, Dessaulles se plaît dans l'énumération: 15 666 maires, 1120 garçons de tables, 40 sommeliers, 95 cuisiniers, 150 marmitons, 50 grands fourneaux, 2500 litres de potages, 6000 livres de poisson, 3000 livres de bœuf, 1000 canards, 1500 dindons, 15 000 bouteilles de vin ordinaire, 3000 de Graves, 1800 de Madère, 4500 de Pommard, 4000 de Champagne, tout cela pour 150 000 francs ou 30 000 «piastres».

Béique, auquel il a adressé un plan de l'Exposition, à l'ouverture, en mai, est là, tout juste avant la clôture, en novembre. C'est «un grand bonheur» de lui «faire les honneurs de l'Exposition», écrit-il à Caroline. Dessaulles l'amène, un soir, à la Fontaine du Progrès, monument élevé à la gloire de l'électricité, où des lampes électriques, sous verre de couleur, illuminent les jets d'eau. Féerie d'un moment. Mais Dessaulles est déjà ailleurs, dans l'avenir; il confie à sa fille: «[L'Exposition] de 1900 fera peut-être encore mieux. Tu le verras. Moi pas, car il n'est nullement probable que j'arrive à 82 [ans].»

À Montréal, à Gand ou à Paris, l'homme ne change guère. Même fascination pour la science, pour le progrès, pour les droits des hommes et des femmes, avec toutefois l'identification de limites acceptables en art. Même pulsion pour les inventions, au total décevantes, et même explication pour ses déboires: «l'autre», Dion ou les Français, et le besoin toujours pressant de trouver d'indispensables capitaux qui n'arrivent pas. Même tension anticléricale de l'observateur de la IIIe République, du correspondant, du chercheur qui travaille à une histoire des méfaits historiques de l'Église. S'il n'avait dû rester qu'un anticlérical, Dessaulles eût été celui-là.

CHAPITRE XVIII

Dernières amours
(1891-1895)

«Voilà le grand départ qui arrive pour moi. Je vis depuis 19 ans dans le désespoir d'être séparé de ta bonne mère et de toi et je meurs de même. J'ai souffert moralement à peu près tout ce qu'un homme peut souffrir en fait de chagrin profond et inguérissable. Mais le chagrin que je t'ai causé est pire encore et je t'en demande sincèrement pardon. [...]

«Quand un homme est sincère dans ce qu'il croit et pense, il est jugé selon sa sincérité d'opinion et non d'après l'opinion de ceux qui le damnent parce qu'il ne pense pas comme eux.»

Louis-Antoine DESSAULLES
à Caroline Dessaulles Béique
(dernière lettre, 1895)*

L'absence de sa femme Zéphirine et de sa fille Caroline sera à jamais inicatrisable. En 1885, il écrit à Caroline: «J'ai eu un caprice depuis quelques temps qui continue de me hanter l'esprit. Si vous croyez pouvoir le satisfaire vous me ferez grand plaisir. Envoyez-moi donc par Émile Girouard qui revient bientôt à Paris et qui s'en chargera avec plaisir un des portraits au daguerréotype de ta maman où elle est représentée debout, et le tien où tu ris si bien. Je n'ai pas de portrait de ma bonne Zéphirine, et si vous en aviez un plus récent, il serait

---

* ANQM, fonds Dessaulles, n° 766.

aussi le bienvenu. J'ai bien sa figure aussi présente à l'esprit qu'autrefois mais enfin si je la voyais comme autrefois et comme aujourd'hui il me semble que cela adoucirait un peu mon terrible isolement. J'évite de vous en parler pour bien des raisons, mais ne croyez pas que je le supporte légèrement.»

Zéphirine, depuis l'exil de son mari, habite à Montréal chez les Béique; sa santé préoccupe Dessaulles à compter de 1890. La maladie s'aggrave en février 1891 et Dessaulles lui écrit ses «terribles inquiétudes et l'angoisse prolongée de l'absence»; il marque son empathie en précisant qu'il est aussi au lit depuis dix jours. Ignorant qu'il s'agit de sa dernière communication, il termine sa lettre ainsi: «Adieu, chère bonne femme, prends courage et soigne-toi bien. Je suis horriblement malheureux d'être si loin quand tu souffres. Tu ne m'as jamais donné que de la satisfaction et du bonheur. Je t'ai causé un horrible chagrin, pardonne-le moi. Mon exil de 16 ans bientôt, loin de toi et de Caroline, m'a causé de bien profonds désespoirs. J'en ai si peu parlé, pourquoi vous attristez davantage... Adieu, je t'embrasse en mari qui sait ce que tu vaux comme femme.»

Elle meurt, à 65 ans, le 6 juillet 1891, non sans avoir chargé le père Bourgeois, dominicain en route pour Paris, d'un souvenir — une médaille — et d'un mot: «Fais le nécessaire pour me rejoindre dans un monde meilleur.» En signe de deuil, Dessaulles porte l'habit noir. Il écrit à Fanny, l'unique Fanny: «J'ai passé six mois de grande inquiétude tant pour ma chère et noble femme qui souffrait tant que pour ma pauvre Caroline dont la tâche me paraissait quelquefois si écrasante. J'avais toujours trouvé chez elle un grand fonds d'énergie et elle en a donné de bien belles preuves. Le chagrin de ma pauvre femme de me voir si loin d'elle à ses derniers moments ne quitte pas mon esprit. Je me serais, je pense, plus facilement réconcilié avec cette navrante nécessité du départ final si j'avais été là pour recevoir sa dernière étreinte et lui donner le dernier baiser. Mon absence de son lit de mort restera le plus grand chagrin de ma vie. J'y pense sans cesse. Être la cause de chagrin pour une aussi bonne et belle âme que celle-là, cela reste pour toujours dans l'esprit et dans le cœur. Elle n'a eu que de bonnes paroles pour moi, a chargé Louisa de me dire *tout ce qu'elle pouvait imaginer de bon*; elle n'a jamais eu que de l'indulgence après l'horrible chagrin qui l'avait frappée, et cela m'attachait encore plus à elle que les 25 années de bonheur que je lui devais.» Il ajoutait: « C'est dans les catastrophes et non dans les années heureuses que les hautes natures se manifestent.»

La Bibliothèque nationale qui est, depuis 1885, le lieu de repli face aux mécomptes financiers devient, après le décès de Zéphirine, le dernier refuge. Dessaulles y travaille alors plus régulièrement à son *opus magnum* sur «l'Église comme obstacle au progrès», évoqué dans une lettre à Fréchette, en septembre 1893: «[...] j'ai parlé à quelques éditeurs de publier ce chapitre (sur le mariage et le divorce) qui représente à peu près 350 pages 12°. Ils avaient l'air de croire que je voulais leur voler leur argent. Il faut donc que je publie par moi-même. Si nous réussissons à former une société pour l'exploitation du *poële électrique* de Dion [...], je pourrai publier par mes propres forces, sans cela rien ne paraîtra, ni chapitre détaché ni ouvrage complet. Celui-ci formerait 4 forts volumes 8° car je prends l'Église au 11e siècle et je la suis de siècle en siècle, dans sa législation et sa tactique jusqu'à l'époque actuelle. Et je vous assure qu'on en verra de drôles, surtout au point de vue de son hostilité persistante et systématique contre toute science expérimentale qui, sans y songer le moins du monde, mit à tout instant le dogme en pièce. Voilà pourquoi on la déteste si passionnément. Si je ne réussis pas enfin à tirer quelque chose de cette dernière invention de Dion, qui en a déjà perdu *quatre* par sa bêtise opiniâtre, je perdrai le fruit de 50 années de recherche.»

L'ouvrage, une dernière charge — historique — contre l'Église, devait comprendre une analyse des progrès lents de la civilisation au Moyen Âge, un essai sur Galilée, un chapitre sur l'instruction cléricale vue à travers les *Constitutions* des Jésuites, une étude des répercussions de l'évolutionnisme sur l'interprétation de la Bible et un examen du statut juridique du mariage. Seule cette dernière partie sera publiée. Peut-être Dessaulles se souvient-il de l'ouvrage que son vieil ennemi, le jésuite canadien Braun, avait publié, en 1856, *Institutions dogmatiques sur le mariage chrétien*? Chose certaine, il s'intéresse à la question au moins depuis 1879, alors que des conférences de suffragettes éveillent sa curiosité. Le projet de loi Naquet de 1881 sur le divorce, puis la passation enfin, en 1884, à l'Assemblée nationale de cette loi républicaine, ravive son intérêt.

Après de laborieuses recherches sur l'histoire de l'Église, dans les Pères de l'Église et les documents pontificaux, dans le *Dictionnaire de droit canon* de Mgr André, dans la *Théologie dogmatique* du cardinal Gousset, dans le *Traité du mariage* de Pothier, *Le mariage, la séparation et le divorce* de Jules Tissot et surtout dans l'ouvrage du père Didon, *Indissolubilité et divorce* (1880), l'ouvrage de Dessaulles, *Les erreurs de l'Église en droit naturel et canonique sur le mariage et le divorce*, paraît, à compte d'auteur, chez Durand et Pédone-Lauriel, en octobre 1894.

Le volume de 300 pages constitue un travail d'exégète doublé de celui d'un procureur, dans la meilleure tradition savante républicaine. Dessaulles en résume le propos à son frère Casimir, auquel il expédie un exemplaire de l'ouvrage: «Je t'adresse un exemplaire de mon *étude sur le mariage et le divorce*. L'ouvrage froissera naturellement les convictions de toutes celles qui m'aiment là-bas. [...] Les contradictions de l'Église de siècle en siècle sur cette question sautent aux yeux. L'Église s'est emparée d'une institution qui ne lui appartenait à aucun titre. Le mariage est une institution essentiellement de droit naturel puisqu'il est le moyen régulier de la propagation de l'espèce. Et d'après l'Église elle-même, son *essence* gît uniquement dans le libre consentement des parties. Qu'y a-t-il de religieux dans ce consentement comme dans la consommation du mariage? L'Église ne s'est emparée de l'institution qu'au moyen de sophismes sans nombre et en s'appuyant de documents apocryphes: les *fausses décrétales*. Autrefois le prêtre était considéré comme ministre du sacrement de mariage comme de tous les autres. Aujourd'hui, les canonistes prétendent unanimement que le prêtre n'est pas le ministre du sacrement de mariage, que les conjoints seuls le sont, qu'ils en sont les *auteurs* et le *produisent* par eux-mêmes, et se l'*administrent à eux-mêmes*. Ce sacrement ne ressemble donc en rien aux autres puisqu'un juif ne pourrait certainement pas se baptiser lui-même, ni un prêtre s'administrer à lui-même le sacrement de l'Ordre. Le mariage n'est donc pas un sacrement au sens propre du mot [...]»

Dessaulles n'entend donc pas mettre l'ouvrage en vente au Canada. Non parce que Béique pourrait indiquer des réserves, mais parce que l'auteur ne serait pas là pour se défendre contre les attaques d'une presse ultramontaine, qui lui refuserait le droit de réplique! Il se contente d'en expédier des exemplaires à une dizaine d'amis fiables, dont Béique et Fréchette.

L'ouvrage se vend peu en France et les Jésuites ne l'ont même pas attaqué dans *Les Études*! Mais Dessaulles entrevoit un succès possible de traduction... en Hongrie: « J'espère trouver un débouché en Hongrie où le parti libéral est en lutte ardente avec le clergé et le parti catholique précisément sur cette question du mariage civil. Les évêques montrent là la même déraison que partout. Ils refusaient obstinément de concéder, — comme s'ils étaient les directeurs et maîtres de la société civile — ce que l'Église a fini par accepter partout où l'on a eu l'énergie de la remettre à sa place, savoir: en Belgique, en France, dans la Suisse catholique, et même en Italie et en Espagne. Le mariage civil suivi de la cérémonie religieuse n'est plus un péché dans tous ces pays, mais c'est un péché abominable en Hongrie. Deux ministères ont succombé sur la question [...]»

Le même monsieur Tavey de la compagnie de production de bouteilles en série, qui lui avait avancé les fonds pour la publication des *Erreurs de l'Église*, assume les frais d'un voyage de dix semaines en Suisse, d'août à octobre 1894. Ce fut, avec deux voyages d'affaires en Angleterre en 1878 et en 1893, et des séjours à Meudon, à Nice et au Havre, les seules sorties de Paris de Dessaulles en 17 ans.

Accompagnant madame Webb et sa sœur, Dessaulles visite d'abord Berne, Lausanne et Montreux, où le château de Chillon ranime, une dernière fois, des fantômes familiers: «Hier nous sommes allés visiter le vieux château de Chillon, l'un des repaires de l'Inquisition. On y conserve les instruments de torture qui ont forcé tant d'innocents de s'avouer coupables comme partout ailleurs. Quand ils mouraient de la torture, ce qui constituait un véritable assassinat puisque le malheureux mourait avant jugement, on jetait le corps par une ouverture dans le lac et tout était dit. J'avais une épreuve stéréoscopique très belle du château de Chillon, sur verre. Tu dois l'avoir encore.» Un séjour de 15 jours à Genève lui suffisant pour constater la division religieuse de la ville et les habitudes de la presse «sectaire»: «Les journaux cléricaux des deux côtés ne parlent presque jamais que l'écume à la bouche.» De Genève, les voyageurs se rendent à Ferney, côté français, au château de Voltaire. Dessaulles écrit à sa chère Fanny: «Voltaire a vécu 25 ans à Ferney et le château qu'il habitait est occupé par un homme riche qui l'a acheté. Il a réuni dans deux pièces du rez-de-chaussée nombre d'objets ayant appartenu à Voltaire, des tableaux, des meubles, son lit, sa garde-robe, etc. Rien de luxueux car il avait des goûts et des habitudes très simples. Pour vous autres, bonnes catholiques, le nom de Voltaire reste l'équivalent d'un représentant du *Mauvais* sur la terre. Pour ceux qui examinent les choses en dehors de l'idée sectaire, Voltaire, qui avait ses défauts et a sans aucun doute commis des actes répréhensibles, reste le plus grand écrivain qu'ait eu la France. La qualité dominante chez lui était le *bon sens*. Personne ne lui a jamais été supérieur, même égal, sous ce rapport, comme écrivain. Il combattait le fanatisme, surtout l'intolérance ecclésiastique qui écrasait tout.»

Dessaulles fait aussi un voyage dans le XIXe siècle français à l'occasion d'une Exposition «des portraits du siècle» à la galerie Georges Petit. Son regard sur les portraits est, bien sûr, une appréciation des personnes, un jugement sur des œuvres et des actions: «Ce sont les types qui vous amusent le plus. Rien de vulgaire, de rappetissé, comme la figure et tout l'ensemble de la personne de P.-J. Proudhon, un très grand écrivain. C'est lui qui a écrit le paradoxe: la propriété, c'est le vol. C'est aussi Proudhon qui a écrit l'ouvrage *De la justice dans la Révolution et dans l'Église* [...] que j'avais dans ma bibliothèque. Paul-Louis Courier qui a écrit avec tant de bon sens contre le célibat ecclésiastique. Il y a là le portrait de Chateaubriand sous l'Empire. Très beau regard à l'air rêveur. Puis vient Lamartine [...]. Mme de Girardin est là. Mme de Staël y est aussi, la gorge à peu près complètement découverte. Les femmes étaient alors d'un libéralisme extravagant. Armand Carrel, tué en duel par Émile de Girardin, m'a beaucoup intéressé. On voit là deux portraits de Rochefort. Le portrait jeune est celui d'un bandit. On ne peut pas avoir l'air plus faux. Alfred de Musset a une figure prétentieuse, une pose de capricieux auquel on aimerait à donner un soufflet. Balzac est là naturellement [...]. Sa figure a une grande expression d'intelligence. M. Thiers est là assez mal peint. M. Guizot avec son expression de morgue insolente dans son portrait jeune. Devenu vieux, il était tout rentré en lui-même, rabougri, ratatiné au possible, mais toujours le regard dur et hautain. Michelet est là aussi avec son air bonhomme. John Lemoine, des *Débats*. Gambetta [...] Victor Hugo a deux portraits, très beaux tous les deux. Alexandre Dumas père, son dernier portrait par Bonnat est une belle œuvre, mais montre une figure très travaillée par la passion ou l'ambition [...] La femme de Lucien Bonaparte, frère de Napoléon, a la plus singulière physionomie possible. On dirait qu'on a photographié la lune et qu'on en a fait un buste [...]»

Les Bonaparte symbolisent l'Empire, que Dessaulles a tant observé. Le pourfendeur de la monarchie, témoin de la mort de Jules Ferry, le 17 mars 1893, fait un bilan de la IIIe République à sa fille, à la veille de la condamnation de Dreyfus. Bilan positif, mais tout empreint de cet esprit de vigilance d'un homme qui a vu tant de retournements: «Après Sédan, l'Empire s'est effondré sous le coup de malheurs publics que son impéritie avait attirés sur la France. Alors s'est enfin fondée une république sérieuse contre laquelle toutes les rages cléricales sont venues se briser. Depuis 23 ans, malgré deux ou trois tentatives sérieuses au 24 mai 1873 et au 16 mai 77, le pouvoir est passé régulièrement d'un président à l'autre et un coup de force n'est plus possible. Le clergé lui-même fait semblant d'accepter la république. Mais s'il pouvait l'étrangler demain, il le ferait avec bonheur. Ce qui est certain, c'est que la France s'est relevée sous la république maudite par les monarchistes et que jamais on n'a vu autant de réformes sérieuses faites en quelques années. Il en faut encore beaucoup, car le système monarchique était entré dans toutes les ramifications de l'administration et les habitudes d'arbitraire des supérieurs se manifestent encore souvent.»

Dessaulles tait à sa famille les affres de l'exil et les inconvénients de la maladie qui l'incommodent depuis 1885, mais surtout depuis 1888. Il a à cette époque une sérieuse attaque de zona, qui l'immobilise au lit durant une dizaine de semaines et lui laisse des troubles de vision.

Sa santé se détériore à compter d'octobre 1894. Il en décrit les symptômes à Fréchette — douleurs rhumatismales aux reins, à l'aine et à l'abdomen, coliques néphritiques, retour du zona — et suggère qu'il se «pourrait bien que sur le tout le commencement de la fin soit arrivé» pour lui. Les modalités de la mort le préoccupent davantage que la mort elle-même. Le souvenir des derniers moments de Papineau sont toujours présents, tout comme le détail de la mort de Hugo et de Littré auxquels on a cherché à imposer le prêtre. Il s'en ouvre à Caroline, comme s'il annonçait des dispositions à prendre en ce sens.

Le vieil homme pense aussi à ses petits-enfants. De Genève, il écrit, en septembre 1894, à sa petite-fille Caroline: «Ton grand papa pense souvent à sa bonne petite fille qu'il voudrait bien voir et embrasser. On m'a dit que tu étais une bonne petite enfant, gentille et obéissante avec ton papa et ta maman, et que tu ressemblais beaucoup à ta chère grand maman quand elle avait ton âge. Continues d'être obéissante et affectionnée pour ceux qui t'aiment et tu seras heureuse toute ta vie. Je suis dans un pays où il y a de grosses montagnes entassées les unes à côté des autres, avec leurs sommets couverts de neige. On monte sur ces montagnes dans des petits chemins de fer avec des petits chars et des petites locomotives et on a des vues magnifiques [...] J'espère que j'aurai un jour le bonheur d'aller t'embrasser. Je vois ici beaucoup de beaux magazins où il y a toutes sortes de jolis joujoux pour les petits enfants, des poupées qui remuent les bras et qui parlent. Mais je suis trop loin pour t'en envoyer. Mais tu recevras en même temps que cette lettre un petit panorama de Genève où tu verras les beaux édifices de la ville. Conserves-le en souvenir de ton grand papa.»

Alité pendant quelques semaines au tournant de l'année 1895, il reprend bientôt ses recherches. En février, pour une dernière fois, il est à la Bibliothèque nationale. Paris connaît alors une exceptionnelle vague de froid. Les gens affluent à la Bibliothèque pour s'y chauffer. Tout comme Dessaulles, lui qui, 20 ans plus tôt, au seuil de l'exil s'était, pour Zéphirine, soucié du froid, de l'entretien des feux; tout comme ses parents s'en étaient soucié en janvier 1818.

En mars, son rhumatisme musculaire l'incommode de plus en plus. À nouveau, Fréchette est le confident de ses souffrances. Mais Dessaulles n'abandonne pas; il suit le destin de son dernier livre, de son dernier enfant: «Je rouvre ma lettre pour vous parler de deux appréciations de mon livre qui me sont envoyées de Suisse. Là au moins on ne chicane pas l'éloge. L'un des deux écrivains dit: "Voilà un livre d'étude sérieux et surtout de logique irréfutable. Nous invitons les cléricaux à répondre. Nous sommes vraiment curieux de savoir à quels distinguos ils auront recours [...]" L'autre dit: "Nous regrettons infiniment de ne pouvoir aujourd'hui consacrer plus d'une demi colonne à un ouvrage de belle allure, de logique formidable, et dont le style est admirablement clair et précis" [...]» Dessaulles ajoute: «Il y a eu trois appréciations françaises de journaux libéraux et elles sont toutes trois parfaitement pitoyables. Les auteurs ont rendu compte du livre sans l'avoir lu. L'un deux a trouvé que le tout était *passablement écrit*, en *s'attachant trop à faire de la logique*. C'est clair, il faut plus d'attention pour suivre un raisonnement que pour lire une phrase banale, et ces messieurs sont *si occupés!*»

L'auteur montre peut-être ces critiques à Béique qui est à Paris, en mai 1895, vraisemblablement pour prendre les dispositions nécessaires face à toute éventualité. Les deux hommes se parlent de politique canadienne, des chances de succès électoral de Laurier, qui est chef du Parti libéral depuis 1887. Et le moment vint-il où Dessaulles dut trouver les mots pour dire à son gendre sa reconnaissance pour tant de générosité depuis 20 ans. Moment vraisemblablement bref, sur le seuil de la porte, peut-être.

Puis Dessaulles, une dernière fois, fait le geste qu'il a fait quasi chaque semaine depuis deux décennies, tout comme Caroline: sortir du papier à lettre, prendre la plume, écrire «Paris, 8 rue des Moulins, ma chère enfant...» Cette fois, il ne met que «1895». «Voilà le grand départ qui arrive pour moi [...]» Il rappelle brièvement ses mécomptes, non sans les imputer, pour une bonne part, à la «bêtise opiniâtre» de Dion. Puis, il aborde «une chose qui sera pénible» à Caroline: le destin de l'homme après la mort, le sort ultime du déiste. Il prend soin de préciser: «Je ne veux pas entrer en controverse avec toi, chère enfant» — indice, parmi d'autres, de la force de caractère de cette femme qui s'apprête à fonder, avec Marie Gérin-Lajoie, un mouvement de suffragettes à Montréal. Mais Dessaulles, rappelant son indignation face au comportement du clergé lors du décès de Papineau en 1871, trouve les énergies pour rassurer sa fille tout en gardant le ton polémique qu'elle lui a toujours connu. Il s'en prend à saint Augustin, selon qui «la vie toute entière de l'infidèle *est un péché*», et convoque d'autres saints pour contredire cet écrivain qui fait «de son Dieu un être injuste». Non, fulmine Dessaulles, «un homme vertueux hors du système sera maudit et un homme gardant des imperfections dans le système sera sauvé!» Le système, c'est bien sûr l'Église, l'institution cléricale, le prêtre. Il se définit donc, selon le mot de Léon XIII, comme ayant «*l'état d'esprit chrétien*» parce que vivant selon la morale hors du catholicisme. Hors de l'Église, point de salut? L'homme qui écrivait: «L'essentiel est de vivre moralement», pensait avoir souffert à la mesure de ses erreurs de 1875. Mais, à nouveau, la pulsion agressive persiste, s'affichant encore et toujours dans la virulence et la généralisation qui ne lui est pourtant pas coutumière: «Pour moi, je crois que Dieu ne peut pas punir l'infidèle bienfaisant et sauver le catholique vicieux. Ceux qui affirment cette monstruosité le blasphèment inconsciemment. Et les 99 centièmes du clergé en sont là!» Il en appelle finalement à la «foi intelligente» des catholiques et réconforte Caroline: «Ne te tourmente donc pas sur mon sort à venir. [...] Adieu, ton père.»

Dessaulles meurt le 4 août 1895, à l'âge de 77 ans, vraisemblablement du diabète. L'inhumation a lieu deux jours plus tard, au cimetière de Pantin, et le corps est mis en terre, concession perpétuelle 43, 1re division, 16e ligne, 5e tombe. Hector Fabre écrira: «Nous étions bien peu nombreux à suivre le corps.» Fréchette, alors à Paris, était vraisemblablement de ceux-là.

La nouvelle fait le tour de la presse montréalaise, qui limite l'événement à une notice nécrologique. Sauf, toutefois, *Le Réveil*, qui demande à un vieux libéral — Buies peut-être — de rappeler ce que fut Dessaulles, exilé depuis 20 ans. Les trois colonnes vont à l'essentiel: «Peu d'hommes parmi les Canadiens ont jamais exercé autant d'influence que Dessaulles sur l'esprit des jeunes gens de son temps. Il était le porte-drapeau de la section avancée du parti libéral. La confiance qu'on avait en lui était absolue, et jamais homme ne l'avait méritée davantage par sa droiture et un dévouement tel qu'il a tout sacrifié à ses idées. Mais aussi, jamais homme ne fut davantage le jouet de chimères de toutes sortes. C'est l'illusion qui l'a perdu et, en même temps, qui l'a maintenu jusqu'au bout. Il ignorait le côté réel des choses, et il fut la dupe des mystificateurs, tout aussi bien que de lui-même.» L'auteur saisit bien l'homme batailleur et le polémiste: «Dessaulles était avant tout un jouteur. Toujours couvert de son armure, il était toujours prêt à combattre: il frappait d'estoc et de taille, sans compter les coups qu'il donnait ou ceux qu'il recevait. Il ne se plaisait que dans la mêlée.» L'illusion avait été tenace: «L'illusion, chez lui, fut tellement persistante qu'elle résista aux plus cruelles déceptions. Il ne lui servit de rien de recevoir la plus tragique des leçons et il est mort entouré de ses chimères et l'œil empli des visions qui l'avaient hanté à travers toutes les vicissitudes.»

Et, pendant ce temps-là, Laurier avait eu d'autres illusions. L'apôtre de la modération, l'orateur de 1877, était enfin élu premier ministre du Canada en 1896. Le 29 décembre, suite à la condamnation de *L'Électeur* de Québec, Beaugrand écrivait, dans *La Patrie*: «Il suffit d'une lettre pastorale pour faire courber toutes les têtes et je cherche autour de moi pour voir s'il reste un libéral digne du nom, un ancien de l'Institut canadien pour protester contre l'asservissement et le servilisme du jour.» Il restait, au moins, le souvenir de ce combat, le sens inaltérable d'une certaine dignité.

Conclusion

«De même que nous avons le Grand-Tronc de chemin de
fer pour dévorer nos ressources matérielles, de même nous
possédons le grand tronc de l'obscurantisme pour atrophier
toutes nos ressources intellectuelles. Le premier pompe jusqu'à la moëlle notre corps financier et ne laissera bientôt
plus que les os; le second couvre d'un immense éteignoir la
tête de la nation, pour l'empêcher de voir le soleil de son
siècle.»

Louis-Antoine DESSAULLES,
«Le Grand-Tronc», *Le Pays*
(28 février 1861)

Il est impossible de conclure une biographie sans conclure sur la
biographie comme genre. Il faut donc conjuger ici la théorie d'une
pratique et la pratique de cette théorie.

Des travaux de réflexion sur la biographie et de la pratique du
genre se dégage une question fondamentale: en quoi la biographie
est-elle, pour l'historien, un moyen de connaissance scientifique et
non pas seulement la plaisante narration d'une vie?

Il est symptomatique que l'interrogation sur ce genre «littéraire» paraisse lever toutes les questions en même temps; comme si,
d'un bosquet à peine approché, déguerpissaient en même temps
douze lièvres. L'étymologie grecque — *bios, graphein* — fait sauter
dans le vif du sujet: il s'agit bien d'écrire sur *une* vie, et non pas sur
la vie ou sur des vies. La vie d'une personne, d'une individualité. Or
quelle science peut-on tirer de l'individu? N'y a-t-il pas science que
de l'universalisable, de l'universel? *Individuum est ineffabile...*

La réflexion sur la biographie paraît achopper sur une aporie, sur un irrésolvable: question philosophico-logique insoluble de l'articulation du particulier à l'universel — que nous apprend l'individu Dessaulles de l'Homme? — ; question sociologique tout aussi irrésolue de l'arrimage de l'individu au collectif ou au social. Et ce ne sont pas des formules, tout heureuses qu'elles fussent, qui, par quelques tours de passe-passe langagiers, lèveront ces difficultés. La formule de Philippe Levillain, «aller du groupe et de la société à l'individu dans le groupe et la société», résume bien une dialectique qui vise plus un objectif qu'un résultat scientifiquement assuré; celle de Jacques Le Goff, «montrer la signification historique générale d'une vie individuelle», porte magnifiquement l'idée du défi à relever tout en laissant entière la résolution de la difficulté; celle, enfin, de Bernard Muldworf, «ce qui est intéressant, c'est de savoir, non pas comment ou pourquoi X est devenu agriculteur ou Y est devenu patron, c'est *insuffisant*; ce qui est intéressant, c'est de comprendre comment et pourquoi X est l'agriculteur *qu'il est* et Y le patron *qu'il est*», balise bien les deux voies du particulier et du général sans pour autant les faire se rencontrer.

Les formules «Untel et son temps» ou «Untel et la société québécoise pré-industrielle» posent plus de questions qu'elles n'en résolvent. Tous ces titres qui cherchent à occulter l'aporie portent implicitement une question: de quoi Dessaulles ou Untel sont-ils représentatifs? Car, en fin de compte, pourquoi un biographe prendrait-il du temps de sa vie pour une autre vie, à moins que ce ne soit comme autothérapie? Mais qu'on ait la prétention de faire de tel individu le microcosme de quoi que ce soit, la figure exemplaire de ceci ou le paradigme de cela, le mode de représentativité ou de généralisation de cette expérience individuelle n'est pas formulable. Ou alors, les limites de la représentativité doivent être précisées, et ce, non sans difficulté. Ainsi, de tous les anticléricaux de la France de la IIIe République, desquels X est-il représentatif? Exigera-t-on, alors, que pour préciser cette représentativité, le biographe connaisse non seulement mieux que quiconque ce milieu anticlérical, mais qu'il dispose de biographies d'un certain nombre de ces anticléricaux dont son protagoniste serait représentatif?

Il paraît donc clair que la grande tentation de la biographie réside dans la généralisation et que sa tâche de Sisyphe consiste à continuellement montrer les limites de la représentativité collective ou sociale de tel ou tel individu.

Prétendant alors savoir *quoi faire*, le défi porte sur le *comment faire*, avec la conscience que ce sera de façon résolument incomplète, puisque l'aporie ne peut être levée.

Une solution de moindre mal à l'aporie des rapports entre l'individu et le social consiste à recourir à ce qu'on peut appeler la spirale de la sociabilité, sorte de cercles concentriques qui illustrent les formes d'insertion de l'individu dans la société, les modalités de la socialisation. Dessaulles n'est pas ce Canadien français «typique» du xixᵉ siècle qui, logiquement, n'existe pas. Il appartient à un premier cercle de sociabilité qui est celui de la famille nucléaire: père, mère, sœur, frère, avant de créer sa propre famille en épousant Zéphirine Thompson et en éduquant sa fille Caroline, enfant unique. Cette sociabilité de première proximité s'élargit naturellement à l'oncle Louis-Joseph Papineau et au clan Papineau, à l'époux d'Eugénie, Maurice Laframboise, député et propriétaire du *National*, à Fanny Leman, seconde épouse de Georges-Casimir, aux Viger, aux Truteau, aux Lamothe. Le collège crée un autre réseau, celui des fils Papineau — Amédée, Lactance, Denis-Émery — mais celui aussi des camarades qui, par exemple, témoigneront en faveur de Dessaulles lors de la polémique avec l'abbé Raymond de Saint-Hyacinthe, en 1867. Le cercle social s'ouvre encore par la communauté villageoise et seigneuriale, celle qu'impose le seigneur, celle qu'administre le maire, celle que le candidat sollicite, celle qui observe l'opposition du seigneur au curé et à l'évêque, celle, enfin, qui bénéficie des largesses de la famille seigneuriale et du jeune démocrate. Déjà, l'individu est passé du privé au public. L'entrée dans la vie publique se fait via la famille idéologique et partisane: famille de la presse, d'opposition surtout — *L'Avenir*, *Le Pays* —, où se retrouvent, rue Sainte-Thérèse ou ailleurs, rédacteurs, députés, candidats, «victimes» du pouvoir ministériel; famille de l'association volontaire, de l'Institut canadien de Montréal, de Saint-Hyacinthe ou d'ailleurs, de tel cercle de Gand; famille du parti dans le Bas et le Haut-Canada; famille de l'internationale libérale et républicaine aux États-Unis, en Belgique, en Italie ou en France; famille, dirait-on enfin, des opposants, devenus familiers sinon indispensables. Cette sociabilité élargie n'exclut pas la sociabilité des amitiés durables, celle des cousins Amédée et Denis-

Emery Papineau, celle du notaire Morisson, celle des compagnons de route, Joseph Doutre, Louis-Honoré Fréchette.

La biographie sera aussi un moyen de connaissance scientifique si elle permet de dépasser l'anecdote et le cumul d'événements éclatés et si elle réussit à révéler des phénomènes structurels, c'est-à-dire des vecteurs durables, des tendances lourdes. Révéler et non pas seulement «illustrer» des aspects structurels, en faire voir la genèse, les obstacles, la mise en place et le déclin. De ce point de vue, la vie de Dessaulles éclaire deux phénomènes centraux du XIXe siècle: la presse et la tribune, la presse et la conférence publique, l'écrit et la rhétorique.

La vie publique de Dessaulles commence, fin 1843, par un article à *La Minerve* de Montréal, qui rend publique et exemplaire sa polémique avec le curé de Saint-Hyacinthe. Lecteur du *Courrier des États-Unis* et de quelques périodiques français, Dessaulles collabore, comme «correspondant» maskoutain, à *L'Avenir* de Montréal, réplique intellectuelle de *L'Avenir* de Paris. S'il doit délaisser la codirection du *Pays* en 1852, il en assumera la direction de 1861 à 1864, en plus de participer aux débuts de la presse régionale. Sa vie jette un éclairage inédit sur la mise en place d'une presse batailleuse et sur la formation du polémiste durant la seconde moitié du XIXe siècle québécois.

Initiateur de l'ouverture d'une «chambre de nouvelles» à Saint-Hyacinthe en 1838, Dessaulles s'engage de façon exceptionnelle dans la vie associative à Saint-Hyacinthe, à Montréal, à Gand de 1838 à 1878. Pour qui connaît l'univers de la conférence publique au Québec au XIXe siècle, il est évident que peu de conférenciers ont eu la verve de Dessaulles et ont vu autant de leurs conférences mises en brochure ou en volume.

Dessaulles fait donc partie du portrait de groupe des journalistes et des conférenciers canadiens-français du XIXe siècle. Certes, son style ne résume ni le journalisme ni la tribune, mais ces deux formes d'expression du libéralisme auraient été différentes sans sa présence, la polémique aurait été autre sans lui.

Les écrits et les initiatives de Dessaulles tracent aussi une intéressante trajectoire du contenu du libéralisme canadien et québécois, des insurrections de 1837 et de 1838 au discours de Laurier en 1877. Le libéralisme de Dessaulles est manifestement internationaliste;

l'homme connaît bien l'histoire de la république américaine et suit l'évolution des idées libérales et nationalitaires en France, en Italie, en Hongrie, en Pologne et en Belgique. Ses lectures, ses voyages états-uniens et européens et son exil en font un libéral remarquablement informé.

Mais, à nouveau, son libéralisme ne récapitule pas le libéralisme canadien de son époque. Sa trajectoire propre est marquée par le radicalisme, par la cohérence et la constance d'une pensée libérale inébranlable. Tout jeune, il épouse la pensée Patriote faite à la fois d'opposition à la métropole, aux Anglais de la colonie, à l'Église et au système seigneurial. Conséquent, il demande le rappel du système de l'Union en 1848 et, stratège désenchanté, opte pour l'annexion aux États-Unis l'année suivante. Durant la décisive décennie 1850, le démocrate canadien-français applique aux libéraux du Haut-Canada la médecine qu'ils ont servie au Bas-Canada, au temps de l'Union: accord avec le principe de la représentation selon la population, mais non-application de ce principe. En 1864, il est favorable à une confédération du Haut et du Bas-Canada, à la condition que l'on reconnaisse l'égalité de droit des deux peuples. Ce radicalisme libéral inclut aussi une notable conciliation du libéralisme et du nationalisme; celui-ci n'est pas que l'affirmation de caractéristiques culturelles mais tout autant celle d'un «droit» des peuples à disposer d'eux-mêmes. La liberté pour nous, la liberté pour vous, les droits pour nous, les droits pour vous, selon la devise des Polonais de 1830.

Le libéralisme de Dessaulles suggère un exemple de ce que Jacques Le Goff assignait comme fonction à la biographie: susciter des «cas-problèmes», susceptibles de relancer la recherche. Ce libéralisme radical pose la question des nuances du libéralisme au XIXe siècle: pour un Dessaulles, un Pierre Blanchet, un Jean-Baptiste-Éric Dorion, combien de libéraux persévérants tels que Joseph et Gonzalve Doutre ou Rodolphe Laflamme, combien de libéraux modérés tels que Charles Laberge, Hector Fabre ou Wilfrid Laurier? À propos de quelles questions les nuances du libéralisme se formulent-elles?

Les libéraux se démarquent certainement d'après le cœfficient d'anticléricalisme de chacun. Ici, Dessaulles tranche sur ses contemporains. Son anticléricalisme porte la marque d'un radicalisme qui le rend plutôt atypique de sa société. Éveillé dès 1839 aux «affaires de Rome» et témoin de la IIIe République de Gambetta et de Ferry,

Dessaulles a exploré quasi toutes les formes de l'anticléricalisme, dont le terme devient d'usage courant vers 1860, au moment de la question romaine et italienne, du *Syllabus* et du Concile du Vatican. Son anticléricalisme s'énonce d'abord dans la forme la plus pure, celle d'un Lamennais, qui de l'intérieur même de l'institution cléricale, plaide pour la démocratie et la distinction entre le spirituel et le temporel. S'il est une trame qui traverse la vie de Dessaulles, c'est bien le combat pour la séparation de l'Église et de l'État — l'Église dans l'État et non l'inverse —, pour la distinction entre le pouvoir religieux et le pouvoir civil, pour la non-confusion de la foi et de la raison. De ce principe découlent la réclamation d'une école laïque et républicaine, l'appel à la tolérance pour Galilée ou pour l'Institut canadien de Montréal, la dénonciation des congrégations et des Jésuites en particulier, de la fausse pauvreté de l'Église (dîmes, quêtes, seigneuries, appropriations) et même de l'immoralité de certains membres du clergé. Mgr Bourget n'avait-il pas qualifié d'ennemi le plus dangereux pour la religion au Canada cet homme qui parlait du «Grand-Tronc de l'obscurantisme»? À nouveau, l'anticléricalisme radical de Dessaulles soulève un «cas-problème», celui de l'extension et des limites possibles de l'opposition à l'Église dans une société où, faut-il le rappeler, elle n' a été relativement «triomphante» qu'après 1880, alors qu'elle avait dû être «militante» de 1840 à 1880, et qu'elle avait été «souffrante» de 1800 à 1840.

Ce radicalisme exigeait de Dessaulles une détermination et une constance dans la vigilance qui donnent parfois l'impression de la monomanie et du sentiment de la persécution. Vigilance à l'égard des curés trop enclins à se mêler de politique, récurrence des articles sur la question romaine, combat à finir avec Mgr Bourget, cette combativité ne s'applique pas qu'aux affaires religieuses; elle se retrouve dans sa détermination à préserver l'autonomie de l'Institut canadien, dans l'épluchage systématique des comptes publics ou dans la défense de ses idées sur le progrès contre un Cyrille Boucher. Mais on ne se fait pas impunément le défenseur acharné de la séparation de l'Église et de l'État ou de la transparence politique; ce combat a un prix. L'homme si près de Papineau, si identifié à Lamennais, si monté contre le Grand-Tronc et ses alliés politiques ne fait-il pas, dès 1856, une conférence autobiographique lorsqu'il évoque Galilée, ses découvertes et sa condamnation? Sont-ils nombreux les Canadiens français non seulement excommuniés mais dont deux ouvrages sont mis à l'Index, bannissement suprême d'un milieu catholique?

Le libéralisme de Dessaulles inclut enfin un intérêt peu commun pour le progrès scientifique et technologique. De sa conférence sur le progrès à ses cours de paléontologie au Collège de France ou à ses visites au British Museum, en passant par sa lecture du *Scientific American*, par son attrait pour le chemin de fer et pour les manufactures aux États-Unis et en Angleterre, Dessaulles aura témoigné de sa passion pour la découverte, au point de miser sur les inventions et les brevets pour se refaire une fortune et une réputation.

Ce radicalisme libéral et anticlérical renvoie à une individualité forte et trempée. Et si Dessaulles tranche sur ses contemporains, c'est qu'il enfonce la conception qu'on avait alors de l'individu. Sa naissance, son commerce avec Papineau, sa lecture de Lamennais contribuent à former une individu affirmé et combatif. Mais surtout, son affirmation du pouvoir de la raison en fait un individu moderne, exceptionnellement autonome, un protestant, dirait-on, qui opte pour le libre examen.

Cette rationalité privilégiée par Dessaulles pouvait donner lieu à une biographie rectiligne, placée à l'enseigne de la cohérence du personnage et d'une vie linéaire qui se déroule sans hésitations, sans bifurcations, sans arrêts. Une vie est une totalité éclatée dont le sens global n'apparaît ni à l'individu concerné, de son vivant, ni à son biographe, après sa mort. Dessaulles, tout rationnel qu'il fût, paraît finalement complexe, imprévisible à certains égards, faillible à propos de valeurs fondamentales: le respect même de principes si souvent énoncés et si fortement défendus.

Si sa force de caractère et son rationalisme inébranlable en font un individu qui force précisément la représentation de l'individualité qui lui est contemporaine, Dessaulles n'en reste pas moins captif d'un univers que sa vie problématise à merveille: les rapports entre la vie privée et la vie publique. La grande guerre journalistique favorise ce clivage entre le privé et le public en faisant adopter comme règle obligée le recours aux pseudonymes. Dessaulles alias «Un paroissien», «Anti-Union», «Campagnard», «Tuque Bleue» doit jouer le jeu tout en proposant, en 1849, de polémiquer à découvert et de signer. *La Minerve*, qui s'y connaît en pseudonymes, n'a pas tort d'évoquer ce phénomène des «frères siamois» de l'identité et du pseudonymat. Cette duplicité rendue nécessaire et poursuivie comme normale renvoie à un code social auquel consentent autant la bourgeoisie laïque que le milieu clérical, celui de «Luigi» ou de «Binan». Faut-il rappeler, aussi, la situation particulière de Dessaulles que l'exil oblige à se cacher souvent sous le nom d'emprunt de «Damrémont»?

Dessaulles s'est exceptionnellement exposé comme journaliste, comme maire, comme candidat politique, comme conseiller législatif, comme président et conférencier de l'Institut canadien de Montréal ou de Saint-Hyacinthe. Il était de bonne guerre que l'on voulût le déstabiliser par tous les moyens, en l'accusant d'athéisme, en scrutant son administration comme maire, en mettant en doute sa capacité financière à répondre aux exigences d'une candidature au Conseil législatif ou en se réjouissant poliment de sa fuite obligée, juste expiation du moralisateur moralisé. Dessaulles se plaindra de cet envahissement du «sanctuaire de la vie privée» et ses adversaires doivent reconnaître qu'il n'est pas descendu sur ce terrain. Son recours fut la justice, le procès intenté pour protéger ou rétablir sa réputation. Certes les procès où il fut Demandeur connurent une publicité plus grande que ceux — dix fois plus nombreux — où il était assigné comme Défenseur; cette visibilité de l'homme de principe ne peut toutefois pas faire oublier la discrétion du mauvais payeur.

Eût-on voulu pénétrer dans le «sanctuaire» de la vie privée sentimentale, qu'il fallait encore disposer de clés pour le faire. Le silence, tout compte fait, de Dessaulles sur ses sentiments amoureux et sur ses sentiments paternels avant l'exil s'explique-t-il par l'absence d'émotivité ou d'archives? On reste sur le seuil de sa vie sentimentale, entre l'émotivité au quotidien inconnue et l'émotivité bien contrôlée, par décence, de l'exil. Demeure Fanny Leman Dessaulles, la confidente, celle avec laquelle Dessaulles s'abandonne; là, dans leur correspondance, l'intime pointe. Quant à la sexualité, deux indices la révèlent: la notation de comportements sexuels de prêtres qui pourra toujours servir de munitions contre des attaques du clergé, et les propos récurrents sur le nu dans la peinture française contemporaine associé à la bohème et qui donnent à penser qu'il y a un nu épuré, acceptable et un nu dévergondé parce que naturaliste.

Le privé est enfin l'univers des difficultés financières et des procès depuis 1840; c'est aussi l'enfer de l'homme ruiné, qui cherche à se refaire par la mise en marché de brevets et par la spéculation minière, par des emprunts et des billets cumulés dont il sait qu'il ne pourra les honorer à moins de miser sur «sa bonne étoile». Dessaulles a fui le public en choissisant de se confiner au privé de l'exil pour le reste de sa vie. Pour un homme aussi public, le repli sur le privé ne pouvait être que dramatique, tragique.

Alors, que retenir de Dessaulles? Son échec financier et moral justifie-t-il de rayer ses combats? Sa mémoire, tout comme son emplacement au cimetière de Pantin, doit-elle rester recouverte d'herbes et d'orties? Ou ne convient-il pas, plutôt, de libérer la mémoire, de comprendre sa marginalisation avant même son exil et de retenir le positif de son bilan?

Le crédit du combat pour la démocratie, pour la souveraineté populaire et pour l'électivité des postes publics doit lui être reconnu; car cette lutte pour les libertés fut un moment fort de la trajectoire intellectuelle du Québec, qui va de Bédard et de Papineau à la *Cité libre* de 1950 et à ce dominicain Georges-Henri Lévesque, qui dut clamer que si l'autorité venait de Dieu, la liberté venait aussi de lui.

La lutte à finir que Dessaulles a menée en faveur de la séparation des pouvoirs et de la distinction entre le religieux et le politique a peut-être rendu nécessaire le discours de Laurier mais il l'a tout autant rendu possible. Car qu'aurait pu distinguer Laurier du libéralisme à la française et du libéralisme à l'anglaise si Dessaulles et quelques autres ne s'étaient pas employés à épingler la distinction entre le religieux et le temporel, à insister sur cette nécessité de la distinction? Le style de Laurier ne bénéficiait-il pas, d'ailleurs, du combat préalable pour la tolérance? Et lorsque Mgr Conroy vient de Rome, en 1877-1878, régler la question de l'intervention cléricale en politique, au moment même où Laurier tire les marrons du feu, se souvient-on de l'enquête du *Pays* de 1867 sur «l'influence indue» du clergé, se souvient-on de *La grande guerre ecclésiastique* où Dessaulles avait prévu que la paix et l'unanimité ecclésiastiques ne pourraient durer longtemps une fois les évêques descendus dans l'arène politique? Laurier et les contemporains avaient-ils intérêt à se rappeler de cet homme qui avait voulu mettre un frein au «Grand Tronc de l'obscurantisme»? Pouvaient-ils d'ailleurs le faire? Louis-Fréchette et Honoré Beaugrand qui continuaient, avec d'autres, à mener le combat, pouvaient-ils invoquer Dessaulles, s'y référer, reconnaître sa lutte d'avant l'exil?

Chose certaine, l'homme aura été une exceptionnelle personnification de cette trame fondamentale de l'histoire du Québec aux XIXe et XXe siècles où se croisent le libéralisme, l'anticléricalisme et le nationalisme.

Montréal - Orleans (Cape Cod) - Paris
1985-1993

Sigles

AAQ: Archives de l'archevêché de Québec
ACAM: Archives de la chancellerie de l'archevêché de Montréal
AESH: Archives de l'évêché de Saint-Hyacinthe
AETR: Archives de l'évêché de Trois-Rivières
ANC: Archives nationales du Canada, Ottawa
ANQM: Archives nationales du Québec, Centre de Montréal
ANQQ: Archives nationales du Québec, Centre de Québec
ASHSH: Archives de la Société d'histoire de Saint-Hyacinthe
ASSH: Archives du Séminaire de Saint-Hyacinthe
ASTR: Archives du Séminaire de Trois-Rivières
CD: *Cahiers des Dix*
CRLG: Centre de recherche Lionel Groulx
DBC: *Dictionnaire biographique du Canada*
DOLQ: *Dictionnaire des œuvres littéraires du Québec*
ICMH: Institut canadien de microreproductions historiques
LAD: Louis-Antoine Dessaulles
MEM: *Mandements des évêques de Montréal*
MESH: *Mandements des évêques de Saint-Hyacinthe*
MMFD: Musée McCord (Montréal), fonds Dessaulles
MSRC: Mémoires de la Société royale du Canada
PUF: Presses universitaires de France
PUL: Presses de l'Université Laval
PUQ: Presses de l'Université du Québec
QMBM: Québec, Montréal, Bibliothèque municipale de Montréal
RAPQ: *Rapport de l'Archiviste de la Province de Québec*
RSCHEC:*Rapport de la Société canadienne d'Histoire de l'Église catholique*
s. d.:   sans date
s. é.:   sans éditeur
s. l.:   sans lieu

Références

Les références ci-après suivent fidèlement le récit; le lecteur aura donc évité les innombrables notes d'appel dans le texte tout en pouvant retracer, ici, les sources à l'origine de cette biographie.

I. LA RECHERCHE D'UN PÈRE (1818-1837)

Certificat de naissance et de baptême de Louis-Antoine Dessaulles [dorénavant LAD], paroisse Notre-Dame-du-Rosaire de Saint-Hyacinthe, registre des actes de baptêmes et sépultures, 31 janvier 1818, folio 131, n° B-23; au sujet du premier fils décédé: chanoine SAINT-PIERRE, «Biographie de Jean Dessaulles», ASSH, AFG 41, 3.75.

Jean-Paul BERNARD, «Jean Dessaulles», DBC, VI: 226-227; lettre d'origine accordée par l'Honorable communauté de Fenin, 18 décembre 1759, MMFD, boîte 6; faute de documents aux archives civiles et dans les registres de la paroisse de Saint-François-du-Lac, la date de l'année de naissance de J. Dessaulles est déduite de l'âge donné (69 ans) à son décès, le 20 juin 1835; Olivier MAURAULT et Antonio DANSEREAU, Le Collège de Montréal, 1767-1967, Montréal, [s.é.], 1967, p. 500; au sujet des nominations militaires: MMFD, boîte 1; contrat de mariage entre J. Dessaulles et Marguerite-Anne Warden, 6 janvier 1799, ANQM, greffe du notaire Jean-Marie Mondelet, minute 1123; acte de sépulture de M.-A. Warden, 28 mai 1801, MMFD, boîte 3; testament de Hyacinthe-Marie Delorme en faveur de J. Dessaulles, 3 février 1814, reproduit dans Mario CODERRE, Histoire de Saint-Dominique, [s.l., s. é.], 1983, p. 47-48; contrat de mariage entre J. Dessaulles et Rosalie Papineau, 20 février 1816, ANQM, greffe du notaire N.-B. Doucet, minute 3997; Fernand OUELLET, «Louis-Joseph Papineau», DBC, X:

619-633; sur la seigneurie: Christian Dessureault, *Les fondements de la hiérarchie sociale au sein de la paysannerie: le cas de Saint-Hyacinthe (1760-1815)*, Ph. D. (Histoire), Université de Montréal, 1985, p. 27-39; Serge Courville, *Entre ville et campagne. L'essor du village dans les seigneuries du Bas-Canada*, Québec, PUL, 1990, index à «St-Hyacinthe»; Louise Voyer, *Saint-Hyacinthe. De la seigneurie à la ville québécoise*, Montréal, Libre Expression, 1980, p. 13-32; à propos des procès intentés par J. Dessaulles, ANC, fichier de la *Quebec Gazette*, sous la rubrique «Dessaulles» et série RG4, B17, vol. 14, 41, 42, 45, 47, 52 et 53.

Amédée Papineau, «Mémoires de L.-J.-Amédée Papineau», ANC, MG24 B2, vol. 24, p. 88-89; L.-J. Papineau à Rosalie Papineau Dessaulles, 15 mai 1816, CRLG, correspondance Papineau, I: 36-37.

Jean-Baptiste Duroselle, *L'Europe de 1815 à nos jours. Vie politique et relations internationales*, Paris, PUF, 1945, p. 92-104; à propos du décès de Marguerite-Rosalie-Elisabeth, L.-J. Papineau à sa femme, 12 août 1823, ANC, MG24 B2, I: 454-457 ou Ruth White, *Louis-Joseph Papineau et Lamennais. Le chef des Patriotes canadiens à Paris, 1839-1845, avec correspondance et documents inédits*, Montréal, Hurtubise HMH, 1983, p. 138-143; décès d'une autre fille, Marie-Séraphine-Aurélie, en 1826: Joseph Papineau à Benjamin Papineau, 1ᵉʳ février et 20 mai 1826, *RAPQ* (1953-55): 228 et 234.

Sources les plus fiables pour reconstituer le curriculum des études de LAD: «Résultats», ASSH, section A, série 12, dossier 1.11; «Comptes des élèves», ASSH; C.-P. Choquette, *Histoire du Séminaire de Saint-Hyacinthe depuis la fondation jusqu'à nos jours*, Montréal, Imprimerie de l'Institution des sourds-muets, 1911, I: 80-81; II: 279; O. Maurault et A. Dansereau, *Le Collège de Montréal, op. cit.*, p. 235 et 500, 122-125; O. Maurault, «Une révolution collégiale à Montréal il y a cent ans», *CD* (1937): 35-44; M. le Saulnier à M. Garnier, 22 septembre 1827, cité par Louis Rousseau, *La prédication à Montréal de 1800 à 1830*, Montréal, Fides, 1976, p. 86; le même au même, 10 octobre 1827, cité par Gilles Chaussé, *Jean-Jacques Lartigue, premier évêque de Montréal*, Montréal, Fides, 1980, p. 187; *Le Canadien*, 30 août 1833; Rosalie Papineau Dessaulles à Angèle Cornu Papineau, [juin] 1832, MMFD, dossier 7; L.-J. Papineau à Rosalie Papineau Dessaulles, septembre 1833, avril, juillet 1834 et janvier 1835, CRLG, correspondance Papineau, IV: 72-73, 111-118; V: 126; VI: 102, 104; LAD à Amédée Papineau, 10 juin 1835, MMFD, dossier 18.

Jacques Vallée, *Tocqueville au Bas-Canada*, Montréal, Éditions du Jour, 1973, p. 88-89, 102, 91.

Sur Saint-Hyacinthe, DESSUREAULT, COURVILLE et VOYER, *op. cit.*; don d'un terrain par J. Dessaulles, 20 mai 1827: ASSH, AFG41, 2.2.91.

Jean Dessaulles à L.-J. Papineau, 12 avril 1827, ANC, MG24, B2, p. 759.

Décès, en août 1830 de Victor-Denys, né le 23 juillet 1829: Rosalie Papineau Dessaulles à Angèle Cornu Papineau, 27 juillet 1829 et 13 août 1830, MMFD, «Additional Papers», dossier 5.

Lord Aylmer à J. Dessaulles, 9 novembre 1831, et J. Dessaulles à Lord Aylmer, 19 décembre 1831, MMFD, boîte I; L.-J. Papineau à Jean Dessaulles, 5 juin 1832, Caroline BÉIQUE, *Quatre-vingts ans de souvenirs. Histoire d'une famille*, Montréal, Éditions Bernard Valiquette, 1939, p. 139-141; *Journal* du Conseil législatif, 1832-1835; ANQM, greffe du notaire Donald George Morisson, CN602-61, index 601885.

C.-P. CHOQUETTE, *Histoire du Séminaire...*, *op. cit.*, I: 164; Yvan LAMONDE, «Classes sociales, classes scolaires. Une polémique sur l'éducation en 1819», *RSCHEC* (1974-75): 43-59; Y. LAMONDE, «Isaac Lesieur-Désaulniers», *DBC*, IX: 512-518; «Joseph-Sabin Raymond», *DBC*, XI: 803-805; Louis LE GUILLOU, *L'évolution de la pensée de Félicité de Lamennais*, Paris, Librairie Armand Colin, 1966, 498 p. et Ruth L. WHITE, *L'Avenir de La Mennais. Son rôle, dans la presse de son temps*, Paris, Klincksieck, 1974, 237 p.; Y. LAMONDE et Louise MARCIL-LACOSTE, «Jacques Odelin», *DBC*, VII: 710-712; Y. LAMONDE, *La philosophie et son enseignement au Québec (1665-1920)*, Montréal, Hurtubise HMH, 1980, p. 101, 103-104; LAD, *L'Index (1870)*, p. 55; Y. LAMONDE, *La philosophie...*, *op. cit.*, p. 106-107 et note 112, p. 106.

[LAD, «Sur la philosophie» et «De l'immortalité de l'âme»], ASSH, «Travaux d'écoliers», boîte 63 (ancienne classification); Y. LAMONDE, *la philosophie...*, *op. cit.*, *passim*, 105-106.

Testament de J. Dessaulles, 17 juin 1835: copie MMFD, boîte 8; Bureau d'enregistrement de Saint-Hyacinthe, 4 octobre 1842, folio 125, no. 154 et papiers Young, ANC, MG24 B4, vol. 7, 6 juillet 1847; tutelle, 9 septembre 1835: ANQM, Cour du Banc du Roi, CC 1/179; procès-verbal de la vente des meubles de la communauté entre J. Dessaulles et dame Rosalie Papineau Dessaulles, 23 novembre 1835, ANQM, greffe du notaire Denis-Émery Papineau, minute 149.

Lactance Papineau à Amédée Papineau, 25 septembre 1836, ANQQ, collection Papineau-Bourassa; LAD a fait une année d'études de droit; il n'a jamais été reçu avocat: Jean-Jacques Lefebvre, «Brevets de cléricature des avocats de Montréal au deuxième quart du XIX⁰ siècle», *Revue du Barreau* (1954): 308-316 et «Tableau alphabétique des avocats de la province de Québec, 1765-1849», *ibidem* (1957): 285-292; «Continuation de brevet de cléricature de LAD avec Rodolphe Laflamme», 12 juillet 1864, ANQM, greffe du notaire D.-E. Papineau, minute 4391.

Amédée PAPINEAU, *Journal d'un Fils de la liberté*, Montréal, Réédition-Québec, 1972, I, p. 47-49, 60-63, 68-69, 80-81, 87-88, 92, 96; II, p. 84; «Mémoires de L.-J.-Amédée Papineau», ANC, MG24 B2, vol. 24, p. 329; Ivanhoé CARON, «Les événements de 1837-1838. Inventaire des documents relatifs aux événements de 1837-1838 conservés aux Archives de la Province de Québec», *RAPQ* (1925-1926): n°s 843, 896, 1540, 1557, 1573, 1574; Eleanor KYTE Senior, *Redcoats and Patriotes. The Rebellions in Lower Canada, 1837-1838*, Ottawa, Canadian War Museum Historical Publications, n° 20, 1985, p. 52, 82, 101; Rosalie Papineau Dessaulles à L.-J. Papineau, [1837], MMFD, dossier 7.

II. AFFAIRES DE ROME ET DE LONDRES,
AFFAIRES DE SAINT-HYACINTHE (1838-1847)

Amédée PAPINEAU, *Journal...*, *op. cit.*, II, pp. 84 et 95.
ANQM, greffe André-Augustin Papineau, minutes 172, 178, 179, 183, 190; Rosalie Papineau Dessaulles à L.-J. Papineau, 30 octobre 1836, cité dans Gérard PARIZEAU, *Les Dessaulles, seigneurs de Saint-Hyacinthe*, Montréal, Fides, 1976, p. 57-59; ANQM, greffe A.-A Papineau, minute 246; on notera que 24 livres, ancien cours, valent une livre, cours actuel, qui vaut 4$ lorsqu'on adopte cette unité de valeur en 1858; ANQM, greffe D.G. Morisson, minute 1265.
Amédée PAPINEAU, *Journal...*, *op. cit.*, II, p. 127-131, 166-173.
Ivanhoé CARON, «Une société secrète dans le Bas-Canada en 1838: l'Association des Frères Chasseurs», *MSRC*, XX, 3e série, section I (1926): 31; C.-P. CHOQUETTE, *Histoire de la ville de Saint-Hyacinthe depuis sa fondation jusqu'à nos jours*, Montréal, Imprimerie de l'Institution des sourds-muets, 1930, p. 155.
R. WHITE, *Louis-Joseph Papineau et Lamennais*, *op. cit.*, *passim*; L.-J. Papineau à sa femme, 7 avril 1839, ANQQ, fonds Papineau-Bourassa; L.-J. Papineau à sa femme, 7 avril 1839, ANQQ, fonds Papineau-Bourassa; L.-J. Papineau à sa femme, pour Rosalie Papineau Dessaulles, 24 juin 1839, dans Caroline BÉIQUE, *Quatre-vingts ans de souvenirs*, *op. cit.*, p. 148-149 et L.-J. Papineau à Amédée Papineau, 14 janvier 1840, dans R. WHITE, *Louis-Joseph Papineau et Lamennais*, *op. cit.*, p. 213-217; Rosalie Papineau Dessaulles à L.-J. Papineau, 1er juillet 1839, dans Jeannette BOURGOIN, *Louis-Antoine Dessaulles, écrivain*, M.A. (Lettres françaises), Université de Montréal, 1975, p. 8; Lactance Papineau à Amédée Papineau, 20 août 1839, ANQQ, fonds Papineau-Bourassa; LAD à D.-É. Papineau, 23 septembre et 3 octobre 1839,

QMBM, Salle Gagnon, fonds Dessaulles, texte reproduit dans Yvan LAMONDE, *Louis-Antoine Dessaulles, Écrits*, Montréal, PUM («Bibliothèque du Nouveau Monde»), à paraître; L.-J. Papineau à Arthur Roebuck, 11 octobre 1839, ANQQ, fonds Papineau-Bourassa; LAD à L.-J. Papineau, 29 octobre 1839, CRLG, correspondance Papineau, VII: 44-45; LAD à Amédée Papineau, 16 octobre 1839, MMFD, dossier 18; Lactance Papineau à Amédée Papineau, 10 octobre 1839, ANQQ, fonds Papineau-Bourassa.

ANQQ, fonds Papineau-Bourassa; D.-É. Papineau à l'abbé François Tétreau, 3 janvier 1838, ASSH; LAD à Amédée Papineau, 29 septembre 1838 et LAD à Lactance Papineau, 10 janvier 1840, MMFD, dossier 18; LAD à l'abbé I. Désaulniers, 28 avril 1837, ASSH, ASE 7, 13; Factures de la librairie Fabre, 17 juillet et 1er septembre 1843, archives de M. Jacques Béique.

LAD à Lactance Papineau, 10 janvier 1840 et 1er et 7 septembre 1842, MMFD, dossier 18; LAD à L.-J. Papineau, 26 janvier 1840, CRLG, VIII: 6-8.

Rosalie Papineau Dessaulles à L.-J. Papineau, 13 avril 1839, ANQQ, fonds Papineau-Bourassa; LAD à Lactance Papineau, 4 mai 1840, MMFD, dossier 18; ANQM, greffe A.-A. Papineau, minute 315; LAD à Lactance Papineau, 5 octobre 1840, MMFD, dossier 18; ANQM, greffe D.G. Morisson, minutes 1879, 1891, 1927, 2062, 1906; LAD à Lactance Papineau, 27 octobre 1841, MMFD, dossier 18 et Hector Bossange à L.-J. Papineau, 6 novembre 1841, dans R. WHITE, *Louis-Joseph Papineau et Lamennais*, *op. cit.*, p. 293; ANQM, greffes A.-A. Papineau et D.G. Morisson, 1841 et 1842; ANQM, greffe D.G. Morisson, minutes 1612, 1736; «Enregistrement des titres....», ANC, MG24 B4 (papiers Young), vol. 7, p. 488; ANQM, greffe D.G. Morisson, minute 2205 et greffe A.-A. Papineau, minute 509; LAD à Amédée Papineau, 3 et 6 avril 1842, MMFD, dossier 18.

Police générale du Royaume, passe-port à l'intérieur, Boulogne, 22 novembre 1842, archives de M. Jacques Béique.

Journal of John James Audubon..., 1840-1843, Howard Corning éd., Cambridge, Business Historical Society, 1929, p. 135-139; LAD à L.-J. Papineau, 26 novembre 1842, MMFD, dossier 18; LAD à L.-J. Papineau, 23 décembre 1842, CRLG, VIII: 132-135; LAD et divers correspondants londoniens, 1842-1843, archives de M. Jacques Béique; Lactance Papineau, «Mémoires collégiaux», ANQQ, fonds Papineau-Bourassa, cahier 5, avril 1842-octobre 1843; «Mémoires de L.-J.-Amédée Papineau», ANC, MG24 B2, vol. 24, p. 837; R. WHITE, *Louis-Joseph Papineau et Lamennais*, *op. cit.*, p. 333, 359.

L.-J. Papineau à son fils Amédée, 1er août 1843, dans R. White, *Louis-Joseph Papineau...*, *op. cit.*, p. 384-385 et du même au même, septembre 1843, ANQQ, fonds Papineau-Bourassa.

Un paroissien, «Correspondance. Exposé des difficultés de la Fabrique de St-Hyacinthe, et justification de la conduite des paroissiens», *La Minerve*, 18 décembre 1843; E. Crevier, curé, «Correspondance», *La Minerve*, 4 janvier 1844; LAD, «Correspondance», *La Minerve*, 29 janvier 1844; ANQM, greffe D.G. Morisson, minute 2259.

L.-J. Papineau à Amédée Papineau, 5 juillet 1844, ANQQ, fonds Papineau-Bourassa; L.-J. Papineau à sa femme, 15 août 1844, dans R. White, *Louis-Joseph Papineau...*, *op. cit.*, p. 469; M. Robillard à LAD, 10, 13 septembre, 16 octobre 1844, archives de M. Jacques Béique; L.-J. Papineau à sa femme, 15 septembre 1844, R. White, *Louis-Joseph Papineau et Lamennais*, *op. cit.*, p. 485-486; Dandurand et Turcotte à LAD, 23 septembre 1844, L. Macleish à LAD, 11 octobre 1844 et Drolet à LAD, 14 octobre 1844, archives de M. Jacques Béique.

«Mémoires de L.-J.-Amédée Papineau», ANC, MG24 B2, vol. 24, p. 766-767; LAD à L.-J. Papineau, 24 mars 1843, CRLG, VIII: 136-139; même au même, 11 octobre 1843, CRLG, VIII: 150-157; même au même, 26 décembre 1843, CRLG, VIII: 195-198; LAD à Lactance Papineau, 22 février 1844, CRLG, IX: 59; LAD à L.-J. Papineau, 26 mars 1844, CRLG, IX: 73-83; LAD, «Aux libres et indépendants électeurs du comté de St-Hyacinthe», *La Minerve*, 19 octobre 1844; *La Minerve*, 4 novembre 1844, texte reproduit dans Y. Lamonde, *Louis-Antoine Dessaulles, Écrits, op. cit.;* «À l'Honorable Assemblée Législative du Canada», pétition, 7 décembre 1844, ANQQ, fonds Papineau-Bourassa.

L. Macleish à LAD, 23 octobre 1844, archives de M. Jacques Béique; «Enregistrement des titres...», ANC, MG24 B4, vol. 7, p. 494; ANQM, greffe A.-A. Papineau, minutes 509 et 511; Edward Hale à LAD, 20 novembre 1844, archives de M. Jacques Béique; Lactance Papineau à son père, 7 décembre 1844, CRLG, IX: 2; ANQM, greffe A.-A. Papineau, minute 514 et greffe D.G. Morisson, minutes 2471 et 2498; Duncan Bruce à LAD, 13 mars 1845, archives de M. Jacques Béique; Higginson, secrétaire du Gouverneur, à LAD, 4 juillet 1845, archives de M. Jacques Béique; Julie Papineau à son mari, 10 juillet 1845, *RAPQ* (1957-1959): 150-151; LAD à sa mère, 21 novembre 1845, MMFD, dossier 18; *Lettres patentes...*, 30 mars 1846, ASHSH, BSE 2, 34.9;

D.-É. Papineau à LAD, 14, 17 décembre 1845 et 5 janvier 1846, archives de M. Jacques Béique; greffe de Denis-Émery Papineau, minute 1747; L.-J. Papineau à son fils Amédée, 10 juin 1847, dans R. White, *Louis-*

Joseph Papineau et Lamennais, op. cit., p. 534; ANQM, greffe de D.-É. Papineau, minute 2150.

ANQM, Cour Supérieure, terme de 1843, dossiers 379, 1878, 1275, 1361, 1933, 2073, 2670; 1844: 228, 658, 1033; 1846: 1980, 1268, 645; 1847: 1405, 2031, 1949, 188, 511, 1588.

«Ouverture des travaux du chemin de fer de St-Hyacinthe» *La Minerve,* 24 mai 1847; LAD, «Collège de St-Hyacinthe», *La Minerve,* 5 août 1847; LAD, «Éducation. Examen du Couvent de la Congrégation de St-Hyacinthe», *La Minerve,* 9 septembre 1847.

AESH, XVII.C.37: LAD à Mgr Prince, 29 octobre 1847; LAD à M. Paré, 29 octobre, 1er, 3, 23, 29 novembre 1847; LAD, «Second Rapport de la Commission des comptes de la Fabrique», 14 novembre 1847; LAD, «Mémoire sur les affaires de la Fabrique de St-Hyacinthe à Mgr Prince, [après le 29 novembre 1847]»; LAD à Mgr Bourget, 19 avril, 11 octobre, 6 et 28 novembre; Acte d'assemblée des habitants paroissiens de Saint-Hyacinthe, 28 novembre 1847, ANQM, greffe de D.G. Morisson, minute 2732.

Correspondance du curé Crevier, 1840-1847, AESH, XVII.C.62; LAD au curé Crevier, 15 janvier 1848, ANQM, fonds Dessaulles, n° 5; Mgr Bourget à LAD, 14 octobre 1848, ACAM, RLB, 5:35.

III. LE DROIT DES PEUPLES À DISPOSER D'EUX-MÊMES (1848)

Yvan LAMONDE, *Gens de parole. Conférences publiques, essais et débats à l'Institut canadien de Montréal (1845-1871),* Montréal, Boréal, 1991, 176 p. et «La bibliothèque de l'Institut canadien de Montréal (1852-1876): pour une analyse multidimensionnelle», Y. LAMONDE, *Territoires de la culture québécoise,* Québec, PUL, 1991, p. 117-148; Philippe SYLVAIN, «Libéralisme et ultramontanisme au Canada français: affrontement idéologique et doctrinal (1840-1865)», dans W.L. MORTON (éd.), *Le bouclier d'Achille/The Shield of Achilles,* Toronto, McLelland and Stewart, 1968, p. 11-138 et 220-255; Jean-Paul Bernard, *Les Rouges. Libéralisme, nationalisme et anti-cléricalisme au milieu du XIXe siècle,* Montréal, PUQ, 1971, 394 p.

Anti-Union (LAD), «M. le Directeur», *L'Avenir,* 31 décembre 1847, texte reproduit dans Y. LAMONDE, *Louis-Antoine Dessaulles, Écrits, op. cit.;* «L'Union», *L'Avenir,* 5 février 1848.

Campagnard, «Correspondances», *L'Avenir,* 29 février 1848; Jacques Monet, *La première révolution tranquille. Le nationalisme canadien-français (1837-1850),* Montréal, Fides, 1981, p. 349-403; Campagnard, «Correspondance», *L'Avenir,* 13 mai 1848 et «Correspondances», *L'Avenir,* 31 mai 1848.

Campagnard, «Correspondance», *L'Avenir*, 10 mai 1848; la Rédaction, «Un Mexicain...», *La Revue canadienne*, 5 mai 1848; Campagnard, «Correspondances», *L'Avenir*, 7 juin 1848; Un du Comté, «Comté de St-Maurice», *La Minerve*, 19 juin 1848; Campagnard, «Correspondance», *l'Avenir*, 1er avril 1848; la Rédaction, «L'Union et la Nationalité», *L'Avenir*, 3 mai 1848; Campagnard, «Correspondance», *L'Avenir*, 10 mai 1848;

La Rédaction, «L'Union et la Nationalité», *L'Avenir*, 15, 22, 26, 29 avril, 3, 6, 17, 20 mai 1848; Rodrique Samuel, *L'image de la Révolution française de 1848 dans la presse du Canada français*, M.A. (Histoire), Université Laval, 1978, XXI-159 p.; la Rédaction, «L'Union et la Nationalité», *L'Avenir*, 15 avril 1848; la Rédaction, «L'Union, la Nationalité», *L'Avenir*, 20 mai 1848; la Rédaction, «L'Union et la Nationalité», *L'Avenir*, 29 avril 1848.

Sur les échanges entre Papineau et le docteur Wolfred Nelson, *La Minerve*, 5, 11 juin et 24 juillet 1848 et *La Revue canadienne*, 6 juin, 14, 28 juillet, 4, 11 et 22 août 1848; Campagnard, «Correspondances», *L'Avenir*, 5 juillet 1848; Tuque bleue, «Une scène d'intérieur ou relation d'une séance du comité chargé de surveiller la rédaction des lettres d'un célèbre Dr Guerrier», *L'Avenir*, 2 août 1848; Étoffe du pays, «Tribune du peuple. Le diable à quatre à propos d'une Tuque-bleue», *L'Avenir*, 26 août 1848 «L'oncle et le neveu», *La Minerve*, 12 octobre 1848; Nelson, «Correspondance», *La Minerve*, 11 octobre 1848; «Pépèr' n'va pas-t-en guerre», dans John HARE, *Les Patriotes, 1830-1839*, [s.l.], Éditions Libération, 1971, p. 164-165; LAD à l'historien Robert Christie, 15 mars 1855, dans son *History of the late Province of Lower Canada*, t. VI, p. 445-460, cette lettre ayant été publiée dans *Le Pays* des 23 et 27 juin 1855; François Bernier n'a pu finalement décider en faveur de l'un ou de l'autre, *Étude analytique et critique de la controverse sur la question de la «fuite» de Papineau de Saint-Denis, le 23 novembre 1837*, M.A. (Histoire), Université de Montréal, 1986, II-159 p.

IV. L'ÉGLISE OU LES ÉTATS-UNIS (1849)

MEM, «Circulaire au clergé», 18 janvier 1849, t. II, p. 20-31; (LAD), «Pouvoir temporel», *L'Avenir*, 14 mars 1849, texte reproduit dans Y. LAMONDE, *Louis-Antoine Dessaulles, Écrits, op. cit.*; la Rédaction, «Pouvoir temporel du Pape», *Les Mélanges religieux*, 20 et 23 mars 1849; «Les principes de *l'Avenir*», *Les Mélanges religieux*, 23 mars, 3 et 10 avril 1849; Adolphe PINSONEAULT, «Nouvelles gentillesses de *l'Avenir*», *Les Mélanges religieux*, 9, 19, 23 avril 1849 ou *La Minerve*, 9, 19, 20 avril 1849; abbé Charles Chiniquy, «M. le Directeur», *L'Avenir*, 18 avril 1849 et «Lettre de M. Chiniquy», *Les Mélanges religieux*, 20 avril,18, 29 mai et 19 juin 1849; Campagnard, «Tribune du peuple», *l'Avenir*, 23 juin 1849, texte reproduit dans Y. LAMONDE, *Louis-Antoine Dessaulles, Écrits, op. cit.*

Club national démocratique, *Les Membres du Club national démocratique à leurs compatriotes*, [Montréal, s.é., mai 1849], 36 p.

Campagnard, «Tribune du peuple», *L'Avenir*, 20 septembre, texte reproduit dans Y. LAMONDE, *Louis-Antoine Dessaulles, Écrits, op. cit.*; Campagnard, «Tribune du peuple. Entretiens de la campagne», *L'Avenir*, 16 octobre, 6 novembre 1849.

Trente-Quatre étoiles, *L'Avenir*, 30 octobre 1849; le «Manifeste annexionniste» est reproduit dans Thomas CHAPAIS, *Cours d'Histoire du Canada*, Québec, Librairie Garneau, 1933, t. VI, p. 321 et dans *La Minerve* des 11 et 15 octobre 1849; Campagnard, «Tribune du peuple. Un ministère en plus», *L'Avenir*, 10 novembre 1849.

À propos du procès: *L'Avenir*, 18, 22, 27, 29 décembre 1849, 3, 5, 8, 15 janvier, 20 novembre, 18 décembre 1850, 2 avril 1851; la Rédaction, «On lit dans un article...», *La Minerve*, 13 décembre 1849; «Un procès par jurés, Louis-Antoine Dessaulles et L. Duvernay», *La Minerve*, 20 décembre 1849; ANQM, Cour Supérieure, Registre des jugements, 1850, p. 1165, dossier 1443, 14 mai 1850; procuration de LAD à Pierre-Richard Lafrenaye, 12 juin 1850, ANQM, greffe de D.-É. Papineau, minute 2739; *Décisions des tribunaux du Bas-Canada*, 12 mars 1851, IV (1854): 142-145.

LAD, «Tribune du peuple. Destitution», *L'Avenir*, 6 avril 1850.

LAD, *Six lectures sur l'annexion du Canada aux États-Unis*, Montréal, Pierre Gendron, 1851, p. X, IX, 16, 14, 44, 47, 115, 48, 193, 85-86, 100; 174-175; sur la réplique de Dessaulles aux *Mélanges religieux*, *Le Pays*, 23 et 26 février 1852.

V. UN MAIRE, UN SEIGNEUR, UN ENTREPRENEUR CONTESTÉS (1850-1857)

Xavier MARMIER, *Lettres sur l'Amérique*, Paris, Arthus Bertrand, [1851], t. I, p. 184-185; Henry David THOREAU, *A Yankee in Canada*, Montréal, Harvest House, 1961, p. 107, 75, 87, 25, 40.

Contrat de mariage entre LAD et Zéphirine Thompson, 4 février 1850, paroisse Notre-Dame-du-Rosaire de Saint-Hyacinthe, registre des

actes de baptêmes, mariages et sépultures, folio 131, n° M-12; Gustave
TURCOTTE, *Histoire du Conseil législatif*, Beauceville, L'Éclaireur,
1933, p. 263; Caroline BÉIQUE, *Quatre-vingts ans de souvenirs, op. cit.*,
p. 190; C.-P. CHOQUETTE, *Histoire de la Ville de Saint-Hyacinthe, op.
cit.*, p. 135, 137; Joseph Papineau à Benjamin Papineau, 21 janvier
1828, *RAPQ* (1953-1955): 248; Amédée PAPINEAU, «Journal», *op. cit.*,
18 et 19 janvier 1850, ANQQ, fonds Papineau-Bourassa; sur la correspondance de LAD avec sa femme, avant son exil, ANQM, fonds
Dessaulles, nos. 10, 14, 15, 16, 24, 25, 29.

[Généalogie Dessaulles-Béique], préparée par Paul A. Béique, exemplaire de
l'auteur; chanoine SAINT-PIERRE, «Biographie de Louis-Antoine Dessaulles», ASSH, AFG 41.

S. COURVILLE, *Entre ville et campagne, op. cit.*, p. 30, 59, 61, 162, 166, 174,
177, 182, 284.

C.-P. CHOQUETTE, *Histoire de la Ville de Saint-Hyacinthe, op. cit.*, p. 180,
200-201, 210; Mairie de Saint-Hyacinthe, Procès-verbaux du Conseil
de Ville, 1849-; LAD et autres, «Extrait du Conseil de ville de St-
Hyacinthe. Séance du 9 septembre 1850», *L'Avenir*, 13 septembre
1850; la Rédaction, «Élection mouvementée de St-Hyacinthe», *L'Avenir*, 12 octobre 1850; Campagnard, «Tribune du peuple», *L'Avenir*, 23
octobre 1850; Campagnard, «Élections municipales de St-Hyacinthe»,
L'Avenir, 30 octobre 1850.

La Rédaction, «Cathédrale de St-Hyacinthe», *Courrier de Saint-Hyacinthe*,
19 août 1853; LAD, «Bénédiction du Collège de St-Hyacinthe», *Courrier de Saint-Hyacinthe*, 9 septembre 1853; LAD, «Aux citoyens de
St-Hyacinthe», *Courrier de Saint-Hyacinthe*, 13 décembre 1853; curé
Resther à LAD, 21 décembre 1853, ANQM, fonds Dessaulles, n° 12;
réponse de LAD du 22 décembre, n° 13.

Un ami de l'art dramatique, «Tribune», *L'Avenir*, 18 décembre 1850; *Déclaration et constitution de l'Institut des Artisans de St-Hyacinthe*, Montréal, des presses de la Minerve, 1852, 16 p.; don d'un terrain à l'Association des ouvriers, ANQM, greffe de D.G. Morisson, 15 novembre
1851, minute 3187; LAD, «A M. N. Germain, secrétaire...», *La
Minerve*, 13 mai 1852; «Société St-Jean Baptiste de St-Hyacinthe»,
Courrier de Saint-Hyacinthe, 13 juin 1854; «Nouvel Institut-Canadien»,
Le Pays, 23 mai 1854; «Institut-Canadien de St-Hyacinthe», *Courrier
de Saint-Hyacinthe*, 25 juin 1854.

Archives de la Ville de Saint-Hyacinthe, Procès-verbaux, 12 mars, 20 avril,
13 juillet, 13 août, 6 décembre 1855, 4 février 1856 et *Courrier de
Saint-Hyacinthe*, 30 décembre 1856; *Courrier de Saint-Hyacinthe*, 30
mai 1856; démission: Procès-verbaux, 4 juillet 1856, *Courrier de Saint-
Hyacinthe*, 7 et 10 avril 1857.

Colette Michaud, *Les censitaires et le régime seigneurial canadien (1791-1854). Étude des requêtes anti-seigneuriales*, M.A. (Histoire), Université d'Ottawa, 1982, 324 p.; Pétition du Conseil municipal de Saint-Hyacinthe au gouverneur-général Elgin, 24 janvier 1849, ANC, RG4 C1, vol. 1, dossier 279, n° 201; Campagnard, «Tribune du peuple», *L'Avenir*, 13, 20, 27 avril 1850, texte du 13 reproduit dans Y. Lamonde, *Louis-Antoine Dessaulles, Écrits, op. cit.*; Un abolitionniste [Pierre Blanchet], «Tenure seigneuriale», *L'Avenir*, 4 et 18 mai 1850; la Rédaction, «La tenure seigneuriale», *L'Avenir*, 4 mai 1850; Un qui sait, *À Campagnard, alias M. L.-A. Dessaulles*, 26 octobre 1851, ASSH, Séminaire 11, dossier 11, n° 1; Rapport du Comité provisoire de l'Association des seigneurs, 5 novembre 1851, ANQQ, Secrétaire provincial E4, 763; Circulaire, *Association Défensive des seigneurs*, 27 janvier 1852, ANQQ, fonds Papineau-Bourassa; contre les projets d'abolition du régime seigneurial: LAD à Panet, 1850, ANC, MG24 13, vol. 22, p. 13017; LAD à T.L. Drummond, 6 mai 1856, *ibidem*, p. 13521-13524.

Mario Coderre, *Histoire de Saint-Dominique, op. cit.*, p. 245-265; «À une assemblée...», *Le Pays*, 22 avril 1852; D.G. Morisson, «Canalisation de l'Yamaska», *Courrier de Saint-Hyacinthe*, 9 décembre 1857.

LAD, «Prospectus» et «Quels sont les vrais démocrates en Canada?», *Le Pays*, 15 janvier 1852; le «Prospectus» est reproduit dans Y. Lamonde, *Louis-Antoine Dessaulles, Écrits, op. cit.*; LAD, «Quand on a vu...», *Le Pays*, 22 janvier 1852; la Rédaction, [Départ de LAD], *Le Pays*, 29 avril 1852.

Partage de la seigneurie: ANQM, greffe de D.-É. Papineau, 14 mai, 21 août et 7 décembre 1852, minutes 2982, 3012 et 732; partage avec les Debartzch, *ibidem*, 17 février 1853 et 10 mars 1854, minutes 3110, 3111 et 3289.

J.-P. Bernard, *Les Rouges, op. cit.*, p. 96-101, 116-120; J.-P. Bernard, *La pensée des journalistes libéraux de Saint-Hyacinthe (1853-1864)*, M.A. (Histoire), Université de Montréal, 1958, p. 7; la Rédaction, «Comté de Bagot», *Le Pays*, 26 septembre 1854; la Rédaction, «Dans le numéro de jeudi...», *Le Pays*, 12 octobre 1854; la Rédaction, «Élections du comté de Bagot», *Le Pays*, 19 octobre 1854; la Rédaction, «Comté de Bagot. Le rougisme en baisse», *La Minerve*, 21 octobre 1854; LAD, «Correspondances», *Le Pays*, 3 novembre 1854; Jos. Pilon, «Correspondances. Comté de Bagot», *Le Pays* 31 octobre 1854 ou *Le Courrier de Saint-Hyacinthe*, 27 octobre 1854; curé Archambault, «M. l'Éditeur», *La Minerve*, 7 novembre 1854.

Courrier de Saint-Hyacinthe, 30 décembre 1853; ANQM, fonds de l'Institut canadien de Montréal, Procès-verbaux, 12 et 19 avril 1855; Y. LAMONDE, *Gens de parole, op. cit., passim.*

LAD, *Galilée, ses travaux scientifiques et sa condamnation,* Montréal, L'Avenir, des presses à vapeur DeMontigny et cie, 1856, p. 10-11, 14, 45, 47; texte reproduit dans Y. LAMONDE, *Louis-Antoine Dessaulles, Écrits, op. cit.;* P. LETONDAL, «Critique de la lecture de M. Dessaulles prononcée devant l'Institut-Canadien le 14 mars 1856», *La Minerve,* 2 et 9 avril 1856; Cardinal Wiseman, «Analyse...», *La Minerve,* 12 avril 1856; Un ancien élève des Jésuites, «Correspondance. Galilée et l'Inquisition», *La Minerve,* 30 avril 1856.

Sur Lamartine: Un Canadien-français catholique, «Correspondance. La vérité avant tout», *La Patrie,* 12 novembre 1856; «Institut-Canadien», *Le Pays,* 28 novembre et 2 décembre 1856; «Lecture publique», *Courrier de Saint-Hyacinthe,* 11 décembre 1856.

Lucien C. LE FRANÇOIS, «Britania Mills, village historique disparu», *Courrier de Saint-Hyacinthe,* 8 et 15 juin 1977; Jean-Noël DION, *Histoire de Saint-Simon,* Saint-Simon, Corporation de Saint-Simon, 1982, p. 244-259; ANQM, Cour Supérieure, LAD vs Grand Trunk Railway, 15 juillet 1857, n° 1731; («Brouillon de notice biographique», c. 1860), ANQQ, fonds Dessaulles; LAD à Zéphirine Thompson Dessaulles, 1er août 1875, ANQM, fonds Dessaulles, n° 113; LAD, «Les braillards éternels et le programme du gouvernement», *Le National,* 17, 18, 19, 20 janvier 1874; LAD, «Je reste complètement indifférent...», *Le National,* 6 février 1874; LAD à Caroline, 23 février 1877, dans Éliane GUBIN et Y. LAMONDE, *Un Canadien français en Belgique au XIXᵉ siècle. La correspondance d'exil de L.-A. Dessaulles (1875-1878),* Bruxelles, Académie royale de Belgique, 1991, p. XLV.

VI. AU CONSEIL LÉGISLATIF (1856-1861)

«Adresse à MM. les électeurs de la division de Rougemont», *Le Pays,* 16 septembre 1856 ou *Courrier de Saint-Hyacinthe,* 26 septembre 1856; *Le Pays,* 14 novembre 1856.

Journal du Conseil législatif, 1856-1863; «Parlement provincial. Conseil législatif», *Le Pays,* 14 et 19 mars 1857; «Le bill des squatters», *Le Pays,* 15 mai 1857.

Décès de madame Dessaulles: «Nécrologie» et «Funérailles», *Courrier de Saint-Hyacinthe,* 7 et 11 août 1857.

Sur «l'affaire de Bagot»: la Rédaction, «Comté de Bagot», *Courrier de Saint-Hyacinthe,* 23 décembre 1857; la Rédaction, «Élection de Bagot», *Courrier de Saint-Hyacinthe,* 15 janvier 1858; LAD, «MM. les

Rédacteurs», *Le Pays*, 8 janvier 1858; LAD, «MM. les Rédacteurs», *La Patrie*, 14 janvier 1858; LAD, «Correspondances», *le Pays*, 16 janvier 1858; LAD, «Affaire de Bagot», *Le Pays*, 21 janvier 1858; J.-P. BERNARD, *Les Rouges, op. cit.*, p. 150.

«Lecture de l'Hon. L.A. Dessaulles», *Le Pays*, 25 février 1858; Cyrille BOU-CHER, «L'Hon. L.A. Dessaulles», *La Patrie*, 27 février 1858 et *Courrier du Canada*, 1er mars 1858; Philippe SYLVAIN, «Cyrille Boucher (1834-1865), disciple de Louis Veuillot», *CD*, 37 (1972): 295-317 et *DBC*, IX: 69-72.

La politique en 1858: J.-P. BERNARD, *Les Rouges, op. cit.*, p. 165-171; T. CHAPAIS, *Cours d'Histoire du Canada, op. cit.*, t. VII, chapitre V; LAD, *À Messieurs les électeurs de la division de Rougemont*, [s.l., s.é., 1858], p. 9, 31, 41, 53, 61; Un électeur de Rougemont, «L'Honorable L.A. Dessaulles à la dernière extrémité», *La Minerve*, 24 décembre 1858; *Journal* du Conseil législatif, 1858-1859; «Discours de l'hon. L.A. Dessaulles au Conseil législatif», *Le Pays*, 5 mai 1859; *Le Pays*, 12 mai 1859.

L. Holton à Brown, 14 octobre 1859, cité par J.-P. BERNARD, *Les Rouges, op. cit.*, p. 172.

Cadastre abrégé de la seigneurie Dessaulles-propre possédée par l'Honorable Louis-Antoine Dessaulles, dans *Cadastre abrégé des seigneuries du district de Montréal*, Québec, Derbishire et Desbarats, 1863, vol. 2, n° 53, 52 p.; ANQQ, fonds Dessaulles, [«Brouillon de notice biographique» par LAD].

Mackay's Montreal Directory, 1862-1863, p. 87; 1863-1864, p. 101; LAD, «Correspondance», *Le Pays*, 2 juillet 1867 et LAD, «Encore des mensonges», *Le Pays*, 16 juin 1863.

Journal du Conseil législatif, 1860.

VII. AU «PAYS» (1861-1862)

LAD, «La France, Rome et l'Italie», *Le Pays*, 16 et 21 mars 1861; LAD, «Encore les marchands de religion», *Le Pays*, 12 novembre 1861; LAD, «De l'administration des états romains», *Le Pays*, 14 novembre 1861; LAD, «Un nouveau libelle», *Le Pays*, 16 novembre 1861; LAD, «De l'administration des états romains. Justice et tribunaux», *le Pays*, 19 novembre 1861; LAD, «Nos adversaires sur la question du pouvoir temporel», *Le Pays*, 26 novembre, 3, 7, 10, 14 décembre 1861; la Rédaction, «*Le Pays* nous accuse...», *La Minerve*, 14 novembre 1861; «Instructions pastorales de Mgr l'Évêque de Montréal sur l'indépendance et l'inviolabilité des États Pontificaux», 31 mai 1860, *MEM*, IV,

p. 42-152; «Premier supplément au mandement du 31 mai 1860...», [s.d.], *MEM*, VIII, p. 208-214; LAD, «M. Bibaud et le droit romain», *Le Pays*, 23 novembre 1861; LAD, «Le bataillon sacré», *le Pays*, 5 décembre 1861; LAD, «Une séance à l'école de droit du Professeur Bibaud» et «M. Bibaud», *Le Pays*, 17 décembre 1861; Maximilien BIBAUD, *L'Honorable L.A. Dessaulles et le système judiciaire des États Pontificaux*, Montréal, Pierre Cérat, 1862, 78 p.; LAD, «M. Bibaud», *Le Pays*, 8 février 1862.

Visite du prince Napoléon et polémique avec *L'Ordre* d'Hector Fabre: *Le Pays*, 14 septembre 1861; LAD, «Une lettre de M. de Montalembert», *Le Pays*, 14 janvier 1862; LAD, «*L'Ordre*», *Le Pays*, 18 et 25 janvier 1862; LAD, «L'Institut-Canadien», *Le Pays*, 28 janvier 1862; la Rédaction, «Nous ne voudrions pas...», *L'Ordre*, 3, 5, 7, 12 février 1862; LAD, «Une dernière croisade», *Le Pays*, 6 février 1862; LAD, «Plus sensible pour lui-même que pour autrui», *Le Pays*, 8 février 1862; Un ami du *Pays*, «L'Institut-Canadien. Les détracteurs», *le Pays*, 15 février 1861; H. FABRE, «Institut-Canadien», *Le Pays*, 20 février 1862; LAD, «Aux détracteurs de l'Institut-Canadien, grands et petits», *Le Pays*, 22 février, 1er, 11, 13 mars 1862; la Rédaction, «Lettre de Montalembert», *L'Ordre*, 7 et 15 janvier 1862; la Rédaction, «Nous répondrons...», *L'Ordre*, 20 janvier 1862; *L'Ordre*, 22 et 24 janvier 1862; LAD, «Un mot à certains calomniateurs», *Le Pays*, 1er mars 1862; Philippe SYLVAIN, «La visite du prince Napoléon au Canada (1861), *MSRC*, 4e série, t. II, section I (1964): 105-126.

Y. LAMONDE et Pierre NOLIN, «Des documents cruciaux du débat libéral-ultramontain: les lettres (1862) de Mgr Bourget au journal *le Pays*», *Littératures*, 3 (1989): 115-204.

VIII. DES COMPTES PUBLICS
ET DE L'INSTITUT CANADIEN (1861-1863)

LAD, «1861», *Le Pays*, 31 décembre 1861, texte reproduit dans Y. LAMONDE, *Louis-Antoine Dessaulles, Écrits, op. cit.*; LAD, «Neuvième anniversaire de la fondation du *Pays*», *Le Pays*, 15 janvier 1861; LAD, «Nous serions réellement flattés de savoir...», *Le Pays*, 19 janvier 1861; LAD, «Le libéralisme et la presse réactionnaire», *Le Pays*, 15 mars 1862.

Journal du Conseil législatif et *Le Pays*, 1861-1863; la Rédaction, «M. Dessaulles...», *La Minerve*, 10 octobre 1863.

Correspondance parlementaire: LAD, «Correspondance parlementaire», *Le Pays*, 6, 11 et 30 avril 1861; LAD, «Notre nationalité», *La Réforme*, 23 avril 1861; LAD, «Le Conseil législatif devient persécuteur», *Le Pays*, 11 mai 1861; LAD, «Inégalité du patronage», *Le Pays*, 14 mai 1861; LAD, «*Le Pays* et le Conseil législatif», *Le Pays*, 16 mai 1861; LAD, «Les élections», *Le Pays*, 6 juin 1861.

Interventions électorales du clergé: LAD, «Interventions du clergé dans les élections», *Le Pays*, 22 avril 1862.

LAD, «L'Union, la représentation et le grand parti national», *Le Pays*, 24 août 1861; LAD, «*La Minerve* qui se hazarde à mettre le nez à la fenêtre», *Le Pays*, 12 et 14 septembre 1861; LAD, «Programme ministériel», *Le Pays*, 27 mai 1862; LAD, «Programme ministériel. Relation entre les deux provinces», *Le Pays*, 2 juin 1862; LAD, «*Le Globe*», *Le Pays*, 21 juin 1862.

Système d'exclusion: L.A.D...s, «Correspondances», *Le Pays*, 18 avril 1861; LAD, «Inégalité du patronage», *Le Pays*, 14 mai 1861; LAD, «Les Canadiens-français ont-ils le droit d'exister?», *Le Pays*, 7, 10, 12 décembre 1861; LAD, «La langue française au Greffe de la Paix», *Le Pays*, 10 juillet 1862; LAD, «Notre nationalité», *La Réforme*, 23 avril 1861; «Conseil législatif. Discours de l'Hon. L.A. Dessaulles», *Journal de Saint-Hyacinthe*, 7 avril 1862.

LAD, «Le torysme nous envahit», *Le Pays*, 12 avril 1862; LAD, «Le bill de milice», *Le Pays*, 15 avril 1862; LAD, «Que fera l'Angleterre?», *Le Pays*, 22 avril 1862.

LAD, «Bon sens ministériel», *Le Pays*, 30 novembre 1861; LAD, «La presse ministérielle est la même partout et toujours», *Le Pays*, 21 décembre 1861; LAD, «Le *Journal de Québec*», *Le Pays*, 3 et 8 juillet 1862; LAD, «Nous apprenons par le *Journal de Québec*...», *Le Pays*, 12 juillet 1862; LAD, «D'où viennent les injures?», *Le Pays*, 24 juillet 1862; LAD, «Les journaux ministériels d'autrefois et ceux d'aujourd'hui», *Le Pays*, 26 juillet 1862; LAD, «Le Foote a plus d'enfants qu'on ne pensait», *Le Pays*, 1er août 1863; LAD, «Le pillage et la vérité», *Le Pays*, 8 août 1863; LAD, «Toujours le même calomniateur», *Le Pays*, 24 octobre 1863; Andrée DÉSILETS, «Cauchon, Joseph», *DBC*, XI: 175-182.

LAD, «Les bâtisses du Parlement à Ottawa», *Le Pays*, 21 mars 1861; le Rédacteur [LAD], «Visite à Ottawa», *Le Pays*, 4, 6, 9, 11, 13, 16, 18, 20, 23, 30 septembre, 2, 4, 11 octobre 1862; LAD, «On lit dans le *Journal de Québec*», *Le Pays*, 16 octobre 1862; LAD, «Les édifices d'Ottawa», *Le Pays*, 29 novembre 1862; LAD, «M. Cauchon se décide enfin», *Le Pays*, 13 décembre 1862; LAD, «Les lumineuses trouvailles de M. Cauchon», *Le Pays*, 18 décembre 1862; LAD, «Encore M. Cauchon», *Le Pays*, 23 décembre 1862; LAD, «Pour en finir avec M. Cauchon», *Le Pays*, 10 janvier 1863; LAD, «Rapport de la commission d'Ottawa», *Le Pays*, 31 mars, 2, 7, 9, 16, 21, 23 avril 1863; LAD, «Le pire de tous, M. Cauchon», *Le Pays*, 20 juin 1863; LAD, «M. Cauchon», *Le Pays*, 16 juillet 1863; LAD, «Cauchon et décence», *Le Pays*, 11 août 1863.

LAD, «Dépenses publiques sans l'autorisation du Parlement», *Le Pays*, 11 juin 1861; LAD, «Comment la presse ministérielle justifie le gouvernement», *Le Pays*, 23 janvier 1862; LAD, «De la falsification des comptes publics», *Le Pays*, 30 janvier 1862; LAD, «La science des organes», *Le Pays*, 11 février 1862; la Rédaction, «*Le Pays* nous invite...», *La Minerve*, 6 février 1862.

LAD, «Le Grand Tronc et ses voyageurs», *Le Pays*, 27 février 1862; LAD, «Une lettre de M. Brydges», *Le Pays*, 2 décembre 1862.

Duel: LAD, «*Le Pays* et le Conseil législatif», *Le Pays*, 16 mai 1861; LAD, «Le duel Dessaulles-Morin», *Le Pays*, 18 mai 1861; *La Minerve*, mai 1861.

Guet-apens: LAD, «Assaut brutal sur la personne de l'hon. L.A. Dessaulles», *Le Pays*, 11 juin 1863; LAD, «*La Minerve* qui excuse le guet-à-pens», *Le Pays* 13 juin 1863; LAD, «De mieux en mieux», *Le Pays*, 18 juin 1863; LAD, «Les amateurs en guet-à-pens», *Le Pays*, 23 juin 1863; LAD, «Un véridique rédacteur», *Le Pays*, 3 juillet 1863; LAD, «Faits divers», *Le Pays*, 7 et 11 juillet 1863; LAD, «La protection des assassins», *Le Pays*, 21 juillet 1863.

ANQM, fonds de l'Institut canadien de Montréal, Procès-verbaux, 1er mai 1862, 6 novembre 1862, 5 novembre 1863; «Ci-suivent l'adresse de l'Institut-Canadien à l'hon. M. Dessaulles et la réponse de celui-ci», *Le Pays*, 1er juillet 1862; LAD, *Discours sur l'Institut-Canadien*, Montréal, Le Pays, 1863, p. 8, 9, 11-12, 13, 14-16, 19, 20, texte reproduit dans Y. LAMONDE, *Louis-Antoine Dessaulles, Écrits*, *op. cit.*

Échange avec Mgr Bourget: texte de l'Annonce du 18 janvier 1863, dans LAD, «L'Index», *Annuaire de l'Institut-Canadien pour 1869*, Montréal, Perreault, 1869, p. 55; LAD à Mgr Bourget, 9 février 1863, ACAM, 901.135, 863-1; «Observations», [s.d.], ACAM, 901.135, 863-2; LAD à Mgr Bourget, 6 avril 1863, ACAM, 901.135, 863-3; [Louis-Herménégilde HUOT], «Le Rougisme en Canada» (1864), *Écrits du Canada français*, 34 (1972): 219; ANQM, fonds de l'Institut canadien de Montréal, Procès-verbaux, octobre 1863; «Discours d'inauguration», *Annuaire de l'Institut-Canadien pour 1866*, Montréal, Le Pays, 1866, p. 23.

LAD, «Encore une croisade», *Le Pays*, 21 novembre 1863; LAD, «Une dernière croisade», *Le Pays*, 24 novembre 1863; LAD, «L'Institut-Canadien-français et les mauvaises tendances du siècle», *Le Pays*, 26 novembre 1863; LAD, «Encore une croisade», *Le Pays*, 28 novembre 1863.

IX. DU PROGRÈS ET DU PALAIS DE JUSTICE (1863)

Conférence sur le progrès: LAD, «M. Cyrille Boucher», *Le Pays*, 11 août 1863; LAD, «Une déconvenue», *Le Pays*, 27 octobre 1863; LAD, «Les ennemis du pillage», *Le Pays*, 29 novembre 1863; LAD, «M. Dessaulles en face de ses calomniateurs», *Le Pays*, 10, 12, 14, 17, 19 novembre 1863; LAD, «Nos tristes malentendus», *Le Pays*, 3 décembre 1863; Cyrille BOUCHER, «Correspondance», *La Minerve*, 18 août 1863; la Rédaction, «M. Dessaulles à St-Hyacinthe», *La Minerve*, 12 novembre 1863; la Rédaction, «M. Dessaulles et la lecture sur le Progrès», *La Minerve*, 10 décembre 1863; C. BOUCHER, «Où est le calomniateur?», *La Minerve*, 24 décembre 1863; la Rédaction, «M. Cyrille Boucher», *Courrier de Saint-Hyacinthe*, 27 octobre 1863; la Rédaction, «MM. Boucher et Dessaulles se sont rencontrés», *Courrier de Saint-Hyacinthe*, 29 octobre 1863; la Rédaction, «Les libéraux de St-Hyacinthe aux prises avec la liberté de presse», *Courrier de Saint-Hyacinthe*, 13 novembre 1863; la Rédaction, «Assemblée des habitants de la paroisse Notre-Dame de St-Hyacinthe», *Courrier de Saint-Hyacinthe*, 17 novembre 1863; la Rédaction, «Nous trouvons les remarques...», *Courrier de Saint-Hyacinthe*, 20 décembre 1863; la Rédaction, «Le *Journal* ne profite...», *Courrier de Saint-Hyacinthe*, 24 décembre 1863; la Rédaction, «L'hon. M. Dessaulles», *Journal de Saint-Hyacinthe*, 26 octobre 1863; la Rédaction, «La calomnie dévoilée» et «Mensonge et vérité», *Journal de Saint-Hyacinthe*, 9 novembre 1863; la Rédaction, «Le dernier coup porté», *Journal de Saint-Hyacinthe*, 16 novembre 1863; la Rédaction, «Une rétractation», *Journal de Saint-Hyacinthe*, 19 novembre 1863; LAD, «Correspondance», *Journal de Saint-Hyacinthe*, 14 décembre 1863; la Rédaction, «Mouvement d'indignation», *Journal de Saint-Hyacinthe*, 15 décembre 1863; la Rédaction, «Je certifie...», *Journal de Saint-Hyacinthe*, 30 décembre 1863; la Rédaction, «Un M. François Girouard», *Journal de Saint-Hyacinthe*, 28 janvier 1864; Un catholique canadien, «Nos tristes malentendus», *Courrier du Canada*, 30 novembre, 7 et 11 décembre 1863; N. Cyr à LAD, 31 octobre 1863, ANC, MG29, D27 ou ANQM, fonds Dessaulles, n° 19; Mgr Larocque à LAD, 28 et 29 décembre 1863, ACAM, 901.135, 863-4; correspondance entre LAD et Mgr Joseph Larocque, 11 décembre 1863 au 16 mai 1864, AESH, XVII.C.37.

Procès Taché: LAD, «Procès de l'hon. L.A. Dessaulles contre M. Louis
   Taché», *Le Pays*, 18, 28, 30 janvier 1864; Jean-Baptiste [Louis Taché],
   «Monsieur le Rédacteur», *La Minerve*, 5 octobre 1861; la Rédaction,
   «Pour la centième fois...», *La Minerve*, 12 octobre 1861; la Rédaction,
   «Une question au rédacteur du *Pays*», *La Minerve*, 17 octobre 1863;
   la Rédaction, «Le Conseil de ville...» et «*Le Pays* nous accuse...», *La
   Minerve*, 14 novembre 1861; la Rédaction, «M. Dessaulles ayant
   été...», *La Minerve*, 26 novembre 1861; LAD, «Un dernier mot», *Le
   Pays*, 10 octobre 1861; LAD, «Les calomniateurs», *Le Pays*, 12 octobre 1861; LAD, «Aux lecteurs du *Pays*», *Le Pays*, 15 octobre 1861;
   ETC, ETC, ETC [LAD], «Une impertinence», *Le Pays*, 19 octobre
   1861; la Rédaction, «Procédés du Conseil de ville...», *Le Pays*, 12 novembre 1861; LAD, «Un nouveau libelle», *Le Pays*, 16 novembre
   1861; LAD, «M. Dessaulles et la Corporation de St-Hyacinthe», *Le
   Pays*, 21 novembre 1863; LAD, «Le droit de la défense», *Le Pays*, 28
   novembre 1863; LAD, «Une conscience timorée qui sert d'exemple»,
   Le Pays, 15 décembre 1863; la Rédaction, «M. Dessaulles est condamné...», *Courrier de Saint-Hyacinthe*, 1er décembre 1863; la Rédaction, «Réponse de M. Taché», *Courrier de Saint-Hyacinthe*, 10 décembre 1863; la Rédaction, «M. Dessaulles...», *Courrier de Saint-Hyacinthe*,
   18 décembre 1863; Louis TACHÉ, «Correspondance», *Courrier de
   Saint-Hyacinthe*, 31 décembre 1863; la Rédaction, «Une infamie»,
   Journal de Saint-Hyacinthe, 10 octobre 1861; la Rédaction, «Un nouveau libelle», *Journal de Saint-Hyacinthe*, 18 novembre 1861; la
   Rédaction, «Louis Taché, Esq...», *Journal de Saint-Hyacinthe*, 10 décembre 1863; la Rédaction, «Encore M. Ls Taché», *Journal de Saint-
   Hyacinthe*, 21 décembre 1863; ANQM, Cour Supérieure, LAD vs
   Ludger Duvernay, 1861, n° 792; Taché vs LAD, 1864, n° 1046; Palais
   de Justice de Saint-Hyacinthe, Registre de la Cour Supérieure, vol. 2,
   LAD vs Louis Taché, 27 février et 1er avril 1864, n° 607; Plumitif,
   vol. 2, n° 607; ANQM, Cour Supérieure, Registre des jugements, 1864,
   p. 256-257; *Collection de décisions du Bas-Canada*, VIII (1864): 342.
Marginalisation: LAD, «Une petite inadvertance», *Le Pays*, 2 juillet 1862;
   LAD, «Les égoûts du sous-sol de notre politique», *Le Pays*, 22 novembre 1862; LAD, «Personnel», *Le Pays*, 6 décembre 1862; LAD,
   «Un dernier mot», *Le Pays*, 28 novembre 1863; LAD, «Nos articles
   n'ont-ils aucune actualité?», *Le Pays*, 1er décembre 1863, texte reproduit dans Y. LAMONDE, *Louis-Antoine Dessaulles, Écrits*, *op. cit.*; LAD,
   «Conciliation et bon vouloir», *Le Pays*, 3 décembre 1863, texte reproduit dans Y. LAMONDE, *Louis-Antoine Dessaulles, Écrits*, *op. cit.*; la
   Rédaction, «Un homme à la portion congrue», *La Minerve*, 22 janvier
   1863; la Rédaction, «Encore l'insulteur public», *La Minerve*, 13 octo-

bre 1863; la Rédaction, «Revue des journaux», *La Minerve*, 28 novembre 1863; la Rédaction, «Nous croyons...», *L'Ordre*, 27 novembre 1863; la Rédaction, «Dans son article de samedi...», *L'Ordre*, 30 novembre 1863; la Rédaction, «Le *FrancoCanadien*», *L'Ordre*, 4 décembre 1863; la Rédaction, «M. Dessaulles est condamné...», *Courrier de Saint-Hyacinthe*, 1er décembre 1863; la Rédaction, «Nous lisons dans le *Pays*...», *Courrier de Saint-Hyacinthe*, 15 décembre 1863.

Au greffe: Commission de nomination, Étienne Parent à LAD, 21 décembre 1863, ANQM, fonds Dessaulles, n° 20; L'ex-rédacteur du *Pays*, «Aux lecteurs du *Pays*», *Le Pays*, 24 décembre 1863; LAD, «L'hon. M. Dessaulles et *la Minerve*», *Le Pays*, 29 décembre 1863; Charles DAOUST, «Aux lecteurs du *Pays*», *Le Pays*, 12 janvier 1864; la Rédaction, «La destitution...», *La Minerve*, 22 décembre 1863; la Rédaction, «En opérant sa chute...», *La Minerve*, 31 décembre 1863; la Rédaction, «Nous pouvons annoncer...», *L'Ordre*, 24 décembre 1863.

X. À LA DÉFENSE DE L'INSTITUT CANADIEN
DE MONTRÉAL (1864-1866)

ANQM, archives judiciaires, Peace Office, Letter Book, 19 décembre 1863-2 septembre 1875.

LAD, «Correspondance», *Journal de Saint-Hyacinthe*, 24 décembre 1863; LAD, «Correspondance», *Journal de Saint-Hyacinthe*, 11 janvier 1864; LAD, «Lettre de l'Hon. L.A. Dessaulles», *Journal de Saint-Hyacinthe*, 25 janvier 1864; Joseph-Sabin RAYMOND, «Monsieur le Supérieur...», *Courrier de Saint-Hyacinthe*, 31 décembre 1863; le même, «Séminaire de St.Hyacinthe», *Courrier de Saint-Hyacinthe*, 19 janvier et 2 février 1864.

LAD à Mgr Bourget, 1er février 1864, ACAM, 901.135, 864-1; Mgr Bourget à Mgr Larocque, 2 février 1864, ACAM, RLB, 13: 378-381; Mgr Larocque à Mgr Bourget, 3 février 1864, ACAM, 901.135, 864-2; Mgr Bourget à Mgr Larocque, 6 février 1864, ACAM, RLB, 13: 398-400.

ANQM, fonds de l'Institut canadien de Montréal, Procès-verbaux, II, p. 431, 436, 440, 448, 552; QMBM, fonds de l'Institut canadien de Montréal, document n° 5; Léon POULIOT, *Mgr Bourget et son temps. IV: affrontement avec l'Institut canadien (1858-1870)*, Montréal, Fides, 1976, p. 101-102; LAD à Mgr Bourget, 16 novembre 1864, ACAM, 901.135, 864-3, texte reproduit dans Y. LAMONDE, *Louis-Antoine Dessaulles, Écrits, op. cit.*; Catalogue de la bibliothèque de l'Institut-Canadien (1857), ACAM, 901.134, 857-1.

Jean-Roch RIOUX, «Doutre, Gonzalve», *DBC*, X: 271-276; G. Doutre à

LAD, 21 avril 1866, ACAM, 901.135, 866-5; LAD à G. Doutre, 1er mai 1866, ACAM, 901.135, 866-8; QMBM, fonds de l'Institut canadien de Montréal, documents nos 8 à 13, 15-21, 26-28.

Supplique à Pie IX, 16 octobre 1865, *ibidem*, document n° 1; Mémoire de LAD au cardinal Barnabo, *ibid.*, n° 2 et L. POULIOT, *Mgr Bourget...*, *op. cit.*, p. 116-139; LAD au cardinal Barnabo, 30 octobre 1865, QMBM, fonds de l'Institut canadien, document non numéroté, p. 96-116 et n° 24; LAD, *Dernière correspondance entre S.E. le Cardinal Barnabo et l'Hon. M. Dessaulles*, Montréal, imprimerie d'Alphonse Doutre, 1871, p. 7-8; Mémoire de Mgr Bourget sur l'Institut canadien, 21 septembre 1866, ACAM, RLB, 16: 39-54.

LAD, «Discours d'inauguration», *Annuaire de l'Institut-Canadien pour 1866, op. cit.*, p. 17-26.

Caroline BÉIQUE, *Quatre-vingts ans de souvenirs, op. cit.*, p. 28-29; Y. LAMONDE, *Gens de parole, op. cit.*, p. 157; LAD, *La guerre américaine, ses origines et ses causes*, Montréal, Le Pays, 1865, p. 78, 6, 9, 10-12, 14-19, 20-28, 30, 87-91, 472-490, 68-69, 417-428, 435-439.

Correspondance entre LAD et Fanny Leman, 1er et 5 août 1864, 22 février et 28 avril 1866, 1er août, 17 et 21 octobre 1864, 22 février, 22 juillet, 9 septembre et 17 octobre 1866, MMFD, dossier 19, la lettre du 9 septembre 1866 est reproduite dans Y. LAMONDE, *Louis-Antoine Dessaulles, Écrits, op. cit.*; Amédée PAPINEAU, «Journal d'un Fils de la liberté», ANQQ, fonds Papineau-Bourassa, vol. 7, 22 au 27 avril 1854; lettre pastorale de Mgr Bourget sur les tables tournantes, 27 décembre 1853, *MEM*, II: 388-406; Philippe SYLVAIN, «Quand les tables dansaient et parlaient: les débuts du spiritisme au dix-neuvième siècle», *MSRC*, 4e série, I (1963): 221-236.

ANQM, archives judiciaires, Peace Office, Letter Book, 8 juillet, 27 novembre 1865, 10 juin 1866; L.-J. Papineau à un inconnu, 19 juillet 1866, ANC, MG29, D27, dossier D(1); LAD à Fanny Leman, 22 juillet et 9 septembre 1866, MMFD, dossier 19, la dernière lettre est reproduite dans Y. LAMONDE, *Louis-Antoine Dessaulles, Écrits, op. cit.*; *Statuts refondus de la Province du Canada*, 29-30 Victoria, 1866, chapitre 160, p. 688-691; la Rédaction, «Pierre Emard Jay», *Le Pays*, 3 octobre 1867; Un qui a vu tout ce dont il parle (LAD), «Un inventeur qui butine sur nos confrères», *Le Pays*, 16 janvier 1868; Cour Supérieure: voir la liste des pièces de procès dans la bibliographie de Y. LAMONDE, *Louis-Antoine Dessaulles, Écrits, op. cit.*, sources manuscrites, ANQM; pour 1864 à 1866, ANQM, Cour Supérieure: 1864, dossiers 906, 907, 852, 1046, 1369; Gales vs LAD, *ibidem*, 1861, n° 1738; Banque du Peuple vs LAD, *ibid.*, 1860, n° 852; brevets de Jay, *Canadian Patent Office Record*, VII, nos 1676, 1682, 2211, 10,458, 12,434, 15,636, 24,678; brevets de LAD, n°s 4026, novembre 1874 (œillets de chaussure), 3984, octobre 1874 (appareil à équilibrer les meules); de Dion, n° 13,580.

XI. CONTRE L'INTERVENTION DU CLERGÉ EN POLITIQUE (1867)

Sur la formation dans les collèges: LAD, «Exercices publics du Collège de St-Hyacinthe», *L'Avenir*, 26 juillet 1848; LAD, *Six lectures sur l'annexion, op. cit.*, p. 158-159.

Y. LAMONDE, «Raymond, Joseph-Sabin», *DBC*, XI: 803-805; nous référons au *Pays* (LAD) et au *Courrier de Saint-Hyacinthe* (Raymond); LAD, «Tolérance», *Le Pays*, 12 et 24 janvier 1867; *Le Pays*, 9 février 1867 et réponse dans le *Courrier de Saint-Hyacinthe*, 26 janvier et 5 février 1867; enjeux pour LAD, *Le Pays*, 9 février 1867; les Inquisiteurs, les témoins: *Le Pays*, 16 et 28 février 1867; Rainville, *Courrier de Saint-Hyacinthe*, 12 mars 1867; *Courrier de Saint-Hyacinthe*, 16, 24 et 30 mars 1867; Désaulniers et LAD: *Courrier de Saint-Hyacinthe*, 6, 9, 13 avril 1867 et *Le Pays*, 9 avril, 7 mai et 13 juin 1867; lettre de Tétreau à Gladu, *Le Pays*, 30 avril 1867; Raymond: *Courrier de Saint-Hyacinthe*, 28 mai, 1er, 6, 8 juin 1867; LAD, *Le Pays*, 11 juin 1867; lettres de Dunn et Chagnon, *Le Pays*, 19 juin 1867; Raymond, *Courrier de Saint-Hyacinthe*, 22 juin 1867; LAD, *Le Pays*, 9 juillet 1867.

Vente de la seigneurie: M. CODERRE, *Histoire de Saint-Dominique, op. cit.*, p. 44-47; ANQM, Cour Supérieure, Jones vs LAD, 1867, dossier n° 137.

ANC, MG24, B59, [Carnet de notes sur des comportements de membres du clergé catholique, 1852-1874], voir à: ARCHAMBAULT, BRUNELLE, POULIN, RICARD; pour l'attribution à LAD de ce document, «L'Index», *loc. cit.*, p. 124-125; extraits reproduits dans Y. LAMONDE, *Louis-Antoine Dessaulles, Écrits, op. cit.*; G.-C. Dessaulles et autres à Mgr Larocque, 26 août 1867, AESH, XVII.C.37.

MESH, II: 430 et 427; la Rédaction, «Nos Seigneurs les Évêques...», *Journal de Saint-Hyacinthe*, 13, 16, 19, 23 septembre 1867.

L'enquête sur l'élection de 1867: au sujet de l'attribution de ces articles à Dessaulles, LAD à Fanny Leman, 27 décembre 1867, MMFD, dossier 19; (LAD) à L.-J. Papineau, 12 septembre et 27 octobre 1867, CRLG, P41, XIV: 58a-60c; *Le Pays*, 17 septembre 1867 au 20 février 1868; en particulier sur Bagot: 4, 9, 14, 16, 28, 30 janvier 1868, 1er, 4, 6, 13, 15, 20 février 1868; pour un exemple de ses sources de renseignement: M. Dufresne à LAD, 11 octobre 1867, ANC, MG29, D27, vol. 1, D(2); LAD, «Un effroyable chapitre de crimes», *Le Pays*, 10 octobre 1867; la Rédaction, «L'Hon. M. Dessaulles», *Le Pays*, 19 octobre 1867.

XII. PLAIDOYER POUR LA TOLÉRANCE (1868)

XXX, «Correspondance», *L'Ordre*, 31 décembre 1866; LAD, «Correspondance. Institut-Canadien», *Le Pays*, 5 janvier 1867; ANQM, fonds de l'Institut canadien de Montréal, Procès-verbaux, octobre-décembre 1867; débats: *Le Pays*, 28 décembre 1867 et 7 mars 1868; QMBM, fonds Institut canadien de Montréal, G. Doutre à l'abbé Truteau, 1er et 8 janvier 1868, documents nos 29 et 30.

Enquête Laflèche: cardinal Barnabo à Mgr Laflèche, 26 mars 1868, ASTR; Mgr Laflèche à LAD, 2 mai 1868, AETR et *Dernière correspondance*, *op. cit.*, p. 8; LAD à Mgr Laflèche, 7 et 19 mai 1868, ASTR; Mgr Laflèche à LAD, 16 mai 1868, AETR; LAD au cardinal Barnabo, 27 mai 1868, dans *Dernière correspondance*, *op. cit.*, p. 9; certaines de ces lettres sont reproduites dans L. POULIOT, *Mgr Bourget...*, *op. cit.*, p. 141-149.

Litige LAD-Mgr Larocque: la Rédaction, «Pour l'information...», *Courrier de Saint-Hyacinthe*, 11 février 1868; la Rédaction, «M. Dessaulles», *Courrier de Saint-Hyacinthe*, 25 février 1868; LAD, «L'évêché de St-Hyacinthe contre la famille Dessaulles», *Journal de Saint-Hyacinthe*, 18, 22, 30 juin 1868; la Rédaction, «L'évêché de St-Hyacinthe et la famille Dessaulles», *Le Pays*, 7 juillet 1868; *MESH*, III: 13-24, 92-94, 488-491; la Rédaction, «L'évêché de St-Hyacinthe et M. L.A. Dessaulles», *Courrier de Saint-Hyacinthe*, 23 juillet 1868; la Rédaction, «L'évêché de St-Hyacinthe et M. L.A. Dessaulles», *Le Pays*, 1er août 1868; LAD, *À Sa Grandeur Monseigneur Charles Larocque, évêque de St-Hyacinthe*, [s.l., s.é.], 1er août 1868, p. 6; Louis-Zéphirin Moreau à LAD, 26 mars et 11 septembre 1868, AESH, RL, I, 5: 415-416, 536-537; Palais de Justice de Saint-Hyacinthe, Cour Supérieure, Registre, vol. 3, nos 1199, 1200, 1201 et Plumitif, vol. 3, nos 1199, 1200, 1201; LAD, «*La Minerve* rend service à sa manière à l'Evêque de St-Hyacinthe», *Le Pays*, 3 et 6 octobre 1868.

Sur la tolérance: *Journal de Saint-Hyacinthe*, 18 juin et 24 août 1868; LAD à Zéphirine Thompson Dessaulles, 25 août 1868, ANQM, fonds Dessaulles, n° 24; «[Sur la tolérance]», *Annuaire de l'Institut-Canadien pour 1868*, Montréal, Le Pays, 1868, p. 4, 5, 12, 18; la Rédaction, «L'Institut-Canadien de cette ville...», *Le Nouveau Monde*, 18 décembre 1868; la Rédaction, «Institut-Canadien de St-Hyacinthe», *Le Nouveau Monde*, 23 décembre 1868; la Rédaction, «Le *Witness* de samedi...», *Le Nouveau Monde*, 28 décembre 1868; la Rédaction, «M. Dessaulles et l'Institut-Canadien de St-Hyacinthe», *Courrier de Saint-Hyacinthe*, 22 décembre 1868; la Rédaction, «La lecture de M. Dessaulles», *Courrier de Saint-Hyacinthe*, 24 décembre 1868.

XIII. FACE AU TRIBUNAL DE L'INQUISITION (1869-1871)

Mémoire de Mgr Bourget sur l'Institut-Canadien, 27 avril 1869, ACAM, 901.135, 869-4; MEM, VI: 46-47, 38-45, 46-49.

ANQM, fonds de l'Institut canadien de Montréal, Procès-verbaux, septembre et octobre 1869; correspondance LAD-Truteau, septembre 1869, ACAM, 901.135, 869-9, 869-11, 869-12, 869-13 et RLB, 19: 349; la Rédaction, «C'est ce soir...», *Le Nouveau Monde*, 9 septembre 1869; la Rédaction, «Bulletin du jour», *Le Nouveau Monde*, 10 septembre 1869; la Rédaction, «Nous recevons de l'hon. M. Dessaulles», *Le Nouveau Monde*, 14 septembre 1869; la Rédaction, «La séance que va tenir...», *Le Nouveau Monde*, 23 septembre 1869; la Rédaction, «Nos lecteurs...», *Le Nouveau Monde*, 24 septembre 1869; LAD au chanoine G. Lamarche, septembre-octobre 1869, ANQQ, fonds Dessaulles, Penn Letter Book, p. 44-45, 47-52, 52-55, 62-72, 129-129A; LAD, «Nous avons reçu de M. Dessaulles», *L'Ordre*, 16 septembre 1869; LAD, «Depuis que l'Institut s'est réuni...», *Le Pays*, 18 septembre 1869; LAD, «M. Dessaulles nous fait parvenir...», *Courrier de Saint-Hyacinthe*, 28 septembre 1869; la Rédaction, «À la demande de M. Dessaulles...», *Courrier de Saint-Hyacinthe*, 2 octobre 1869.

LAD et autres à Son Éminence le cardinal Barnabo, 12 octobre 1869, ACAM, 901.135, 869-15.

LAD, «Affaire Guibord», *Annuaire de l'Institut-Canadien pour 1869*, Montréal, Perreault, 1869, p. 8, 12, 16-21, 21, 31, 34-35, 39, 32, 36-37, 50; Mgr Bourget à l'abbé Truteau, 8 janvier 1870, ACAM, 901.060, 870-2.

LAD, «L'Index», *Annuaire de l'Institut-Canadien pour 1869*, *op. cit.*, p. 52, 54, 56, 60, 53, 96, 90-92, 76-78, 79, 84, 130.

LAD, «Affaire Guibord, Témoignage de L.A. Dessaulles», *Le Pays*, 26, 29, 31 janvier, 1er 2, 3 février 1870; la Rédaction, «Affaire Guibord», *La Minerve*, 27 janvier, 5 et 15 février 1870; F.-X.-A. Trudel, «Correspondance», *La Minerve*, 29 janvier, 3 et 8 février 1870; LAD, «Correspondance. J'ose croire...», *La Minerve*, 1er février 1870; LAD, «Affaire Guibord. Un très saint homme...», *Le Pays*, 3 février 1870; LAD, «Correspondance», *Le Pays*, 5 février 1870; la Rédaction, «Affaire Guibord», *Le Pays*, 9 février 1870; la Rédaction, «*La Minerve* de samedi matin...», *Le Pays*, 14 février 1870; LAD, «Correspondance», *Le Pays*, 10 mars 1870; LAD, «Une lettre de M. Dessaulles», *Le Nouveau Monde*, 9 et 14 avril 1870; LAD, «La bonne foi et *le Nouveau Monde*», *Le Pays*, 18 avril 1870; ANQQ, fonds Dessaulles, LAD au chanoine G. Lamarche, 19 mai 1870, Penn Letter Book, p. 139; jugement: Cour Supérieure. Montréal. *Plaidoirie des avocats in RE*

Henriette Brown vs la Fabrique de Montréal, Montréal, Typographie de Louis Perrault, 1870, p. 17.

Réponse de l'Évêque de Montréal au Recours de quatre membres de l'Institut canadien, 27 mai 1870, ACAM, 901.135, 870-4; Opinion de l'Évêque de Trois-Rivières sur l'Institut canadien de Montréal, 16 juin 1870, *ibidem*, 870-6.

LAD à Mgr Nina, 30 mai 1870, ANQQ, fonds Dessaulles Penn Letter Book, p. 140-147.

G. DOUTRE, «Sur les affaires de l'Institut canadien à Rome», *Le Pays*, 14, 15, 17, 18 juin 1870.

Décision de Rome: cardinal Barnabo à Mgr Baillargeon, 13 août 1870, publiée dans *Dernière correspondance*, *op. cit.*, p. 14, copie ACAM, 901.135, 870-4; abbé Cazeau à LAD, 24 octobre 1870, copie ACAM, 901.135, 870-12; LAD à Mgr Baillargeon, 26 octobre 1870, AAQ, 26CP, DM XI, 110 ou ACAM, 901.112, 870-1; Mgr Baillargeon à LAD, 31 octobre 1870, ACAM, 901.112, 870-2; LAD à Mgr Baillargeon, 2 novembre 1870, AAQ, 26CP, DM XI, 111 ou ANQQ, fonds Dessaulles, Penn Letter Book, p. 158-161; L. POULIOT, *Mgr Bourget...*, *op. cit.*, p. 85-89.

LAD, *La Cathédrale de Montréal*, [s.l., s.é.], 12 octobre 1870, 17 p.; «Affaire Guibord», *Annuaire de l'Institut-Canadien pour 1869*, *op. cit.*, p. 38; LAD à Mgr Bourget, 16 novembre 1864, ACAM, 901.135, 864-3; *Dernière correspondance*, *op. cit.*, p. 17, 15, 16, 19, 22, 23-25, 25-28, 31, 30.

Décès de Papineau: Mgr Guigues au curé Bourassa, septembre 1871, CRLG, P41, correspondance de Papineau, t. XV, p. 75-76; la Rédaction, «L'Hon. L.J.Papineau», *Le Pays*, 26 septembre 1871; LAD à L.-N. Pacaud, 29 septembre 1871, ANQQ, fonds Dessaulles, Penn Letter Book; LAD au curé Rousselot, 12 et 18 octobre 1871, ANQM, fonds Dessaulles, n°s 31 et 32 ou ANC, MG26, D40, C-13987, p. 1309-1319; LAD, «Ô temps!! Ô hontes!!», *Le Pays*, 27 mars 1867; LAD à L.-H. Fréchette, 12 novembre 1871, ANC, *ibidem*, p. 1301-1308; LAD, «Communication», *La Minerve*, 16 mars 1872; la Rédaction, «Actualités», *La Minerve*, 16 mars 1872.

XIV. LA GRANDE GUERRE ECCLÉSIASTIQUE (1871-1874)

Y. LAMONDE, «Raymond, Joseph-Sabin», *DBC*, XI: 803-805; LAD au cardinal Barnabo, 3 juin 1871, ANQQ, fonds Dessaulles, Penn Letter Book, p. 199-202; sur le programme catholique: Nadia EID, «Les ultramontains et le Programme catholique», dans Nive VOISINE et

Jean HAMELIN (dir.), *Les Ultramontains canadiens-français*, Montréal, Boréal Express, 1985, p. 161-181; polémique avec Routhier: A. LAPERRIÈRE, *Les Guêpes canadiennes*, Ottawa, A. Bureau, 1881, vol. 1, p. 363-401 et *DOLQ*, I: 91.

Alphonse VILLENEUVE, *La Comédie infernale ou conjuration libérale aux enfers par un illuminé*, Montréal, Le Franc-Parleur, 1871, p. 48, 7, 10; Villeneuve est identifié à la page 520 ainsi que dans [PINSONEAULT], *Neuvième lettre à l'hon. Dessaulles par Binan*, Montréal, Société des écrivains catholiques, 1874, 361p.

Sur Alexis Pelletier alias «Luigi» et les noces d'or de Mgr Bourget: Antonine GAGNON, «Alexis Pelletier, collaborateur au *Franc-Parleur* (1872-1877), dans N. VOISINE et J. HAMELIN, *Les Ultramontains, op. cit.*, p. 183-204.

LAD, *La grande guerre ecclésiastique. La comédie infernale et les Noces d'or. La suprématie ecclésiastique sur l'ordre temporel*, Montréal, Alphonse Doutre, 1873, p. 5, II, 17, 10-11, 21, 30; lettres originales de LAD, ACAM, 901.135, 872-2, 872-3, 872-3, 872-4. *MEM*, VI: 403-405, 405-415.

LAD, *Réponse honnête à une circulaire assez peu chrétienne. Suite à la Grande guerre ecclésiastique*, Montréal, typographie Alphonse Doutre, 1873, p. 1, 3, 6, 14-18; réponse de «Luigi», «M. Dessaulles pose en victime!!» et «Errata», *Le Franc-Parleur*, 29 septembre 1873.

Alexis Pelletier («Luigi»), *Le Don Quichotte montréalais sur sa Rossinante ou M. Dessaulles et la Grande guerre ecclésiastique*, Montréal, Société des écrivains catholiques, 1873, p. 7, 8, 35, 4; «Luigi», «Encore à propos de M. Dessaulles», *Le Franc-Parleur*, 1er et 3 mars 1873.

Portrait de LAD par Adolphe-Basile Routhier alias «Jean Piquefort», dans A. LAPERRIÈRE, *Les Guêpes canadiennes, op. cit.*, p. 367, 369, 382, 387, 366.

LAD, *Examen critique de la soi-disant Réfutation de la Grande guerre ecclésiastique de l'Honorable L.A. Dessaulles, sans réhabilitation de celui-ci, par Un Faillible, qui n'a point lu l'ouvrage interdit, contre une légion d'infaillibles*, Montréal, Société des écrivains de bon sens, 1873, 40 p.; réplique de «Luigi», «L'examen critique d'un faillible», *Le Franc-Parleur*, 10 octobre 1873.

Les 12 lettres de «Binan» paraissent dans *Le Franc-Parleur* entre le 17 octobre 1873 et le 26 octobre 1874; seule la *Neuvième lettre, op. cit.*, parue les 13, 16, 23 et 27 février et les 3, 13 mars 1874, a fait l'objet d'une publication sous forme de brochure en 1874; J.E. Robert CHOQUETTE, «Pinsoneault, Pierre-Adolphe», *DBC*, XI: 767-770.

Sur le Parti national et *Le National*: Robert RUMILLY, *Histoire de la province de Québec*, Montréal, Éditions Bernard Valiquette, [s.d.], t. I, p. 194-

293; Philippe SYLVAIN, «Laberge, Charles», *DBC*, X: 455-458; J.-P. BERNARD, *Les Rouges*, *op. cit.*, p. 317; LAD à Fanny Leman, 22 mai 1868, MMFD, dossier 19; LAD, «M. M. Ryan», *Le National*, 14 janvier 1874; LAD, «Les braillards éternels», *Le National*, 16 janvier 1874; LAD, «Les braillards éternels et le programme du gouvernement», *Le National*, 17, 18, 19, 20 janvier 1874; LAD, «Je reste complètement indifférent...», *Le National*, 6 février 1874; LAD, «Sur la question des insultes personnelles...», *Le National*, 9 février 1874; la Rédaction, «M. Dessaulles», *La Minerve*, 7 février 1874; la Rédaction, «Les paris», *La Minerve*, 10 février 1874; la Rédaction, «Argument puéril», *La Minerve*, 26 février 1874; ANQM, fonds Dessaulles, n°s 66, 67, 70, 134, 245; [I. TARTE], «Les tendances libérales. Les Rouges sont aussi dangereux qu'autrefois», *Le Canadien*, 28 novembre au 19 décembre 1874.

Sur la politique: LAD à Alphonse Lusignan, 16 juin, 14 juillet 1874 et janvier 1875, ANC, MG29, D27, D(1).

Edmond LAREAU, *Histoire de la littérature canadienne*, Montréal, John Lovell, 1874, p. 449-453; la Rédaction, «*Histoire de la littérature canadienne* de M. Lareau», *Courrier de Saint-Hyacinthe*, 26 février 1874.

XV. LA DÉROUTE FINANCIÈRE (1870-1875)

Sur Caroline Dessaulles et Frédéric-Liguori Béique, *Quatre-vingts ans de souvenirs*, *op. cit.*, p. 68-71, 40-41; *Henriette Dessaulles, Journal*, édition critique établie par Jean-Louis Major, Montréal, PUM, 1989, p. 154; la Rédaction, «À travers la ville», *Le National*, 16 avril 1875; liste de cadeaux de mariage: fonds privé; voyage en Europe: ANQM, fonds Dessaulles, n°s 97 à 112 et fonds privé; lettres citées: n°s 98, 105, 108, 109-112.

Voyages de LAD aux États-Unis: ANQM, archives judiciaires, Peace Office, Letter Book, 9 mars 1868; LAD à Zéphirine Thompson Dessaulles, 2 septembre 1868, ANQM, fonds Dessaulles, n° 25.

Affaires: LAD à M. Lazar, 1er avril 1869, ANQQ, fonds Dessaulles, Penn Letter Book, p. 22-25; LAD à Zéphirine Thompson Dessaulles, 1871 et 17 août 1871, archives de M. Jacques Béique; LAD à J. Rae, 6 avril 1869, ANQQ, fonds Dessaulles, Penn Letter Book, pp. 26-28; LAD à C. Dion, 12 avril 1869, *ibidem*, p. 30-33; LAD à M. Cox, 14 avril 1869, *ibid.*, p. 33, verso; LAD au Dr Mailhot, 28 avril 1869, *ibid.*, p. 35-37; Dawn M. Tybur, Senior librarian, New York State Library à Albany, à Y. Lamonde, 17 octobre 1991.

Madeleine B. STERNE, «Joseph Nancrède, Franco-American Bookseller and

Publisher, 1764-1841», *Papers* of the Bibliographical Society of America, 70 (1976): 75; Reuben Gold THWAITES, «Early Lead Mining on the Upper Missisipi», *How George Rogers Clark Won the Northwest*, New York, A.C. McLurg and Co., 1903, p. 299-352; Jean-Jacques LEFEBVRE, «La famille Lamothe de Montréal», *Mémoires* de la Société généalogique canadienne-française, XII, 2 (février 1961): 55-60; Léon TRÉPANIER, «Guillaume Lamothe (1824-1911), *CD*, 29 (1964): 143-158; Caroline BÉIQUE, *Quatre-vingts ans de souvenirs*, *op. cit.*, p. 37; André-Narcisse Lamothe à LAD, ANQM, fonds Dessaulles, n°s 34, 57, 39, 40, 44, 47, 48, 50, 52, 54, 74, 77, 79, 87, 89, 90, 91; on ne dispose pas de la correspondance de LAD à A.-N. Lamothe.

La fuite: LAD à F.-L. Béique, 29 et 30 juillet 1875, archives de M. Jacques Béique; LAD à Zéphirine Thompson Dessaulles, 30 juillet 1875, ANQM, fonds Dessaulles, n° 775; LAD à F.-L. Béique, 31 juillet 1875, archives de M. Jacques Béique; LAD à Zéphirine Thompson Dessaulles, 1er août 1875, ANQM, fonds Dessaulles, n° 113, reproduite dans Y. LAMONDE, *Louis-Antoine Dessaulles, Écrits, op. cit.*; *Henriette Dessaulles, Journal, op. cit.*, p. 181-183; la Rédaction, «The Dessaulles Defalcation. Further Particulars», *Evening Star*, 2 août 1875; la Rédaction, «Est-ce juste?», *Le Franc-Parleur*, 6 août 1875; la Rédaction, «L'hon. L.A. Dessaulles», *Journal des Trois-Rivières*, 9 août 1875; la Rédaction, «L'accusé et ses juges», *La Minerve*, 21 août 1875; LAD à F.-L. Béique, 11 septembre 1875, archives de M. Jacques Béique; la Rédaction, «La fin de la comédie», *La Minerve*, 26 novembre 1875; Campagnard, «Correspondances», *L'Avenir*, 27 mai 1848; Campagnard, «Tribune. Quelques idées et quelques principes soumis à ceux qui nient les principes et n'ont point d'idées», *L'Avenir*, 17 janvier 1849; LAD, «Une conscience timorée qui sert d'exemple», *Le Pays*, 15 décembre 1863; LAD, *La grande guerre ecclésiastique, op. cit.*, p. 76.

XVI. L'EXIL BELGE (1875-1878)

LAD à Caroline, 10 et 24 octobre 1875, Eliane GUBIN et Yvan LAMONDE, *Un Canadien français en Belgique au XIXe siècle. Correspondance d'exil de L.-A. Dessaulles (1875-1878)*, Bruxelles, Académie royale de Belgique, 1991, pp. 124-125, 131; sauf mention, toutes les références à une pagination renvoient à cet ouvrage.

ANQM, fonds de l'Institut canadien, Procès-verbaux de l'Institut canadien de Montréal, 3 novembre 1872; LAD, *La grande guerre ecclésiastique*, *op. cit.*(1873), p. IV; François Laurent, Bruxelles, à LAD, 26 juillet et août 1873, ANQM, fonds Dessaulles, n°s 56 et 62.

D'Abrigeon à LAD, 26 février 1874, ANQM, fonds Dessaulles, n° 69;
même au même, 12 février 1875, *ibidem*, n° 93; LAD à F.-L. Béique,
19 avril 1875, *ibid*em, n° 98; LAD à Caroline Dessaulles Béique,
11 juin 1875, *ibidem*, n° 105; au sujet de Kirkpatrik, GUBIN-LAMONDE,
op. cit., p. 13, note 25; LAD à Caroline Dessaulles Béique, 23 avril
1875, ANQM, fonds Dessaulles, n° 99.

GUBIN-LAMONDE, *op. cit.*, p. 123-124, 130.

Sur Gand, *ibidem*, p. XXIV-XXVII; l'enterrement de Guibord, *MEM*, VII,
p. 196-200, 234-247, 267-274; la vie quotidienne: GUBIN-LAMONDE,
op. cit., 143-144; 123, 126, 131, 133, 154, 172; 157, 127, 136, 138-139;
127, 131, 137; 165, 169, 177, 145, 148, 168, 173, 177; 164, 173-174; 131,
178-179; 154, 157.

GUBIN-LAMONDE, *op. cit.*, p. XXIII, 142; Fergus Penister à LAD, 27 mars
1874, ANQM, fonds Dessaulles, n° 72; Gubin-Lamonde, *op. cit.*,
p. 175, 21, 26, 53; M. D'Abrigeon à LAD, 26 février 1874, ANQM,
fonds Dessaulles, n° 69; GUBIN-LAMONDE, *op. cit.*, p. 3-9, 11, 13-16,
18-19, 22, 25, 28-53.

«Damrémont»: LAD à Caroline Dessaulles Béique, 30 janvier 1878,
ANQM, fonds Dessaulles, n° 244.

GUBIN-LAMONDE, *op. cit.*, p. 125, XIX, 140, 148, 164, 34, 135, 26, 34, 5, 31.

Ibidem, p. 136, 135, 164, 173, 7; LAD à Caroline Dessaulles Béique, 31 mars
1876, ANQM, fonds Dessaulles, n° 141; GUBIN-LAMONDE, *op. cit.*,
p. 10, 12, 14, 24.

Philippe SYLVAIN et Nive VOISINE, *Histoire du catholicisme québécois*,
Montréal, Boréal, 1991, vol. II, t. 2 (1840-1896), p. 375-385; *MEM*,
VII: 156, 211, 299, 329.

Roberto Perin, «Troppo ardenti sacerdoti: The Conroy Mission Revisited»,
Canadian Historical Review, LXI, 3 (1980): 283-304.

GUBIN-LAMONDE, *op. cit.*, p. 59, 63, 89, 121; 57, 58, 59, 64; 60, 105, 113, 7;
9, 85, 89; 58, 61, 69, 121, 162; 59, 104, 109, 111; 116-117; 63-64, 119,
75 note 21.

Ibidem, p. 42, 28, 22, 29, 173, 51, 55; LAD à F.-L. Béique, 11 et 14 janvier
1878, 1er août 1877 et LAD à Auguste Papineau, 11 janvier 1878,
archives de M. Jacques Béique.

XVII. L'EXIL PARISIEN (1878-1895)

Sur le choix de Paris: ANQM, fonds Dessaulles, lettres n°ˢ 216, 227,
243, 245; le nom d'emprunt: *ibidem*, n°ˢ 244, 253, 268 et LAD à
F.-L. Béique, 2 août, 25 octobre et 1er novembre 1878, fonds Jacques
Béique.

Lieux de résidence: ANQM, fonds Dessaulles, n°s 247, 256, 268, 270, 277-278, 285, 293, 361, 461, 633, 760.

Situation politique en France avant 1878: *ibidem*, n°s 172, 207, 209; aussi, 124, 126, 134, 136, 137, 138, 146, 159, 192, 211, 214, 222, 224, 225, 228, 229, 233, 235.

Situation politique après 1878: Philippe GUILLAUME, *Jules Ferry*, Paris, Albin Michel, 1992, p. 88; ANQM, fonds Dessaulles, n°s 249, 255, 256, 289, 292, 293, 301; *Montreal Daily Witness*, 12 avril 1879; ANQM, fonds Dessaulles, n°s 305, 307-309, 312, 314-318, 321, 326, 328, 330, 332, 333, 337, 341, 345-347, 351-354; sur les congrégations, 357; sur la conciliation: 333; sur les Jésuites, 354 et aussi 356, 368-370, 386, 650, 717; Un de la gauche, «The Clerical Question in France», *National Quarterly Review*, VI, 12, 2nd Serie: 253-280.

Boulangisme: C. Stewart DOTY, «The Appeal of Boulanger and Boulangism to North Americans, 1881-1889», *Quebec Studies*, 3 (1985): 113-125; ANQM, fonds Dessaulles, n°s 667, 591, 657, 644, 647, 655, 667, 609, 624, 641, 643, 612, 688.

Sur les intransigeants: *ibidem*, 319, 476, *Montreal Daily Witness*, 11 et 29 mars 1879; ANQM, fonds Dessaulles, n°s 690, 588, 657, 717; L.-H. Fréchette à LAD, 21 mars 1895, ANC, MG29, D40, p. 1350.

Les républicains: ANQM, fonds Dessaulles, n° 624.

Rédaction: *ibidem*, n°s 262, 280, 360, 375, 340, 359, 361, 369; correspondances à des périodiques: n°s 395, 245, 285, 259, 257, 282, 283, 287, 294, 295; correspondance au *Globe* (1878): 4, 19 avril, 14 juin, 17, 31 mai, 14 juin, 4 juillet, 31 octobre, 31 mai, 4 et 19 avril, 8 et 30 juillet, 10 septembre, 6 août, 4 juillet, 22 juin, 21 et 30 août, 26 octobre; pavillon canadien: *The Globe*, 19 avril, 13, 17, 25 mai, 8, 25 juin, 4, 17 juillet, 19 octobre, 20 novembre; *Montreal Daily Witness*, 14 juin, 9 août et 22 septembre 1879.

Cours suivis: ANQM, fonds Dessaulles, n°s 280, 285, 291, 297, 298, 332 344, 363, 376, 387, 388, 401, 406, 423, 317, 325, 355; lettres aux professeurs: n°s 300, 302, 315, 318; cours de l'abbé Fabre: n°s 395, 401; M. Montagu: n°s 317, 354; Galilée, n°s 349, 297, 394.

Droits des femmes: n° 320, lettre reproduite dans Y. LAMONDE, *Louis-Antoine Dessaulles. Écrits, op. cit.*

Activités de LAD: gaz: LAD à Caroline, 26 mars 1878, fonds Jacques Béique; ANQM, fonds Dessaullles, n°s 216, 227, 228; globes: n°s 251, 258; traduction: n°s 526, 528, 529, 537, 538, 540, 543, 546, 548, 551, 563, 570, 574, 607; guide: n° 418; agence: LAD à F.-L. Béique, 25 et 30 octobre 1878, fonds Jacques Béique, ANQM, fonds Dessaulles, n° 282; sucre d'érable: LAD à Caroline, 26 mars 1878, fonds Jacques Béique, ANQM, fonds Dessaulles, n°s 259, 261, 264, 267; beignets:

n° 587; veuves et mines: n°s 610, 611, 613, 697, 618, 508, 509; LAD à Fanny Leman Dessaulles, 7 juin 1892, MMFD, dossier 19.

Inventions diverses: ANQM, fonds Dessaulles, n°s 288, 490, 492, 493, LAD à F.-L. Béique, 2 août 1878, fonds Jacques Béique; malle de sauvetage: ANQM, fonds Dessaulles, n°s 268-273.

Électricité et Dion: *Ibidem*, n°s 425, 427, 428, 430-432, 434-438, 442-446, 449, 454, 465-467; LAD à Caroline, 7 novembre 1888, fonds Jacques Béique; projet de départ aux États-Unis: LAD à Béique, 25 octobre 1878, fonds Jacques Béique, ANQM, fonds Dessaulles, n°s 282, 303, 346, 397, 415, 416, 422; «L'Exposition d'électricité», *L'Événement*, 29 septembre, 4 et 5 octobre 1881, deuxième article reproduit dans Y. Lamonde, *Louis-Antoine Dessaulles. Écrits, op. cit.*; ANQM, fonds Dessaulles, n°s 476, 479-481, 490, 574, 577, 630; sens des affaires de Dion: *Ibidem*, n°s 470, 474, LAD à Fanny Leman Dessaulles, 24 septembre 1884, lettre reproduite dans Y. Lamonde, *Louis-Antoine Dessaulles. Écrits, op. cit.*, et 3 juin 1885, MMFD, dossier 19; ANQM, fonds Dessaulles, n°s 498, 506, 517, 519, 520, 533, 536, 547, 548, 572, 632, 652, 712; mesquinerie des Français: n°s 528, 530; aisance: n° 607; phonographe: n°s 463, 487, 636, 639, 646, 647; plaque pour violon: n°s 511, 514, 516, 521, 522, 525, 527, 535, 544, 552, 556, 559, 560, 584, 586, 588, 592, 635, 664; téléphone: n°s 498, 499; avertisseur d'incendie: n°s 665, 666, 668, 670, 672, 676; poêle: n°s 688, 691, 693, 695, 698-701, 705, 707, 710, 719, 731; machine à bouteilles: n°s 700-704, 720, 724, 727, 731, 733, 740.

Relations parisiennes: françaises: *Ibidem*, n°s 421, 423, 430, 474, 445, 478, 532, 533, 712, 767, 532; l'*American Advertiser*: LAD à Caroline, 26 mars 1878, fonds Jacques Béique, LAD à Paul Théodore Vibert, 7 mars et 3 juin 1884, dans P.-T. Vibert, *La Nouvelle France catholique*, Paris, Librairie Schleicher, 1908, p. 5, 470-471, 475-480, LAD à L.-H. Fréchette, 12 août 1884, ANC, MG29, D40, p. 1326-1327; canadiennes: ANQM, fonds Dessaulles, n°s 344, 281, 333, 334, 350, 357, 363, 381, 390, 398; 361-363, 426, 427; 492, 617; 514, 502; Béique: n°s 471, 645, 647, 649, 763, 765; Fanny Leman Dessaulles: n°s 692, 737-740 et correspondance au MMFD, dossier 19; Fréchette: n°s 353, 358, 361, 366, 371-373, 376, 377, 565, 511, LAD à Fréchette, 5 février et 12 août 1884, ANC, MG29, D40, p. 1320-1325, 1326-1327; polémiques de Fréchette: LAD à Fréchette, 29 septembre 1893, janvier et 18 décembre 1894, *ibidem*, p. 1328-1335, 1336-1341; *Louis Fréchette, Satires et polémiques ou l'École cléricale au Canada*, édition critique établie par Jacques Blais avec la collaboration de Guy Champagne et de Luc Bouvier, Montréal, Presses de l'Université de Montréal («Bibliothèque du Nouveau Monde»), 1993, 2 vol.; Louis-Honoré Fréchette, *Cent morceaux choisis*, Montréal, [s. é.], 1924, p. 35-38; Hector Fabre, ANQM, fonds Dessaulles, n°s 352, 383, 389, 408, 410, 497, 527, 554, 559, 560, 646, 649, 670, 715, 719; *Paris-Canada* (dépouillement 1884-1897), exemplaire sur microfilm, Centre de documentation, Ambassade du Canada, Paris.

Salons et peinture: *Ibidem*, n°s 249, 261; *Montreal Daily Witness*, 29 mars 1879; ANQM, fonds Dessaulles, n°s 414, 518, 512, 632, 644, 660, LAD à Zéphirine Thompson Dessaulles, 31 mars 1891, fonds Jacques Béique; musique: ANQM, fonds Dessaulles, n°s 312, 322, 266, 254, 306, 356, 409, 658, 717; Exposition de 1889: *ibidem*, n°s 626, 630-633, 637, 640-647.

XVIII. DERNIÈRES AMOURS (1891-1895)

Adieux à Zéphirine: ANQM, fonds Dessaulles, n°s 512, 669, 672, 674, 677, 679, 681, 682, 684, 686; LAD à Fanny, 7 août 1891, MMFD, dossier 19.

Dernière guerre cléricale: ANQM, fonds Dessaulles, n°s 526, 755; LAD à Fréchette, 29 septembre 1893, ANC, MG29 D40, p. 1333-1334; ANQM, fonds Dessaulles, n°s 702, 662; LAD à Fanny, 27 et 29 décembre 1893, MMFD, dossier 19; ANQM, fonds Dessaulles, n°s 320, 400, 489, 736; LAD à Casimir Dessaulles, 31 octobre 1894, MMFD et ANQM, fonds Dessaulles, partie du manuscrit, voir note après le n° 773; *ibidem*, n°s 746, 747, 758; LAD à Fréchette, 18 décembre 1894 et 21 mars 1895, ANC, MG29, D40, p. 1342-1353; ANQM, fonds Dessaulles, n°s 741-746.

Adieux à Ferney-Voltaire et à la France: ANQM, fonds Dessaulles, n°s 287-289, 296, 324, 365, 722-725; 712, 739-746; LAD à Fanny Leman Dessaulles, 26 octobre 1894, MMFD, dossier 19.

Adieux à Caroline: *Ibidem*, n°s 502, 542-544, 590, 593, 595-613, 671, 673, 716, 746-762; LAD à sa petite-fille Caroline, n° 744; LAD à Fréchette, 18 décembre 1894, ANC, MG29, D40, p.1344-1345; ANQM, fonds Dessaulles, n°s 512, 755; LAD à Fréchette, 21 mars 1895, ANC, MG29, D40, p. 1352-1353; ANQM, fonds Dessaulles, n°s 763-765, 766 dont la lettre est reproduite dans Y. LAMONDE, *Louis-Antoine Dessaulles. Écrits*, op. cit.

Décès: Préfecture de Paris. Cimetière parisien de Pantin, registre d'inhumation, n° 2331; Gérard PARIZEAU, *Les Dessaulles, seigneurs de Saint-Hyacinthe*, Montréal, Fides, 1976, p. 111; la Rédaction, «Feu Louis Dessaulles», *La Patrie*, 6 août 1895; Silvio, «La quinzaine», *Le Passe-Temps*, 17 août 1895; Anonyme, «Louis-A. Dessaulles», *Le Réveil*, 17 août 1895.

CONCLUSION

Sur la biographie: Giovanni LEVI, «Les usages de la biographie», *Annales. E.S.C.*, 6 (novembre-décembre 1989): 1325-1336; Jacques LE GOFF, «Comment écrire une biographie historique aujourd'hui?», *Le Débat*, 54 (mars-avril 1989): 48-53; Georges DETHAN, «Une conception nouvelle de la biographie?», *Revue d'histoire diplomatique*, 1-2 (1982): 57-67; en collaboration, «Problèmes et méthodes de la biographie», *Sources, travaux historiques* (1985), 271p.; Philippe LEVILLAIN, «Les protagonistes: de la biographie», dans René RÉMOND (dir.), *Pour une histoire politique*, Paris, le Seuil, 1988, p. 121-159; Daniel MADELENAT, *La biographie*, Paris, PUF, 1984, 222 p.; Bernard MULDWORF, «Biographie, psychanalyse, folie. Insconscient et rapports sociaux», *La Pensée*, 228 (juillet-août 1982): 116-129.

Sur la spirale de la sociabilité: Yvan LAMONDE, «La sociabilité et l'histoire socio-culturelle: le cas de Montréal (1760-1880)», dans Y. LAMONDE, *Territoires de la culture québécoise*, Québec, PUL, 1991, p. 71-104; André-Jean TUDESQ, «Le journal, lieu et lien de la société bourgeoise en France pendant la première moitié du XIXᵉ siècle», dans Étienne FRANÇOIS (dir.), *Sociabilité et société bourgeoise en France, en Allemagne et en Suisse (1750-1850)*, Paris, Éditions Recherche sur les Civilisations, 1986, p. 261-273.

Essai bibliographique

Nous ne donnons ici qu'un aperçu sommaire des écrits de Dessaulles. La bibliographie la plus exhaustive de ses écrits se trouve dans l'édition critique d'*Écrits* de Dessaulles que j'ai préparée et qui est publiée (1994) aux Presses de l'Université de Montréal («Bibliothèque du Nouveau Monde»). On y trouvera aussi une chronologie plus détaillée de la vie de Dessaulles, l'ensemble des sources manuscrites et imprimées sur le personnage, des études pertinentes ainsi qu'une vingtaine de textes représentatifs de sa carrière d'écrivain.

SOURCES MANUSCRITES

Les quelque 770 lettres de Louis-Antoine Dessaulles aux Archives nationales du Québec, Centre de Montréal, surtout adressées à sa fille Caroline Dessaulles Béique, concernent principalement sa période d'exil, de 1875 à son décès en 1895. Voir, sur ce fonds, Y. Lamonde et Sylvain Simard, *Inventaire chronologique d'une correspondance de Louis-Antoine Dessaulles* (1978). Ce centre d'archives conserve aussi les greffes des notaires avec lesquels les Dessaulles ont fait affaires (P. Lamothe, J.-M. Mondelet, D.G. Morisson, A.-A. Papineau, D.-É. Papineau, C.-F. Papineau), les archives de l'Institut canadien de Montréal et les dossiers de plus de 60 procès de Dessaulles devant la Cour Supérieure de Montréal.

Le fonds Dessaulles aux archives du musée McCord de Montréal complète la correspondance d'exil tout en fournissant une correspondance canadienne avec la famille Papineau ainsi que des documents sur l'histoire de la famille et de la seigneurie.

Les archives de la chancellerie de l'archevêché de Montréal éclairent le contentieux entre Dessaulles et Mgr Bourget à propos de l'Institut canadien de Montréal ou de ses démêlés avec le curé Crevier de Saint-
Hyacinthe.

L'original du «Carnet de notes sur des comportements de membres du
clergé catholique» est conservé aux Archives nationales du Canada, à
Ottawa (MG24 B59).

Le fonds Dessaulles aux Archives nationales du Québec, Centre de Québec,
comprend, en particulier, un «Penn Letter Book» qui contient des
copies de documents relatifs à la défense de l'Institut canadien.

La Salle Gagnon de la Bibliothèque de la Ville de Montréal possède une
lettre importante de Dessaulles à son cousin Denis-Émery Papineau
au sujet de l'ouvrage de Lamennais, *Affaires de Rome,* et des copies de
documents concernant l'Institut canadien.

On trouve dans les archives du Séminaire de Saint-Hyacinthe et dans celles
de la Société d'histoire régionale de Saint-Hyacinthe des documents
sur la famille, sur les études de Dessaulles, sur l'histoire de la ville ainsi
qu'une correspondance entre Dessaulles et le chanoine G. Lamarche
du *Nouveau Monde.* Un imposant dossier sur le contentieux entre
Dessaulles et le curé de Saint-Hyacinthe, l'abbé Édouard Crevier, de
même que de la correspondance au sujet de la conférence de Dessaulles sur «le progrès», peut être consulté aux archives de l'évêché de
Saint-Hyacinthe. Les Procès-verbaux du Conseil de Ville de Saint-
Hyacinthe se trouvent à la Mairie.

M. Jacques Béique, de Verdun, a conservé de la correspondance entre son
ancêtre, Frédéric-Liguori Béique, époux de Caroline Dessaulles, et
Dessaulles à propos de la fuite et de l'exil de ce dernier, en 1875.

D'autres sources manuscrites sont accessibles aux archives de l'archevêché
de Québec, de l'évêché et du Séminaire de Trois-Rivières, au Centre
de recherche Lionel Groulx et aux archives judiciaires de Saint-
Hyacinthe.

SOURCES IMPRIMÉES

Volumes et brochures de Dessaulles

Papineau et Nelson. Blanc et noir... et la lumière fut faite, Montréal, Presses
de L'Avenir, 1848, 83 p. [ICMH, # 35065].

Six lectures sur l'annexion du Canada aux États-Unis, conférences publiques à l'Institut canadien de Montréal, d'avril 1850 à mai 1851, préface
de Joseph Doutre, Montréal, Pierre Gendron, 1851, 200 p.; réimpres-

sion: New York, Johnson Reprint, 1968, XI-200p.; «Première lecture sur l'annexion», *Études françaises*, 9, 3 (août 1973): 205-236. [ICMH, # 35066].

Galilée, ses travaux scientifiques et sa condamnation, conférence publique à l'Institut canadien de Montréal le 14 mars 1856, Montréal, L'Avenir, Presses à vapeur DeMontigny et Cie, 1856, 50 p. [ICMH, # 34082].

À Messieurs les électeurs de la division de Rougemont, [s. l., s. é., 1858], 66 p. [ICMH, # 34766]; sous forme de placard: ASSH, BSE 3, 109.

«[Lettre à Mgr Ignace Bourget, 7 mars 1862]», *Littératures*, 3 (1989): 198-204.

Discours sur l'Institut Canadien, conférence publique à l'Institut canadien de Montréal le 23 décembre 1862, Montréal, Le Pays, 1863, 21 p. [ICMH, #23091].

La guerre américaine, ses origines et ses causes, conférences publiques à l'Institut canadien de Montréal, de décembre 1864 à avril 1865, Montréal, Le Pays, 1865, 538 p.; chaque conférence a aussi été publiée sous forme de brochure [ICMH, #34768].

«Discours d'inauguration», célébration du 22e anniversaire et inauguration du nouvel édifice de l'Institut canadien le 17 décembre 1866, dans l'*Annuaire de l'Institut-Canadien pour 1866*, Montréal, Le Pays, 1866, p. 17-26 [ICMH, #404].

À Sa Grandeur Monseigneur Charles Larocque, évêque de St-Hyacinthe, [s. l., s. é.], 1er août 1868, 8 p. [ICMH, # 2160]; ASHSH, AS 2, 3.4.

«[Sur la tolérance]», conférence publique à l'Institut canadien de Montréal, le 17 décembre 1868, dans l'*Annuaire de l'Institut-Canadien pour 1868*, Montréal, Le Pays, 1868, p. 4-21 [ICMH, # 404].

«Affaire Guibord», conférence publique à l'Institut canadien de Montréal, le 29 décembre 1869, dans l'*Annuaire de l'Institut-Canadien pour 1869*, Montréal, Perreault, 1869, p. 7-50 [ICMH, # 404].

«L'Index», conférence publique à l'Institut canadien de Montréal, le 11 janvier 1870, dans l'*Annuaire de l'Institut-Canadien pour 1869*, Montréal, Perreault, 1869, p. 51-136 [ICMH, # 404].

La Cathédrale de Montréal, [s. l., s. é.], 12 octobre 1870, 17 p. [attribution à Dessaulles de cette brochure signée par «Par plusieurs citoyens de la partie Est de Montréal»] [ICMH, # 23659].

Dernière correspondance entre S.E. le Cardinal Barnabo et l'Hon. M. Dessaulles, Montréal, Imprimerie de Alphonse Doutre et Cie, 1871, 39 p. [ICMH, # 2972].

La grande guerre ecclésiastique. La Comédie infernale et les Noces d'or. La suprématie ecclésiastique sur l'ordre temporel, Montréal, Alphonse Doutre, 1873, 130 p. [ICMH, # 23883].

Réponse honnête à une circulaire assez peu chrétienne. Suite à La grande guerre ecclésiastique, Montréal, typographie Alphonse Doutre, 1873, 32 p. [ICMH, # 23886].

Examen critique de la soi-disant Réfutation de la «Grande guerre ecclésiastique» de l'Honorable L.A. Dessaulles, sans réhabilitation de celui-ci, par UN FAILLIBLE, qui n'a point lu l'ouvrage interdit, contre une légion d'infaillibles, Montréal, Société des écrivains de bon sens, septembre 1873, 40 p. [ICMH, # 23884].

Au public éclairé. Quelques observations sur une averse d'injures à moi adressées par quelques savants défenseurs des bons principes, [s. l., s. é.], 27 août 1873, [3 p.] [ICMH, # 2161].

Les erreurs de l'Église en droit naturel et canonique sur le mariage et le divorce, Paris, A. Pédone, 1894, 280 p. [ICMH, # 4279].

Articles de Dessaulles

Dessaulles a publié plus de 600 articles dans 17 journaux ou revues. Il a surtout contribué au *Pays* (376 articles), à *L'Avenir* (71) et au *Journal de Saint-Hyacinthe* (65).

On trouvera la liste chronologique de ces articles dans la bibliographie publiée dans les *Écrits* de Dessaulles.   •

PRINCIPALES ÉTUDES SUR DESSAULLES

BERNIER, François, «Étude analytique et critique de la controverse sur la question de la "fuite" de Papineau à Saint-Denis le 23 novembre 1837», mémoire de maîtrise (Histoire), Université de Montréal, 1986, II-159 p.

BERTHIAUME, Pierre, «Les Rouges au XIXᵉ siècle: lecture des pamphlets de L.-A. Dessaulles», *Études littéraires*, 2, 2 (août 1978): 333-349.

BOURGOIN, Jeannette, «Louis-Antoine Dessaulles, écrivain», mémoire de maîtrise (Études françaises), Université de Montréal, 1975, VII-203 p.

FERRON, Jacques, «Dessaulles réhabilité», *Le Magazine Maclean*, 10, 5 (mai 1970): 50-51.

LAMONDE, Yvan et Jean-Paul BERNARD, «Dessaulles, Louis-Antoine», *Dictionnaire biographique du Canada*, Québec, Presses de l'Université Laval, 1990, vol. 7, p. 274-279.

MALOUIN, Harel, «Le libéralisme de Louis-Antoine Dessaulles: une question», dans Marc CHABOT et André VIDRICAIRE (éd.), *Objets pour la philosophie II*, Montréal, Éditions Saint-Martin, 1985, p. 111-152.

MALOUIN, Harel, « Le libéralisme: 1848-1851», *La Petite Revue de philosophie*, 8 (automne 1986): 59-101.

MALOUIN, Harel, «Louis-Antoine Dessaulles (1818-1895)», dans Danielle
LECLERC et al., *Figures de la philosophie québécoise après les troubles
de 1837*, Montréal, Université du Québec, département de philosophie
(cahiers «Recherches et Théories», n° 29), 1985, p. 279-391.

PARIZEAU, Gérard, *Les Dessaulles, seigneurs de Saint-Hyacinthe. Chronique
maskoutaine du XIXᵉ siècle*, Montréal, Fides, 1976, 159 p.

PIETTE-SAMSON, Christine, «Louis-Antoine Dessaulles, journaliste libéral»,
Recherches sociographiques, 10 (1969): 373-387.

PRUVOST, Philippe, «La philosophie devant le libéralisme: sur une polémique», dans Marc CHABOT et André VIDRICAIRE (dir.), *Objets pour la
philosophie*, Québec, Éditions Pantoute, 1983, p. 209-226.

PRUVOST, Philippe, «La polémique L.-A. Dessaulles et J.-S. Raymond ou le
libéralisme contre l'ultramontanisme», thèse de doctorat (Histoire),
Université du Québec à Montréal, 1988, 2 vol., 568p.

SYLVAIN, Philippe, «Un disciple canadien de Lamennais: Louis-Antoine
Dessaulles», *Cahiers des Dix*, 34 (1969): 61-83.

SYLVAIN, Philippe, «La Grande Guerre ecclésiastique», dans *Dictionnaire
des œuvres littéraires du Québec*, sous la direction de Maurice Lemire,
Montréal, Fides, 1978, t. I, p. 291-293.

SYLVAIN, Philippe, «Six lectures sur l'annexion du Canada aux États-Unis»,
dans *Dictionnaire des œuvres littéraires du Québec*, sous la direction
de Maurice Lemire, Montréal, 1978, t. I, p. 680-681.

THERIO, Adrien, «Louis-Antoine Dessaulles: sous le signe de la liberté et de
la justice», dans *L'essai et la prose d'idées au Québec*, sous la direction
de Paul Wyczynski, François Gallays et Sylvain Simard, Montréal,
Fides («Archives des lettres canadiennes», VI), 1985, p. 325-334.

SUR LA BIOGRAPHIE

(Outre les périodiques spécialisés suivants: *Auto-Biography Studies, Biography, Bios* et les cinq volumes parus de la *Bibliographie des études en
langue française sur la littérature personnelle et les récits de vie*, de
Philippe Lejeune).

ARNAUD, Claude, «Le retour du biographique: d'un tabou à l'autre», *Le
Débat*, 54 (mars-avril 1989): 40-47.

BONNET, Jean-Claude, «Naissance du Panthéon», *Poétique*, 33 (février
1978): 331-355.

CONTAT, Michel, «Un biographème», *Cahiers Georges Pérec*, 4 (1990): 27-
38.

DENREKASSA, G., «Le retour du biographique», *La Licorne* (U. de Poitiers),
14 (1988): 137-160.

DETHAN, Georges, «Une conception nouvelle de la biographie?», *Revue d'histoire diplomatique*, 1-2 (1982): 57-67.

ELLMANN, Richard, *Literary Biography*, Oxford, Clarendon Press, 1971, 19 p.

ELLMANN, Richard, «Freud et la biographie littéraire», *Diogène*, 139 (1987): 74-88.

EN COLLABORATION, «Sartre and Biography», *The French Review*, 55 (1982).

EN COLLABORATION, «Problèmes et méthodes de la biographie», *Sources, travaux historiques*, 1985, 271 p.

EN COLLABORATION, «L'illusion biographique», *Actes de la recherche en sciences sociales*, 62-63, juin 1986, 139 p.

EN COLLABORATION, «Des biographies», *Revue française de psychanalyse*, LII, janvier-février 1988, 255 p.

EN COLLABORATION, «Le désir biographique», *Cahiers de sémiotique textuelle*, 16, 1989, 306 p.

FLEMING, R.B. (dir.), *Boswell's Children. The Art of the Biographer*, Toronto-Oxford, Dundurn Press, 1992, 268 p.

FRIEDLÄNDER, Saül, *Histoire et psychanalyse*, Paris, Le Seuil, 1975, 233 p.

GAILLARD, Françoise, «Roland Barthes: le biographique sans la biographie», *Revue des Sciences humaines*, 224 (1991): 85-103.

GARRATY, John A., *The Nature of Biography*, New York, Alfred A. Knopf, 1957, 255 p.

HILLDESHEIMER, Wolfgang, «La subjectivité du biographe», *Littérature*, 77 (février 1990): 79-90.

HYTIER, Jean, «Le roman de l'individu et la biographie», *Cahiers de l'AIEF*, Paris, Les Belles-Lettres, 1967, p. 87-100.

KENDALL, Paul Murray, *The Art of Biography*, London, George Allen and Unwin, 1965, XIV-158 p.

KITTANG, Atle, «La place des études biographiques dans les recherches littéraires», *Orbis litterarum* (Copenhague), XXX (1975): 109-124.

KONWITZ, Joseph, «The Missing Form in French Historical Studies», *European Studies*, VI, 1 (1976): 9-20.

LE GOFF, Jacques, «Comment écrire une biographie historique aujourd'hui?», *Le Débat*, 54 (mars-avril 1989): 48-53.

LEVI, Giovanni, «Les usages de la biographie», *Annales*, 6 (novembre-décembre 1989): 1325-1336.

LEVILLAIN, Philippe, «Les protagonistes: de la biographie», dans René RÉMOND (dir.), *Pour une histoire politique*, Paris, le Seuil, 1988, p. 121-159.

LOUETTE, Jean-François, «La dialectique dans la biographie», *Les Temps modernes*, 2 (octobre-décembre 1990): 721-759.

MADELENAT, Daniel, *La biographie*, Paris, PUF, 1984, 222p.

MADELENAT, Daniel, «La biographie aujourd'hui», *Mesure*, 1 (1989): 47-59.

MARIAN, Michel, «L'histoire saisie par la biographie», *Esprit*, 117-118, (août-septembre 1986): 125-131.

MULDWORF, Bernard, «Biographie, psychanalyse, folie. Inconscient et rapports sociaux», *La Pensée*, 228 (juillet-août 1982): 116-129.

PELICIER, Yves, «La biographie et ses tensions», *Diogène*, 139 (1987): 89-95.

PERONNET, Michel, «Pour un renouveau des études biographiques: approches méthodiques», *Actes du XCIᵉ Congrès national des Sociétés savantes* (Rennes, 1966), Paris, Bibliothèque nationale, 1974, t. II, p. 7-17.

PILLORGET, René, «La biographie comme genre historique. Sa situation actuelle en France», *Revue d'histoire diplomatique*, 1-2 (1982): 5-42.

REFFET, Michel, «Biographie et autobiographie comme genres au XXᵉ siècle. Eléments de bibliographie», *Biographie et autobiographie au XXᵉ siècle*, Cahiers de l'Institut d'études germaniques (Montpellier, Université Paul-Valéry), 5 (1988): 38-42.

RICARD, François, «La biographie de Gabrielle Roy: problèmes et hypothèses», *Voix et images*, 42 (printemps 1989): 453-460.

SGARD, Jean, «Problèmes théoriques de la biographie», dans *L'histoire au XVIIIᵉ siècle*, Aix-en-Provence, Edisud, 1980, p. 187-199.

Chronologie

1766 (?)

Naissance de Jean Dessaulles, fils de Jean-Pierre DeSaulles, de la communauté de Fenin, dans le comté de Vallangin (Suisse), venu au Canada en 1760.

1788

18 février   Naissance de Marie-Rosalie Papineau, fille de Joseph Papineau (1752-1841) et de Marie-Rosalie Cherrier (1756-1832), et sœur de Louis-Joseph Papineau (né en 1786).

1799

6 janvier   Mariage de Jean Dessaulles avec Marguerite-Anne Waddens.

1801

1er mai   Décès de Marguerite-Anne Waddens.

1814

3 février   Jean Dessaulles hérite de la seigneurie de Saint-Hyacinthe qui appartenait à son cousin, Hyacinthe-Marie Delorme (greffe de Joseph Papineau).

1816

21 février	Mariage de Jean Dessaulles, 50 ans, et de Rosalie Papineau âgée de 28 ans.
25 avril	Jean Dessaulles est élu député du comté de Richelieu. Il sera réélu jusqu'en juin 1832, alors qu'il devient le député du nouveau comté de Saint-Hyacinthe (octobre 1830 – juin 1832).
16 décembre	Naissance de Jean, Joseph, Hyacinthe, Dominique qui mourra en bas âge.

1818

31 janvier	Naissance et baptême à Saint-Hyacinthe de Louis-Antoine Dessaulles. Le parrain est le curé Antoine Girouard et la marraine, Marie-Anne Cherrier, veuve Cavelier, tante de l'enfant.

1824

Sept.-1829	Louis-Antoine entre à «l'école française» du Collège de Saint-Hyacinthe
2 mai	Naissance de Rosalie-Eugénie. Elle épousera Maurice Laframboise (1821-1882) le 18 février 1846.

1826

23 avril	Naissance de Marie-Séraphine-Aurélie, qui mourra en bas âge.

1827

29 septembre	Naissance de Georges-Casimir (1827-1930), qui épousera en premières noces Émilie Mondelet (1835-1864), le 20 janvier 1857, et en secondes noces, Frances Louise (Fanny) Leman (1844-1914), le 14 janvier 1869.

1829

Septembre	Louis-Antoine Dessaulles entre au Collège de Montréal sous la direction des Messieurs de Saint-Sulpice. À cause d'une épidémie de choléra, ses parents le ramèneront à Saint-Hyacinthe en 1832.

1832

Nomination de Jean Dessaulles au Conseil législatif par le gouverneur Aylmer.

1833

12 et 13 août   Alors en classe de Belles-Lettres, il est témoin lors des examens publics de fin d'année de la polémique au sujet des philosophies de Descartes et de Lamennais.

1835

20 juin   Décès de Jean Dessaulles. Rosalie Papineau-Dessaulles assume la tutelle des enfants à compter du 9 septembre 1835.

1836

Septembre   Études de droit de Louis-Antoine Dessaulles à Montréal. Il habite dans la famille de Louis-Joseph Papineau. Rentre à Saint-Hyacinthe à l'été de 1837 sans compléter ses études.

1837

Septembre   Lors des insurrections, Dessaulles conduit Papineau dans des villages, assiste au saccage du bureau du *Vindicator*, évacue Papineau de Montréal le 13 novembre; le 23 novembre, il est chez le Dr Wolfred Nelson à Saint-Denis et y voit Papineau et le D[r] O'Callaghan. Les Dessaulles accueillent la famille Papineau à Saint-Hyacinthe.

1838

Juin et juillet   Voyages aux États-Unis, à deux reprises, pour rendre visite à Papineau; séjours à Philadelphie, à New York et à Saratoga.

1839

23 juil.-fin déc.   Premier voyage en Europe, auprès de Papineau à Paris. Séjour à Londres. Lecture des *Affaires de Rome* de Félicité de Lamennais.

1842

Oct.-avr. 1843   Deuxième voyage en Europe. Visite aux Papineau et recherche de capitaux à Londres. Passage en Belgique.

1843

18 décembre   Première intervention dans *La Minerve*, sur ses démêlés avec le curé Crevier de Saint-Hyacinthe. Vaine demande d'intercession auprès de Mgr Bourget, évêque de Montréal.

1844

19 octobre   Exposé de ses principes politiques dans *La Minerve* du 19 octobre avant l'élection des 28 et 29 octobre où il subit la défaite contre le Dr Thomas Boutillier.

17 décembre   Fondation de l'Institut canadien de Montréal.

1845

Sept.-nov.   Vraisemblablement à Paris, avec le projet de vendre la seigneurie.

1846

10 août   Devant le notaire Ovide Leblanc, partage de la seigneurie de Saint-Hyacinthe: 3/8 aux Debartzch et 5/8 aux Dessaulles. À la suite de difficultés financières qui durent depuis 1841, l'administration de la seigneurie est confiée (1846-1852) à Maurice Laframboise, époux d'Eugénie Dessaulles.

1847

31 décembre   Sous le pseudonyme d'«Anti-Union», Dessaulles prend le parti de Papineau, revenu à la politique, et demande, dans *L'Avenir*, l'abrogation de l'Union.

1848

29 février   Sous le pseudonyme de «Campagnard», Dessaulles inaugure une longue collaboration de «correspondant» à *L'Avenir* et une polé-

mique quasi continuelle avec *La Minerve*, la *Revue canadienne*, les *Mélanges religieux* et le *Journal de Québec*.

14 mars · Début d'une longue polémique avec *La Minerve* à propos de l'accusation portée par le Dr Wolfred Nelson au sujet de la «fuite» de Papineau en novembre 1837. Dessaulles réunira une partie de ses textes dans *Papineau et Nelson. Blanc et noir... et la lumière fut faite* (1848). La polémique suscite un autre pseudonyme, «Tuque bleue», et un premier procès — gagné — contre Ludger Duvernay de *La Minerve*.

1849

Janvier-mars · Premiers affrontements entre *L'Avenir*, Dessaulles et Mgr Bourget, à propos des affaires d'Italie et du pouvoir politique du pape face aux libéraux italiens.

Octobre · Signe le manifeste en faveur de l'annexion du Canada aux États-Unis.

26 novembre · Maire de Saint-Hyacinthe: il le sera jusqu'au 3 avril 1857. Il est toujours coseigneur du lieu.

1850

4 février · À 32 ans, il épouse sa cousine Zéphirine Thompson, âgée de 23 ans, fille de John Thompson et de Flavie Truteau.

13, 20, 27 avril · Prise de position dans *L'Avenir* sur le projet d'abolition de la tenure seigneuriale: Dessaulles y est favorable moyennant une compensation équitable.

23 avril · Première conférence publique à l'Institut canadien de Montréal: «Six lectures sur l'annexion du Canada aux États-Unis». Les cinq autres «lectures» auront lieu les 24 et 25 janvier, 25 avril, 23 mai et 4 juin 1851.

Exploitation des carrières de pierre et de pierre à chaux de Saint-Dominique dont les produits sont expédiés par le «chemin de fer à lisses Dessaulles» via Britania Mills vers Longueuil ou Richmond.

1851

Août · Naissance d'un premier enfant, Henri, qui mourra à l'âge d'un an.

1852

15 janvier- · Avec Louis Labrèche-Viger, co-rédacteur du *Pays* qui succède à *L'Avenir*. Il formule le programme démocratique du journal.

| 1er avril | Partage de la succession et de la seigneurie. Louis-Antoine hérite de la seigneurie dite Dessaulles-propre et du manoir. |
| 13 octobre | Naissance de Caroline, qui demeurera l'enfant unique des Dessaulles. |

1854

16 mai	Fondation de l'Institut canadien de Saint-Hyacinthe par Dessaulles et d'autres libéraux. Dessaulles en est le président.
25 juin	Première conférence publique de Dessaulles à l'Institut canadien de Saint-Hyacinthe: «Le progrès au xixe siècle».
Octobre	Dans Bagot, deuxième défaite électorale par 25 voix. Abolition du régime seigneurial.

1855

| Février-mars | Première crise à l'Institut canadien de Montréal au sujet des journaux de polémique religieuse. |
| 19 avril | Membre de l'Institut canadien de Montréal. |

1856

14 mars	Deuxième conférence publique à l'Institut canadien de Montréal: «Galilée, ses travaux scientifiques et sa condamnation».
Novembre	Élection au Conseil législatif. Il représentera la circonscription de Rougemont jusqu'en décembre 1863. Correspondance parlementaire au *Pays*.
28 novembre	Troisième conférence publique à l'Institut canadien de Montréal: «Lamartine».
12 décembre	Deuxième conférence à l'Institut canadien de Saint-Hyacinthe: «Lamartine» (reprise de la conférence de Montréal).

1857

| 15 juillet | Important procès contre le Grand Tronc; échec financier de Dessaulles. |
| 5 août | Décès de sa mère, Rosalie Papineau-Dessaulles. |

1858

| 22 février | Quatrième conférence publique à l'Institut canadien de Montréal: «Le progrès». |

Novembre	Publication d'*À Messieurs les électeurs de la division de Rou-gemont.*

1859

Janvier	La Commission d'abolition de la tenure seigneuriale évalue à 124 947,99$ la seigneurie de Louis-Antoine Dessaulles.

1860

La famille Dessaulles s'établit à Montréal, rue Berri, près de la rue Lagauchetière.

1861

1er mars	Rédacteur du *Pays* jusqu'au 24 décembre 1863.
Mars	Articles contre le pouvoir temporel du pape, au moment de l'offensive des libéraux italiens.
Mai	Duel entre Dessaulles et Louis-Siméon Morin, solliciteur général dans le cabinet Macdonald-Cartier.

1862

7 janvier	Dans une lettre publiée dans *l'Ordre*, le comte de Montalembert dénonce la visite de l'Institut canadien au prince Napoléon. La presse conservatrice commence à stigmatiser les dangers, pour le Parti libéral, du radicalisme philosophique et de l'anticléricalisme.
3, 5, 7, 12 fév.	Dans *L'Ordre*, Hector Fabre, qui a quitté l'Institut canadien en 1858, s'en prend à son radicalisme et à son anticléricalisme.
22 fév., et 1, 11 et 13 mars	Réplique de Dessaulles dans *Le Pays.*
12-24 février	Mgr Bourget soumet sept lettres au *Pays* à propos des positions de celui-ci sur la question italienne. Malgré l'accord du rédacteur Dessaulles, les directeurs refusent de les publier.
1er mai	Dessaulles, président de l'Institut canadien de Montréal, le sera jusqu'au 5 novembre 1863.
23 décembre	Cinquième conférence publique à l'Institut canadien de Montréal: «Discours sur l'Institut canadien».

1863

18 janvier	Dans les églises du diocèse de Montréal, lecture d'une lettre de Mgr Bourget dénonçant le rationalisme affiché par Dessaulles dans sa conférence sur l'Institut canadien.
9 juin	Assaut physique contre Dessaulles à l'occasion d'une élection.
Août-décembre	Polémique avec Cyrille Boucher à propos de la conférence du 22 février 1858 sur le progrès.
Octobre	Formation d'un comité de l'Institut canadien de Montréal composé du Dr Joseph Émery-Coderre, de Joseph Doutre, de Wilfrid Laurier et de Louis-Antoine Dessaulles en vue d'aplanir les difficultés avec Mgr Bourget.
19 déc.-août 1875	Nommé Greffier-adjoint de la Cour des Sessions de la Paix du district judiciaire de Montréal.
24 déc.-2 fév.	Première polémique avec le supérieur du Séminaire de Saint-Hyacinthe, l'abbé Joseph-Sabin Raymond.

1864

19 janvier	Dessaulles gagne son procès contre Louis Taché qui l'avait accusé de pratiques douteuses comme maire de Saint-Hyacinthe en 1857.
Février-mai	Correspondance avec Mgr Joseph Larocque au sujet d'un sermon de l'abbé Désaulniers concernant la conférence sur le progrès.
Mai	Dessaulles et Casimir-Fidèle Papineau remettent à Mgr Bourget le catalogue des livres de la bibliothèque de l'Institut canadien de Montréal, lui demandant de leur signaler les livres défendus.
14 novembre	Mgr Bourget refuse d'indiquer les livres défendus.
14 décembre	Sixième conférence publique à l'Institut canadien de Montréal: «La guerre américaine, ses origines et ses causes». Les six séances de conférence — 14 décembre 1864, 26 janvier, 9 février, 3 et 23 mars et 6 avril 1865 — paraîtront sous le titre *La guerre américaine, ses origines et ses causes* en 1865.

1865

Mai	Dessaulles, président de l'Institut canadien de Montréal, le sera jusqu'en mai 1867.
16 octobre	Supplique de 18 membres catholiques de l'Institut canadien de Montréal à Pie IX pour faire lever la condamnation de 1858. Dessaulles joint un mémoire (26 octobre) et une lettre personnelle (30 octobre) au cardinal Barnabo, préfet de la Sacrée Congrégation de la Propagande.

1866

Avril   Intérêt croissant de Dessaulles pour les inventions et les brevets.
21 septembre   Mémoire de Mgr Bourget sur l'Institut canadien de Montréal présenté au cardinal Barnabo.

1867

Janv.-juil.   Deuxième polémique avec le supérieur du Séminaire de Saint-Hyacinthe, l'abbé Joseph-Sabin Raymond.
12 juillet   Vente aux enchères de la seigneurie de Dessaulles adjugée à Robert Jones pour 32 025$.
17 sept.-20 fév.   Enquête pour *Le Pays* sur l'intervention du clergé dans l'élection de 1867.
19 décembre   Soutient la négative lors d'un débat à l'Institut canadien de Montréal: «Le gouvernement peut-il permettre l'enrôlement de ses citoyens pour soutenir la guerre d'un pouvoir étranger?»

1868

5 mars   Soutient l'affirmative lors d'un débat à l'Institut canadien de Montréal: «L'Institut canadien doit-il manifester en dehors de son enceinte ses principes, se mêler activement aux événements et leur prêter son concours?»
Mars-mai   Échec de la Commission créée par Rome et présidée par Mgr Laflèche, évêque ultramontain de Trois-Rivières, au sujet des difficultés entre l'Institut canadien et Mgr Bourget.
Juin-août   Difficultés entre Dessaulles et Mgr Charles Larocque, évêque de Saint-Hyacinthe, au sujet des dons faits par la famille Dessaulles pour le construction de la cathédrale.
11 juin/23 août   Troisième et quatrième conférences publiques à l'Institut canadien de Saint-Hyacinthe: «Le fanatisme protestant en Irlande».
17 décembre   Septième conférence publique à l'Institut canadien de Montréal: «La tolérance». Le texte paraît dans *l'Annuaire de l'Institut-Canadien pour 1868*.
20 décembre   Cinquième conférence publique à l'Institut canadien de Saint-Hyacinthe: «La tolérance», reprise de la conférence de Montréal.

1869

27 avril   Mémoire de Mgr Bourget à la Sacrée Congrégation de la Propagande faisant état de la récente conférence de Dessaulles sur la tolérance et présentant *l'Annuaire* de l'Institut comme une publica-

tion officielle de l'association. Ces éléments s'ajoutent au dossier du procès de l'Institut canadien.

Difficultés financières qui connaîtront leur dénouement en 1875.

7 juillet Condamnation des doctrines de l'Institut canadien de Montréal par la Congrégation générale de la Sainte Inquisition et de l'*Annuaire de l'Institut-Canadien pour 1868* par la Congrégation de l'Index.

16 juillet Circulaire de Mgr Bourget, à Rome, au clergé du diocèse de Montréal, sur la condamnation de l'Institut canadien de Montréal.

29 août Cette condamnation est annoncée aux prônes dans toutes les églises du diocèse de Montréal.

9-23 sept. Échec des pourparlers entre l'Institut canadien, représenté par Dessaulles et l'Administrateur du diocèse de Montréal au sujet de la signification de la condamnation romaine.

24 septembre Début d'une correspondance entre Dessaulles et le *Nouveau Monde*, dirigé par le chanoine Godefroy Lamarche.

12 octobre Louis-Antoine Dessaulles, Casimir-Fidèle Papineau et Joseph et Gonzalve Doutre en appellent au cardinal Barnabo à propos de la condamnation de l'Institut canadien.

29 décembre Huitième conférence publique à l'Institut canadien de Montréal: «Affaire Guibord».

1870

11 janvier Neuvième conférence publique à l'Institut canadien de Montréal: «L'Index».

19-28 janvier Témoignage de Dessaulles au procès Guibord.

13 août Réponse du Tribunal de l'Inquisition à l'appel des quatre membres de l'Institut canadien de Montréal. Le texte en est communiqué à l'archevêque de Québec puis à Mgr Bourget et à Mgr Laflèche le 23 septembre et à Dessaulles le 24 octobre.

12 octobre Publication de *Cathédrale de Montréal*, brochure de Dessaulles à propos de Mgr Bourget.

1871

10 mars Lettre de Dessaulles au cardinal Barnabo. Dessaulles communique cette lettre à l'Institut canadien le 13 avril lors de sa dixième conférence publique et la publie dans *Dernière correspondance entre S.E. le cardinal Barnabo et l'Hon. M. Dessaulles*.

Octobre Correspondance entre Dessaulles et le curé Rousselot de Notre-Dame au sujet du sermon du sulpicien Giband sur les croyances religieuses de Louis-Joseph Papineau.

1872

Janvier-février   Polémique avec Adolphe-Basile Routhier dans *L'Événement*. Les lettres seront reprises par Auguste Laperrière dans ses *Guêpes canadiennes* en 1881.

24 avr.-fév. 1879   Collaboration épisodique au *National* financé par Maurice Laframboise, son beau-frère, et dirigé par Charles Laberge. Spéculations minières avec André-Narcisse Lamothe.

1873

Juin   *La grande guerre ecclésiastique* rend publiques deux lettres à Mgr Bourget du 31 juillet et du 15 décembre 1872.

13 juin   Circulaire de Mgr Bourget à propos de *La grande guerre ecclésiastique.*

c. 15 juillet   *Réponse honnête à une circulaire assez peu chrétienne. Suite à la Grande guerre ecclésiastique.*

22 juil.-8 août   «Luigi» (abbé Alexis Pelletier), *Le Don Quichotte montréalais sur sa Rossinante ou M. Dessaulles et la Grande guerre ecclésiastique*; ces six articles paraissent d'abord dans *Le Franc-Parleur.*

26 août-5 sept.   «Jean Piquefort» (Adolphe-Basile Routhier), «Portraits et pastels littéraires. M. L.A. Dessaulles», *Le Franc-Parleur*, repris par Auguste Laperrière dans ses *Guêpes canadiennes* en 1881.

c. 27 août   *Au public éclairé. Quelques observations sur une averse d'injures à moi adressées par quelques savants défenseurs des bons principes.*

c. 29 août   *Examen critique de la soi-disant Réfutation de «La grande guerre ecclésiastique» de l'Honorable L.A. Dessaulles, sans réhabilitation de celui-ci, par UN FAILLIBLE, qui n'a point lu l'ouvrage interdit, contre une légion d'infaillibles.*

17-26 oct.   «Binan» (Mgr P.-A. Pinsoneault), 12 lettres en 45 articles au *Franc-Parleur*. Seule la *Neuvième lettre à l'Hon. Dessaulles* a paru en brochure.

1875

15 avril   Mariage de Caroline Dessaulles (1852-1946) et de Frédéric-Liguori Béique (1845-1933).

19 avr.-fin août   Voyage de noces des Béique en Europe.

28 juillet   Fuite aux États-Unis pour échapper à ses créanciers; réactions de la presse.

18 septembre   Départ pour l'Europe.

3 octobre   En Belgique. À Anvers du 3 au 16 octobre; à Bruxelles du 20 octobre au 28 décembre; à Gand du 28 décembre au 25 février 1878.

1878

25 février	Installation à Paris où il habitera jusquà sa mort.
4 avr.-20 nov.	Articles au *Globe* de Toronto sur Paris et sur l'exposition universelle.
Décembre	Voyage d'affaires en Angleterre.

1879

4 janv.-22 déc.	Articles au *Montreal Daily Witness.*

1880

Avril	Long article, signé «Un de la gauche», au *National Quarterly Review* de New York.

1881

Août	Bref séjour au Havre.
29 sept.-5 oct.	Trois articles à *L'Evénement* de Québec sur «L'exposition d'électricité».

1882

Juin	Voyage à Londres

1891

6 juillet	Décès de Zéphirine Thompson, que Dessaulles n'a pas revue depuis 1875; elle habitait chez les Béique.

1893

Août-sept.	Voyage en Suisse et à Ferney à l'ancien château de Voltaire.
Nov.-déc.	Voyage à Londres.

1894

Les erreurs de l'Église en droit naturel et canonique sur le mariage et le divorce, publié à Paris.

1895

| 4 août | Décès de Louis-Antoine Dessaulles. |
| 6 août | Inhumation à Paris, au cimetière de Pantin. |

Index des noms propres
de personnes et de lieux

Acton: 98, 192
Ader: 271
Albani, Emma: 238
Albany: 34, 39
Allemane: 264
Ancône: 37
André (Mgr): 286
Antilles: 42
Antonelli (cardinal): 120, 121, 127.
Anvers: 39, 245, 247
Aquin, Thomas d': 187
Arago, François: 34
Archambault, Louis: 99, 192-194
Argenteuil: 266
Arkansas: 32
Arthabaska: 237
Assenède: 253
Aubry (Mme): 269
Auclert, Hubertine: 269
Audenarde: 253
Audubon, John James: 43
Autriche: 17, 37, 69, 79, 119, 131, 266
Avenir, L': 105
Aylmer (lord): 21

Bagot, Charles (Sir): 46
Bagot (comté): 98, 105, 193, 200
Baile, Joseph-Alexandre: 19, 22
Baillargé, Frédéric-Alexandre: 275-276
Baillargeon, Charles-François: 172, 228

Bâle: 239
Baldwin, Robert: 59
Balzac, Honoré de: 288
Barnabo, Alessandro (cardinal): 170,
    171, 208-209, 217-218, 223, 227, 241
Barrès, Maurice: 263
Barsalou: 201
Barthe, Joseph-Guillaume: 73, 122
Beaubien, Pierre: 12
Beauce: 273
Beaugrand, Honoré: 274-274, 293, 303
de Beaujeu, famille: 238
Beaumont, Gustave de: 34
Bédard, Pierre-Stanislas: 16, 303
Bédini (Mgr): 88
Béique, Frédéric-Liguori: 233-234, 237-
    239, 242, 258-260, 265, 271-272, 274,
    286, 291
Béique, Jacques: 12
Béique Jarry, Madeleine: 4
Belgique: 20, 135, 238, 245, 248, 258, 297
Bell: 271
Belœil: 84
Belvèze, commandant de: 263
Benoît XIV (pape): 93
Bentham, Jeremy: 38
Berckzy (M. de): 93
Bernard, Jean-Paul: 11
Berne: 287
Bibaud, Maximillien: 121, 129, 146
Binan: 232, 302

Bistodeau, Joseph: 42, 46, 48
Blanc, Louis: 34
Blanchet, Pierre: 73, 92, 299
Boisseau: 174
Bologne: 37
Bonald (vicomte de): 40
Bonaparte, Lucien: 288
Bonaparte, Napoléon: 107
Bonaventure: 256
Bonnat: 288
Bordeaux: 259
Bossange, Hector: 35, 42
Boston: 32
Boucher, Cyrille: 108, 145, 147-149, 151, 155, 157, 162, 163, 183, 300
Boucher-Belleville, Jean-Philippe: 78
Boulanger (général): 262-263
Boulogne: 43
Bourassa, Médard: 219-220
Bourassa, Napoléon: 174
Bourget, Ignace: 51-53, 68-70, 81, 100, 109, 117-119, 123-128,138-142, 145, 152, 155, 166-173, 178, 183, 198, 202, 205, 208-221, 224, 226-229, 232-233, 235, 245, 250, 255-256, 300
Boutillier, Thomas: 48, 86-87, 90, 92
Bouxhoedven, Mme: 270
Braun, Antoine-Nicolas: 227-228, 245, 255, 285
Britania Mills: 93-94, 98
Broca, Paul de: 267-268
Brodeur: 98-99
Brooklyn: 33
Brown, George: 110, 113
Brown, Henriette: 213
Bruneau (curé): 192
Bruxelles: 39, 239, 247-248, 253
Buchin: 259
Buies, Arthur: 224, 292

Californie: 77
Calonne, abbé de: 23
Campagnard: 58, 60, 63, 71-74, 87, 91-92, 245, 301
Camus, Albert: 12

Carpentier: 272
Carrel, Armand: 288
Cartier, George-Étienne: 77, 87, 101-102, 109-110, 136, 156, 200, 224, 234
Cassidy, Francis: 147
Castelfidardo: 122
Cauchon, Joseph-Édouard: 61, 136
Cavour: 122
César, Jules: 107
Chagnon: 190
Chambly: 34
Charles X: 18
Charlevoix: 256
Chartier, Étienne: 33
Chateaubriand, Alphonse de: 29, 141
Cherrier, Côme-Séraphin: 28, 233
Chester: 240
Chiniquy, Charles: 68, 71-72, 126
Circassie: 79
Clémenceau, Georges: 264
Cochin, Augustin: 175
Cologne: 235
Colville: 50
Connecticut: 17
Conroy (Mgr): 257, 303
Constant, Benjamin: 64
Contrecœur: 29
Cook (Mr): 33
Cooper, Fenimore: 32
Cortès, Donoso: 189, 194
Courier, Paul-Louis: 288
Coursolles: 239
Cousin, Victor: 141
de Coux (M.): 23
Cowen (juge): 33
Cox: 241
Craig, James (Sir): 6
Crevier, Edouard: 44, 51, 76, 81, 181, 183, 194
Crevier, Marguerite: 14
Crevier, Marie-Anne: 14
Cyr, Narcisse: 147

D'Abrigeon: 238-239, 248
Damas: 102

Damrémont: 254, 260, 276, 302
Daoust, Charles: 161
Darwin, Charles: 268
David, Laurent-Olivier: 221
Dawson, William
Debartzch, Pierre-Dominique: 14, 31, 43, 45, 54, 97
Debartzch, Rosalie Caroline: 114
Delaware: 17
Delisle: 162
Delorme, Hyacinthe-Marie: 14, 97
de Maistre, Joseph: 40
Demers, Jérôme: 22
Désaulniers, Isaac: 22, 26, 40, 52, 105, 150, 152, 163, 182, 185, 187
Descartes, René: 24, 26
Desève, Toussaint: 178
Desnoyers (curé): 193
Desorties: 105
Desplace, Jean-Baptiste: 101
Dessaulles, Georges-Casimir: 95-96, 115, 193, 200-201, 237-238, 244-245, 286, 297
Dessaulles, Henri: 85
Dessaulles, Henriette: 238, 244
Dessaulles, Jean: 13-15, 17-18, 20-22, 27, 42, 95
Dessaulles, Jean-Pierre: 13-14
Dessaulles, Marguerite-Rosalie-Elisabeth: 18
Dessaulles, Marie-Séraphine-Aurélie: 18
Dessaulles, Victor-Denis: 21
Dessaulles Béique, Caroline: 11, 85, 115, 174-175, 237-239, 242-243, 247-248, 251, 254, 258-259, 261-263, 269, 272, 276-280, 283, 289, 292, 297
Dessaulles Laframboise, Rosalie-Eugénie: 18, 84, 95, 115, 175, 200
Dessaulles Papineau, Rosalie: 13-14, 28-32, 35, 42, 50, 95, 105
Didon: 286
Dion, Charles: 177-178, 240, 244, 271-273, 279-280, 285, 291
Dorchester (gouverneur): 14
Dorion, Antoine-Aimé: 109, 111, 115, 127, 233

Dorion, J.-B.-Éric: 174, 299
Dorwin, C.: 240
Doutre, Alphonse: 229
Doutre, Gonzalve: 115, 171-173, 208-209, 212, 215-216, 226, 224, 247, 299
Doutre, Joseph: 78, 92, 115, 142, 147, 154, 208-209, 213-214, 226, 244, 249-250, 255, 265, 274, 298-299
Dreyfus, Alfred: 289
Drummond, Lewis Thomas: 76,93, 97, 112, 115,
Duclos: 202
Dufferin (lord): 267
Duhaime, Micheline: 12
Dulaure, Jacques-Antoine: 141
Dumas, Alexandre (père): 40, 239, 288
Dunkerque: 39
Dunn, Oscar: 189-190
Dupanloup (M^Br): 70, 201, 255
Durham (lord): 35
Duval, Mathias: 268
Duvernay, Ludger: 16, 25, 56, 65, 74, 76-77, 106, 153, 156, 245

Écosse: 29
Edison: 271-273
Eiffel, Gustave: 279
Elder: 137
Emerson, Ralph Waldo: 32
Emery-Coderre, Joseph: 142, 147, 207
Envieu, Fabre d' (abbé): 268
Espagne: 20, 32, 131, 287
Etats-Unis: 17, 29-30, 32, 34, 39, 42, 53, 67, 75, 77, 81, 93, 100, 107, 114, 118, 137, 174-177, 182, 214, 242, 262, 265, 270, 274
Europe: 16-17, 30, 238

Fabre, Édouard-Raymond: 29, 35, 40
Fabre, Hector: 119, 122-125, 138, 145, 155-159, 163, 173, 183, 233, 263, 271, 276, 292, 299
Fabre, Julie: 35
Fall River, Massachussetts: 243

Ferney: 287
Ferry, Jules: 261, 263, 289
Fichte: 151
Fillmore, Millard: 78
Flessingue: 247
Fleury, Claude: 73
Floride: 32, 77
Fontainebleau: 35
Forsyth, Henry George: 93
France: 17, 23, 56, 62, 79, 135, 182, 219, 242
Fréchette, Louis-Honoré: 220, 230, 237, 274-275, 285-286, 289, 290, 292, 298, 303
Freppel (Mgr): 264

Gaëte: 168
Gale: 178
Galilée: 10, 100-102, 107-108, 120, 151, 179, 185, 190, 211-213, 221, 232, 252, 265, 285, 300
Galles (prince de): 266
Gambetta: 261, 288
Gand: 39, 238-239, 247, 249, 251, 261, 280, 298
Garibaldi, Giuseppe: 119
Garnier, Charles: 276
Garrison, William Llyod: 32
Gaudry, Albert: 267
Gênes: 239
Genève: 239, 287, 289-290
Geoffrion, C. A.: 185, 245
Georgia: 17
Gérin-Lajoie, Antoine: 64
Gérin-Lajoie, Marie: 291
Giband, Antoine: 220
Giddings, Joshua R.: 175
Girardin (Mme de): 288
Girardin, Emile de: 288
Giraudet, abbé: 149
Girouard, Antoine: 13, 18, 44, 184, 193
Gladstone: 257
Gladu, Louis: 188, 190
Godard: 185
Goodwin, Daniel R.: 175

Gounod, Charles: 174, 266
Gousset (cardinal): 286
Grande-Bretagne: 267
Grèce: 25
Greeley, Horace: 78, 175
Grégoire XVI: 37
Guéranger, Prosper: 182
Guéronnière (M. de la): 119-120
Guesde, Jules: 264
Gugy, Louis: 49
Guibord, Joseph: 166, 203, 209-216, 220-221, 224-226, 229, 233-234, 238, 249-251, 257, 262
Guitté, Pierre-Joseph: 88
Guizot, François: 288
Guyard (Mme): 278

Haïti: 43
Halifax: 39
Hart, famille: 273
Hawley (M.): 274
Hawthorne, Nathaniel: 78
Hazard (M.): 242
Hegel, Georg Wilhelm Friedrich: 141, 151
Henderson: 267
Henryville: 105
Hervey (abbé): 192
Hoboken: 33
Hollande: 238, 252
Holton, Luther: 112
Hongrie: 62, 79, 131, 287, 299
Houdet, Antoine: 22
Hugo, Victor: 33, 114, 259, 289
Humbert d'Italie (roi): 270
Hume, Joseph: 43
Huntingdon: 57
Huot, Louis-Herménégilde; 142, 193
Huston, James: 78, 134

Iberville: 103, 105
If: 239
Illinois: 17
Indiana: 17

Iowa: 32, 77
Irlande: 79
Iscariote, Judas: 107
Issy-les-Moulineaux: 70
Italie: 62, 99, 129, 131, 182, 297

Jackson, Andrew: 32
Jacques-Cartier: 256
Jarry: 192
Jay, Pierre Aymard: 177, 240
Jetté, Louis-Amable: 213, 233-234, 238
Jones, Robert: 191
Jouffroy, Théodore: 139

Kant, Emmamuel: 151
Kaskakia: 241
Keefer: 267
Kentucky: 17
Kerr, J. F.: 42
Kingston: 43, 46-47
Kirkpatrik: 248

Labelle, Jean-Baptiste: 274
Laberge, Charles: 75, 113, 233-234, 299
Lachenaie: 192
Lacordaire, Charles: 23, 182
Lacroix, Henry: 274
Laffitte, Jacques: 34
Laflamme, Rodolphe: 92, 213, 233, 299
Laflèche, Louis-François: 198, 204, 215, 225, 256
La Fontaine, Louis-Hyppolite: 42, 47-48, 57-60, 62, 65, 68, 75, 81, 83, 95, 188,
Laframboise, Maurice: 50, 84, 86, 95, 105-106, 115, 118, 193, 200, 232, 234, 238, 245, 297
Lamarche, Godefroy : 207, 225
Lamartine, Alphonse: 101, 107, 141, 151, 288
Lamennais, Félicité de: 23, 25-26, 28, 30, 34-40, 43, 45, 53, 56, 70, 100, 123, 129, 141, 181, 231, 249, 300
LaMothe: 241

Lamothe, André-Narcisse: 241-243
Lamothe, famille: 238
Lamothe, Pierre: 50, 241
Lamothe-Cadillac, famille: 270
Lanctôt, Médéric: 223
Langevin, Jean (Mgr): 68, 225, 228
Laprairie: 20, 85
Lareau, Edmond: 234-235, 247
La Rocque, Alfred: 191
Larocque, Charles: 199-200, 202, 224
Larocque, Joseph: 28, 147, 150-152, 162-163, 167, 192-193
La Rocque, Joseph-Félix: 191
Lartigue, Jean-Jacques (Mgr): 23, 25, 37
Laurent, François: 235, 239, 242, 248-259, 258
Laurier, Wilfrid: 142, 163, 233, 256-257, 291-292, 298-299, 303
Lausanne: 239, 287
Lauzon: 85
La Vigerie, famille: 273
Lazard: 240
Leclerc: 39
Le Havre: 34, 274, 287
Leman Dessaulles, Fanny: 176-177, 272, 274, 284, 397, 302
Lemoine, John: 288
Léon XII: 37
Léon XIII: 264, 291
Leslie, Edward: 93
Letondal, P.: 100-101
Lévesque, Georges-Henri: 303
Lévis: 137
Letourneaux, Louis: 61
Littré: 289
Liverani (Mgr): 120
Liverpool: 238
Locke, John: 141
Lombardie: 62
London (Ontario): 232
Londres: 28, 38-39, 41, 43, 47, 50, 53, 57, 104, 111, 113, 144, 238
Longchamp: 266
Longueuil: 29, 93, 98
Lord, A. G.: 245
Lotbinière: 107

Louisiane: 17, 42, 241
Luigi: 226-227, 230, 256, 302
Lusignan, Alphonse: 185, 191, 193

Macdonald, John A.: 106, 109
Mac-Mahon: 261, 266-267
Mahomet: 71
Mailhot (D^r): 240
Maine: 17
Malines: 249
Marame: 241
Marchesseault (abbé): 194
Margry, Pierre: 265
Mariette, Auguste: 267
Marmier, Xavier: 84
Marseille: 238
Maryland: 17
Massachussetts: 80
Massue (seigneur): 42
Maurel: 238
Maurin: 255
Mayence: 239
McGee, Thomas D'Arcy: 113, 115
McLynn: 102
McMullen: 242-243
Melville, Herman: 78
Ménard (abbé): 192
Menier: 260
Menton: 239
Mercier, Honoré: 233
Metcalfe, Charles: 47
Meudon: 32, 287
Mexique: 32
Michelet, Jules: 235, 288
Michigan: 32
Michon (curé): 194
Milan: 239
Miller: 141
Mirabeau, Honoré Gabriel Riquetti, comte de: 141
Mississippi: 17
Missouri: 17, 241
Modène: 20, 37
Monaco: 235
Mondelet, Charles: 137, 214, 224

Monk, Samuel Corwallis: 97
Monroe, James: 17
Montagu, Auguste-Louis-César: 269, 273
Montaigne, Michel de: 202
Montalembert, Charles de: 23, 70, 123-124, 138, 155, 201
Montebello: 219, 238
Montmartre: 260
Montréal: 24-26, 29, 32, 35, 43, 53-54, 56, 68, 77, 81, 85, 94, 98, 107, 109, 118, 121-122, 132, 135, 161, 191, 201, 217, 224, 226, 237, 241-242, 244, 248-249, 255
Montreux: 287
Morénas: 73
Morin, Louis-Siméon: 137
Morisson, Donald George: 22, 86, 105, 298
Moulins (Mgr de): 201
Mousseau, J. A.: 147
Murillo: 278
Musset, Alfred de: 288

Nagle, Gerrard-Joseph: 97
Nancrède, Joseph: 34
Naples: 20, 270
Napoléon: 288
Napoléon III: 119, 121-122, 260
Napoléon, prince: 119, 121-123, 127, 129, 145, 155
Nelson, Wolfred: 29, 63-64, 68, 76, 185, 219
Neuchâtel: 13
New Jersey: 17, 33
New York: 17, 33, 39, 42-43, 46, 61, 80, 177, 238, 240, 262
Nice: 239, 270, 287
Nielson (Mme): 238
Nina (Mgr): 209, 216
Noë: 151
Norristown: 33
North Carolina: 17
Notman, William: 115, 267
Nouvelles Athènes: 276

Nouvelle-Écosse: 240
Nouvelle-Orléans: 176, 244

O'Callaghan, Edmund Bailey: 29, 33
O'Connel, Daniel: 41
Odelin, Jacques: 24
Ohio: 17
Old Orchard Beach: 192
Orléans, Louis-Philippe d': 18
O'Rourke: 137
Ostende: 253
Ottawa: 89, 110, 112, 136, 202
Ouellet (abbé): 183-185, 189

Palmer (Révérend): 176
Panckoucke: 35
Panet: 93
Pantin: 11, 292, 303
Papineau, Amédée: 15, 29, 32-33, 39, 43, 46, 50, 85, 117, 297
Papineau, André-Augustin: 15, 31
Papineau, Augustin-Cyrille: 118, 146, 183
Papineau, Casimir-Fidèle: 167, 171, 208, 245
Papineau, Denis-Benjamin: 15
Papineau, Denis-Émery: 28, 36, 39, 50, 56, 96-97, 244, 297
Papineau, Ezilda: 30
Papineau, famille: 12, 28
Papineau, Joseph: 15, 28
Papineau, Julie: 35, 49
Papineau, Lactance: 19, 36, 39-41, 49, 54, 297
Papineau, Louis-Joseph: 13, 15-16, 21, 27, 29, 32-35, 38, 40, 42-50, 53, 56-67, 75, 83, 92, 95, 97-98, 109, 112-113, 118, 146, 157, 183, 219, 220, 274, 289, 297, 303
Papineau, Marie-Louise: 85
Papineau, Toussaint-Victor: 15
Pâquet, Benjamin: 226, 235
Paré, Joseph-Octave: 51, 126
Parent, Étienne: 41

Paris: 23, 34-35, 38-43, 49, 55, 61, 70, 84, 238, 258-260, 270
Parme: 20, 37
Parsons, C.G.: 175
Pas-de-Calais: 264
Pascal, Blaise: 202
Patti, Adelina: 238
Pays-Bas: 17
Pelletier, Alexis: 227, 230, 235, 256
Pennsylvania: 17
Peoria: 241
Petit, George: 288
Philadelphie: 33-34, 177, 243, 245
Piémont: 20, 62
Pierreville: 73
Pigalle: 260
Pilon, Jos.: 99
Pinsoneault, Pierre-Adolphe: 68, 71, 232, 235, 264
Piquefort, Jean: 230
Plessis, Joseph-Octave: 23
Polignac (prince de): 18
Polk, James: 78
Pologne: 20, 38, 69, 79, 131, 214, 299
Portland: 98
Pothier, Robert-Joseph: 281
Potter, Louis-Joseph-Antoine de: 141
Poulin (D^r): 104
Poulin (curé): 193-194
Préfontaine (D^r): 185
Prince, Jean-Charles: 51-52
Proudhon, P.-J: 72, 288
Prusse: 17

Quatrefages, Jean-Louis-Armand de: 267
Québec: 22, 39, 89, 110, 112, 117, 192,
Quiblier, Joseph-Vincent: 19

Rae, Jackson: 240
Rainville: 116
Ramsay, T.K: 105
Raymond, Joseph-Sabin: 22, 26-27, 88, 118, 146, 166, 181-190, 193-194, 210, 223-226, 235, 256, 261, 297
Raymond, Rémi: 146, 183

Renan, Ernest: 151
Renault, famille: 241-242
Rhin: 239
Rhode Island: 17
Ricard, Narcisse-Édouard: 192, 194
Richelieu: 14, 20, 29
Riding: 33
Riel, Louis: 275
Rimouski: 192, 228
Ristori (Mme): 238
Rochefort: 288
Roebuck, Arthur: 38, 40, 47, 53
Rolland, Jean-Roch: 76
Romagne: 20
Rome: 26, 36-37, 53, 68-70, 74, 116, 118-119, 122, 132, 168, 171, 181-182, 197-198, 202-209, 212, 215-216, 220-221, 224, 228, 239, 255, 257, 269, 303
Roque, Jacques-Guillaume: 19
Rossini: 278
Rottermund, Édouard Sylvestre de: 97
Rougemont: 103, 110, 132
Rousselot, Benjamin-Victor: 209, 213, 220, 249-250
Routhier, Adolphe-Basile: 225, 230-231, 275
Rouville: 103, 193
Russell (lord): 38
Russie: 17, 37-38, 69

Saint-Charles-sur-Richelieu: 29-30, 34, 85
Saint-Cloud: 75
Saint-Denis: 29, 63
Saint-Dominique: 30-31, 48, 94, 96, 98, 193
Saint-Eustache: 34
Saint-François-du-Lac: 13
Saint-Germain-en-Laye: 35
Saint-Hughes: 48, 98-100, 193
Saint-Hyacinthe: 113-14, 20, 23, 25, 27-31, 39, 42-53, 56, 71-72, 74, 76, 81, 83, 85-89, 91, 93, 96-107, 110, 114, 117, 145-146, 152-153, 176, 181, 192-194, 200, 202, 237, 241, 298

Saint-Jean: 34, 84-85, 89, 157, 224
Saint-Laurent: 29
Saint-Liboire: 194
Saint-Marc-sur-Richelieu: 51
Saint-Maurice (comté de): 57
Saint-Paul: 48
Saint-Pie: 32, 96-99, 193
Saint-Simon: 98, 193
Saint-Saëns, Camille: 266
Saint-Sulpice: 14, 19
Saint Thomas: 79
Saint-Théodore: 194
Sainte-Beuve: 235
Sainte-Hélène: 98, 106, 194
Sainte-Rosalie: 48, 96, 98, 178, 194
Sainte-Thérèse: 192
Sandham, Henry: 267
Sanguinetti (Mr.): 33
Saratoga Springs: 32, 39
Sartre, Jean-Paul: 12
Sax, Pierre-Télesphore: 274
Schelling: 151
Scott, Walter: 29
Sentenne, Léon-Alfred: 171
Séry (M.): 19
Sherbrooke: 85
Sicile: 62, 119
Sicotte, Louis-Victor: 106, 110
Simon, Jacques-Hyacinthe: 14
Simon, Jules: 141, 235, 261
Smith (juge): 154
Sorel: 20, 34, 85, 89
South Carolina: 17
Staël (Mme de): 288
Strasbourg: 239
Strauss: 151
Sue, Eugène: 40
Suisse: 239, 275
Sydenham (lord): 38, 40, 47
Sylvain, Philippe: 11
Sysiphe: 272, 296

Taché, Étienne-Paschal: 132-133, 153
Taché, Joseph-Charles: 110
Taché, Louis: 147, 153-157, 183, 191

Taschereau, Alexandre-Elzéar: 224-225, 227

Tavey (M.): 287

Taylor, Zachary: 78

Tennessee: 17

Tétreau (abbé): 183-184, 188-190

Texas: 32, 77, 80

Thiers, Adolphe: 260, 288

Thompson, famille: 238

Thompson, John: 85

Thompson Dessaulles, Zéphirine: 85, 243, 283-285, 290, 297

Thomson, Poulett: 38

Thoreau, Henry David: 84

Tissot, Jules: 286

Tocqueville, Alexis de: 20, 34, 56, 75, 78

Toronto: 39, 41, 93, 105, 109, 110, 117, 134, 237

Toulon; 239

Tournon (duc de): 270

Trois-Rivières: 23, 59, 85, 89, 198, 226

Trouville: 274

Trudel, F.-X.-A.: 213-214

Truteau, famille: 238

Truteau, Flavie: 85

Truteau, Grand Vicaire: 206, 208

Truteau, Toussaint: 85

Upton: 194

van Acker: 252

van Buren, Martin: 32, 78

Vandervoodt-De Bliquy, J. (Mme): 251

Venise: 239

Vénitie: 62, 119

Verchères: 192

Vermont: 17

Versailles: 35

Veuillot, Louis: 108, 261

Vibert, Paul-Théodore: 273, 275

Victor-Emmanuel: 122

Vienne: 17, 38, 132

Viger, Denis-Benjamin: 15, 28, 40, 44, 50

Viger, Louis-Labrèche: 94, 118, 157, 159, 163, 233

Vignon, Firmin: 192

Villeneuve, Alphonse: 226-227, 232, 235

Virginia: 17

Voligny: 245

Voltaire: 26, 35, 73, 108, 146, 287

Wagner: 238

Warden, Marguerite-Anne: 14

Washington: 26, 39

Washington, George: 107

Webb: 270, 287

Wiallard: 273

William: 137

Wisconsin: 77

Woolsey, Marie-Josephte: 42

Yamachiche: 59

Yamaska: 84, 87, 94, 96

Zola, Émile: 277

Table des matières

Avant-propos   11

I   La recherche d'un père (1818-1837)   13

II   Affaires européennes,
affaires canadiennes (1838-1847)   31

III   Le droit des peuples à disposer
d'eux-mêmes (1848)   55

IV   L'Église ou les États-Unis (1849)   67

V   Un maire, un seigneur,
un entrepreneur contestés (1850-1857)   83

VI   Au Conseil législatif (1856-1861)   103

VII   Au *Pays* (1861-1862)   117

VIII   Des comptes publics
et de l'Institut canadien (1861-1863)   131

IX   Du progrès
et du palais de justice (1863)   145

x   À la défense de l'Institut
     canadien de Montréal (1864 -1866)   165

xi   Contre l'intervention
     du clergé en politique (1867)   181

xii Plaidoyer pour la tolérance (1868)   197

xiii Face au tribunal de l'Inquisition (1869-1871)   203

xiv La grande guerre ecclésiastique (1871-1874)   223

xv   La déroute financière (1870-1875)   237

xvi L'exil belge (1875-1878)   247

xvii L'exil parisien (1878-1895)   259

xviii Dernières amours (1891-1895)   283

     Conclusion   295

     Sigles   305

     Références   307

     Essai bibliographique   339

     Chronologie   347

     Index des noms propres   361